登峰

从无声世界走来的清华博士

姚登峰 杜在新◎著

U1014409

中国社会出版社
国家一级出版社·全国百佳图书出版单位

图书在版编目（CIP）数据

登峰：从无声世界走来的清华博士／姚登峰，杜在新著．—北京：中国社会出版社，2017.4

ISBN 978－7－5087－5653－0

Ⅰ.①登…　Ⅱ.①姚… ②杜…　Ⅲ.①听力障碍—儿童教育—特殊教育—家庭教育　Ⅳ.①G762.2②G78

中国版本图书馆 CIP 数据核字（2017）第 065732 号

书　　名：登峰——从无声世界走来的清华博士
著　　者：姚登峰　杜在新

出 版 人：浦善新
终 审 人：王　前
责任编辑：杨建萍　　**责任校对：**王　璐

出版发行：中国社会出版社　**邮政编码：**100032
通联方法：北京市西城区二龙路甲 33 号
电　　话：编辑室：（010）58124838
销售部：（010）58124841
（010）58124842
网　　址：www.shcbs.com.cn
shcbs.mca.gov.cn
经　　销：各地新华书店

中国社会出版社天猫旗舰店

印刷装订：中国电影出版社印刷厂
开　　本：170mm×240mm　1/16
印　　张：22
字　　数：350 千字
版　　次：2017 年 5 月第 1 版
印　　次：2017 年 5 月第 1 次印刷
定　　价：40.00 元

中国社会出版社微信公众号

再版说明

2008年，我们母子合著的纪实文学《登峰——从无声世界走来的北大学子》，由作家出版社出版。现应众多读者要求决定再版，更名为《登峰——从无声世界走来的清华博士》（以下简称为《登峰》）。

没想到《登峰》会引起如此强烈反响！这本书吸引着各类人群。电话信件络绎不绝，还有的干脆找上门来，有求购或求助的，有倾诉或咨询的，我和母亲尽可能耐心地一一回复，给他们答疑解惑、真诚鼓励，时常顾不上吃饭睡觉。因为我们深深理解他们一如当初我们渴望信息和指导的心情。还有更多读者给出版社或作者打电话、发信件，表达了他们对这本书的喜爱之情和读后感。下面摘选部分读者赞誉。

读了您和母亲写的大作《登峰》补充稿，文笔流畅，讲述真实，感人至深，书中对情节的描述细致入微，是一部很好的纪实性的残疾人成才的成长经历回忆录，对激励后人奋发向上有很好的启迪和教育作用，是一部传播社会正能量的好书。

——江铭虎（清华大学）

我有个初中同学，现在下岗了。找的一份临时性工作送报纸，每月600元。他有两个孩子，都是弱智。前几年老大已经夭折，剩下的一个孩子，情况越来越差。为了鼓励他提高生活的勇气，我就把你们的著作借给他看。他在电话中告诉我：每天都是流着泪在看书，而且还读给儿子听，让其受教育。以前有句话叫“榜样的力量是无穷的。”一个人如果没有精神支撑，会活得多么艰难而又多么无趣啊！所以你们的书所产生的社会效应将是不可估量啊！

——郑尚谦（荆州某中学老师）

我喜欢这本书清新、自然、真实、优美的描述，以及作者在逆境中不屈不挠、自强不息的精神，奋发向上、明朗阳光的风貌，它给人耳目一新的感觉，同时也给人一种奋发进取的力量。

——李伟民（浙江读者来信）

我最钟爱的是这本书的文学性和哲理性。这些年几乎没有让我能读几遍的书，但这本书却让我爱不释手，读了3遍，现在还放在枕边时常阅读。只要翻开书，就会被书中流畅的文笔、精美的字词、生动的比拟、高尚的哲理和真实的爱心所吸引、所感动。我喜欢看……更喜欢看写给儿子的恋爱指导信“春风惠顾”这一章节。

——刘梦华（荆州退休干部）

您的书把我们听障家长的喜怒哀乐表达得淋漓尽致，给我们很多启示、信心和力量！您的书介绍了海伦，我也去买了一本。但周围家长对我说，您的书最管用、最实用！我们学习海伦的只是一种精神，因为她是国外的，且年代久远，她完全靠家教老师，我们学不起。而登峰是中国的海伦！您的书除了给我们在逆境中奋斗的力量外，还有很多实用的教育思想、康复方法，给我们很大的鼓舞和借鉴。

——李晓梅（山东聋儿母亲）

这几天，我在医院治痔疮，疼痛难忍，电视都看不下去，但这本书却能吸引我，让我感动！我要感谢这本书帮我度过了最疼痛的日子！

—— 刘钊（中南财大研究生）

这本书写的太感人了！我一边哭一边看完。原来只知道自己没有爹妈苦，没想到有爹妈的人还那样苦，却还那么坚强。我现在就按照书中介绍的方法培养孙女。太谢谢您了！

——王燕（邮电老职工）

我是一名很普通的高中生。在人生路上遇到了很多的困难，被别人欺骗过，到现在还不相信任何人，和人相处总感觉有人在骗我。我含着泪水看完您的书，它给我极大的教育和启发：相信大多数人是好人，我从书中找到了和人相处的奥秘——宽厚待人。

——叶子

我们好喜欢这本书啊！今天刚买到书，拿回家随便翻了一下，妈妈和我争抢着看，差点儿把书页撕掉了。

——张萌（西关小学五年级学生）

去年暑假我校一位特教老师给了我一本《登峰》，当时看到封面上“北大学子”这几个字还有点不相信呢，实在太惊讶了！我说这个你别生气啊，后来看完书感到惭愧。你真的太了不起了！登峰哥哥是我学习的榜样！你们锲而不舍的精神深深感动了我！而且你们母子的文笔真的很好，我很喜欢《登峰》。

——李晗阳（浙江读者）

您快递的6本书已经收到。迫不及待翻阅，又一鼓作气看完。果真很好，深受感动！剩下的送给了学生和老师了。哈哈，这本书是聋生和家长们的福音。有些家长和学生问我在哪里买的，还有的干脆把我的《登峰》拿走了。我想再买几本，希望能尽早收到您的书！我在学校里做义教3年，我把自己的全部业余生活花在了学生的身上，为这，喜欢我的女孩子也离开了我。唉，一言难尽！

——郑元龙（山东特校）

这本书对聋儿家庭既有精神的鼓舞、观念的启迪，又有具体方法的传授，是一本难得的“教材”。正是由于你们母子的齐心协力、坚忍不拔，才取得了登峰的成功！他是素质教育的典范，其意义远远超出了语言康复训练本身。作为聋儿家长，我非常理解您和登峰付出的艰辛努力！非常敬佩！我们全家经常从这本书中汲取精神营养。

——李女士（浙江）

我是听障人李×的母亲。我儿子今年有幸成为您的学生，也有幸读到《登峰》一书。儿子说看了非常感动，多次向我表达对你们的敬佩之意。他把书邮寄给我，说真话我是含着泪水读完的，您和母亲都写得太感人了！

——李建英（聋人母亲）

尽管没有任何宣传炒作，没有任何人要求，但不少听力语言康复中心、学校、单位和个人争相购买。荆州文星学校郑老师、天门实验中学陈老师、机关干部方先生、黄冈涂洁同学、河南驻马店李女士、海口黎先生、福建福鼎陈先生、浙江湖州余女士等拿到书后整夜不睡觉，不吃饭，含着眼泪一鼓作气看完。纷纷来电又要购几十册，说要作为优质的精神食粮送给亲朋好友。一位老干部给作者打电话调侃说："你太厉害了！把我的眼泪都弄出来了！我要把你的教育思想惠及更多的人。"×市关心下一代工作委员会一次买了几百本书，说要播洒精神文明的种子，教育和激励更多的人像作者那样，努力认真生活。

一所重点高中方校长认为这本书的可读性很强，几次打电话求购。他说："这本书正是我们所需要的！对老师是个教育，对学生是个激励！"一位实验高中的张校长给作者发来短信："真心感谢您，《登峰》给我们送来了精神食粮！"湖北民族学院、天门中学、潜江中学更是把作者作为身边最贴近的榜样，把《登峰》定为新生课外阅读教材，人手一册。他们希望把这种自强不息的精神，转化为学生奋发向上的学习动力和做人的楷模。篇幅有限，不能一一列举。

为什么在人们青睐电视、网络等快餐文化的今天，《登峰》会受到如此追捧和赞誉？为什么在浩瀚的书海中读者对此书钟爱有加？作者用亲身的经历解答了您的困惑：如何面对厄运励志图强，塑造有用之才？如何培养在社会上生存的各种能力？如何提高语言沟通交流能力？包括听障人如何接听电话，如何提高学习成绩，如何面对失败的困境反败为胜，怎样走过中考、高考和研究生考试，如何学习英语以及学习的方法、技巧，还有大学生的人生观、恋爱观等，您都可以在书中找到答案或借鉴。

首版编辑介绍：《登峰》是我国首部由听障人士本人及家长泣血讲述一个听障孩子艰辛曲折的康复成长故事的书籍。这是一部在长期的实践探索中，钻研、总结的家庭教育成功案例和听障康复的纪实作品，填补了国内空白，是一笔有益于社会的宝贵精神财富。《登峰》故事真实、情节曲折、文笔优美、感情真挚，包含很多人生哲理和智慧。作者热爱生活，在逆境中不屈不挠的奋斗精神，以及他们珍爱生命和对人生的追求，能给人以震撼和力量！它是一部励志图强的精品杰作，也是家庭教育的成功范例，无论对提高家长素质，还是激励孩子健康成长，都是一本有益的教材。

2015 年，中国听力语言康复科学杂志把《登峰》与教科书一起列为听障儿童康复图书资源。作者充满坎坷和传奇的成长经历，生气盎然的述说，实实在在的生活细节描述告诉您：只有具备了良好品德和能力的孩子，才会与成功和幸福相约。其教育思想和方法，对所有家庭都有极大的启示和教育作用。

本书首版后已印刷 3 次，早已售罄，不能满足市场需求。现在市场上出现不少盗版书籍，书的质量不能保证，虚高价格，徒增读者费用。还有不少读者对作者予以特别的关心和关注，常有人询问：你一个听障人士，是怎么考上清华博士的？又是怎么读下来的？遇到哪些困难，是如何化解逾越的？再版中，对第一版做了修订和补充，增添了大家所关注的热点。得知信息的很多读者争相订购，美国与加拿大注册听力学专家田岚博士手中的首版《登峰》几次被家长拿走，为此田岚博士个人非要出资数千元订购。

修订补充后的《登峰》，将由中国社会出版社公开出版发行。希望为更多家庭提供正能量，为更多残疾人士点燃希望。

姚登峰　杜在新　于北京

首版序言

世上哪一个母亲不希望自己的孩子健康活泼？但上苍恩赐这个世界一个个完美生命的同时也给了一些残缺的生命。我的儿子姚登峰就是在他1岁多时因为一场平常的感冒，医生给他注射了几剂链霉素而成了一个双耳几乎全聋的孩子。

当厄运降临的时候，我只是一个会做梦的年轻母亲，刚刚陶醉在他咿呀学语——“妈妈，妈妈”的甜美叫唤声中，憧憬着美好的未来。然而我倾注全部心血呵护着的这个完美的小生命令人猝不及防地变成了残缺，我也由此变成了一个残疾孩子的母亲。

正是这一角色使我亲历了一段常人无法体验的苦难而又幸福，艰辛而又快乐的生命历程。

面对医生“他的听力太差，训练不会有效果”的宣判，我用爱的声音呼唤他，以顽强的毅力、惊人的耐心教他发音说话，引导他走出了无声世界。我以一个母亲最顽强的信念，带领儿子克服了一个又一个困难，闯过了一个又一个难关，终于将儿子从一个依靠手势与人交流的聋哑孩子培养成为能说一口流利的普通话，能在大会、小会发言，能在千人礼堂高歌，能在电话中窃窃私语的“普通人”；从一个依偎在母亲怀抱里撒娇的小男孩培养成为人格健全、性情开朗的副教授，硕士生导师和清华大学博士，一名中国共产党党员。

儿子一直在普通学校读书，从一开始连在普通小学都读不下去，第一次考试仅得了26分，到后来成绩优异、每学期捧回几张奖状。1998年他参加了全国统一高考，被一所重点大学录取后又遭遇退档，理由是“没有先例”，一个聋人怎么可能听课学习?！怎么可能读普通大学?！几经周折他才被一所二类大学录取。

从踏进大学第一次考试到后来毕业的四年间，他的高等数学、专业英语等多门功课居全系第一名，总分稳居前几名。在导师的热情鼓励下，他参加了全国研究生统考，以超过当年国家录取分数线70多分的成绩，被录取为北京大学硕士研究生。2012年又以第一名的成绩，顺利考取了清华大学博士研究生。

读书期间，他年年被评为学校三好学生和优秀共青团员，并获得奖学金。1987年被评为荆州地区好儿童；1998年被评为湖北省优秀共青团员，学校号召同学们向他学习，并多次组织了专场“姚登峰事迹报告会”。他的事迹在广播中宣传，在橱窗里陈列；他的散文、论文多次在校内外刊物上发表。2002年我也被评为湖北省“十佳母亲”。

中央电视台1套节目、10套节目，湖北、湖南、安徽、江苏、武汉卫视，《知音》《中华家教》等几十家媒体曾报道了我们的故事。

好多家长，包括健听孩子家长纷纷来信、来电咨询或登门求教，问我们是怎样培养教育孩子的。我从自己当初渴望得到信息指导的迫切心情来理解家长们，不厌其烦地给他们回信或电话告知我的“经验”。其实我和儿子都是极普通的平凡人，只是不平凡的命运，逼迫我们与命运抗争。

对登儿最初的目标，我们只是希望他当个理发师或木匠能自食其力即可。后来他一步步康复，在普通学校居然出类拔萃，我们才感悟到生命的潜能是巨大的！于是对他的未来目标作了调整，在语言康复训练的同时，注重他人格、生存能力和综合素质的培养。我们的梦想，就是希望他做个“普通人”！能用口语与人正常交流，掌握一些知识和本领，回归主流社会，成为对社会有贡献的普通人！

不管怎样筹划他的未来人生，我们怎么也没想到他能考上国内顶尖级的北京大学、清华大学，而且当上大学老师！

我们从来没有奢望培养出一个神童，更不愿去和谁攀比。因为世界之大，正所谓“山外青山楼外楼”。为此登儿高中毕业前，我们曾婉拒了一些上门采访的记者，为的是让他沉下心来学习。我们不希望他去追逐名利，爱慕虚荣。因为当时他没有认识自我、明辨是非、承载荣誉的能力。

高考录取受挫，他为争取普通人的同等权利遇到了极大的困难，精神上遭遇了几乎毁灭性的打击。这时，我们才知道，残疾人光有实力不行，还要让别人了解和感动，从而得到更多的帮助。

登儿高中的语文老师齐传贤，发现自己的学生姚登峰创造了一个生命的奇迹。在无数次指导自己的学生以“我的老师”为题作文后，写了一篇《失聪少年大学梦》发表在《中国教育报》，第一次向世人报道了这个默默无闻、聪明好学的优秀学生姚登峰。

还有一位资深的老记者，拖着残腿，一次又一次来到我们家。我们被这位记者的精神所感动，同时也希望社会了解他，给他支持和力量。于是把登儿的日记本和资料给了他。半年过去了，他的文章没写出来人却病倒了，而且将登儿部分珍贵的日记本永远地丢失了！

有一天登儿对我说：“那么多人要采访，要写我们的故事。我们为什么自己不能写呢？或许别人是一种创作，而我们则是自己人生的经历和体验的叙述啊！”是啊！我们为什么自己不能写呢？以这种形式告诉大家我们的失败和成功，经验和教训，解答家长的疑问，给千万个不幸家庭以借鉴和希望！给亿万个普通家庭以启示和力量！

于是，我们互相鼓励共同来写这部书。正当我们摩拳擦掌实施写作计划时，一个康复界的朋友创办了武汉艺萌康复中心，给我发来邀请。当我来到中心看到那一双双渴盼声音的眼神，无声又撕裂心扉的震撼在心中漫漶！为了帮助更多和登儿一样的不幸孩子，我放下刚刚拿起的笔。因为这是一项抢救性的工程！还有一个重要原因，我需要打工挣钱支持儿子完成学业。

我当了100多名聋儿的老师和母亲，24小时和孩子们吃住在一起，把教登儿的经验用到他们身上，几千个日日夜夜的不懈努力，终于有了回报，艺萌听力康复中心的孩子们一个个走出了无声世界，他们发音清楚，说话流畅。各种媒体相继作了报道——《母亲的爱，从一个到一百个》。这是值得欣慰的，我的经验惠及了更多的听障儿童；我的挫折让后来者少走弯路。我付出毕生心血和汗水的研究成果得到推广，我带出了一批老师。

现在我得以抽身再度提起笨拙的笔。我写的是一部关于生命的故事，它记述的是我们对生命的热爱，对生活的追求！我坐到电脑前，悠悠往事历历在目，泪水止不住奔涌而出。我只是真实地记录我和儿子共同走过的一段生命历程。它饱含着我们的泪水和艰辛，同时承载了我们人生中太多的欢乐和幸福！

生命的潜能是巨大的。只要我们珍爱生命，懂得如何去爱，去开发生命的潜能，那么痛苦中必定蕴藏幸福，残缺的生命也依然会变得丰盈和美丽！

杜在新

再版序言

吾本愚钝，1岁失聪，5岁不能言。全家人最初的梦想是希望我做个理发匠或木匠，能成为自食其力的人。谁也没想到我最终会考上北大硕士、清华博士，走上学术之路，从事教学和科研工作。

回眸人生历程感慨万千！我从一个依靠手势与人交流的聋童到能在社会上熟练使用口语交流，能在大会小会上发言，还能站在国内外顶级学术会议的讲台上宣读我的论文；从一个让亲人时常为我的生存和前途担忧而痛苦流泪的聋哑孩子，成长为一名受人尊敬的北京高校副教授、硕士生导师。是人世间的爱成就了我的今天！是康复和知识改变了我的命运！是神奇、巨大的教育力量让我重生！

几千年来，聋人生存都困难，更别说受到良好的教育。而我出生在一个文明进步、科技迅猛发展的时代，一个和睦幸福、爱意浓浓的家庭。尤其在我成长早年，全靠善良、慈爱、宽容、坚忍和具备远见卓识的母亲。她具有极强的责任心、坚忍意志和超常的吃苦耐劳精神以及颇具智慧的教育方法。更幸运的是在开启语言的最迟年龄内，母亲得到了聋儿可以通过语言康复训练来学会说话的信息，由此改变了我的命运！尽管那时还没有助听器，母亲贴着我耳边大声“喊话”，把痛彻心扉的爱倾注在对我日日夜夜持之以恒的康复训练和品德教育上。母亲用执着和坚持在绝望中播种希望，经过多年的努力，我学会说话交流，是伟大无私的母爱将我拽出了无声世界！

当我可以用嘴巴表达内心的意愿，比如“我要喝水”，而周围的人们能听懂我的话语时，我兴奋极了！终于挣脱了无声世界的束缚，感受到声音的美妙和说话的巨大乐趣！这成为我康复和学习的无穷动力。记得那时的我如同出笼的欢鸟，渴望语言的翅膀尽快丰满，梦想自由地飞翔在有声世界的蓝天白云间。每天我都是在期盼中开始训练，以极大的兴趣去学习。知识带给了我巨大的快乐，越是不知道的越想知道。我迫不急待认知世界，认知万事万物。知识让我从一个倔强任性不明事理的孩子变得越来越“乖巧”，我的生活充满阳光、温暖和幸福。

我与健听孩子的成长步伐一致。7 岁时，母亲把我送进了一所普通小学，从此开启了我与“普通人”一样的生活历程，在普通学校和健听同学一比高低，经历普通学校的中考、全国统一高考……表面看我与健听同学没有区别，就是耳边比同学多了助听器。关键是早期的助听技术并不能完全弥补像我这样极重度耳聋的生理缺陷。我戴上的这个东西依然只能听到含混残缺的声音，根本听不清老师讲课。健听同学可以轻松获取课堂上的知识，而现实是残酷的，我逾越不了听力障碍，听不清一切有关声音的信息。

第一次听写测验只得了 26 分。尽管我身在同龄的小朋友欢乐的群体中，心灵却孤独地隔绝于喧闹的世界之外。我痛苦流泪，觉得丢人想退学。母亲曾想放弃工作，陪伴我读书，当我的耳朵。但母亲想如果陪了小学、中学、大学，那工作呢？成家呢？母亲不可能陪伴我一辈子，最后狠下心来，决定从小培养我的唇读能力和独立生存于主流社会的各种能力。母亲说“开弓没有回头箭”！鼓励我慢慢观察老师的口型。在漫长的学习生涯中，我逐渐掌握了“听、看、猜”三结合的与人交流能力。依靠它听课、和别人交流，依靠它完成各阶段的学习，依靠它走到了今天。

这种“三结合”，刚开始我只能“听”懂 10% 至 30%。尤其在最初入学时，我坐在偌大课堂，只看见老师的嘴唇开合，却听不懂老师说什么。周围的同学听得哈哈大笑，我却莫名其妙。其中的艰辛和酸楚是难以用语言表达的。随着科技发展，助听设备和验配技术越来越先进，笔者幸运地得到中国权威听力验配专家陈振声、田岚、孙喜斌等的热心帮助，配戴了最先进的大功率助听器，加上大脑也得到了充分的开发和锻炼，听懂的比率逐渐增大。直到现在，与人第一次交流或群体交流时还是不能百分之百“听”懂，只能通过其他途径去弥补，比如预习课本、专注板书、加大阅读量等。随着交流能力的提高，融合的快乐让心灵也得以舒展。

我一直在普通学校读书。基础教育阶段，得三生之幸，遇恩师传贤、习勤、邝美、先芝、银柱、普发、桃枝、从义、同庆等老师，他们如父如母，精心调教、悉心启发、耐心板书、特别细致地给我批改作业，对残障愚钝的我丝毫不嫌弃，似春雨润物无声，使我开窍于懵懂之中，最终赶上或超越健听同学的认知思维和成绩。

当然，承担基础教育的普通学校老师，一般要带几个班级课程，每个班有六七十个学生，在每天声嘶力竭地讲课后，不可能有精力再为谁“开小灶”。在我的成长中，美国100多年前又盲又聋的海伦给了我无比的信心和力量，但我的成长环境决定我不可能效仿她的学习之路——有专门的老师教育和陪伴。从上普通幼儿园之日起，我就需要一个人去独立面对一切，也正是这些锻炼和培养了我的独立处事能力、自学能力和在社会上生存的能力。

我经历了无数次的挫折和失败，也无数次产生放弃的念头。曾经迷茫、惶惑，不知今后路在何方？但是想到我含辛茹苦的父母以及那期盼的目光和慈爱的鼓励，想到我敬爱的老师的殷切期待……爱成为我前行的最大动力！为了爱我的人，为了我的梦想，任何时候不言放弃！

时光回到18年前，有的学校和个人对残疾人存在偏见。1998年，我参加全国统一高考，本已被一所重点大学录取，看到档案记录“耳聋”，又以“没有先例”为由退档，后来费尽周折才被湖北民族学院录取。

报考北京大学硕士，幸逢开明的面试考官给了我和其他考生一视同仁的待遇，而没让我重蹈高考覆辙。后来幸遇美籍华裔专家杭诚方教授，他治学严谨，博学笃行，对我的学术研究产生极大影响，我的学术素质迅速得到提高，研究思路得到了拓展，我的硕士毕业论文被推荐为那一批次唯一的优秀论文。

攻读清华大学博士，又蒙九世殊荣，得江铭虎教授赏识，欣然接纳其门下，这是求学20多年来首次也是唯一一次有专门的导师。恩师具有国际化的视野，前沿而精髓的学术造诣，成果丰著，乃学术界虎将也，但却谦恭厚德、仁慈和蔼，视我为“千里马”，关怀备至、时常鼓励，委以重任，指点迷津，渔鱼双授，亦师亦友也。

我的人生一路沐浴爱的阳光雨露，幸运地找到了牵手一生的伴侣，她是一个健康、漂亮的本科生。她爱我的才华、品德，我爱她的善良、纯朴。我成为她可以依靠的“肩膀”，她成为我的“耳朵”。我们心心相印，真情相爱！在清华大学博士学位授予仪式后，我们的爱情结晶小猴子也赶来祝贺了！

命运本是给我不幸，而我却拥有了今天的幸福，其中固然有我个人的努力，但更多的是人世间的爱。爱是我成长路上的明灯，照彻我的灵魂、点亮我人生的精彩。我取得的每一个成果，都有大家付出的心血，包括我任职大学的领导、同事、同学，我的至爱双亲、岳父母、爱人和至亲好友的厚爱和无条件支持。尤其是岳父母特别赞赏我们的婚姻，说我和爱人是前世的缘分，视我为己出，常夸我懂事孝顺。正因为家庭温馨和谐，我才能心无旁骛专注于学术研究。这几年我的研究成果，发表在国内外期刊和会议的论文有30多篇，出版专著2本。

世间幸福的路有千万条，我走的路如果算得上之一，我愿意将我的经验和教训与您分享，以期让您少走弯路，给您借鉴和力量。成功的内涵很多，定义各不相同。而且人生本来就在不断地追求之中。如果说到现在我还算得上成功，那么我要告诉您：我依赖的是拙诚、信心与坚忍，而非天赋和才华！

我没有半点值得炫耀或夸大的，只想用我实实在在的经历告诉您，我这个失去了听力的普通学子能办到的事情，几乎所有人都能办到！从而唤起您对自己天赋的认识，对健康体魄的珍惜。能拥有一双健听的耳朵，能听清耳边各种美妙的声音，能听清老师慷慨激昂的授课知识，能听清多种语言抑扬顿挫的演讲，能和同学朋友轻松交谈，能听清悦耳的音乐，是多么多么幸福的事情！这是上苍赐给您最珍贵的财富，请好好利用您宝贵的耳朵去便捷获取声音的信息和知识，去快乐地生活，去创造属于您的幸福！

伟人名人是著书立传，而我是用热血和真诚的文字真实地记录我走过的路程。但愿《登峰》能传播一种自强不息的精神，赠予世人一份勇气，一种奋斗的快乐！谨以此书答谢热心关注我的读者和朋友！感谢所有帮助过我们的人！

姚登峰于清华园
2016年9月9日

目　录

引　言 / 001

≫ 上部　康复之路 ≪

第一章　美丽的生命遭遇不幸 / 005

生命之缘 / 亲情环绕 / 初尝母亲的艰辛与快乐 / 灾难从一场平常的感冒开始 / 已在声音的黑暗里 / 该不该出生的孩子

第二章　母亲走过风雨路 / 021

绝望与黑暗 / 母亲的伤心泪 / 饥寒交迫中仍然拾金不昧/ 在困境中磨炼成长 / 6 年农民工

第三章　绝境中的福音 / 036

漫漫求医路 / 绝境中的福音 / “训练不会有效果!” / 全部的爱给登儿——不生第二胎

第四章　母爱托起希望 / 049

开启命运之门/ 拆除心灵的围墙/ 爱的回应/ 生活是最好

的教材/ 在大街上“丢人现眼”/“水”的快乐

第五章 康复训练是改变命运的唯一 / 069

再次南下广州求医 /“扎得疼我也不哭”/ 诊所里的流行感冒 / 医院课堂 / 把外出看病当旅游 / 全家团聚

第六章 追赶同龄孩子 / 086

创设普通话的语言环境 / 拼音是学习语言初始的拐杖 / 在家务劳动中学习语言 / 在游戏玩耍中学习 / 追赶同龄的孩子/ 生命源于爱

第七章 目标是做个“普通孩子” / 106

雕塑美好灵魂 / 为儿子读大学 / 幸福的“老妈” / 能上普通小学吗?

≫下部 求学之路≪

第八章 受益一生的宝贵财富 / 125

第一，口语交流能力和习惯的培养 / 第二，读写能力及习惯的培养 / 第三，珍惜时间的习惯培养 / 第四，自信和勇气的培养 / 第五，与社会交往融合的习惯和能力 / 第六，独立处理事情的能力及习惯 / 第七，勤俭的习惯和理财能力的培养 / 第八，经受挫折和失败能力及习惯的培养 / 第九，感受幸福、感受爱的能力培养

第九章 走进普通小学 / 147

出师不利 / 拼音扫读第一名 / 永远的老师和朋友 / 越过“应用题”难关 / 生日快乐 / 挑战“作文” / 魔鬼开了一个玩笑 / 别把“零食”当“主食” / 学习与陌生人交流

第十章 重点中学的磨炼与融合 / 183

快班的挑战 / 良师益友 / 英语学习中的遗憾 / 走过中考/ 军训的考验 / 穿越障碍 / 幸遇恩师 / 经历高考

第十一章 我的大学 / 211

争取普通人权利受挫——×大学退档 / “引进一笔精神财富”——湖北民族学院接纳了我 / 我的大学 / “短板”长进 / 学习情商/情结/春风惠顾 / 参与社会实践 / 为生命高歌 / 赞赏和鼓励

第十二章 追逐梦想 / 252

网络为媒 / 冲刺北大 / 面试 / 前行的路洒满阳光 / 走上大学的讲台 / 追逐梦想——致力信息无障碍研究 / 西行取经记——参加西班牙国际会议

第十三章 清华大学，我来了/ 283

收到了清华大学博士生录取通知书 / 为什么读博士——让世界因我更美好 / 重建“巴别塔” / 迷雾与彩虹 / 衣带渐宽终不悔 为伊消得人憔悴 / 丰收的喜悦 / 生活的诗意和快乐 / 生命有君伴 高山流水长 / 感恩

尾 声 / 327

媒体报道要目 / 329

引　言

我的独生儿子姚登峰到清华大学读博士研究生已经1年多了。叮叮叮……电话铃响了。这是我们约定的通话时间。我急切地拿起话筒，遥远的那端传来了儿子的声音。

“尽管我学习中碰到了很多困难，但我相信自己一定会克服的。因为我学不了的，别人也一定学不了，毕竟我是高分进入清华的。现在就有不少人向我请教问题呢！”他用一口流利的普通话向我讲述他近来的学习生活，语调中充满自信与调侃。

一件件平淡无奇的事情，我却像听一个个趣味盎然的故事，他那成熟浑厚的男音，仿佛让我欣赏到一曲人世间最美妙的乐章。激动的泪水止不住从心底流淌。一个自幼双耳几乎全聋的孩子，经过10多年的奋斗，居然走出了无声世界，走进了北京大学、清华大学的神圣殿堂，成为一名优秀的研究生，我又怎能忘记与儿子一道走过的这段艰辛而又快乐的人生历程呢！

上 部
康复之路

第一章　美丽的生命遭遇不幸

因为有了你/生命变得更有意义/你唱着生命的第一支歌曲/“呱—呱—”坠地/那是生命的报到和感激/喂奶端屎洗尿布……琐碎中获得趣意/劳累时也觉欢喜/因为有了你/生活感觉更甜蜜/你唱着生命的第二支歌曲/“妈妈—妈妈—”开始咿呀学语/那是对妈妈的慰藉/几多梦幻/几多憧憬/让我陶醉/让我珍惜

生命之缘

天门，是湖北省的一个直管市。

这里有一个古老的传说，天门，是人们世世代代寻觅的通往仙境的天堂之门。或许，这只是人们对家乡的热爱和对美好生活的向往而已。

千百年来，一代又一代天门人在这里繁衍生息，用自己勤劳智慧的双手寻觅和创造幸福的生活，建设自己美好的家园。

如今的天门市如同一块硕大无朋的绿色宝石，镶嵌在锦绣辽阔的江汉平原。

位于天门市南，有一个古老而又繁华的小镇——岳口，在汉水之滨。水陆交通发达，商贾贸易活跃。蜿蜒的汉江大堤如同一条长长的绿色花边，镶嵌在小镇的裙摆上。“花边”精致灵秀，树木苍翠，芳草茵茵。红的、紫的、黄的、粉的各种叫不出名的野花，如繁星点缀在绿茸茸的堤坡上。汉江的流水，有时波澜不惊，如同草丛中一条宁静的路；有时波涛翻滚奔腾不息，汇入长江，流入东海。

在这片富饶美丽的土地上，1979 年 11 月 24 日凌晨，在我最痛苦的时候，最幸福的时刻随之来临！

岳口卫生院，一个婴儿响亮的啼哭声，惊破黎明前静寂的天空。这是我的宝宝初到人世的报到，是对母亲的慰问和感激，顿时，一切痛苦立刻化成幸福的暖流，流进我的心里，流遍周身……

医生护士和我们全家人满怀喜悦地迎来了这个小生命。

“是个胖小子！”医生欣喜地告诉我们。产房一片欢声笑语。

小地方医院没有太多的规定，护士用尿布、小毯子把宝宝包裹好后便把襁褓中的他交给了他小姨。宝宝不是姥爷、姥姥的长孙，却是第一个在家里出生的孙子，大家喜滋滋地争抢着要抱宝宝，如同获得珍宝一般，然后俯身抱给我看。

我浑身虚脱无力，疲惫极了，但看到小宝宝却突然来了精神。当我第一次抱着他时，觉得血往上涌，心脏剧烈颤动。他就是我的儿子，是我身体里刚刚分出去的一个新的生命，是我生命的延续，凝聚着我人生的希望和祝福。

他真真切切地睡在我的身边，我们呼吸在一起，心跳在一起，我目不转睛地看着，这就是我用自己的血肉孕育的生命吗？这就是在我腹中生活了 10 个月的宝宝吗？他依然是在妈妈宫殿里的生活习惯，两只手半握着拳头，两只胳膊上举似乎抱着脑袋，乌黑的头发，粉红色的脸蛋。刚刚称过有 3.75 公斤，怎么皮肤皱皱的，后脑袋尖尖的呢？

“该不会有什么问题吧？”我既心疼又担心地问接产医生。

“应该没问题！”医生肯定地说。

看到他在睡梦中甜美的笑容，熟睡时均匀的呼吸，时而蹬着小腿，扬着胳膊，我心里充溢着的那种幸福无以言表。

他究竟从哪里来？我突然冒出一个奇怪的问题。他是我前世修来的缘分？他是命运恩赐的珍贵礼物？他是从我梦幻中走出来的天使？或许是期盼早日看到多彩世界，或许是急不可待要与我见面，他比预产期提前了整整 10 天！

昨天凌晨 4 点多钟，肚子阵阵疼痛，开始还忍着，后来实在坚持不住了，我敲开了邻居陈妈的门。陈妈是一位领导的夫人，人非常善良、热情。她告诉我：“可能要生了！”

那时没有120急救电话。陈妈迅速穿好衣服，陪同我到最近的一家医院，却怎么也叫不开门，只好折回来。小城尚没苏醒，街上没有行人。我捂着肚子一边呻吟着，一边艰难地挪动着脚步往回走，昏黄的路灯映照着陈妈搀扶着我缓缓移动的影子，豆大的汗珠从我脸上滚下来。回到机关大院，已是清晨五点多钟。陈妈帮我叫开办公室一位负责人的门，我不好意思地说：“我要请产假。”简单地移交了急办的工作。谁来照顾我呢？我不顾同事的担忧、阻拦，按照事先与家人商量的意见，回岳口父母家坐月子，那里离我的工作地有十九公里路。我好不容易爬上了到岳口的公交车。一只手抱着肚子，一只手紧紧抓住前面椅背。开始还有些害羞，用尽全力咬着牙，不让自己哼出声，心里默默为自己鼓劲。后来实在坚持不住了，什么也顾不上了，开始哼哼叫叫，满车的人都为我着急，不停地催司机：“快点！再开快点！”宝宝似乎兴奋起来，在里面躁动、翻滚，五脏六腑仿佛被搅动而错位，刀绞般的疼痛和下坠的感觉，一阵比一阵紧，一次比一次厉害。在忍受剧烈疼痛时又异常担心和害怕，暗暗对腹中的宝宝说：“孩子，坚持，再坚持一会儿，千万不能出来啊！”到达岳口时，我全身的衣服、头发都汗得透湿。真是侥幸！没有“路生”“车生”。来到岳口卫生院，在痛苦中又煎熬了一天一夜，正当我痛不欲生的时候，医生终于要我上产床。我知道那个与我血肉相连的小生命就要出来与我见面了。

这就是我们母子生命约会的经过。我们都用心灵向彼此呼唤，经历了凤凰涅槃般的庄严时刻，经历了生与死痛苦的搏斗，顷刻间化作无比的喜悦和幸福。难道这不是生命之缘吗？

一个新生命开始了他的人生之旅！望着窗外，一轮朝阳正从天边升起，金色的光芒射进来，柔柔地洒在我们的床上和身上……产房显得格外静谧、温馨。这是我的宝宝来到世上，沐浴到的第一缕阳光。他在我心中也正如这一轮初升的太阳！

亲情环绕

太阳升起来了，沉沉的睡意却向我袭来，太累了，我完成了人生的一件大事——创造了一个生命。尽管身体还有些不适，但我的心情极其舒畅，长长地嘘了一口气，很快进入梦乡。

一曲响亮的歌声把我叫醒。“哇，哇……”这是我宝宝的哭声，格外响亮，雄壮有力，在我听来格外悦耳。他用歌一般的哭声告诉我，他饿了？他有什么不舒服？……初为人母，我不知道怎么帮助宝宝。姥姥、姥爷都来帮助寻找他的需求。大家一会儿抱，一会儿给他换尿布，但他还是用哭声表示不满意。小姨只好找来医生。医生吩咐冲糖水给他喝。大家都没料到，小宝宝竟是个贪吃的大肚汉！出生 2 个多小时，第一次就喝了 150 毫升浓浓的红糖水方才止哭。

产房又恢复了平静，现在我的全部思想只有这个小生命，我的责任和使命要求我以最敏锐的感觉去感知他的需求，只有准确的办法才能让孩子感觉到我的关心和爱抚，从而使他愉悦。我开始寻找和建立我们母子物质和情感需求的第一根纽带：孩子渴了，给他喝水；孩子饿了，给他喂奶；尿布湿了，给他换尿布。

3 天后，我们可以出院了。我要自己走回家，但母亲坚决地否定了，说产妇吹风会落下病。家人借了一辆拉货用的人力板车，铺上厚厚的棉絮被单，把我的头盖得严严实实的，我怀抱着儿子躺在板车上，仿佛置身于童话世界公主的行宫之中，尽管没有“王子”在我身边，却依然感到无比温暖和舒坦。孩子小姨、舅舅、姥爷、姥姥前呼后拥把我们接回家。一家人围着我们母子忙得团团转。铺床叠被、洗尿布、给孩子洗澡上粉、给我煲鸡汤、做鸡蛋水酒……我人生中第一次享受到了“公主”的待遇。

回家坐月子，有生以来第一次被“众星拱月”，感受到了浓浓的亲情。此时此刻，世上的万事万物我都不希求，什么功名利禄，在我看来都不那么重要，有心爱的儿子，有浓浓的亲情环绕，心中溢满幸福。姥爷、姥姥仍然要上班，幸好小姨考试后，在家等待通知。小姨性格开朗，做事麻利、能干，嘴快、脚快、手也快，把全家人的生活安排得井井有条，把我们母子伺候得舒舒服服。姥爷课余时间有时帮忙洗尿布，一次忙乱之中，竟将一块尿布扎到自己的裤腰带上。下课了，一位学生对他说：“杜老师，您的烂衣服掉出来了！”家中生活虽然贫寒，但姥爷什么时候是这个模样？即使衣服破旧了也被姥姥缝补得很“体面”。他把手伸到背后，拉出来一看，原来是块尿布！姥爷回来乐呵呵地讲给我们听，并没有丝毫尴尬，却洋溢着一脸幸福。在一家人无微不至的照料下，加上我的奶水好，满月的时候，称了一下，好家伙！每天长1两多，1个月下来，长了3.3斤。胖胖的，眼睛都只见一条缝了。于是他就有了乳名“胖墩儿”“司令”。

先生正在读书，孩子满月的时候，回来看了一眼。他是“文革”前的初中生。或许当初学的知识还算牢固，考大学时考分竟比有些高中毕业生还高。但学起大学英语、高等数学、机械制图等课程仍觉吃力，不敢有丝毫马虎，所以生孩子和以后抚育孩子，都不在我身边。

从孩子出世到满月，家里人一直七嘴八舌地商议，为这个新生命取个什么名字呢？看孩子长得敦实，老人说取个好养的名字敦敦，敦敦便成了他的小名。方言敦和登同音，大家希望他学习诗圣——杜家先祖杜甫的精神，“会当凌绝顶，一览众山小”。在人生的旅途，不畏劳苦，勇敢地攀登知识的高峰，故取学名为姚登。后来我时常带他到天门高中去，感受学子们奋发进取的精神。当他看到天中高考状元榜，几个叫登峰的孩子考上北大、清华，便立志和他们一样，跟我说要在他的名字后面加个“峰”字，表达自己攀登高峰的宏伟志愿。在10岁生日时，他改名为姚登峰。

在家休产假时，一位主任代表办公室来家看望我。环顾着我那破烂不堪的家，他惊讶地说：“这就是你们住的房子呀！”是啊，这里曾是一个旧祠堂，已是破壁断墙，屋正面是一排木板门，久经风雨侵蚀，早已成了灰黑色。总共面积不到100平方米，6个小房间却住了四户人家。进大门是一个堂屋，摆满了用黄泥巴、半头砖砌成的大灶、小灶，每家灶门旁边堆放一些煤球、柴火和水缸，还有四户人家吃饭的桌子。堂屋另三面全都隔成8～10平方米的小房间。木板或砖砌的房壁没有粉刷或油漆，不到两米高，所有房间上面“大流通”。

我们家八口人，只有两间房。姐妹3个先后下乡，在外地参加工作，一个病故，家中还有弟妹两个和父母。逢年过节如果回家团聚，也只有这点狭小的空间，只好借宿学校集体宿舍。那时候羡慕农村的孩子，尽管他们住的是草屋泥房，但一家人能团聚，在一个屋檐下吃饭睡觉。房内只能放一张床和一张很小的桌子和柜子，床底下塞满杂物。上面没有天花板，砖瓦残破、檩子腐朽，长期飘风露雨。冬天北风呼呼往屋里灌，就跟外面一样冷。地面还是我15岁那年和一位要好的女同学借板车拖炭渣和泥土来填的。尽管当初干了三四天，累得精疲力竭，但地势仍然很低，凹凹不平，没有铺水泥，更没有现在的瓷砖和地板。一下雨水就会漫进屋里。朝南的房间有一个活动的巴掌大的木板，可算作窗户。房间的门，只有一米五高，我们姐妹一个比一个高，进出门都要低头。由于房子低矮，长期阴暗潮湿，蚊虫鼠蚁成堆。俗话说“穷忙”，真是太对了！我们家必须花大量的时间“灭四害”，做卫生，每年都要用旧报纸或旧试卷糊房壁，用烂席子堵塞墙洞。它在别人眼里根本不能称之为“房子”，但在我们姊妹心里，有父母的地方，就是我们温暖的家。我和登儿就是在这个房子里度过了幸福而又快乐的56天，我产后虚弱的身体在这里恢复了元气，登儿在这里开始了他人生的第一个旅程。

初尝母亲的艰辛与快乐

幸福的日子瞬间即逝，产假很快休完。我几乎要忘掉的社会身份随着主任的探访，又回到潜意识中。不管愿不愿意，那时根本不能选择，我要带登儿回机关上班了。正愁带着老的、小的和一大堆棉的单的尿布，还有摇窝、瓶子、罐子等杂物，怎么去挤公交车，主任来看我时告知：“你上班时，办公室已安排财贸学校的车来接你。这次回去可不比你原来一个人啊！”我感激主任想得周到，更感受到组织的温暖。

清晨，几只喜鹊站在枝头不停地喳喳叫，似乎与我们话别。热情的司机周师傅，还有小姨、舅舅给我们搬东西，父母依依不舍，亲了又亲他们的小外孙，含着热泪千叮咛万嘱咐带孩子的“注意事项”。有生以来第一次乘上为我开的专车，第一次享受这个特权，是因为我是一个母亲，有了一个新的生命。你可知道那时候就是有钱也没有车呀！尽管是一辆130货车，我已非常满足，它给我们带来了极大的便利。我怀抱着儿子和婆婆坐在驾驶室，后面车厢装着满满当当的东西，大都是登儿的家当。登儿在我怀抱中不时睁开眼睛四处张望。

这是登儿人生的第一次“出游”。走出蜗居，外面的世界多精彩！明媚的阳光、湛蓝的天空、广阔的田野、碧树掩映的村庄、田野劳作的农民，这是一幅多么祥和美丽的图画啊。我怀着无比喜悦和幸福的心情，默默地对孩子说：“登儿，你能感受到吗？”我憧憬着美好的未来，奔驰的汽车带着我和一个新的生命，又将开始新的生活。

到达机关正是中午下班时间，办公室的同事、邻居们如同欢迎凯旋的将军簇拥着我们母子，欢迎一个新生命加盟这个革命大家庭。欢快的嬉闹："哎——快来看小杜的胖司令！""啊，这么胖，真是个司令！""你们看他像爸还是像妈呀？"一阵喧嚣之后，接着七手八脚帮我从车上搬东西。16平方米的房间，原来只有一张双人床，简单家具，一个人住显得空荡荡的，现在行管科给我配置了单人床，还有登儿的摇窝、杂物等，一下子塞得满满当当。值此，我才真正意义上承担起集母亲、父亲于一身的所有责任。

我特别感激婆婆不顾虚弱多病的身体，自告奋勇为我带孩子。她老人家曾做过三次大手术。最后一次手术拿掉一个肾脏后，医生说她最多活十年。她来带孩子的时候，已是医生预言后的第15个年头。但除了婆婆，我们还可选择谁呢？我每月的工资只有37.50元，先生50多元，合起来不到90元。每月还要花费近30元给婆婆看病吃药，保姆是请不起的。婆婆是一个非常勤劳而又能干的女人，但她老人家是带着病体呀！为了减少婆婆的劳作，我只在上班的时候，让她看孩子，自己则起早摸黑，尽量多承担家务。

工作是万万不能懈怠的，这是一种本分和责任。母亲的职责也不能推脱呀，我的很多精力和时间必须花在登儿的身上。清晨五点，就要起床洗尿布，天没亮就得晒出去，抢太阳晒干；遇到下雨天，还要生煤炉烘烤。接着到食堂打好10瓶开水，包括办公室的6瓶，来回要跑两趟。再为婆婆买好早点，做卫生……像抢火一样的速度，等安排好一切，已经要上班了。正常情况下，我一般是一边喂奶，一边自己吃早点，有时来不及吃或者没有食欲时就不吃了。下班回来，先到食堂买饭，让婆婆吃饭休息，我一边看孩子，一边吃饭。完了，我得先去洗碗筷，再去打热水来给孩子洗澡、洗衣服。我的神经一整夜系在孩子身上，哪能睡得安稳。换尿布、喂奶，一晚至少要起来两三次。孩子太小拉屎没有规律，加上自己没经验，有时弄到床单、被套上。不论在什么时候，也不管如何困倦，哪怕严冬的寒夜，冷得发抖也得起床。一个人倒来温水，为孩子擦洗干净，换衣服，把他暂时放到婆婆的被窝里，再来换床单、被套。第二天，整个房间一片狼藉，我必须早早起床，该洗的要洗，该晒的要晒，将它们收拾干净后去上班。

我感到从没有过的困倦和孤独，此时最大的理想就是睡个安稳觉。但是谁能换我休息一下呢？至此，我才体会到抚育孩子的艰辛和甘苦，那些琐碎的家务活总是干不完。此时我多么希望先生在身边，共同抚育我们的孩子，哪怕帮我提桶水，打瓶开水也好，但是这对我来说只是一个梦。

不管生活如何艰难，只要看到登儿健康成长，我没有丝毫厌烦。至此更深刻地理解，为什么人们说母亲伟大，因为母亲的名字意味着无私地奉献，快乐地给予。生活的天空是蔚蓝色和黑色的交替，构成了白天和黑夜，即生命的每一天；生命之间流淌的爱，不管是否源于血缘，它如同阳光般温暖，照亮我们的人生，它是红色；睡觉是温暖的橘橙色；吃的食品是大地馈赠的绿色植物；洗澡是白色，代表纯净；排泄的是黄金色；穿的衣裳是七彩色，那是对生活的热爱和展示，为的是让我们随时赏心悦目地看见生活的颜色。我憧憬着美好的未来——登儿活泼的童年、顽皮的少年和风华正茂的青年，所以当我面对琐碎和平凡的生活而始终充满着热情，琐碎中获得趣意，劳累时也觉欢喜。

我在登儿的床头上空挂满五彩的气球，让他醒来就可看到鲜艳的色彩；将收音机的声音调到柔和的音量，又买来摇铃，让他感受声响；在他摇篮边或座椅旁，唱着欢快的歌曲，或表情丰富地给他说儿歌，摇头晃脑地拍手，让他感受音乐的节奏；和他在一起，不停地逗他开心，逗他笑，不停地和他轻轻地说话。

一天晚上，我和他在床上玩耍。将一个皮球滚到床头，让他自己爬着去捡。他来回爬了几次，就不想动了。我看懂了他那求助的目光，但没有理睬，就是希望他再爬两转。他用哭声表示反抗的同时，嘴里吐出两个清晰的音，“爸爸!”我感到惊喜，登儿居然九个月就会说话了！我激动地把他抱起来亲吻。心想妈妈日日夜夜伺候你，干吗不先叫妈妈呢！叫爸爸也好！可惜爸爸不在身边，我想他要是听到，该多高兴！我立即写信向先生报告了喜讯。

每天下班后，我不厌其烦地逗他说话，希望听他叫我一声妈妈。那几天上班的时候，都美美地想着，唯恐他叫我的时候，我不在他身边。其实那时只是无意识发音，又过了两个多月，才真正开始咿呀学语。能说“爸爸”“奶奶”“拿来”等单词了。

学说话的同时，登儿开始蹒跚学步。一天晚饭后，我拿一条长毛巾，绕过他的胸前套在他的两边腋下，然后拉着毛巾的两端，在寝室外面的走廊上让他练习走路。有个小姑娘，看他聪明顽皮的样子挺好玩，于是一边面向登儿退步走，一边逗他，引导他向前。登儿嘴里不停地说："得、得……"小姑娘哈哈大笑，不知怎么登儿突然向小姑娘叫起来。那是我期待已久的声音——"妈妈"！从那天开始他才有意识地叫我"妈妈"。

登儿声声甜美的叫唤让我陶醉，一个母亲的神圣责任感和幸福感溢满全身，但是这种幸福的感觉没能维持多久，一场重大的灾难降临几乎让我崩溃。

灾难从一场平常的感冒开始

1981 年 3 月的一天深夜 2 点多钟，登儿突然发高烧，哭闹不停。我急得团团转，一会儿给他喝水、一会儿用冷毛巾给他敷额头，他就是不肯安静。孩子的哭声在夜深人静时显得那样惊天动地，我一方面为他的病情焦虑，另一方面又担心吵得四邻不安。就在我不知所措时，隔壁房间的主任和他爱人敲开门，关切中带着焦急的语气询问："孩子怎么了？"一下子这栋大楼的几个姐妹们也闻声披着棉袄出来。早春三月的夜晚依然寒气逼人，从热被窝起床是要热情和勇气的，但他们没有"事不关已"。看到他们披着棉衣依然冻得发抖，带着急切的目光，我的心头一暖，感受到来自大家的关心和理解，使孤独焦虑中的我，感到格外亲切和温暖。

我带着哭腔说："孩子发烧！"

"赶快送医院呀！"大家异口同声说，并争相陪同。考虑年龄相仿的姐妹们基本都是"半边户"，都要照顾自己的孩子，最后由吴妈陪我上的医院。

20 多年前，小县城没有出租车，到人民医院有一二公里路，只能靠步行。我急忙抱起登儿，吴妈帮助用毯子把登儿头盖住。刚出门几步，发现下起雨来，又折回来拿伞。考虑我要抱孩子，撑伞不便，我们 3 个人共用一把伞。吴妈个子矮，她的一只手高高举起伞撑在我和登儿头上，一只手拉着我的衣服搀扶着我，我们再次走出机关院门。此时路灯熄了，摸索行走在漆黑的街道上，雨点突然急骤起来，一声巨雷轰响，好像在我头顶爆炸，接着阵阵闪电射出耀眼的蓝光划破黑沉沉的夜空，仿佛妖魔狰狞的面目要把我们吞噬。我加快步伐，不知被什么东西绊了一下，身子往前颤，快要跌倒时吴妈急忙牢牢地抓住我的衣袖，我站稳脚步，抱紧怀中的登儿。由于棉衣单薄加上惊吓，我浑身发抖，吞了一口冷涎，才缓过气来。

“在新，不怕！有我呢！”吴妈说。又鼓起劲，再次将下垂的伞高高举起。

一股暖流涌上心头，有慈母般的吴妈在我身边，怕什么呢？我解开棉袄，把孩子捂在怀里，顶风冒雨继续向着医院行进。

到达医院时，庆幸登儿里面的衣服没打湿，而我和吴妈的肩头、裤脚从里到外全都湿透了，冻得直哆嗦。哪有时间顾得上我们自己，吴妈帮我抱着登儿，我跑前跑后去挂号、找医生，直到登儿输液后，我才催促她回家换衣服，此时已经是凌晨6点多钟了。吴妈答应回家安排一下，可没多久，她又折回医院，给我送来衣物和早点，与我共同守护登儿。

往事如烟，我的人生经历了不知多少风风雨雨，多少坎坎坷坷，哪一次不是这些纯朴、善良的人们给我帮助，在我人生路上给我无比的信心和力量，帮助我渡过一个个难关。吴妈早已作古，写到这里我流下感激的泪水，并深深怀念她！

门诊值班医生说需要转入住院治疗，这是登儿第二次住院，第一次是因为拉肚子。

住院部接诊的是我们机关附近医院的一位医生，我以为他调到人民医院了，他告诉我在这里学习。

住院的第二天，他挂着听诊器查房，在孩子的胸前听了一会儿，又征求我的意见说：“孩子的医药费是否可以报销？给他拍个片吧，你儿子可能得了肺结核。”

“啊！怎么可能呢？”我疑惑地叫起来。

接着我焦急而又果断地说：“您不管是公费还是私费，孩子必须确诊。”

医生迅速给他拍片检查，很快排除肺结核，确诊为“感冒引起肺炎”。

我跟随医生来到办公室，医生对我的行为有些反感，从医生愠怒的脸上我能感觉出来。因为病人家属是不能进到这里的，但我对孩子的担心使我顾不上这些。

看着医生开处方时，我不知为什么特别担心。至今都感到奇怪，当时的表现为什么那样反常？简直变成了一个啰唆的老太婆。

“您开了什么药?”我问医生。

“我们用药还要跟你说，你还懂医学?”

“不懂。”我不好意思地回答，接着说：“我是担心他药物过敏。”

“你们不放心，怎么把他送到医院？干脆你自己当医生好了!”医生已经不耐烦了。

我怕得罪医生对登儿治疗不利，不敢再说话了，焦急地看着医生开单。

过了一会儿，医生的态度又突然来了个急转弯，大概是看我着急的样子，让他动了恻隐之心。医生告诉我开了一些什么药，我感激医生善解人意。

我没听清楚其他一些药名，但听到了使我毛骨悚然的3个字——“链霉素”!

“什么？您还开了链霉素？听说链霉素可致耳聋!”我不假思索地说。

我想起一个邻居，一个浓眉大眼非常聪明却只能整日以帮别人掭煤为生，处处备受歧视的可怜小伙子，他就是小时候打链霉素后而成了聋哑人。还有我原来的一个同事，得了肺结核，连续半年注射链霉素，听力逐渐下降，后来几乎全聋了。

所以，我对链霉素有着很高的警惕性。

医生跟我解释：“我们对好多人都使用过链霉素，有几个致聋呢？何况过敏的药物，我们会先打实验针的。”

“哦!”

我并不是听了“有几个致聋”，而侥幸地不再抵制链霉素。

即使是万分之一，十万分之一，一丁点儿危险，我都不会让我的孩子去冒险，何况他还没到抢救生命的危急时刻。只是听到医生说先做实验，我以为是致耳聋的实验。

我好恨自己当时竟然没有这方面的知识。后来才从书上得知，所谓的实验针，只是危及生命的过敏实验，但如何避免造成耳聋，世界上到目前为止还没有什么实验针。早知道如此，我是绝对不会让医生给我的孩子打什么该死的链霉素！孩子的病情并不严重，送到医院的第二天就退烧了，医生要观察两天，第四天便康复出院了。

谁能想到这次平常的感冒，给我们带来多大的灾难。我竭尽全力呵护的一个健康活泼的生命，被一场平常的感冒而摧残，从此接踵而至的灾难降临到我们的头上！

如同一幅缓缓展开的生活画卷，刚刚露出幸福的颜色，却突然被袭来的暴雨打湿了，一切快乐和安宁，都被浸染得一塌糊涂。

已在声音的黑暗里

从医院回来后，平时开朗活泼的孩子变得沉默不语、反应迟钝，呼唤他的名字也不理睬，对人们的逗笑无动于衷。我不明白这孩子究竟怎么了，阴影掠过心头。那些日子我一直处于惶恐不安之中，反复实验他的听力。我把收音机的音量一时调得大，一时调得小；一会儿觉得他听不见了，一会儿又觉得他还听得见。

一天中午，看着睡得正香甜的儿子，我突然大声呼叫他的名字，他睁开眼惶恐地看着我，不知道发生了什么事情。我放心了，说明他还有听力，但马上又感觉不对，是不是气流把他弄醒了呢？我怎么也不敢相信孩子听力出了问题呀！

疑惑、茫然如浓雾笼罩着我的心田，我无助地一遍又一遍在心中祈祷，侥幸地希望孩子没有事。

我感激办公室一位上司的爱人万姐，她是幼教方面的专家。她告诉我："3 岁前的孩子是硬灌式教育，要尽量多给他输入信息，随时随地教他说话。"

我记住万姐的话，凭着一个母亲对儿子的爱，麻木地、机械地一如既往教孩子说话。因为我爱我的孩子，我要履行一个母亲的职责，我要教他认知这个世界！开始他还能跟着说些简单的单词，但口齿越来越不清楚，而且我说数遍，他才重复一两个字。看到他这个样子，我的心顿时被拖向一片白茫茫的迷雾。1981 年底，怀着忐忑不安的心情，我第一次带着近两岁的登儿到武汉几家大医院检查。

"他能说话吗？"医生问。

"能说几个单词，但说不清楚。"

"这个孩子看起来还算正常嘛，大一点说话或许会好些，你们干吗疑神疑鬼！”

“我们叫他没有反应。”我讲述了怀疑的原因。

“那就检查一下吧。”当时医院还没有客观检查仪器，主观检查仪又因登儿太小不能配合检查，只能利用音叉、锣鼓声，根据孩子的反应来判断，否则就无法准确判断登儿的听力损失情况。

我们又辗转来到武汉市儿童医院。医生说他是“地图舌”，而且舌系带连接过长，要给他做舌系带延长手术。我们只好听从医生的意见进行治疗。

登儿的遭罪从此开始。第一次看着医生拿着手术刀，伸进登儿的口腔内，我全身颤抖，但知道自己必须镇定坚强。看着孩子求救的目光，我只能咬着嘴唇视而不见，听到孩子凄厉的哭叫，我的心被撕扯得更痛啊！

手术后，登儿的情况不但没有好转，相反更加严重。又过了几个月，一天中午一些朋友在我房间玩，突然“咣当”一声巨响，一个小孩把放在高处的搪瓷盆弄翻掉在水泥地上。房间里所有大人、小孩的目光一起投向那里，只有登儿依然聚精会神地码他的积木。我所担心的事情终于被证实了。我又发疯似的举起摇铃、杯子使劲朝地上摔，响声惊天动地，还是没能“惊动”登儿。几百个日子忧心、疑惑，在无情的事实面前，终于意识到孩子的听力损失严重！我如履薄冰、万般小心呵护的一个幼小的健康生命，猝不及防成了残疾。惊恐与焦急，悲伤与慌乱，排山倒海般在我心中卷起惊涛骇浪！我跌跌撞撞地跑到他的跟前，一边泪流满面地呼叫着他的名字，一边使劲地摇晃着他的肩头。登儿受到惊骇，也随着我痛哭起来。我把他紧紧地抱在怀里，生怕谁再来伤害我的孩子。

登儿不明白怎么回事，他用那双稚嫩的小手不停地给我擦眼泪，用他那颗幼小的心灵企图抚慰母亲。他越是这样我越难过，越觉得对不起他。在场的几位朋友跟着我流下同情的泪水，不停地安慰我。我什么也听不进去，悲伤的泪水如同决口的堤坝奔涌而出。我为孩子苦难的命运哭泣！我的孩子来到人世才800多天，他的语言仅仅几个单词，为什么要将他推到声音的黑暗里？是谁剥夺了他说话的权利？他如何来认知这个世界？如何在这个世界生存？几位朋友要把登儿抱开，他却不愿跟她们去。天生就懂事的他，此刻哪能放心母亲呢？当时他还不明白母亲是为他的命运而悲伤啊！他明亮的眸子看着我，泪水盈满了他的眼睛，滴滴答答滚落下来。看到他悲伤的样子，我的心在颤抖。我凭什么加给我的孩子痛苦啊！孩子的痛苦就是我的痛苦，我的痛苦也是孩子的痛苦。从那个受精卵细胞裂变生长开始，我们的命运已经连在一起。我把登儿紧紧地搂在怀里，他的头埋在我的胸前抽泣，我的脸贴在他的头上，泪水哗哗地滚落在他的头发上。

在此之前，我对“撕心裂肺”这 4 个字体会还不深刻，此时此刻才体味到那种撕心裂肺的感觉，而且精神上的痛苦永远超过肉体上的疼痛，世界上没有任何语言可以表达。它不仅仅是从眼睛里流淌出来的泪水，更是全身心每根神经，每寸肌肤，每个细胞受到打击、切割、撕裂后的剧痛而发泄、流淌出来的血液啊！

该不该出生的孩子

那时候电话尚没普及到老百姓家庭，我们办公室有一部电话，但我的父母亲友家都没有电话。孩子遭遇不幸，我没能及时告诉他爸爸，也没有告诉我的亲友和同事。

我一整夜抱着孩子无眠，一整夜哭泣。我恨老天爷不公平！童年、少年和青年经历的种种磨难一幕幕浮现在我眼前。我小时候生活在外婆家，特别勤快乖巧，讨外婆及亲友们的疼爱喜欢。6 岁时来到父母身边上小学，每次半夜醒来，总看到爸爸伏在书桌前昏暗的煤油灯下给学生批改作文，母亲则刚从被服厂下夜班回来。知道了父母的艰辛，生怕惹他们生气，只要能让爸爸妈妈高兴的事就抢着干。7 岁那年冬天，我提了一大篮子布鞋到汉江边去洗。在北风呼啸的江边，蹲了几个小时腿都麻木了，小手也冻得通红，正得意快洗完时，突然被堤岸上滚来的大棉花包把我推到江里，就在被江水吞噬的一瞬间我被一位好心的搬运工救起来。穿着湿漉漉的棉衣，还不忘提着洗好的一篮子鞋，迎着刺骨的北风，翻过大堤走了近 10 分钟路程才回到家中。姐姐帮我脱掉一身湿棉衣，我冻得浑身颤抖牙齿打战，急忙钻进被窝。迷迷糊糊中直到父母下班看到我躺在床上，脸颊烧得通红，才找来校医。那次病了一个星期，也感受到父母的慈爱，喝到了母亲给我冲的一碗生姜红糖水，那种微辣香甜的味道和温馨的感觉永生难忘。那次江水没有夺去我的生命，我却庆幸自己生病了，得到了父母的关爱，尤其是父亲担心而温和的询问，慈爱的目光让我感动得躲在被窝里哭了好多次。

读小学五年级时我不满 11 岁，看到一些同学得了眼病，用白纱布把眼睛蒙着觉得好玩，也希望自己生眼病玩玩。不想则已，一想即成，左眼敷上白纱布，1 个多月不见好转。一天吃饭时母亲发现我的眼球上长出白云，把手放在我的左眼前，已经看不见几个指头了。父母整夜无眠忧心焦虑，我却丝毫不知道严重性，真是“少年不知愁滋味”！那时父母不能请假，只得让大姐带我去武汉，找到在武汉当采购员的舅舅带我去医院看病。经医生诊断，我患了角膜炎。在武汉治疗了 10 多天后，我的视力逐渐恢复了，又巩固治疗和休息了一段时间。治疗眼睛耽搁了 1 个多月的学习，回来就是期末考试。考试内容尽管好多没学，但感觉题目似曾相识，用原来学过的方法推理、举一反三，做起来很顺手，考了个全班第一。搞得校长、老师大会小会表扬，号召全校师生向我学习。从此以后我的学习成绩飞跃，年年被评为三好学生、学雷锋积极分子。眼睛治好了，人也开窍了。小学五年级前的我，处于混沌状态，学习成绩非常一般。庆幸眼病没有让我留下残疾，却成了我人生的一个转折，从此在困苦磨难中不屈不挠，不断奋进。

父母平时工作很忙，大姐下乡，小姐有心脏病，所以家里提水、做煤球等重体力活一般都由我干。水缸每天要提十几桶水才能装满，那时我常常是左手右手各提一桶水轻轻松松一路飞跑。14 岁那年，我就将养家糊口的责任扛起，拼命做工挣钱养活弟妹。下乡后我拼命劳动学习，被推荐当民办老师，又认认真真教书。参加工作后，更是不要命地干，从基层到政府部门，每一步都是扎扎实实工作，每一天都是认认真真生活。

命运为什么要这样对我呢？我想起普希金的诗句：“假如生活欺骗了你，不要悲伤，不要着急，相信吧，痛苦的日子即将过去，幸福的生活就会来临。”但是我的痛苦会过去吗？不敢想象我可爱的孩子今后的人生之路怎么走？如果治不好耳聋，登儿将一辈子生活在静寂的无声世界，而作为他的亲人将永远为此而伤心、悲痛。我没能像诗人教诲的那样潇洒，我怎能不悲伤？我不希望谁来安慰我，没有谁来安慰我，没有谁能够安慰我。我不知道孩子该不该出生，他的遭遇是谁之过？谁之罪？

我找到医生讨说法。

医生振振有词：“该有多少人打过链霉素，别人没问题，就你的孩子有问题！这能怪谁呢？”

“我不是跟您提出过吗？”

“提出来又能怎样？又没有谁说不能用链霉素！”医生说得理直气壮，也把责任推卸得一干二净。

一个美好的生命就此被链霉素摧残了，一个健康活泼的幼儿被医生用药不慎而失去了学习能力，一个本该有美好前程的孩子被一次平常的感冒而断送，我这个受害者反而理屈词穷。能到哪里去申冤？喊天天不应！呼地地不灵！30 多年前我国法制尚不健全，全民法制观念淡薄，医生不承担责任，没有法律条文可依，老百姓也没有用法律保护自己的意识。就算有法可依，又能弥补已经残疾的孩子什么呢？

我不知道全国有多少因打抗生素致聋的孩子，他们和登儿一样本该有幸福的生活，但统统被可恶的药物断送了！谁能对他们负责任呢？当时的医生、医院说没有过错。没有谁来承担责任，他们的苦难只能由他们的家庭和他们个人来承担，他们的人生之路还得由他们自己走下去啊！

第二章　母亲走过风雨路

生活的天空/突至狂风暴雨/巨大的惊恐和绝望/将母亲打入黑暗/冥冥之中/听到幼儿的呼唤/幡然醒悟/母亲的称呼谓之坚强/几番挣扎/再度爬起/走过雨季/走过忧伤/拳拳慈母心/撑起生命的雨伞

绝望与黑暗

雨淅淅沥沥地下着，我再次带着登儿到武汉检查治疗。我们坐在去武汉的汽车上，路边的电线上挂着一串串水珠，无声地滴落在路边、田野，它仿佛就是我的泪水。一阵寒风吹来，感觉脸颊冰凉，继而觉得浑身发冷，一直冷到心里。我抹一把眼泪，脱下自己的外衣，给登儿披上，然后把他紧紧地抱在怀里。

我带登儿先到同济医院。我诉说了半年前在这里的检查情况，医生敲打音叉和小鼓检查，登儿没有明显的反应。医生一直摇头说没有什么特效药。第二天，我们又来到协和医院，医生还是同样的说法。接着我们跑遍了武汉市各大医院，医生的结论几乎一致：患儿感应性耳聋，因孩子太小听力尚不能确诊。

尽管有预感，当从医生口中确定后，我还是难以接受这个致命的打击！我感到从没有过的脆弱。看到登儿，想着孩子这么小就遭遇如此不幸就要哭；没看到他时，也想着他今后不知如何生存还是要哭；到医院碰到和登儿同样不幸的孩子，可怜他们要哭；看到健康活泼的孩子，想到自己的孩子却遭遇如此不幸依然要哭。我一直沉浸在深深的悲哀之中，整天精神恍惚。我不能接受聪明活泼的孩子没有听力、将永远是个聋哑人的事实。

带着满腹的哀愁和疲倦回到家中，过去欢乐和幸福的生活永远离我们而去，我的精神崩溃了！见到我的人都惊讶地说："你怎么啦？"

由于奔波劳碌加上忧心焦虑，我病倒了，而且来势汹汹，高烧40多摄氏度，昏迷不醒，医生下了病危通知。或许是对儿子的眷恋，我又奇迹般地苏醒过来。我听到小妹惊喜地叫声，"啊，姐，你终于醒了！"

"这在哪里？"

"在医院。"

"哦！"我想起那天高烧时，迷迷糊糊梦见黑沉沉的夜空中，登儿一个人在哭喊妈妈，我去找他，跑又跑不动，叫也叫不出来，眼睁睁看着他掉进一个大黑洞……

"登儿呢？"我用极其微弱的声音问守护我的小妹。

"大姐将他接走了。"

感觉眼睛炙热、眼珠胀痛，好多眼屎把眼睫毛都糊住，眼睛想睁却睁不开，喉咙像火烧，头昏昏沉沉，浑身酸疼，难受极了。我用嘶哑的声音说"水！"

小妹一边慢慢把我扶起来喂水，一边说："你终于醒了，把我们大家都吓坏了。你昏迷了四天四夜！这几天黄大姐和我在这里轮流照看你。好多领导、同志，还有朋友们都来看过你。"

我迷迷糊糊中曾感觉黄大姐在我身边。她是我的老同事，热肠快语，每当我遇到困难，她总会伸出热情的双手。

"那天大姐得到信后，一整夜没睡觉，半夜走到车站，在车站坐等开往天门的第一班汽车，赶到这里接登儿时天才刚刚亮。"小妹接着告诉我。

那时不比现在的交通这样发达，随时随地都有公交车，那时要坐上公交车非常不容易。当时正是寒冬腊月，我的大姐居然在车站坐等了半夜，她是何等的焦急啊！亲友们彻夜不眠，日夜守候在病床边，为我担惊受吓，忍受巨大痛楚的煎熬。在危难之时，正是他们用人世间最美好的情爱，抚慰我的一颗伤痛的心啊！

手上扎着点滴，小妹用棉签蘸水帮我擦洗眼屎，我睁开了眼。怎么回事？一切都是模糊的。我惊叫起来："小妹，我怎么看不清楚啊？我的眼睛怎么啦?"

"啊！什么?!"小妹急忙找来医生。

"我得了什么病?"我问医生。

"病毒性感冒。"

"病毒性感冒怎么这样厉害呀?"

"严重的还可致命呢！你要是醒不来，不就完了吗?"医生毫无顾忌地说。

接着找来眼科医生。医生随便看了看说："需要仪器检查，把她抬到眼科来看吧。"

眼科检查结果出来：高烧引起视神经炎，左眼失明，右眼0.1。这该死的感冒害了我的儿子，还要害我呀！

我的世界崩塌了！眼前一片黑暗，巨大的惊惧、恐慌向我袭来。我想起可怜的儿子，他今后指望谁呢？现在我瞎了，儿子聋了，苍天啊，我该怎么办？胸口被一把利刃绞割着，剧烈的疼痛将我的心抽打、撕扯、挤压着，疼痛从心底弥漫至我的每一寸肌肤、每一个细胞。感觉自己体无完肤！我痛哭不止，泪水汹涌奔流，刺痛着我红肿的双眼。

"不能哭，不能哭呀！医生叮嘱，不能着急，不能伤心，不能哭！"小妹伤心地哭着劝阻我。

我仿佛在地狱走了一遭，上苍仁慈地赐给我第二次生命，却留给我一片模糊的世界。哭过以后，日子再难过也得过，人生的路再难走也得走。虽然万念俱灰，但总算明白了一些事理。经历了那么多苦难和忧伤，我感到生命脆弱。我流干了眼泪，不仅没能挽救我的孩子，自己却又遭遇劫难。至此，我只能选择坚强！心里有了一个顽强的念头：我的眼睛不能瞎！我要生存、要工作、要带我那可怜的儿子去治耳朵！这一决心占据了我的整个身心。

小妹陪伴我立即赶往武汉求医。或许是爱的力量牵引，经过半个月的治疗，我终于重见光明！那一天我太高兴了，任激动的泪水尽情流淌。我感谢上苍，更感谢医生，又能让我看见心爱的儿子了！

母亲的伤心泪

由于治眼睛用了激素药，我大量饮水，3 磅的开水瓶，一天要喝六七瓶，依然感到舌干口渴，感觉有一个巨大的火盆在身体内燃烧。根本不能吃饭，吃了就呕吐，一天要呕吐 10 多次，日不能食，夜不能寐，我的体重由 55 公斤一下子瘦到 38 公斤，好多人看到我欲言又止。我不知道他们究竟想说什么，在我的追问之下，一位大姐说："你是不是得了什么癌症？"

"癌症！可能吗？"

"××原来和你的症状一样，去医院检查就是癌症！"

听了那位大姐的话，我的脑子似乎轰的一下要炸开了，顿时觉得天旋地转，一个巨大的阴影笼罩在我心头。此时，我不想死！不想死啊！我迫切地希望身体康复，因为我的生命已不再属于我自己，我有一个耳聋的儿子。我的使命没有完成，要照顾我的儿子，要带儿子去治耳朵！

我惶恐地到县医院检查，折腾了半天，医生建议我到武汉去确诊。一阵恐怖向我袭来，为什么要我到武汉确诊？我真的得了癌症吗？是不是将不久于人世？静寂的晚上，我孤独地靠在床头，清冷的月光洒在我的床前。此时先生在干什么呢？我可怜的孩子还好吗？我不知道我的生命之路还有多长，将来谁来照顾我的孩子。

我泪流满面，对远方的孩子轻轻地诉说："登儿，你可知道妈妈是多么想你呀！不是妈妈不管你，为了你，妈妈是怎样苦苦地撑着呀！如果有一天妈妈不在了，你一定要立志，要做一个坚强的人。妈妈在遥远的地方，看着你，为你鼓劲，为你加油！"

我来到书桌前，觉得应该安排一下后事。想一阵子，又哭一阵子，给儿子写了一封长达 10 多页的"遗书"。我没有告诉任何人，包括我的先生。我知道他是个工作狂，日日夜夜在工作岗位上。我不想分散他的精力，即便是告诉他，他也只能在心里着急而已。这几年接踵而至的灾难，连累了我的家人和亲友，我也不想再给他们增添麻烦。

第二天天刚亮，我一个人坐公交车辗转来到武汉协和医院。先排队挂号、看医生、交费、预约胃镜检查时间。反正没有食欲，一天不吃没关系，就是要不停地喝水，否则口渴得作呕。

我到住院部找开水喝，护士不让我进去，我诉说我的情况，央求她们，护士也就同情地放我一马。爬几层楼后，气喘吁吁、大汗淋漓、四肢瘫软无力，只好找椅子坐一会。一整天哪儿也不去，一直坐在候医长椅上。回想短短的半年时间，怎么接二连三的灾难都让我摊上了呢？我在这里是不是生命最后的时光？我要住院治疗吗？假如住院治疗我要不要告诉谁？想累了靠在椅背上打个盹，晚上在医院附近找个小旅社随便住下。

澡也不洗，心事重重躲进被窝，心中无限凄凉。

天不亮一个人又早早地来到医院等候。看到过往的匆匆行人，我想大千世界，芸芸众生，我就像一片落叶，很快会无声无息地融入大地。我是一个普通女人，对社会和人民没作出什么大的贡献。我走了以后，谁能记得我呢？先生难过一阵子，时间会磨平心灵的伤痕，他可以再娶。只有我那可怜的儿子，一个生活在静寂世界不会说话的孩子，谁能了解他的需求？谁来照顾他呀？

通过胃镜检查，细胞培养，几天的等待仿佛是经历了一个世纪漫长的煎熬，我终于拿到排除胃癌的检查结果！真是不虚此行！我好高兴！好想对全世界的人，包括为我担忧的姐妹们大声叫喊："我没有癌！没有癌！"放下了包袱，心中的巨石落地，也觉得病好了一半。我记起自己已经3天没吃什么东西了。

走出医院，仰望湛蓝的天空飘动着几朵白云，阳光格外明媚，空气分外清新。我深深地吸了一口气，跑到餐馆破例吃完了一碗面条。回来后，机关的姐妹们高兴地为我欢呼！我的心情已经好长时间没有这样轻松了。

这次检查归来，我的思想大彻大悟，更珍惜人生，珍爱我这条捡回的生命。能坦然地面对那些挫折和不幸，不再是一个只会伤心流泪，怨天尤人的母亲。我感激上苍，或许是它怜悯我的儿子，觉得我做母亲的任务还没有完成，于是将我留下来拯救和照顾儿子。一种使命感时刻催促我，恨不得一下子恢复健康，能把儿子接到身边。信心又回到我的身上。过去吃药后，总是引起一些连锁反应。从武汉回来，我干脆不吃药了。在以后2年多的时间里，我坚持一边上班，一边采用精神、食物加体育锻炼疗法。

我永远不会忘记生病那几年，身边的同志、姐妹们给我的帮助和鼓励。那时的机关大院，真是一个革命大家庭。一人有难，众人相帮，人与人之间不乏淳朴和热情。大家经常在一块愉快地闲聊、交谈。有的领导亲切询问我的身体状况，鼓励我战胜疾病；有的同事告知我一些偏方、土方。

碧华，是我的一个好姐妹，她所在的工业办公室和我们同在一层楼。她爱人调回后，小家庭便开火做饭。看我在食堂买的饭咽不下，经常特地为我煮稀饭，凡是做了好吃的，总是拉我到他们家里吃饭。那几年他们两口子在精神上给了我深情的安慰，生活上给了我无微不至的照顾和帮助。

在我最痛苦的时候，姐妹们时常给我关心和安慰，对我说得最多的一句话："为了儿子，你要吃饭、要保重身体啊！"说到儿子，我便有了无穷无尽的勇气和力量。

那些日子我就像神仙一样，从来没有饥饿的感觉，但还是强迫自己吞咽。每当咽下去的食物如同搅拌机在我胃里搅拌、撕扯着肠胃而引起剧烈疼痛，常常是翻肠倒肚般呕吐后，含着泪水强迫自己再吃，吃了又吐，我又咬着牙吞咽。因为我吞咽下去的是希望，是健康！

多年读书一些正面思想的熏陶，无数英雄豪杰的榜样，使我有了战胜厄运的思想基础；渗透到骨髓里的母爱，让我越来越坚强。我日思夜想就是振作起来，尽快康复，然后用我的全部心血和力量来挽救孩子。整整两年的时间，在生与死的考验面前，在黑暗与光明的较量中，在疾病与健康的搏斗中，我在进行一场没有硝烟的战斗，在这场生命的一次又一次的搏斗中，我甩开"针药"这个企图与我同归于尽的武器，终于靠意志"赤手空拳"赢取了健康。我如同旷野中一株经过风霜雨雪拷打而枯黄的小草，经春风时雨之化泽又鲜活起来，我的精力和体重又恢复到生病前的样子，思想也逐渐开朗起来。

饥寒交迫中仍然拾金不昧

经历了这一次次的厄运，我仿佛听见贝多芬的声音："我要扼住命运的咽喉，它休想让我屈服！"我想起苦难的少女时代，心中更是豪情满怀，其实我从来就是一个不肯向厄运低头的女人。

我生长在一个清贫但充满慈爱的教师家庭，生活虽然窘迫，但仍充满阳光和快乐。我一直担任班上的学习委员、班长。因在班上年龄最小，大家叫我"小班长"。在学习成绩出类拔萃的同时，班上活动也开展得有声有色，因此被请到下一届班干部会上，讲如何当好班干部。自信与上进，憧憬与快乐充塞了我——一个少女的心。但是“文革”爆发了，我的快乐生活随着社会环境的改变而改变，父亲被带到县城接受批斗，重点看管，母亲陪同父亲也一起去了。大姐早已下放农村，由于二姐从小体弱多病，我实际上成了当时家中的“大姐”。由于父亲的原因，我也受到了歧视，原本乖巧、温顺的我，被突至的灾难磨砺得成熟、倔强而坚强起来，我不再为自己的委屈而悲伤痛苦，也不在那些欺辱我的小人面前掉一滴眼泪。善良、纯真是我的本性，心存不灭的信念。我想起父亲写给我《吕氏春秋》上的一段话“石可破也，而不可夺坚；丹可磨也，而不可夺赤”，我要昂首挺胸做一个真正的“人”！

1967年底正值寒冬腊月，天气异常寒冷。半夜呼啸的北风卷起屋顶破碎的瓦片又重重摔下来，发出一声声砰砰的巨响。我们三姐妹同时被惊醒，睡在隔壁房间的二姐和大妹心惊胆战地裹着被子跑到我和小妹小弟的房间，我们匀出一床被子给小妹小弟加上，然后姊妹三个裹着一床薄棉絮战栗地依偎于床头。狂风好似凶猛的野兽，在怒号中夹杂着尖叫、呻吟和狂笑，从我们千疮百孔的住屋钻进来，到处乱窜发疯似的摇晃所有的窗板、木门，发出使人毛骨悚然的声响，仿佛潜伏着随时发生的危险。大妹吓得哭起来，我和二姐连忙小声制止。我们屏住呼吸，侧耳静听，唯恐暴露目标。三姐妹心惊胆战地做好随时“同归于尽”的准备，在极度恐惧中度过了一个漫漫寒夜。

熬到天亮，庆幸老天爷怜顾我们，破房子居然没有发生险情。我们一群孤苦无依的孩子，在天寒地冻的清晨6点就起床了，谁也没有偷懒赖床，齐心协力又开始为生活而奔忙。

屋子里冷冰冰的。二姐搓搓已冻裂的双手，忍着疼痛纺麻线。麻线是做渔网用的，过去还没有发明尼龙线这种东西。纺麻线是很辛苦的，尤其是寒冬腊月，必须喷水才能捻，喷水后又结冰，麻线撕不开，如同捻冰一样，可怜的二姐拖着虚弱的病体还不敢稍停，是怎样的意志支撑着她呀！

那段日子我们姊妹从来不吃早餐，一天两顿都是稀饭。没有钱买蔬菜，夏天捡西瓜皮，冬天吃的是我们姊妹自己腌制的咸萝卜。

我吩咐大妹煮稀饭，她开始生煤炉。40多年前我们这里还没有蜂窝煤。我印象特别深刻的是那时煤球特难升燃，烟熏火燎生米难以煮熟。炉子是当教书匠的父亲用破砖泥巴砌的，煤是大妹捡的煤灰，又自己掺泥巴水做的煤球，生煤炉用的木柴也是大妹捡的。她拿着一把烂芭扇，不停地摇啊摇，好不容易才把炉子生燃。

我看到水缸里的水不多了去挑水。我穿的是空筒破棉衣，刺骨的北风直往里灌，冻得人发抖。“腰间系根绳，贴得穿几层”（方言贴是等于的意思）。我找了根带子，把棉袄捆住，在外面套了件有补丁的罩衣，然后拿出两只大小不一的水桶，迎着凛冽刺骨的北风，翻过汉江大堤挑水去。

那天真倒霉！寒风刮在脸上像刀割一样，肚子饿得咕咕叫，眼冒金星，加上一夜惊吓没睡好，挑着满满的一担水，气喘吁吁艰难地爬过高高的大堤，却在下堤坡的时候，腿发软，脚一滑摔倒了。一桶水洒在地上，还有一桶水全淋在自己身上。空着桶回去是不行的，5 个姊妹中我是强劳力。三九寒冬穿一身半湿的衣服，再往返汉江去挑水，饿着肚子承载着超强度的体力劳动，咬着牙把一担水挑回来，人还没站稳，大妹却哭着告诉我：“没米了！”

我是“当家人”，不能让姊妹们饿肚子！怎么办？脑子迅速思考着求谁借钱。对，前几天做了 3 天小工的工钱，尚没有结到手。

我打定主意赶快到劳动服务站去讨工钱。穿这身湿棉衣怎么出门？不冻死才怪！家里没有多余的棉衣，二姐心疼我，含着泪水脱下自己的棉袄棉裤给我换上，她裹了床棉被。

我来不及喝口热水，赶到劳动服务站。老远就看见门口挤满衣着褴褛的人，他们都是可怜巴巴等候做工的。每次我都是战战兢兢来到这里，生怕他们知道了我父亲的身份而不让我再做工。好在这些生活在底层的人本性还是善良的，看到我一个小女孩，在这么冷的天和大人一样出来找工做，有同情的，有赞赏的，也有询问的：你爸爸妈妈呢？

不说爸爸妈妈则已，一提到爸爸妈妈，我的泪水在眼眶里打转，咬住嘴唇拼命忍住，不让泪水掉下来。一位大伯关切地再三询问，我告诉大伯，爸爸妈妈不在家，我们家没米吃了。大伯帮我向劳动站的负责人求情。一直等到下午两点，总算讨回 2 元 7 角钱工钱。

老远就看到弟妹们缩着脖子倚着门，眼睁睁地盼着我。一看到我弟妹们就迎上来，妹妹拉着我的胳膊，弟弟抱着我的腿不停地哭喊着：“姐姐，我肚子饿！”

看着可怜的弟妹，我的鼻子酸酸的，眼泪止不住往外涌，抚摸着弟妹的头说：“姐姐有钱了，姐姐去买米！”

我找出米袋去粮店买米。走到离粮店大约还有100多米的地方，呼啸的西北风卷起街头的废纸、树叶，一直刮到一户人家的台阶旁，那里算是它们的“避风港”。我的眼睛一亮，积聚的杂物中我看到了10元钱！半头夹在杂物里，半头翘起来了，所以我看得很清楚。捡起来的的确确是一张崭新的10元钱，我惊喜不已，心在怦怦跳，脸因激动而发烧。我第一次捡到了这么多钱！

那时10元钱可不是一个小数目，它是最大的面值。我做10天苦力也只能挣9元钱。一斤米9分5厘钱，可买100多斤米，够我们姊妹吃20多天了。旁边是饮食店，摆着香喷喷的黄尝饼。传说是乾隆皇帝巡查岳口时吃过的饼子，其实就是烧饼，3分钱一个。如果拿出1角钱，我就可以解馋。如果拿出1元钱，就可以让弟弟妹妹饱吃一顿。但我没有丝毫犹豫，想都没想急急忙忙先跑进了派出所。那里只有一个中年民警，便把钱交给了这位民警。这位民警的相貌我记不清了，但坐的姿势和位置我至今都记得清清楚楚。在我心目中，派出所是个神圣的地方，派出所的工作人员也是神圣的、崇高的，捡到钱交给民警是天经地义的事。当民警问我姓名的时候，我红着脸不敢回答，倒像自己做了贼似的一阵风跑了，后面还跟着三个看热闹的小男孩，我生怕他们“告发”我是谁。买米回到家中，心还在怦怦地跳。

交给民警10元钱，正是我找不到固定的活干，姊妹们吃了上餐无下顿的时候。我们常常处于饥寒交迫之中，但是我从来没有觉得自己傻，如果10元钱不交公，我会觉得可耻，良心上终生不会安宁。这不是有多高尚，而是做人的一种本分，而且那时的人一般都会这么做。熬过寒冬，春天来到，万象更新。幺爷在潜江建筑工地给我找了份工，可以连续做几个月。这期间有了较为稳定的收入，生活才有了一点好转。

在困境中磨炼成长

苦难越深，成长越快。

我心中依然燃烧着不灭的信念和理想。在遭遇歧视、受到委屈时，我时常鼓励自己要经受住考验，用实际行动证明我是党的好女儿！我时常偷偷地做些好事。“复课闹革命”后，经常趁无人的时候，把教室、桌椅打扫得干干净净。我不想让任何人知道，我要当无名英雄！当大家侦察“紧密”的时候，我做得更加“策略”。放学后常常先和同学一块回家做样子，等教室无人再来打扫，而且劲头十足，心中有一股无穷的力量。

1968 年底，响应毛主席知识青年到农村去的号召，我来到农村接受贫下中农的再教育。到乡下第二天，知青赤着脚跟农民一块挖塘泥。时值天寒地冻，几天下来我和大家一样，腿都抻得流血。有的知青吃不消，叫苦连天，而年仅 16 岁的我却并不感到苦，而且庆幸在这里不饿肚子，因此非常满足。有那几年生活的磨炼，“曾经沧海难为水，除却巫山不是云”啊！

我爱这里的一草一木，我爱这里的父老乡亲。贫穷的乡村，淳朴的村民，在我眼里是如此的美丽、善良！一缕缕稻香沁人肺腑沁人的心，一朵朵棉花荡人心荡人情，一树树绿叶惹人欣赏惹人恋，一塘塘清水甜人肠胃添人劲，一条条村路洒满了笑语印满了脚印，一块块良田是我们的呼吸是我们的生命。

每天早上迎着朝霞，呼吸着带有泥土芬芳的空气，扛着锄头和村民一起说说笑笑，走在乡间的田埂上，感觉非常的快乐。翻开幸存下来的用白纸装订的一个日记本，我看到了自己 16 岁时的字迹：乡村早晨，天际麦浪接云涛，朝霞照映战旗飘，鸟儿伴歌人欢笑，遍地金光照，走的阳光道。不管干什么活，只要一两天，我都会干得特别像模像样。好多次上头来人检查，问生产队干部：“她是回乡青年吧！”割麦子的时候，同来的女知青割一小块地，我呢，和生产队一个割得最快的男劳力比赛竟然赢了，通过几天的拼搏，我获得全队第一名。

在我的体力耗尽时，只要稍停，浑身就会钻心地疼痛，不能动弹，只有咬着牙拼命前行。我的体力不会比别人强，只是我的吃苦精神和耐力比别人强而已。

1970 年端午节前，我下放的生产队种的麦子，经过全队社员和知青一个冬春的劳作，呈现出一派丰收的景象。突然一场持续的大暴雨，整个村庄田野成了一片汪洋，大家的血汗换来的丰硕果实全部被淹没。我用稚嫩的笔记下当时的情形：秧苗青来麦儿黄，沙乡人民歌声扬。突然暴雨降，无情摧残，只见天际白浪漫，更是不见青和黄，难道屈降……

好多人家已经“瓜菜代”几个月了，大家眼睁睁地盼着收割麦子后，能饱吃一顿面条或“火烧粑”。麦子是大家的命根子啊！

全队社员不论男女老少，都站在齐腰深的水里捞麦子。太阳出来了，天气闷热，上烤下蒸，饥肠辘辘，口渴得要命。过去口渴了，跑到水塘里去喝水。现在水塘与田野已连成一片，你再跑到哪里喝水呢？渴极了，也顾不得什么卫生不卫生，和当地的农民一样，一边捞麦子，一边拨开浮动的杂物，用手捧起水就喝。

人的适应性是多么强啊！喝了含有化肥、农药、猪粪、人粪和一切杂物的生水，居然不闹肚子，安然无事。

1 年拖下来，我不仅成了一个做活的好把手，还真的和当地的农民打成了一片。我教他们识字、读书，他们教我做鞋子、棉靴。

“昆仑山上一棵草”，是我最喜欢的一首诗。“人，怎能不如昆仑山上一棵草，心，怎能不被伟大的理想所燃烧?”成为激励我在艰苦的环境中奋斗的无穷动力。

下乡一年多后就开始招工，一个个同伴的离去带走了我扎根农村的决心，此后近 3 年的时间里，我经历了无数次招工填表，都因父亲的问题而被一次次刷下来，不管表现如何优秀，我是没有单位要的人。在这一次次巨大的打击后，我无比的愤懑、忧伤，失去了初始的热情。

就在我最孤独苦闷时，遭遇了一件几乎毁灭我的可怕事件。

1971 年的一个深秋的夜晚，我们屋子空荡荡的，对面房间男生宿舍也只剩一个男知青了，他家中有事刚刚回去，现在就剩下我一个人了。

晚上我正在昏暗的煤油灯下看书，突然听到“咚咚咚”的敲门声，打开门，只见门口站着两个人，一个是生产队会计，还有一个是其他队的人。会计说让这个人到我屋里原男知青的房间住一晚，反正也空着。

我没有理由拒绝。他在对面房间安顿下来，有一句无一句隔着房间聊了几句。我不想理他，依然在灯下看书。深夜 11 点多钟，这个人在他的房间叫喊，一会儿问开水在哪里，一会儿又要剪刀，我都隔着房门告诉他。又过了一会，他跑来拍打我的房门说要借书看。

尽管在我 19 年的人生中没有经历过什么坏人，但此时已经意识到他的不怀好意而提高了警惕。在打开房门的一瞬间，我站到了房门外。我没有判断错，他似一只恶狼般将我紧紧地抱住。那时，我像一头被惹怒的狮子，拼命地抓咬厮打，一下子挣脱了他的魔爪，打开大门跑向隔壁的大爷大妈家，用极其惊惧、恐慌的声音呼叫，整个过程迅雷不及掩耳。

他趁机溜走了，我没有继续呼叫，也不敢进屋睡觉。我的心还在咚咚地跳着，眼皮直哆嗦，脸发热像火烧，脚也站不稳……想起来真后怕啊！庆幸自己力气大，机警敏捷，避免了一场人生的悲剧。如果是手无缚鸡之力的弱女子，那就成了恶狼口中的羔羊。

巨大的惊恐之后是渗入骨髓的孤独与无助！我们知青的房子在村头，紧邻刘大妈的住屋。刘大妈全家进入梦乡，整个村庄都沉睡了，曾几何时闹哄哄的知青队伍只剩下我一人，孤苦地坐在门前柴堆上默默地流着泪水。我住屋前面不远处是河塘，右边是一片树木、沟渠、茫茫原野，这时被蒙上一层惨白的月光。稀疏的星星，仿佛是我的泪珠，就要坠落下来。夜风在空荡荡的大地上呜咽，悲怆而又凄凉！

我没有再回到这间可怕的屋子，第二天，便搬到一队的一个女知青那里与她相伴。当我擦干泪水回到学校，我的学生以为我要走了，都痛哭流涕，因为几年来我从没请过一天假。我把一切痛苦埋藏在心底，把赤诚热情一如既往地奉献给我的学生，他们终于在全公社组织的考试中取得了优异的成绩。

经历这件事后，迫切希望离开却又不能的苦恼，时常纠缠着我的神经思维，无望地继续这劳累而贫穷的日子，孤独、苦闷、茫然把青春年少的我折磨得苦不堪言。

村民是善良、淳朴的，下乡 1 年后，要在同来的 50 多个知青中挑选一名去大队学校教书的老师，我被推荐上了，一边上课，一边在农忙假时干些农活。

在生活上，村民们给了我无尽的关爱，在粮食紧缺的日子，他们时常邀请我到家里吃饭。有一次在张大婶家吃豆角焖饭，是那样香软可口，我敢说如今的山珍海味也比不上。还有村民一次又一次给我送来食物，有时是一碗腌菜，有时是一个火烧粑、几个鸡蛋、一双鞋垫……这些往事铭记在心中，至今都不能忘怀。

他们还以自己力所能及的方式为我鸣不平，联名写信“推荐优秀知青杜在新”，说我表现如何好，请某单位接收。一次次选举我出席区、县积代会。

这点点滴滴的关爱如同阳光雨露滋润着我冰冷、干枯的心田。

6 年农民工

1972 年 5 月 7 日，正好是我 20 岁生日的这天，我终于被招工到一个区供销社工作。

我有工作了！我有工资了！尽管离我的理想甚远，但还是兴奋了好多天。要知道，在此之前不管是在城里做工，还是在乡下当农民、教书，我从没领过月薪，都是做一天，有一天。挣得最多的是做苦力，一个工可得 9 毛钱。到农村后尽管我天天出勤，一年的血汗钱到年底才分得 100 多元，连吃粗菜淡饭都不够。那里村民的盐钱都是靠积攒鸡蛋卖换得的。

我无钱买书、买护肤品、买漂亮的衣服，无钱照一张照片，甚至无钱买一个 3 分钱的烧饼，小女孩想做的一切事情，我都没钱做。最让我难忘的是，无钱在我亲爱的二姐临终之前买一块她想吃的蛋糕，这成了我心中永远的痛！

爱美之心，人皆有之。但贫穷的我无钱打扮，脸晒得黑黝黝的，一直认为自己是一只丑小鸭，为此而特别自卑。15 岁时在老家头一次听到一位伯母说，你的眉毛好漂亮！我心想眉毛漂亮有什么用？我的脸、嘴巴都那么丑。23 岁时，照了青春期的第一张照片，并补照了一张“广阔天地炼红心”的照片，想把那段苦难的经历留个纪念，才发现自己并不是特别难看。

我以饱满的热情投入到新的工作，报到的第二天就被选派参加财贸整建运动。被分到区社专案组整理材料，4 个月运动结束后被分配到分店当了一名营业员。半年后，兼任那里的实物负责人，又半年后，因经理大病住院由我任代理经理、经理。

身为号称“百万分店”的经理，最操心的是防盗防火工作，稍有疏忽，如果出点事情我是绝对担待不起的。这里派出所曾经抓到的一个小偷交代：一次到我店行窃，潜伏半夜不能入门，因为我们整夜排练节目，打乱了他的行窃计划。

21 岁，是一个如花似玉的年龄，也是人生中“前 30 年睡不醒”的时候，我却带领着 30 多人夜以继日地工作，既要完成上级布置的购销调存任务，还要应付那些没完没了的形式工作。

为方便农民买东西后赶回生产队出工，分店每天很早要开门，夏天 4

点多钟、冬天5点多钟就要起床。睡得正香时，却强迫自己睁开惺忪的睡眼爬起来，然后把所有的职工吆喝起来。幸好那时人们自觉性强，一呼百应。一位老职工，看我实在太辛苦，就说："在新，你安心睡，我每天三四点钟就醒了，到时间我叫你。"这样我才踏实地睡了半年的安稳觉。

我这个经理其实就是个带头干活的人，最脏最累的活我都抢着干。分店的厕所和门店前的马路，从我来到这个分店起，几乎就被我承包了，随时随地把它们打扫得干干净净，每到夏天厕所还要撒上石灰粉或农药粉，在我看来这些都是崇高的工作。

帮饮食店搬面粉，大概是50斤一袋，一次扛两袋；送货下乡，挑起100多斤的担子就走；晚上回来整理货架、写价格标签、办专刊、排演节目，经常熬通宵。连续4年，每天只睡四五个小时。有时甚至几天不睡觉，打个盹接着工作。这4年中没有休过一天假，当然包括春节，凡是节假日是我们更加忙碌的时候。

我的眼睛因长期熬夜一直都是红红的，用药毫无效果，一个职工关切地告诉我用硼酸洗，仍然没有作用，直到1976年调进机关，工作稍为规律后才略有好转。

我之所以拼命地工作，其实只是为了一份正式的工作。尽管我在领导岗位上，就是以后调政府机关工作却仍然是一名吃农村口粮的农民工。

在财贸整顿中，全县有200多个知识青年和回乡青年补充到财贸队伍中，他们在不同的岗位上，都没能及时转正。一开始，有关部门对我们说的是运动结束后解决，可这一拖就是6年，直到我调入政府机关半年后，把我作为典型代表向常委报告，召集有关部门专题研究，才将这批人转为正式职工。

"农民工"，对我来说更多的是舆论和人格上的歧视以及由此而产生的心理折磨。有一次临近元旦春节，由我牵头召开的全县基层供销社副主任会议，安排两个节日的物资计划分配。有个主任提出基层社的农民工怎么办？"没办法！"我刚说出这几个字，委屈的泪水再也抑制不住汹涌而出，与会人员面面相觑。

多么具有讽刺意义，分配城镇普通居民物资计划的人，自己却没有城镇普通居民的资格！

"文革"中所受的歧视以及一次次招工遭受的打击，如同一个个结疤的伤痕永远留在心底，我分外珍惜来之不易的工作，没有任何选择和退路，唯一就是迫切希望转为正式职工。但整整6年时间，农民工的阴影一直吞噬我的自尊，时而触痛心底的那些疤痕而淌出一滴滴鲜血……

“农民工”是社会的“另类”，因为“农民工”，我的初恋流产了，到了谈婚论嫁的年龄，没有选择对象的最“基本条件”。我一直为此而感到特别压抑，如同一株被石头压住的小草，拼命地从石头缝隙拱出来。把所有的痛苦、委屈转化为奋发工作的无穷动力，希望出人头地！

我得到了一张张鲜红的奖状，上面凝聚着我的心血和汗水。“奖状”和“经理”抹平了6年来“农民工”所带来的歧视和委屈，满足了我的虚荣和自尊，是我转为正式职工的“资本”。1975年，我成了一名光荣的中国共产党党员，心中更有一股无穷的力量，这时最朴实的想法就是不能辜负组织的信任和培养。

每当一些同龄人怨叹，发出“前无古人，后无来者，念天地之悠悠，独怆然而泪下”那种生不逢时的感慨时，我还不能完全苟同。应付那些虽然没有意义的政治形式工作，且不谈它是否推动社会历史发展，仅从个人的学习成长来说，毕竟在这些工作中，磨炼了意志，增长了才干。特殊的年代造就和锻炼了我。

回想起这些“光辉”的历史，尽管没有什么值得炫耀，但给我增添了无比的信心和勇气。我何曾向命运低头？何曾被苦难打倒？何曾服过输？

为了孩子我更要站起来！

第三章　绝境中的福音

幼儿不再咿呀学语/迷惘的目光/把声音寻觅/自发的手语/是无声的抗议/是谁摧残了美丽的精灵/是谁夺去了你的听力/问苍天/问大地/一千遍/一万遍/它们总是不答理/杏林妙手在哪里/漫漫求医路/求索千万里/得来福音/康复训练/可以让聋儿学语

漫漫求医路

我思念孩子，无时无刻不在牵挂孩子，但几年间我没尽到一个母亲的责任。

是我敬爱的父母、亲爱的姐妹和亲友给了我无私的帮助，多少个日日夜夜，他们和我一样为登儿忧心焦虑，不知为登儿流下多少伤心的泪水，把对登儿的百般怜爱倾注在对他抚育、呵护和照顾中，给了登儿优厚的物质生活。

我永远不会忘记二婶，她是先生的二伯母。在我生病时，她把登儿接到身边，整整一年时间，对登儿倾注了满腔心血，用菩萨般的心肠呵护登儿健康成长。

还有我那善良的大姐为登儿可谓是呕心沥血。她家本来就很困难，一年到头难得吃到荤菜，但她经常想办法为登儿做些好吃的加强营养，却舍不得给自己的孩子吃一口。有一次买了一斤肉做成肉丸子，每餐给登儿三四个，惹得她那只比登儿大 4 岁的儿子馋得流口水，哭喊着要吃登儿的丸子，她却硬着心肠，舍不得给自己儿子吃一个。

姥姥退休后，把登儿接到身边抚养。当时，她的高血压非常严重，还有多种疾病，经常头疼、腰痛，但她心疼我，却不得不忍着一身病痛给我带孩子。

如果登儿是个正常的孩子，她们可能会把他带得很好，但对于这样一个特殊的孩子，必须花费很大的精力，还要有基本的康复知识、技能和极大的耐心，来训练孩子说话，开启他的智力。

在我生病前，登儿还能说上几个含糊的单词，当我再次把近五岁的登儿接到身边时，他虽然白白胖胖，却一个音都发不出，所有的需求都用一些自发的手势来表达，成了一个地地道道的小哑巴。无论我怎样教他，他就是不开口。

母亲的角色是任何人也不能替代的啊！

我梦想出现医疗奇迹，到处打听治耳聋的名医，关注报上一切有关治耳聋的信息。

自前几次带登儿到武汉求医未果，两年半后我又带着孩子踏上了一条艰辛而又漫长的求医之路。那几年，我们母子俩的生活就是在急驰的火车上和一次又一次无休止的检查治疗中度过。

有时为了看专家门诊，凌晨两三点我跑到医院去排队。困了把报纸铺在地上打个盹，风里来雨里去，从不间断。

我带着儿子几乎跑遍祖国大江南北，访遍了名医高手，孩子也吃尽“灵丹妙方”，体味了人间苦痛。“针灸”“水针”几个月轮番扎在他幼小的身体内。尤其是打“水针”，粗大的针头从他脑上扎进去，痛得他浑身发抖，大汗淋漓，抓住我的手凄凉地恸号。我万箭穿心般的难受，但为了一线希望，硬是含着泪水，一次次把他送去“受刑”。

孩子快五岁时，我们到 301 医院，运用客观检查仪，在那里第一次给他进行了听力检测。结果是：“115 分贝双耳均未引出反应。”

千里迢迢千辛万苦求医换来的这张检查单，仿佛是一个要吞噬我们母子的恶魔，字字如千斤大锤，猛烈地撞击着我的胸口，心在剧烈地疼痛，淌着鲜血……眼前发黑天眩地转，双腿发软瘫坐在地上。

“没有残余听力。”不可能！不可能！我强迫自己镇静。

回忆家中观察情景：我在他背后拍手或敲桌子他有时能回头；下雨打雷时他还害怕，所以我在心中安慰自己说：“谁说他没有残余听力？他有！一定有！一定有！”

事实上他确实有一丁点儿微弱的残余听力，一年后做纯音检查，他两只耳朵的高频部分2000 赫兹至4000 赫兹一点听觉的缝隙都没留下，损失到了极点，但低中频部分左耳还留下一点听觉的缝隙。这一丁点儿听的缝隙，对我们来说是何等的宝贵，何等的幸运！

听力学检查报告单 80年8月17日 编号：

姓名 姚毅		左	右		左	右
检查项目	纯音			SRT	dB	dB
	S1S1	%	%	PBmax	% 115 dB (SPL)	%
	TD			BSR	双耳均未引出反应	
	ABLB			EcochG	（在安睡状态下检测）	
	Békésy					

耳别	鼓室曲线	鼓室压力	声顺值		声反射阈 0.5K	1K	2K	4K	WN	声反射衰减
左				对侧						[illegible] P33
				同侧						
右				对侧						
				同侧						

报告者 [illegible]

测听记录图 中国人民解放军总医院耳鼻喉科

姓名 [illegible] 性别 男 出生： 年 月

门诊号

住院号

临床诊断

附 注：

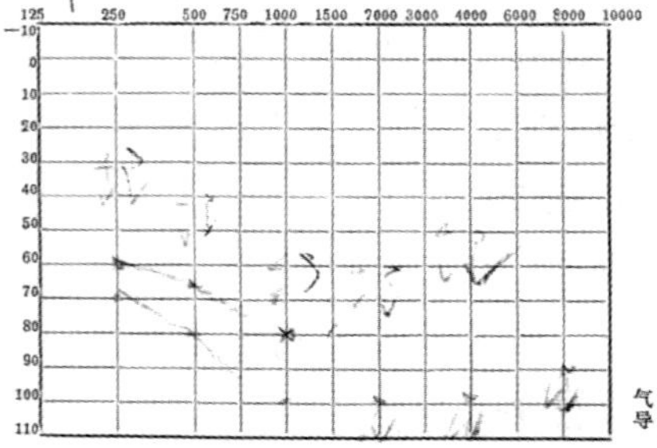

气导 右：○ △ 左：× □ 骨导 右：< [左：>]

81 年 7月 6 日

听力计型号 [illegible]

报告者 [illegible]

临床听力学中心听力记录表

姓名 [illegible] 性别 [illegible] 年龄 27 出生日期 ____ 病例号 ____ 测试设备 GSI 61

右耗(R)

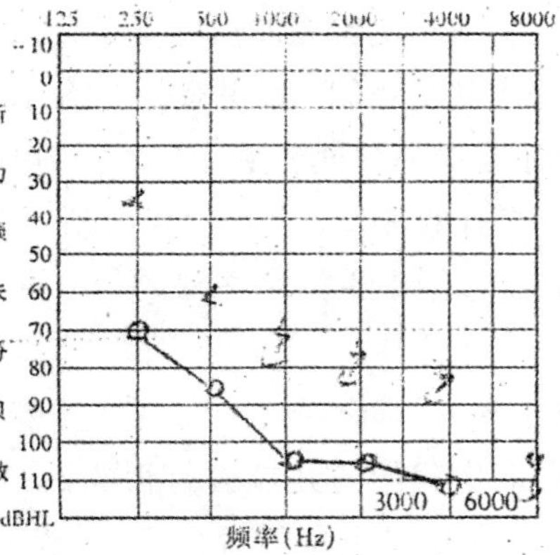

左耳(L)

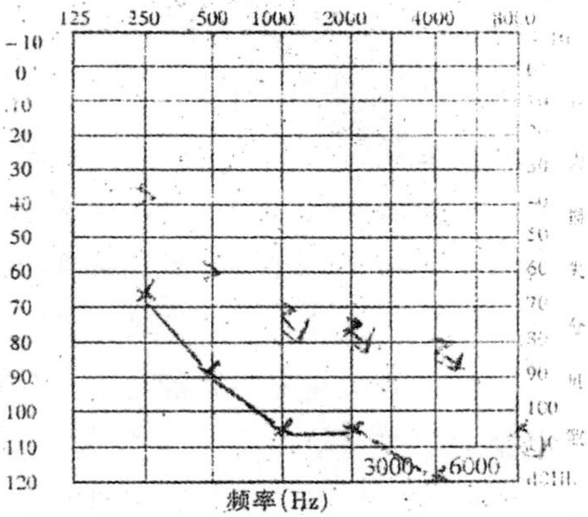

图例(Legend Keys)

分类		右耳(R)	左耳(L)
气导	未掩蔽	○	×
	掩蔽	△	□
	无反应	○↙	×↘
骨导	未掩蔽	<	>
	掩蔽	[	]
	无反应	[↙	]↘
助听听阈		H	V
不舒适阈		U	U
最舒适阈		C	C

SISI试验(%)

频率(Hz)	右耳(R)	左耳(L)
500		
1000		
2000		
4000		

耳鸣匹配(Tinnitus Matching)

分类	频率(Hz)	强度(dBHL)
右耳(R)		
左耳(L)		

韦伯试验(WT)

右侧(R)	250 Hz	500 Hz	1000 Hz	2000 Hz	4000 Hz	左侧(L)

盖莱试验(Gelle's Test)

右耳(R)	左耳(L)

初测日期 06 年 11 月 02 日　报告人 ____　备注：

复测日期 ____ 年 ____ 月 ____ 日　报告人 ____

复测日期 ____ 年 ____ 月 ____ 日　报告人 ____

复测日期 ____ 年 ____ 月 ____ 日　报告人 ____

注：听力记录请妥善保存，复诊时请携带此表。

北京同仁医院耳鼻咽喉科　　北京市耳鼻咽喉科研究所

学字49

客观检查仪检查结果与纯音测试有别。一般客观检查结果要减 10 分贝至 15 分贝才是纯音检查结果，但又不完全是。大概 10% 的人群两种仪器检查差异不大。不知是医生的慎重，还是这种推断不科学，医生一般不会告诉家长两种仪器检查的关系。我当时就以为登儿诊断是完全没有听力的。

不管怎样我还是寄希望于医生，为着虚无缥缈的一线希望坚持治疗，每天在烈日炎炎的高温下奔波往返，把年幼的登儿送来这里治疗。

3 个月后的一天，一位熟悉的医生终于忍不住告诉我们实情："'文革'中曾有报道，说某医院在医疗中取得重大突破，'千年的铁树开了花，治得哑巴说了话'。告诉你，报道中所说的医生就是我们，哪里有什么治疗效果呢？就是把聋校学生弄来训练，能说几个含糊的单词罢了。"

医生的话打破了我一直以来对治疗抱有的希望，彻底断掉我所有的侥幸和幻想，再一次把我拉回到现实。人在希望中生活是幸福的，希望是战胜一切困难的力量。

我再次陷入绝望的痛苦之中，不吃不喝，心痛和烦恼让我睡卧不安，迷迷糊糊中常被噩梦惊醒。一会儿，梦见谁把我的登儿拉去打得头破血流，我要保护我的孩子，去和他们拼命。一会儿又梦见他能说会道，高兴地醒来又胡思乱想。人说梦是反的，那么登儿真的没希望了吗？

无数个夜晚，看着酣睡的儿子，轻轻抚摸着他甜甜的小脸，眼泪就止不住流淌。"孩子这么小，他的一生该怎样度过？"聪明伶俐的儿子变成了聋哑的事实，无情地撞击着一颗慈母之心。

我在日记中写道："人生，对我如此苛求；道路，对我异常艰难。谁都有希望，谁都有企盼。我呢，我有什么？夫妻遥遥相盼，孩子遭遇灾难，生活全是失望！"

我的生活又跌落到痛苦的深渊。拼命挣扎想爬出来却越陷越深，而且变成无边无际的汪洋，真是苦海无边！

我自己遭遇不幸，没有倒下，那是因为我肩负使命。我下决心自己站起来，是希望能带儿子求医治好他的耳聋。我寄希望医生救治儿子，医生却跟我"交了底"——"神经性耳聋不可逆转，任何治疗都将无济于事"。

人类不管哪一种残疾都是残酷的，都会给生活、学习带来极大的不便，哪怕身体矮小一点或脸上一块小小的疤痕也会带来人们异样的目光，都会给心灵造成伤害和痛苦。

我时常目睹那些肢残人的生活困境，他们的身心时时处处都遭受着折磨，可以说他们是在与困难和不便的搏斗中生存。盲人则更让人心痛，他们失去了最让人愉悦的对五彩缤纷色彩的感知能力和对物体形状、方位等的认识，他们的世界没有白昼和光亮，只有一片黑暗。

但仅从获取知识信息的角度来看，人类的肢体、聋哑、盲三种残疾中，可能只有聋哑人最为困难和痛苦。是谁说盲人是与物隔离，聋人是与人隔离。肢残人是生活行动困难，但是获取知识信息的三个通道，即听、看、说尚没受阻。

而聋人怎么接受信息呀？聋人与有声世界隔绝 。因听不到，所以不会说；因不能与人交流，所以不能互相理解，导致心灵上与人、与文明世界隔绝。因为语言是人类区别于动物的最本质的区别，正如人们说“一聋带三痴”，因为听说语言障碍直接影响他们的思维发展。所以人们公认对聋人的教育是世界上第一难的教育！

健听婴儿有意义的听觉 3 个月就开始形成和发展，在他们没有说话前已经通过听觉理解了很多词汇和人物名称。正常孩子通过听觉、口语交流获取信息知识的渠道对聋孩都堵塞了。他们听不到老师讲课，听不到同学说话，听不到“马路消息”，听不到广播收音机，到市场、商店、车站、邮局无法与人进行口语交流。

我的孩子完了！彻底完了！

没有希望的人生活着有什么意义？我没有活下去的勇气和力量。那些日子时常听到哪里出了车祸，我想着怎么不发生在我的头上？我仿佛是一具没有思维的行尸走肉，在街上行走不再遵守交通规则，横穿马路时也不像原来左顾右盼，有几次差点出危险，害得人家司机把车刹在我身边臭骂。我真希望“遭遇车祸”，不愿面对这多灾多难的人生。

一天，我们母子俩在去医院的路上，看到一个走失的小男孩大声哭喊妈妈，见到这个情景，登儿急忙紧紧地抓住我的衣角，眼内溢满晶莹的泪水，可怜地望着我，传递他对我所有的爱与依赖。

我突然惊醒：“如果车祸真的让我解脱离去，留下我那不会说话孤独无助的孩子该怎样生活？我怎么能放得下心啊！残疾就残疾吧，这个地球上不照样有好多残疾人在生活吗？残疾的孩子更要妈妈的爱怜和帮助啊！”

我和登儿一起帮助走失的孩子找到了妈妈。在那位母亲千恩万谢时，我擦干羞愧的泪水，决心坚强起来。

在北京治病，我们住在慈祥的姑奶奶家，两位老人曾给我很多安慰和鼓励。姑爷爷、姑奶奶都是革命老人，他们曾在枪林弹雨中出生入死的奋斗经历给了我进取的无穷力量。姑爷爷在“文革”中遭受了很多冤屈，但他生性乐观。这天回到家中，姑爷爷又讲起过去的往事，无比感慨地说：“比起那些牺牲的战友，我很幸运。活着就是幸福啊！”

这句话给我很大的启示。是的，还有什么比活着更幸福的呢！我想可能是上苍要考验我，看我承受苦难的能力。我把登儿抱起来坐在我的腿上，看着他那清澈的眼睛，表情严肃一字一句地向他发誓：“登儿，妈妈再也不会丢下你！不管遭遇什么挫折和困难，永远和你在一起，永远陪伴你！”

经历了这次灵魂的搏斗和挣扎后，我冷静地思考，怨天尤人于事无补，只有以坚毅和勇气面对现实。从此以后，不管遭遇多大的挫折和困难，我再也没有动摇和畏缩过。

绝境中的福音

先生来北京接我们回家，一家人团聚在北京，暂且丢开一切烦恼，我们为何不带孩子到处玩玩呢！好多人不是专门带孩子出外旅游吗？既然治疗效果不好，愁眉苦脸有什么用呢，孩子耳朵不行了，让他到处看看增长见识也是好的。我们准备带孩子玩几天后回家。

一位在北京工作的朋友杜元洪，他爱人带孩子来北京探亲。那天我们两家人相约到北海、天坛公园去玩。朋友的女儿比登儿小 1 岁。登儿不用上医院扎针了，表现出从没有过的兴奋，一路上逗逗闹闹，两个小家伙在一块玩得开心极了。

看到孩子们玩得开心，我们也高兴。这几年接连不断的灾难，人都麻木了，我何曾以一种常态注视着自然界的美景？何曾想到以开朗乐观的心境去影响孩子呢？

这天，我感觉天空是那样蓝，云彩是那样美。我们平时忽略的这些又回到我的眼里。那些气派的古典建筑、园林美景、湖光秀色让我的心境慢慢开始复苏。

朋友的女儿不停地叽叽喳喳，“这是什么树？”“那是什么花？”而登儿那双渴求知识的眼睛，也同样希望认知这个世界，他却无法表达。

尽管我不停地告诉他这是什么，那是什么，他看着我的嘴巴，蠕动着自己的嘴巴，就是说不出话。或许他已经意识到了嘴巴的功能，我分明看到几颗泪珠从他清澈的眼睛里滚落下来，落在我忧伤的心湖。

天坛公园有个回音壁，好多游人在这里玩。有的说话、叫喊，有的把耳朵贴在壁上。登儿也学着别人的样子，把耳朵紧紧地贴着回音壁。杜元洪伯伯抢拍了这个镜头。我想登儿能听到什么呢？脑子里突然冒出“聋子的耳朵——摆设”，这条歇后语是借聋人生理缺陷寓意徒有其表没有实用价值。此时在我心中有了异样的感觉。

痛苦和忧虑已经顽固地驻扎在我心底，如果不让登儿走进正常人的生活，我的忧伤是不能轻易赶走的。此时此刻鼻子酸酸的，怎么也克制不住自己的情绪。我借故躲开欢乐的人群。跑到公园的角落里偷偷地哭够了，再把眼泪揩干。

我想登儿已经快 5 岁了，还不会说话，他的语言是一片空白，今后他只能是一个聋哑人生存于这个社会了。现在他是用他自发的手势表达意思，他的手语只会表达要吃饭、喝水、大小便等简单的需求。他的欢乐就是笑，他的痛苦就是哭，还有更复杂的感情和一些事物，他无法认知和表达。

我曾经多次问自己，问医生，问身边的所有的人，“有什么办法救治孩子？他的一生该怎样度过？”

人们告诉我：“上聋哑学校。”

如果今后送他上聋哑学校读书，我很难想象聋哑手语能与正常人的学习同步，即便是他有刻苦钻研精神，手语的学习能达到更深的层次吗？我从没想到自己会有一个聋哑孩子，所以我对这些情况还一无所知。我准备对此作一些了解，实在不行就让他上聋哑学校，认几个字后再学一个木匠或理发手艺，以便在我们百年后，他能自食其力生存下去。

正当我们无可奈何地计划将来送登儿上聋哑学校读书时，却意外获得了一个扭转登儿命运的福音——“可以对聋儿进行语言康复训练！”这是一个天大的好消息！它是我们这次北京之行的最大的收获。

事情是这样的，姑奶奶家邻居是一位军区副司令员。原来听姑奶奶说过，这位司令员的孙子也是链霉素中毒，姑奶奶去串门时得到一个信息，最近他的孙子在北京东郊农场孙河医院（原中阿友好公社）办的一个中华聋儿语言听力康复班接受训练。

游玩归来，姑奶奶高兴地告诉了我们这个信息，接着带我们去拜访了这位邻居。因他孙子刚去康复班接受训练，具体情况不很清楚。这位友善的邻居告诉我们，要到医院配一个语言训练器，如果想到康复班接受训练也要到医院挂钩。

“训练不会有效果！”

我们欣喜地跑到医院。几位医生正在为一个漂亮的小女孩配试语言训练器。小女孩大概 3 岁，听力损失并不严重，配试时效果比较好。医生说“北京”，小女孩跟着说“北京”，医生说“阿姨”，小女孩跟着说“阿姨”，又说了很多单词，她也能准确地模仿医生发音。

医生眉开眼笑地夸奖小女孩漂亮、聪明，我们也羡慕得不得了，希望我们的登儿也能像她一样，配上语言训练器后能发音说话。

等待小女孩配试完毕，我们把登儿推到医生面前，要求为他配试语言训练器，并咨询去康复班接受训练的事情。但医生却不屑一顾地说：“你的儿子不用配语言训练器。他的听力太差，训练不会有效果！”

刚刚升起的希望又被泼了一瓢冷水。可是我不信，在心里大声叫喊：“不！决不会！”

后来尽管登儿开口说话了，我也非常理解医生的宣判，因为就当时的康复水平，像登儿这种听力是不可能康复的。按世界卫生组织对耳聋程度的分级，他属于极重度耳聋，而且高频几乎完全损失。他的康复之路是异常艰难的。

那时候的我没有任何康复知识，登儿能否康复心里没有一点儿数，也不知道究竟有没有聋儿康复说话的先例，身居小城所见到周围的聋人都是哑巴。

但面对医生的预言，我没有丝毫动摇。任何人可以放弃，我不能放弃，我必须尽到母亲的责任。这是绝境中唯一的希望啊！我们缠着医生询问了购买地址，固执地要为登儿佩戴语言训练器。

我和先生带着登儿，顶着烈日辗转找到这家生产语言训练器的北京市电子元件厂，它是北京市一家以聋哑人为主体的福利工厂。语言训练器出厂价是 158 元，相当于我 4 个多月的工资。

买到语言训练器，我们仿佛买到了希望。这种语言训练器，大概是 35 厘米 ×25 厘米的长方形盒机，两个听筒由弧形的铁片连接，像话务员的耳机一样挂在头上。尽管那时技术不太发达，噪声较大，传声效果也不太好，但是它当初起到的作用还是巨大的。以后孩子配了盒式助听器，我本来准备把它留作纪念，后来一位贫困家长带她的听障孩子来我们家求教，我把它送给了他们。

当时训练登儿没有一点把握，但是我想起一部日本电影片，主角是一只狗，那只被驯服得异常灵活，会做数学题、懂得人类语言的狗激起我无比的信心和力量。

我想登儿毕竟是一个悟性极强的聪明孩子，相信只要我们不辞劳苦，坚持不懈，一定会有效果。即使是像医生所说的“不会有效果”，只要我们努力了，今后就无怨无悔了。否则我们的良心会永远不安，我们会永远愧对孩子。

我们身处绝境的时候，就一直在寻寻觅觅，希望能为孩子做点什么，现在已经得到了“可以对聋儿进行语言康复训练”的信息，又有资料说一些发达国家只有聋人没有哑巴。别人能做到，我们为什么不能做到？现在要我为孩子做任何事情我都愿意，哪怕赴汤蹈火！只要能拯救孩子，还在乎吃苦吗？

这时我们还听到了一个振奋人心的故事。美国的一个残疾姑娘——海伦·凯勒，创造了一个生命的奇迹，成为 19 世纪与拿破仑相提并论的风云人物。她 19 个月时，被一场猩红热夺去了视觉和听觉，从此她又聋、又哑、又瞎。凭着坚忍不拔的毅力，她在求知的路上跋涉，终于冲破包围她的黑暗与寂静，掌握了科学文化知识，成为出色的作家、慈善家和社会活动家。这些更坚定了我们的信心和决心。

我当即跑到王府井书店，去买《我生活中的故事——海伦·凯勒自传》，可惜没买到。接着又跑遍了北京市的大大小小的书店，还是没有。一直到 10 年后我才如愿以偿地买到了海伦写的《假如给我三天光明》。当时尽管有些失望，但她的事迹我知道了，她的精神鼓舞着我们。

后来我们有幸得到了北京市耳鼻喉听觉生理实验室和中华聋儿语言听力康复研究中心给聋儿家长的一封信，这是在我对聋儿康复一无所知的情况下得到的第一份宝贵的康复资料，我如获至宝一直珍藏着。

信函特别注明了“康复中心目前先招收 6 岁以下残余听力较好的聋童，听力很坏或全聋的儿童暂时不收”。

康复中心不收，我感到很难过。但转过来想真要我们母子俩长期留在北京接受训练可能吗？在京昂贵的费用不是我们家庭所能承受得起的，而且单位工作繁忙，我不可能长期请假，也不可能不要工作。首先要生存，然后才能谈得上康复。

这封信函让我知道了如何充分利用触觉、视觉帮助发展语言，而且彻底打消了我一直寄希望于医疗治好登儿耳朵的梦想。信函强调了对聋儿进行训练或教育，任何企图吃药、打针、动手术、剪舌系带或小舌头以及穴位按摩、扎针灸、打疫苗，让孩子恢复听力都是不符合科学规律的幻想。

后来我还有幸得到了北京市耳鼻喉研究所听觉语言矫治小组 1983 年 2 月办的第一期《听觉语言训练经验交流》，介绍的是杜荣老师怎样教儿子林明说话的。尽管只有两千多字，还是备受鼓舞。只是杜老师的儿子平均听力损失为 75 分贝，我们的儿子姚登峰的听力损失太严重，能不能康复，我依然很茫然。

但我坚信“世上无难事，只要肯登攀”。在没有办法的情况下，只有挖掘自身的潜力，这是最可靠的办法。我拿着仅有的两份宝贵资料，带着孩子回到家中，开始了改变登儿命运的巨大工程——艰难的、艰苦的语言康复训练。

全部的爱给登儿——不生第二胎

正当我们满怀新的希望，摩拳擦掌准备全身心投入对登儿的语言训练时，又出现一个问题，要我们作出艰难的选择。

办公室同志主动地向有关部门反映情况，计划生育部门特地为我们安排了一个生育指标。在我们从北京回来，领导和同事来看我们时，顺便送来了已经办好审批手续的二胎准生证。

好多亲朋好友也跑来看望劝慰我们：“再生一个吧！让他今后有个依靠。你看别人千方百计弄指标生二胎，有的不惜开除工作和党籍。”

我的父母比较开明，只是说你们要想好，登儿可能训练得出来，也可能还是聋哑，你们老了依靠谁？这些都要有足够的思想准备，不要今后来后悔。

我的姐妹们坚决反对生二胎。妹妹讲他们单位有一对夫妻，生了两个孩子。老大是残疾，本想指望小的照顾大的。没想到小的成家后，不仅不管大的，而且还嫌弃他，经常找家中老人吵闹，要求财产平均分配，说父母偏爱大的，闹得鸡犬不宁。

先生家中的老人，极力主张我们再生一个，但两位老人身体状况都很差，体弱多病。登儿出生后都无力帮助我们，如果生二胎就更不用说了。

先生的二叔二婶都已退休，两位老人勤劳，心地善良，为人厚道，曾经帮我们带过登儿，这时极力鼓动我们再生一个，还自告奋勇帮我们带孩子。但我想：人的精力是有限的。即使是有人给我带孩子，但实践已经证明，母亲的角色是任何人也不能替代的呀！如果再生一个，我必定要把精力放在新生儿身上，而登儿已经失去了语言学习的最佳时机，他快 5 岁还没起步，时间对于我和他是多么宝贵。我正思考着如何抢救他的语言，如何补上那相比同龄孩子已经耽搁的近 2000 个日日夜夜，哪里有精力再来生一个孩子啊！

如果成全先生家老人和亲友们的好心，那么将意味着放弃登儿，那登儿将永远是聋哑人。

登儿的未来能依靠谁呢？他的弟妹或弟妹的眷属真的能接纳他这个残疾人吗？这是一个未知数，这个未知数的把握肯定不是百分之百。与其指望一个没有完全把握的未知数来帮助他，不如用我们的全部精力来把他培养成为自食其力的人。

是我们把他带到这个世上遭受了巨大不幸，我们就必须对他负起责任。既然医生已经毫无办法，那就只能靠我们自己来拯救他。同时，我们必须要有充分的思想准备，或许经过千辛万苦的努力，仍然没有效果，我们也要无怨无悔。

这是一个重大的决定，我给先生写信阐述了我的想法，并要先生回来商量，他很快回信说同意我的意见。但我认为，这个决定涉及我们今后的生活如何安排，涉及登儿的前途，涉及我们小家庭的命运，仍坚持要他回来商量。

先生匆忙赶回。

“经历了那么多事情，都没要我回，这次是什么大事，非要我赶回？”先生笑着说。

“对，这件事必须你我面对面认真分析，权衡利弊再作决定。”我一脸严肃地说。

“我同意你的意见。”

“可我改变主意了！”我故意试探先生，防止他随声附和。

“你改变了，我可是铁了心不想生二胎。这么多年，你一个人太辛苦。我这个人不善于表达，其实我心里很难受。”先生说完，用手抹了抹眼泪。

“你不要仅仅从我来考虑，更重要的是从我们小家庭今后的命运来考虑，从登儿的前途来考虑。”我希望先生把自己的想法说完。

“我们只能从登儿的前途来考虑。父子连心，看到他打手势，我的心里也很难受，我们必须对他负起责任。我在厂里通常没日没夜加班，工作很忙，又快评职称了，所以登儿还得你多费心。”先生动情地说。

“如果训练不出来怎么办？任何事情的结果都有两种，而且医生对登儿已经有预言。”我必须再次提醒他，不能只希望有好的结果，还要对不好的结果有充分的思想准备。

“只要我们尽心尽力就无怨无悔。”先生坚定地说。

那天夜晚谈到快天亮了。我们夫妻俩经过慎重而又认真的讨论，完全达成了一致意见。我们甚至计划今后住养老院，也不能再生二胎。一致决定放弃计生部门特意为我们安排的二胎指标，由我承担起训练孩子的任务。

第四章 母爱托起希望

华佗扁鹊已无力/悲观叹息无意义/不靠苍天和上帝/坚强的母亲将责任高高扛起/孩子啊/我来拯救你/爱你就要教你/付出多少汗水/才能长出生命的新绿/付出多少的心血/才能使声音流淌在幼儿的血脉里/一声“糖”/打破多年的静寂/把命运的大门开启

开启命运之门

为了让他开口说话，我不知想了多少办法。

首先训练他的听觉功能。有时我在他耳边大声说话；有时我打开收音机让他听儿歌；有时让他自己吹口哨、敲盆子、敲碗玩儿。

与此同时对他进行听说训练。由于语言训练器体积太大，在路上或上幼儿园使用不便，我只好把嘴巴贴在他左耳边大声叫喊，因为只有左耳尚有微弱的残余听力。我在他上幼儿园来回的路上，看到汽车，不停地叫喊“车，车，车……”看到路上年轻的女人，不停地叫喊“阿姨，阿姨，阿姨……”我往往喊得声嘶力竭，但他就是不肯理我。

莫非真的像医生说的没有效果？那时我根本不懂聋儿语言康复要经历：“不模仿”的储备理解阶段、到“简单模仿”期、“被动交流”期再到“主动交流”阶段的发展规律。

失望吞噬着我的意志，痛苦消磨着我初始的热情。在这种状态下，医生的声音，顽固地在我耳边回响：“没有效果！没有效果……”它如同一根根利箭射向我意志的堡垒。

“算了吧！登儿，妈妈已经尽力了。我们的命运只能如此，该认命！”我想放弃。

但是每当看到能说会道的同龄孩子，我还是感到深深的愧疚，觉得对不起儿子，又一次次鼓起信心和勇气。

经过几天的思考，我想如果他通过手势提出的要求都能满足，他将继续使用这些手势，那将很难开口说话了，我必须坚决地制止登儿那些自发的手势。

从什么入手呢？从他的日常生活需要吧。我没有经验，不懂得从最容易发出的音，比如“爸爸”“妈妈”入手。登儿站在我面前，指着桌子上的水壶，做了一个要喝水的动作。我不给，要他跟我说“喝”“喝水”，他怎么说得出来呢？说不出来我就不给，然后他就拼命哭。僵持了几分钟，孩子说不出，你能不给他喝、不给他吃、不让他尿尿吗？显然不能。最后以孩子的胜利告终。

我想找一个具有诱惑力，又不妨碍他正常生活的物品来教他。有了，他特别喜欢吃糖。

我拿出几颗糖作引诱，他打手势要吃，我当然不给，强迫他说“糖”，并反复示范发音。他瞪着眼看着我，突然顽皮地抢了几颗。

他抢糖的动作很快，显得非常机灵顽皮。他从茶几上抓起几颗糖后，并不急于送进嘴里，而是把糖紧紧地捏在右手心，然后瞪着一双明亮的眼睛看着我，那眼神分明有一种倔强的挑衅。

看着孩子那双扑闪着的眼睛，他是那样可爱又可怜。是谁剥夺了他的听力，他不会表达啊，他只是想吃几颗糖，我干吗这样狠心？理智与怜爱之心撕扯着，但为了孩子一生的理性，终于压制住一颗慈母之心而升腾起来的万般柔情，我含着泪水狠心地掰开孩子的手夺回了糖，坚持不说不给。

他抿着嘴，脸憋得通红，气得哭起来。我心疼地抚摸他的头给予鼓励，他却把茶几上的糖全甩了，屋子里只有我们母子俩对峙着。

此时此刻，登儿或许恨我、气恼我，我在心里对他说，原谅妈妈吧！不是妈妈狠心，妈妈是没有办法啊！对登儿哭喊起来：“孩子，说话呀！说话呀！”但他丝毫没有理我的意思。我又耐着性子把撒在地上的糖一颗颗捡起来，不厌其烦示范“糖”的发音。

那些日子，白天他上幼儿园，下午放学回来，我就教他说“糖”的发音。我让登儿的一只手触摸我的嘴唇、腮帮、喉头，让他感觉我发音时喉的颤动和气流，让登儿的另一只手放在自己的面颊或喉部，我反反复复示范“糖”的发音，十次，百次，千次，万次……

通过听、看、摸相结合，调动起他的视觉、听觉和触觉功能来练习发音，每天都要坚持两个多小时。除了登儿觉得无聊和厌烦外，我也在进行一场坚持与放弃的思想斗争，这是一段恒心的磨炼和意志的较量。

为了引导登儿走出无声世界，我选择了坚强和耐心。不管他如何烦躁，我都依然不停地说糖、吃糖，到后来我的脸也通红，成了大声地叫喊。糖化了再换上，一直持续了20多天，他就是不肯开口说话。

那天他格外烦，把糖甩了，把够得着的东西全甩了。我流着泪水静静地看着，然后跪在地上一件件地捡起来——我知道他内心的苦没法说。

我的痛苦也到了极致，因为我教的音节必须简洁，教他发“糖”的音，只能直接教，不能说很多话，否则他更不明白。所以我只能默默无语，在心里说：“我可怜的孩子，你也可怜可怜妈妈吧，你学我的样子，叫啊，叫啊！”他还是憋着一口气，我一边捡，他一边甩。我终于抑制不住内心的冲动，伸手给了他一个耳光。正当我抽回手，为平生仅有过的这次“武力”而自责时，他在哭声中，喊出一声“dan”的音让我惊呆了！或许是倔强的反抗，或许是委屈的呐喊，总之久久不肯发声的他，终于吐出了第一个音。

它如石破天惊，冲出多年静寂的无声世界！几年来所有的痛苦和磨难，等待、焦虑和期盼，20多天声嘶力竭的叫喊，终于有了回应。

我被这突然的声音震得痴呆了，以致就像受到电击一般。这种快乐的情绪就像酒精在血管里一样，把这半痴半呆转化为兴奋的眩晕。我的喉咙发干，全身轻微地颤抖，最后眼泪抑制不住地往外汹涌而出。

我仿佛听到遥远的天边传来天籁之声，虽然不太清楚，分明感觉到，那是对母亲呼唤的回应声，它如同一股极细微的泉流，尽管还远不能解渴，但它实实在在地滋润着我那干涸的心田。

当同龄的孩子为背不出唐诗或背错一个英语单词父母而大发雷霆的时候，我却为儿子发出一个简单含糊的音节而欣喜若狂。高兴得半天才回过神来，把登儿紧紧地搂在怀里，接着又拉着他的手旋转、跳跃，抱着他的头欢呼:“我儿会说话了！我儿不是哑巴了!”

我还没有听清这上帝赐予我的最美妙的声音，我要他接着再说糖的发音，如同享受一杯醇香甜绵的美酒。我把盒子里的糖全给了他，让他尽情体味会说话的“甜蜜”。

登儿得到鼓励，接连说了好多声“dan”，他终于打开了紧锁多年的话匣子，尽管他的发音还含混不清，但我却看到了开启他命运的大门。

这一天，离他 5 岁生日只有 10 天。我永远都不会忘记，好多年以后，每当想到这一情景，我都激动得泪流满面。我相信登儿也永远不会忘记，尽管当时他还不太明白。后来我把它编成了《我学说话》的故事，在语言训练的时候，反反复复地教他，因为这是他自己的经历和感受，所以整个细节都铭刻于我们的心灵之中。

拆除心灵的围墙

开口发音，仅仅是万里长征迈开第一步，还有更多的艰难险阻在后头，这时我遇到了一个比语言康复训练更棘手的难题。

我生病的那几年，尽管亲友们竭尽全力帮助我，但各个家庭总有一些突发情况，不得不将登儿转移，这样造成登儿居无定所。姥爷曾心疼地说：“登儿是个小流浪汉!”

这样的生活对幼小的登儿在心灵上造成的伤害是深刻的。正如蔡文姬笔下所说:“阿母常仁恻，今何更不慈，我尚未成人，奈何不顾思?”他怎么能接受最爱他的母亲把他“抛弃”呢? 怎么适应刚刚熟悉却又要变换的陌生人和陌生环境呢? 他没有一点安全感。

虽然我的亲人爱他疼他，但是他们没有办法和他交流。与他说过几次，如“登儿吃饭”，木然的他没有反应，他们也就不再言语，只是尽心做好一个“饲养员”。待我把他接到身边的时候，由于缺少母爱，他的性格变得特别孤僻。

耳聋的他完全处于封闭状态，他生活在一片静寂的世界，与正常人中间隔了一堵厚实的密不透风的墙，不愿见人，也不愿理睬人。任凭我用爱的声音千呼万唤，他总是一副木讷的表情，在家中看到来人就急忙躲起来，时常大半天呆呆在那里玩弄一件物品，而且脾气格外任性、倔强。看着他这般模样，我痛苦得心肝五脏都要碎了。

刚开始送他上幼儿园，他死活不肯去。每当看到我搬出自行车，他都会躲起来。几番挣扎，勉强把他抱上车，到了幼儿园，他也死死地抓住车架。他没有反抗能力，也不像别的孩子那样大声哭闹，但他看着我的目光，分明是极度的恐惧，这种眼神一直让我难以忘怀，想起来就难过、怜惜和心疼。

开始上幼儿园，他要上厕所，也不举手报告，老师打手势问他也不理睬，就尿在裤子里。不管是上课，还是做游戏，他总是蜷缩在墙角，让人看得辛酸又心焦。几次我真想把他抱回家，免得他在外面世界受惊骇，但是孩子今后总得走向社会，面对生活。

经过千辛万苦，开启的一点语言，实际是我强行输入的几个简单的音节。或许是自卑让他羞于见人，他不愿与人交流，甚至连手语也懒得打。

如何拆除登儿心灵的围墙？帮助不幸的孩子从“茧壳”中走出，回归到正常人中间来，我苦苦思索，与他的老师反复探讨。他的老师叫邝美，是我的电大同学和挚友。她如同妈妈一样亲近他，引导他，每一个细微的进步，都表扬他，还经常奖给他一些小红花，请小朋友一起为他鼓掌、欢呼。在家里我也抓住一些细微的小事，比如吃饭前洗手，把纸屑丢到垃圾桶里，自己穿衣服、擦屁股等等，不失时机夸奖他，鼓励他。通过我和老师的共同努力，他开始有些变化。每当得到一朵小红花，他都会兴奋和激动。回家以后，他把小红花拿给我看，我知道我的反应对他心理的影响极大。本是一件极小的事情，我都非常慎重地对待。停下手里的活，接过小红花，用赞美的目光热情地迎接他那兴奋的笑脸，连声赞扬他棒！他在心底一点一滴地滋生出欢愉和自豪，不像原来那样害怕上幼儿园了。

但真正打开他心灵的大门，还是他在一次码积木比赛中，获得了第一名，让他找到了自信。

为庆祝“六一”儿童节，全市要搞一个幼儿码积木比赛。邝老师把这个消息告诉了我，她跟我说：“姚登从小心灵手巧，何不鼓励他参加码积木比赛！”

俗话说：“人有两大宝，两手和大脑。”手的灵巧程度影响着幼儿智力发展水平，不然怎么有“心灵手巧”的说法呢？

一直以来，我非常重视对他动手能力的培养。在他 1 岁多时，我就买了一副积木让他自个儿摆弄；不到两岁就让他自己吃饭；让他随意在纸上、墙上信手涂鸦；一些家长不让孩子玩沙、玩泥巴，怕把手弄脏，我却让他在沙堆打滚、打仗。有人说我纵容孩子，其实我是想培养他的动手能力，也让他在玩耍中享受童趣。尽管语言耽搁几年，但他的动手能力比同龄孩子具有明显的优势。

我意识到，这次参赛能否成功很重要，不光是一个简单的名次，重要的是帮助他树立信心。我决定抓住这一机会，做好赛前练习，保证登儿在比赛中能获得名次，让登儿觉得自己很棒！

离比赛还有20多天的时间，我做了一个训练计划。过去码积木，总是凭着他自己的想象随心所欲，没有刻意去指导过他。现在首先要训练他的看图理解能力和想象力，然后再训练他的快速动手能力。他的领悟能力特别强，加上我不断的鼓励，仅十多天的训练，进步很快。邝老师来家里看他码积木都看得惊呆了，他的动作简直让人眼花缭乱，我们异口同声地夸奖他“真棒！”随后我们又模拟比赛现场，告诉了他一些比赛的规则，比如口哨一吹，便开始动手；码完了，一定要马上举手报告。

我请了几个小朋友在家里一起和他进行比赛，开始他总是听不清口哨声，看小朋友动手后才开始，比别人总是慢半拍。尽管最后还是他领先，但是参赛就要掌握比赛规则，学会“听”指挥。我告诉他不要看小朋友，要观察裁判吹口哨时口型和腮帮鼓起的变化，后来他居然能和小朋友同步。哨声响起，他灵巧的小手便开始摆弄，而且屡屡获胜，志在必得，信心大增。

登儿终于在幼儿园码积木比赛中初战告捷，以遥遥领先的成绩获得班上第一名，接着又参加各班优秀选手的角逐，继而获得全院第一名。这是他生平第一次获得这样的荣誉，让他心花怒放！那天在我接他回家的路上，他迫不及待地将获奖的消息告诉了我，因为激动，他那白皙的脸庞上透着红润，明亮的眼睛里闪烁着兴奋的光芒。

随后，他又被推举参加全市幼儿竞赛，获得全市比赛第二名，站在领奖台上，他甜甜地笑了。

掌声和奖状给登儿带来了从没有过的信心，或许此时，他才意识到：“我并不比别人差！”

为了进一步引导他满怀信心地去学习生活，我们首先战胜了自己的自卑感，并尽力打破他的封闭状态，帮助他从熟悉的家庭圈子里走出去，走亲串友、到市场商店、参加我们同学聚会、秋游，大胆地融入社会。

家里来了客人或在外见到熟人，我都将双方予以介绍，并要他礼貌地向客人问好。有时还要他在朋友面前“露一手”，唱儿歌，讲故事……尽管开始语言含糊不清，但朋友们都会给予掌声和鼓励，极大地增强了他的自信心。

我可爱的孩子，在爱的阳光下，终于走出心灵的牢笼。他能和小朋友们融合在一块，兴致勃勃地参与游戏和一切活动，高高兴兴地和小朋友在一起蹦啊、跳啊，压抑太久的心灵得到了舒展，此时他才真正品尝到童年的欢愉和幸福。

生活终于向我们露出了笑脸，他的目光不再像原来那样呆滞，经常是兴奋有神；在家里与我欢快地玩耍、学习；我叫他，有了愉快的回应；他喜欢上幼儿园了。语训完毕，我去洗漱，他便去清理自己的东西，等候我送他上幼儿园。

码积木比赛获得第一名，对他的人生来说是一个转折，登儿开始获得人生的一大法宝——自信与开朗。

爱的回应

我和登儿朝夕相处，相依为伴，自从四年前耳聋以后，他就再也没能叫我一声妈妈，平时找我有事时就用小手扯几下我的衣角，或拍拍我的身体。

我指着自己，要他叫“妈妈”，他看着我的口型却发出“咪咪”。我要他张大口先发“a”，再发“mama”，他终于能学着我的口型，准确地发出“妈妈”的音了。过了两天，他能主动地叫“妈妈”。如果他在远处呼唤，我又教他拖长音，发“妈妈——”

我也拖长调子愉快地回应“哎——”

见我高兴，他故意逗我乐，“妈妈——妈妈——”听到孩子清晰的叫唤声，不由使我想起四年前奶声奶气叫我妈妈的情景，真是百感交集。自从遭遇灾难，几年奔波求医，扎针、吃药，为了这幸福的时刻，我们付出多少艰辛和努力，今天终于从他口中喊出“妈妈”。

接着我让登儿认识活动于地球之上，睁开眼就能见到的“人”的发音及概念，这个字的书写是在语言开启前，我教他写的第一个字。但那个时候他不知道人的发音与这个字形的联系。

再学习人体部位名称，认识自己。从五官开始到身体的各个部位，头发、眼睛、鼻子、眉毛、嘴巴、耳朵、脖子、肩膀、胳膊、手……我指着一个部位，让他对号理解后，借助视觉、触觉等多种感觉功能模仿发音。

开始没有经验，以为声音大，他才能听得好一点。我的嗓音本来就洪亮，还拼命放大音量。当我扯破嗓子叫，他还是不明白我说的什么，而且告诉我耳朵疼。因为训练器总是出毛病，我干脆摘下他的训练器，在他左耳边红着脸大声叫。一天下来舌干口燥、喉咙嘶哑。每个星期一总是带着嘶哑的嗓子去上班，同事们也觉得奇怪。

在语言训练中，我也在不断地思考总结，找出了自己的毛病，与登儿说话时口型显示太快，致使他难以观察清楚我的发音器官运动过程。后来我适当放慢速度，尽量注意口型、舌位显示正确、略有点夸张，声音舒缓、洪亮，加上他对我的口型越来越熟悉，进展逐渐顺利起来，也意味着他听辨及看口型能力不断提高。

尽管他的发音还不清楚，我也及时伸出大拇指表扬他，“说得好!”或“真不错!”他的学习热情饱满，上午从 7 点学到中午 1 点钟，几次都不让我去做饭吃，还要学习一会儿。我们简单吃过饭，一改往日午睡的习惯，接着学习。一个不到 6 岁的孩子一天学习近 10 个小时。书上说 5 岁小孩的注意力只在十多分钟，而登儿不知不觉一学就是几个小时，忘记喝水、上厕所。

第一个星期天学了 30 多个单词。这是第一步，初战告捷，当然融入记忆还需不断重复刺激。复习的时候，以游戏比赛方式进行。我说：“开始!”我指鼻子他必须迅速说鼻子。这样由开始 1 分钟 10 几个到 50 多个，不断刷新纪录。为了调动他的兴趣，反过来请他当老师，我当学生，这种比赛进展比较顺利。如果赢了可得到我的亲吻和奖品，精神和物质的都有。旁边放着奖品，一般是小玩具、小食品或学习用品。比如一本小人书、一把弹弓、一盒蜡笔、一个文具盒。我了解他的心思，把他那段时间特别想要得到或喜欢的东西作奖品，以此激发他学习的兴趣。看到他得到奖品后欢欣雀跃的样子，我也感到特别欣慰和幸福。

开始几次我有意输给他，诱发他的积极性，后来我也偶尔赢几次。有一次我赢了一块饼干，看他馋得要命，本想给他，但想想任何事情应该有原则，狠心不给他，以此让他知道比赛的规则，只有赢了的人，才能享受奖品，激发他的进取精神。

还有一种形式，就是训练听说能力。我口说鼻子，但我不指鼻子，他必须“听”到理解后，用小手指出鼻子，口里同步说出鼻子的发音。我要求他耳朵要听声音，眼睛要看我的嘴唇，脑子要想，刚开始因为他的听力太差，总听不清楚，我重复多次他才能理解，进展缓慢。

我在对他进行语言训练时，注重培养他学习注意力，同时训练他敏捷的反应能力。

接着我想要他知道每一个人都有一个名字。开始我叫他名字，他不知道是叫他。姚登是谁呢？我告诉他，你就是“姚登”，他明白了这两个字的口型发音与自己的联系，接着我写出了“姚登”两个汉字。在说话之前他就经常涂鸦写字，所以他很快正确地书写出这两个字。当他明白了这两个字的口型发音、汉字就是自己名字的时候兴奋不已，口里不停地说自己的名字，在纸上写满了姚登。我因势利导教他正确地书写笔画、正确地书写姿势。

5 岁多的孩子还不能呼唤自己的亲人，我写信找亲戚要照片，他们听说是用来教登儿学说话的，都不敢怠慢，一下子全寄来了。我对着照片教他学习人物称呼，爸爸、姥爷、奶奶、伯伯、伯妈……他以极大的兴趣学习，3 个多小时，记住了 20 多个称呼。后来还知道了姥爷、奶奶、舅舅、小姨、姨妈、四姨以及好多亲朋的名字。

为了巩固成果，我们利用节假日，到姥姥、姥爷家去团聚。“文革”后师资力量特别缺乏，这时姥爷已经退休，被江汉油田一所中学请去任教。

他爸爸、小姨、四姨、舅舅都来了。我要他一个个叫人，这可是第一次“实战演习”，我比他还紧张。担心他忘了这些称呼，与照片上的人能否“对号入座”呢？面对亲人，他居然一个个都叫出来了，我欣喜地告诉家人，登儿还知道了你们的名字呢！

接下来我们一家人都高兴地围着他，对他进行考试。一个个指着自己的鼻子问他，“我叫什么名字？”他也一一说出来了！只是把姥爷杜仁轩说成杜在轩。不过没关系，姥爷依然高兴。

登儿出世后得到了一家人特别的呵护和关爱，我生病后全靠家人一把屎、一把尿把他拉扯到近 5 岁才回到我的身边。多少日子一家人为他忧虑、焦急、流泪，姥姥、姥爷为他愁白了头，登儿却从没能叫唤他们一声。

此时五岁多的登儿如同一两岁的孩子蹒跚学步一般，用歪歪斜斜扭曲含混的声音呼叫着一家人，但我们全家人高兴得如同过一个盛大的节日，每个人都收到了登儿送给的最珍贵的礼物。爸爸把他抛向天空，大家拍手跳跃欢呼，我喜极而泣，抱着他的头亲吻。

尽管他的发音还永远没有达到常态，但是关着门是练不出来的。在亲戚、朋友家，在单位，我都要他叫人，鼓励他大方与人交往，同时培养他阳光的性格和讲礼貌的好习惯。

开始非要我说了后他才叫人，后来逐渐见到熟悉的朋友、同事、邻居，可以微笑、大方地叫“奶奶好”“爷爷好”“阿姨好”“叔叔好”。

我很欣慰，登儿叫人时总是笑眯眯的，朋友说他笑的时候特别像我。我相信喜欢笑的孩子更受人欢迎！

我们周围有好多爷爷、奶奶、阿姨和叔叔，怎么区分呢？这时就教他谁姓什么，加上姓氏叫人，也就知道了赵钱孙李、周吴郑王……

我们家女孩多，就一个弟弟。我母亲不喜欢叫她“外婆”，也不喜欢叫我弟弟为舅舅。称呼只是界定一种亲缘关系，本来是无所谓的事情，为了母亲高兴，所有的侄儿侄女都叫舅舅为叔叔，我教登儿时依然沿袭他们的叫法。

后来登儿问我：“为什么把舅舅叫叔叔？叔叔有很多很多，舅舅只有一个呀！”语言的开启，同时也开启了他独立思维、观察、判断事物的能力。我也不干预，就让他以自己的认识理解去做，所以晚辈中只有他一个坚持叫“舅舅”。

时光在我们艰辛而又愉快的语训中不知不觉流逝，大半年过去了，他的思维也异常活跃起来。

这是一个静谧的夜晚，我和登儿在台灯下学习。不知什么时候月光穿越缝隙、穿透玻璃窗，把我们的屋子照得亮堂堂的。一时屋子里月光仿佛和灯光竞赛，台灯给予我们的是一束扇形的光亮，而月光显得更大气。我情不自禁地吟诵起唐诗：床前明月光，疑是地上霜……登儿这时可以分字节跟我说了。

我和登儿来到屋顶平台上。月亮高高悬挂在天边，把暗蓝的天空照得铮亮，将银白色的光辉洒向大地。我们陶醉在这如诗如歌的美好夜色中，一块看月亮、数星星。

他说月亮、星星时，“l”音不到位，我张大嘴巴、放慢速度，示范发“l”音时舌头运动过程，他很快掌握发音技巧，模仿正确，我高兴地对他说“登儿，对了！”

“妈母，棒！”他马上调皮地表扬我。“妈母”是他刚刚学会人物称呼后，第一次创造的与“登儿”对应的新词。在约定俗成的汉语词汇中或许没有这种称呼，但我为他灵活的思维反应能力高兴不已。

生活是最好的教材

希望又在心中升起。

我乘胜追击，以初始教他说“糖”的方式，教他学会了“吃饭”“喝水”等简单的生活用语。他逐渐明白了用手势所表达的需求，在家里是没用了。不管他如何焦急迫切需要的食品或物品，只要是打手势，我就装着不理解、不知道。他不得不跟着我学说话，用语言来表达自己的需求。

生活是丰富的，教学的内容也是丰富的。这时，登儿的语言还处于艰难的爬行期。对于动词的理解和表达仅限于身边熟悉的日常生活用语。如睡、洗、走、跑、爬、跳、蹦等。两个星期后学习双音节单词，如睡觉、洗脸、走路、上班。大概两个月后，我们向三个字、四个字的词语过渡，开始时还很困难，我就分字节停顿训练，然后合并练习。比如“拉——粑粑、上——厕所、穿——衣服、登儿——喝水、妈妈——吃饭”“妈妈——上班”。

正常孩子的语言都有一个日积月累的发展过程，何况听障儿童呢？登儿的语言学习也不可能“放卫星”，需要大量时间做康复训练。

我时常因为时间不够用而感到万分苦恼，加上登儿是一个几乎没有听力的孩子，语言训练的艰难、枯燥，千万次单调的重复，烦恼、疲倦和挫折时常折磨着我。但登儿一点点的进步，思维、行为一点点细微的变化，都会带给我莫名的惊喜和快乐。每学会使用一个词汇、一个短语，都会带给我多少鼓励和安慰啊！给异常艰苦的语言康复训练注入新的希望和力量！

那天晚上语训完，待登儿休息后，我正捧起电大课本，在台灯下学习。大概 12 点多钟，我忽然听到一个声音：“喝水！登登喝水！”我以为是幻觉，扭过身子看到登儿爬起来坐在床头看着我。

我欣喜地跑到床边，问他“你要干什么?”他又说了一遍“登登喝水!”

这是登儿第一次主动用一个完整的句子表达自己的需求。

他的语言思维在不经意间进步了，一个幼小的生命，正顽强地向着有声世界迈进！我羞愧自己的急躁，对孩子的康复成绩，每天的成长进步视而不见！这正是“园中之草，不见其增，日见其长”。

从那以后登儿便可用短语表达需求：“登登吃饭”“登登尿尿”。我给他盛饭时，他会说“妈妈吃饭”。

登儿吃饭时喜欢掉饭粒，我试着教他儿歌和唐诗，期待培养他爱惜粮食的习惯。“小小一粒米，种它不容易，小朋友啊要爱惜，千万不能掉饭粒”。他很快学会记住，并自觉约束不掉饭粒。

学习儿歌后，使我尝到甜头。掉在饭桌上的一粒饭他都捡起来吃掉，把碗中的饭菜吃得干干净净。我如果偶尔掉饭粒，他会说：“妈妈，小小一粒米……”

在登儿语言开启半年后，我意识到应该教他说代词了。这时顺理成章教“你”“我”“他”。不久我们在大街上碰到一位熟人，我要他叫“李老师”，他甜甜地叫了一声“我老师好!”我和李老师捧腹大笑，他拐了一个弯，把姓氏“李”理解为代词“你”了。

我不分时间和地点，随时随地教他说话和认知事物，语言训练渗透到生活的点点滴滴之中。

这时我们的语言训练已从呆板的桌子边移到日常生活过程中。从早上睁开眼睛，说“醒了”“睡好了”“穿毛衣”“穿外衣”“洗脸”“刷牙”“吃饭”“拿书包”“上幼儿园”到傍晚回家“洗菜”“炒菜”“洗碗”“洗澡”“睡觉”。

语言的学习与生活的进行同步，使语言更容易理解，更富有生机和情趣，学习起来更显得轻松，他的领悟理解和记忆力有了很大的进步。不知不觉他的语言相对过去快速地发展起来。有一个星期他掌握了近百个词汇。天地之大、名称之多，他知道了世间万事万物都有一个名字，并热切地想认识他们。

在生活中教学我只有一个阶段性的大致计划，没有具体内容，也不是固定呆板的模式，看上去是随心所欲，不像是学习的学习。

我把家里每件物品都贴上写有汉字和拼音的名称。他的目光注视到哪里，我就说到哪里；我看到什么，就教他什么。他想表达什么，我就告诉他什么。哪怕是骂人或坏话，只要人类使用的所有语言都告诉他。我想这是语言的输入，应该是越丰富越好，而不是品质教育应有取舍和导向。只是因为我长期装斯文而真的斯文了，不会说粗话。其实粗话也是人类发泄时的语言。

有一次叔叔用他的脏衣服擦板凳，他有意见，便说“叔叔坏，叔叔是猪八戒！”

我先纠正他的发音，马上告诉他要讲道理：“叔叔，你为什么用我的衣服抹板凳？我的衣服是抹布吗？”并要叔叔与他“争辩”。“争辩”和辩论也是复习整理语言、思考罗列语言、学习发展语言的好途径。

又是一个愉快的星期天，我和登儿去买菜，我想让他在市场认识各种时令蔬菜，了解怎么买菜。

假日的菜市场热闹非凡，摆满了各种新鲜蔬菜，萝卜、白菜、土豆、豆腐等大众菜他能说出它们的名称，但有些新上市的“富贵菜”，我从来没有买过，所以他还不认识。我准备凡是他不知道名称的，不管价格贵贱尽量都分批次买到。我们一边在菜市转悠，一边学习各种蔬菜的名称。

我问他爱吃什么菜？他说喜欢吃“红”的。我猜他可能是想表达西红柿，但我假装不懂，非要他亲口告诉我。最后他把我拉到菜摊前，指着西红柿要买，我便蹲下来告诉他这是“西红柿”。如果你说红的，别人不明白，西红柿、辣椒和红旱菜都是红的。

卖西红柿的是一个60多岁的爷爷，微笑地向过往人们吆喝着。爷爷戴一顶破草帽，皮肤黝黑，满脸皱纹记录了他走过风雨沧桑的岁月。一个不大的菜篮子装着大小颜色参差不齐的西红柿，一看便知道是老人自家种的。

或许是我在登儿耳边大声说话，而且说的是与众不同的普通话，爷爷用好奇的目光打量着我们，又满脸笑容问我：“孩子戴的什么？你们是哪里人？”我坦然告诉了爷爷。登儿看我跟爷爷说话，主动大方地叫了一声“爷爷好！”然后说：“我买西红柿！”这几个字发音不准确，也不流畅，或许是在情景中，爷爷明白了，连声说：“好！好！好！”要登儿自己拿。登儿拿了两个。爷爷说“不要钱！”我们觉得爷爷种菜很辛劳，拿出1元钱给登儿，要他给爷爷。爷爷推辞坚决不要，用他那双粗糙的大手把钱装进了登儿裤子口袋里。我和登儿诚心诚意拜谢了爷爷。好多年后登儿依然记得这件事，记住了这位好心的老人。

我时常感念我们脚下的这片土地，养育了宽厚、善良、平凡、朴实的人们。在我生活的周围，曾经遇到过好多像爷爷一样素昧平生的好人，不仅仅是几毛钱的小事，更重要的是他们告诉了登儿，这个世界处处充满阳光，充满爱。正是这点点滴滴的善良言行播洒在登儿幼小的心田，催生出日后登儿的善良和朴实。

在大街上“丢人现眼”

时间在艰辛愉快的语言康复训练中流逝，我们走过了最艰难的跟说时期，向主动表达迈进。为了抓紧分分秒秒的点滴时间，我利用一切可以利用的时间教他说话。在外出坐汽车人随车摇晃时，我教他“颠簸”的发音；上幼儿园来回的路上，我告诉他高高的楼房、宽阔的马路、阿姨、奶奶、爷爷以及汽车的名称；上楼梯，我牵着他的小手告诉他：“一、二、三……”；晚上，我坐在灯下给他讲故事。

外出时，我一如既往扯着嗓子在登儿左耳边大声叫喊。那天我们走在回家的路上，登儿跟我说：“登登奥吉一哇！我奥吉一哇！”

孩子会表达自己的需求了，这是多么值得高兴的事情！在漫长的日子里，他只能依靠手势，到后来蹦出几个音节，或跟我复述几个音节，我是何等地期待从他口里能说出一个完整的句子。

我高兴地伸出大拇指表扬他的同时，连忙给他纠正：“我要吃西瓜。”由于登儿听力太差，只能依据对气流的感觉和口型，很难咬准发音，说西瓜时他把声母丢了。我反反复复地给他纠正，引来路边行人不解或探寻的目光。有的驻足观看我们母子对话，有的议论说：“这么漂亮的男孩，原来是个哑巴！”

或许登儿看见有人看热闹，偏偏大声说“我奥吉一哇！”

他的声音吸引更多好奇的人们，一时团团把我们围起来，像看稀奇动物表演一般。面对那些怪异、同情、探究的目光，我是多么无奈和难堪，正当我拉着登儿准备逃离之时，抬头看见一个打扮妖艳穿着时髦的女人，牵着一个漂亮的小女孩，用鄙夷的目光看着我们，那样子咄咄逼人。

我不卑不亢看了她一眼，昂起头牵着登儿急忙走出人群，身后传来母女的对话。女儿问："那个娃怎么那样说话呀？"

"他是个小哑巴。"母亲大声告诉女儿，接着用轻蔑的口吻，又像自言自语地说："怎么在大街上丢人现眼！"

她以拥有一个健康宝宝而感到无比优越和自豪，从而藐视一个残疾生命，无视我们的人格和尊严。或许她认为，我把登儿带出来，让他在大街上说那些与众不同的怪异蹩脚话，就如同不知廉耻的动物。依她看来，我们应该躲着、藏着。尽管她的声调不高，字字却如同钢针扎在我的心上！

我的自尊心被践踏，脸刷的一下子红了，全身热血膨胀，难堪得真想钻进地洞！继而感到委屈、愤怒，凭什么她要毫无顾忌地伤害一个残疾孩子，伤害一个身心伤痕累累的母亲？

上帝啊，您在恩赐这个世界一个个健康美丽的生命时，为什么要给予一些残缺的生命？这不是给他们的人生强加痛苦和磨难吗！

佛教讲因果报应。但从我来到这个世界上，父母善良、厚道的本性已烙入我的血脉。"与人为善"是我的为人原则，宁可人负我，不可我负人。我真诚热情地对待所有的人。在与亲友的礼尚往来中，在与同事、邻居的交往中，在共同承担的工作任务中，不管是金钱还是出力气的事情，我都是宁可自己吃亏，从未做过伤害任何人的事情，一辈子不会骂人，不会与人吵架。如果真有什么"前世作恶"之说，那么应该由我一个人承担，干吗要加于我孩子的头上呢？

在工作中我是一名一呼百应的干部，不说比谁高贵，但也不比谁低贱。因为有了一个残疾儿子，难道就该遭如此"礼遇"？我为儿子而难过，如果他能懂得他们鄙夷的目光和话语，他该多么伤心！他今后的人生是不是不能离开这些"非礼"呢？难道因为残疾他就不能做一个堂堂正正的人吗？这么多年遭遇的磨难，孤独、无助、悲伤、辛劳，一齐涌到心头。

我是个倔强的女人，我不会在浅薄无知的人面前掉眼泪，我克制住就要奔涌而出的泪水，更不会去哀求或与之争执。深入骨髓对残疾人的歧视，不会因一次争辩而改变，况且她代表的是社会上相当一部分人的偏见。

尽管上帝给予我的是一个受人鄙视的残疾生命，我依然万分地珍爱！我无力改变社会对残疾人的歧视，唯一能改变的是我们自己，在屈辱中只有自尊自强而奋起！

我又想起那个备受歧视，以拉煤为生的聋哑小伙子。我不能让登儿和他一样，一辈子生活在别人的歧视和白眼之中。

我没有做错什么！我停下逃离的急骤脚步，在西瓜摊前蹲下来，继续与登儿进行对话。“我给登登买西瓜！好吗？”登儿说“好！”我买了一块西瓜递给登儿。还有兴头不减的人们追逐着我们，在他们好奇、探寻的目光中继续我们的语言训练。

我想我能够与命运抗争，就一定要与世俗较量！

如果我不在大街上“丢人现眼”，如果不把一切时间利用起来，我要上班，康复训练的时间永远不够啊！我们必须抓住一分一秒的宝贵时间。横下一条心，不管白眼和歧视，只管走自己的路。我想：眼前遭人耻笑，是为了今后不遭耻笑。这时的我相反心平气和，心胸坦然了。只有坚定不移地坚持，再坚持！

我一如既往在登儿上幼儿园来回的路上，在外出的每时每刻教他说话，随时随地进行情景对话和语言康复训练。我不再害怕歧视或者探询的目光。我坦然地告诉别人：“他的听力不好。”从那次以后，在我们这个小城的大街小巷依然经常见到一个母亲和她的耳聋孩子在不停地对话学习，也依然还有好奇观看的人们。说来也怪，当我越是不在乎、不躲闪的时候，却再也没有遇到那种歧视、挑衅的目光，更多的是赢得了人们的宽容、同情、理解和尊重。

有一位老干部，看到我随时随地坦然地教登儿说话，而且登儿会说很多话时，他惊讶地告诉我，他孙子比登儿大 5 岁，也是从小耳聋，孩子的母亲怕人笑话自己生了一个聋哑儿子，又担心儿子出外受人歧视，所以不让儿子见人，也不让他上学，当然这位母亲也不知道可以通过语言康复训练让聋儿说话。自从有了这个聋哑孩子，全家人背上了沉重的思想负担，好像低人一等，走亲戚都不好意思带孩子出去。

老干部邀请我去看他的孙子，顺便传授一些经验给孩子母亲，我欣然地带着登儿一同前往。见到这个 11 岁男孩呆滞的目光，不停地打着不规范的手语，我的鼻子酸酸的，眼泪就止不住流下来。他们一家人看到我们母子后，也仿佛看到了希望。

我给那位母亲讲了自己的经历，也讲了理直气壮做人的道理。俗话说“人活八十八，不知跛和瞎”，谁能预料自己和孩子的人生？有一个耳聋的孩子，不是我们和孩子的过错。我们不偷、不抢，有什么该害羞的？母亲的责任最重要的是要为孩子的将来着想，不虚度眼前的时光。男孩母亲流着泪水听完我的谈话，解除了心中的疙瘩，心情也豁然开朗，跃跃欲试想教自己孩子说话。

后来她经常来我们家，我也上门去她家指导，把自己摸索的一些技巧方法毫无保留地告诉她。正当那位母亲在我身上获得了信心力量时，却由于长期忧心焦虑得了癌症，不久丢下她那放心不下的聋哑儿子离开了人世。

孩子没有了母亲，我把他做亲儿子看待。孩子的心灵明镜似水，知道我是他的贴心人，经常来我这里玩，也特别想学说话。我就让两个孩子一块康复训练，不厌其烦地教他说话，送给他一本字典，教他拼音以及查字典的方法。

后来我带他到湖北省聋儿康复中心检查，并给他配上了助听器。这是15岁的男孩第一次做听力检查，第一次佩戴助听器，他的听力损失图和登儿几乎完全一样。尽管这个孩子也很聪明，但毕竟年龄太大，耽搁了宝贵的康复时间，没能走出聋哑的命运。他的口语只有几个模糊的单词，不能与人交流。我极力劝说孩子爷爷，要让他掌握与人交流的语言，不管是书面语言，或是手语都行。爷爷才把孩子送进普通学校，因无法听课学习，一年级没读完，无奈辍学了。

登儿和那孩子的情况一样，但因我和孩子母亲的心态不同，所以最终两个孩子的命运完全不同。

孩子的母亲也是一位极其善良的女人，人已经死了，我没有丝毫指责她的意思。只是回想起自己走过的路程，庆幸自己没有被虚荣面子所羁绊、左右。

“水”的快乐

我们现在的生活每天充满了希望和期待，在生活中学习语言的形式，诱发了登儿的新鲜感和强烈的好奇心，使我们的学习越来越充满情趣，生活也变得充实、活跃、明快起来。

每天清晨，在我们的语言康复训练中送走黑夜，迎来黎明。当一轮朝阳从东方升起，我们早晨的训练就要依依不舍地结束。我和登儿要上班、上学，开始新的一天的工作和学习。

不知从什么时候开始，我和他走出去的时候，他嘴里咿呀不停地说起来。我可爱的孩子终于挣脱了无声世界的束缚，如同一只从牢笼放飞的小鸟。我感受到了一个耳聋孩子，从声音的黑暗走向光明，能用嘴巴说话的无比欢愉、喜悦和激动。他高兴地与太阳说话，与植物说话，与小鸟说话。我感叹和惊讶他与大自然的相亲相近，感受着人与自然的和谐与奇妙。下午 5 点钟，一般我会准时从幼儿园接他回家。我们俩都满怀期待地等待这一时间的到来，我们会学习新的知识，登儿会有新的进步，这是登儿语言康复训练的唯一大块的时间。水，是生活中的高频词，在洗澡、喝水、洗菜、洗衣时都要接触水。

我们一起到自来水龙头下学习“水”的发音，通过直观的认识，他一下子就明白这种液体就是水。然后我拿来几个盆子和杯子，分别装上冷水、凉水、温水、热水和开水，让他感受它们之间的区别、名称，他一下子全记住了。

我们采取游戏的形式进行复习和巩固。开始我扮演一名“指挥官”，登儿则扮演一名解放军战士，听从我的命令。后来实行角色对换。我们一块儿剪了十几面小红旗，如果听对一个命令且执行正确，就意味一次胜利，就在墙上贴一面小红旗。我拿来一个小空盆放在地上说：“请在盆子里装热水！”

他听到命令后去执行，完了对我说：“报告！我装了热水。”或“报告！我装了冷水。”

开始冷水、凉水的发音不能分辨，我重复时放慢速度，拖长音说“冷——水”或“热——水”，他仔细辨听就能明白。

那天他劲头很足，先仔细辨听我的命令，满头大汗掺热水或冷水忙活，再举手报告，学习解放军战士的腔调说话。他一共得了八面小红旗，兴致盎然说要得十面红旗。无奈夜晚我要赶写一个材料，只好跟他说：“你今天的表现很好！妈妈奖励你一套解放军军装。”最后才肯罢休。

当然我不会食言。早就打算给他买一套衣服，正不知道买什么款式。第二天便给他买了一套军装，还配了一支玩具冲锋枪。他穿上可神气了，军帽下俊俏的脸庞、自豪的眼神、白净红润的肌肤，调皮地端着冲锋枪，口里不停地说：“冲啊——”可把他乐坏了，兴奋了好多天。

洗澡是生活的“必修课”，那时洗澡还没有热水器，我们拿来搪瓷面盆和红色的大塑料盆，在洗澡过程中学习新的知识。

盆子是原来学过的词，我见机复习。指着面盆问登儿这是什么？“盆子。”指着红塑料盆问他，一样的回答。这时我教他按形状、用途、颜色和属性来区分，学会说脸盆、洗澡盆、大盆、小盆、花盆、红盆和搪瓷盆、塑料盆等名称。尽量丰富他的词汇，以求准确表达物品名称。

在洗澡的过程中告诉他：好孩子从小要爱整洁、讲卫生，培养他良好的习惯；教他正确的洗澡方法；教他认识和表达名词肥皂、水、毛巾和动词浸、擦、搓、洗、搽以及相应的短语。

洗澡时我要登儿先把身体在水里浸湿，浸不到的地方用毛巾浇湿，再拿肥皂打在洗澡用的海绵块上，用海绵将身体各部位都擦到，然后上下前后用毛巾搓，后背搓不到的我给他帮忙，后来要他自己拿着毛巾的两端反手搓，再用清水将身上的肥皂洗去，最后用毛巾把身体擦干，放好毛巾，倒掉脏水。

那次洗澡后，间隔仅半个小时，登儿又要洗澡，他热切地希望学习新的知识。对我说：“好孩子——讲卫生！”

我说：“讲卫生也不能连着洗澡啊！”登儿说：“今天——洗——一次！”他还希望洗一次。我满足了他的学习欲望，又奖励他洗澡一次。

他的学习已由被动转为主动，学会问句：“这是什么？”“我们在干什么？”

下雨时，我们来到雨中，感受大雨、中雨、小雨、细雨，也学习俗语“麻纷雨”。从最初的单词的学习，到后来观察天气，了解气象知识。在阴晴不定的日子，观察瞬息万变的气候，看天空中弥漫轻柔的白云，雨后美丽的彩虹，在麻纷雨中感受“润物细无声”的痒酥酥的惬意。

登儿知道了雨水的形成，认为雨水最干净，可以喝。我告诉他，雨水尽管是水蒸气，但是它给天空洗过澡，天空中有很多灰尘、杂物，那么雨水就如同你的洗澡水一样不那么干净了。他从自然现象中受到了启示，对我说：“天空洗澡——棒！爱干净！我也棒！爱干净！”

在春去冬来日复一日的语训中，自然界的神奇带给我们无数的惊喜和丰富的语训场景。当天亮起床推开门窗，我们会体验到“忽如一夜春风来，千树万树梨花开”的盛景；迎着漫天飞舞的雪花去踏雪，在一片银色的世界中，我们会玩堆雪人、打雪仗。随着登儿年龄增长，我们会一块寻找冰天雪地中昂首怒放的寒梅，风雪不惊心的翠竹以及“大雪压青松、青松挺且直”的松柏，欣赏岁寒三友的风姿和傲骨，给我们无尽的意境和力量。

后来我又给他讲水的用途，不仅人吃的、喝的离不开它，还有庄稼、植物的生长也需要它。我们到郊外看农民给地里浇水，让他明白植物也要“喝水”。

我们一起玩水，折几只纸船，放到盆子里，或到水塘里去划，拿些小石块丢到水里，通过比较来学习“沉浮”两个字。

先生不在家时，我没胆量带登儿游泳，我们盼望先生休假，尤其是夏天，我们一家人可以去游泳。先生调回来后，暑假的晚饭后是我们期待的时光。每天吃过晚饭，我们一家人便骑着自行车来到郊外游泳，享受大自然的恩赐。

我们在河水中嬉闹、游泳，登儿在学习游泳，在享受生活的情趣中获得相关的词语和知识。清澈平静的河面如同一块硕大的浅绿色透明玉石，每当平躺在河水上随着悠悠的晚风漂流，清凉的河水一下子退去了燥热，视野所见都是蓝天白云，分不清天上人间，那种飘飘欲仙的感觉真是妙不可言！

这时登儿时常挂在嘴边的一句话是“世界真奇妙！”，无穷的奥秘和知识吸引他去学习和探索。

第五章　康复训练是改变命运的唯一

为治耳聋再度南下求医/明知希望只有百分之一/却愿意作百分之百的努力/孩子啊/喝千碗苦药/扎万次银针/却无法挽回听力/四处求医行程万里/出路在哪里/语训才是改变命运的唯一/别人说医院是监狱/而我们能相伴学习/便感到甜蜜/珍惜这里的分分秒秒/一朝一夕

再次南下广州求医

自从北京回来后，本来我们不再寄希望于治疗了，但过了一年，似乎又看到了新的希望。《人民日报》《解放军报》《羊城晚报》都报道了治耳聋的神医李医生。我想或许世界上没有绝对的事情吧！科学技术总是发展的，人类总是向未知的领域进军。

1985 年 5 月，"贼"心不死的我们，再次南下广州求医。这个诊所地处广州郊区，出火车站，面对这个陌生的繁华大都市，我不知道东南西北。背负沉重债务的我们不可能坐出租车，便搭乘一辆公交车来到沙河五仙桥，诊所离五仙桥还有三四公里路，只能靠步行了。

儿子毕竟还不到 6 岁，我只好背着他，左手反抱着背上登儿的腿，右手提着沉沉的包裹，顶着炎炎烈日，走一程，问一程。因为怕登儿从背上滑下来，我只能弯着腰行走，不一会就气喘吁吁，浑身汗得透湿。年幼的登儿在我的背上哭着要下来自己走，孩子这么小就这样懂事，懂事得让我心疼。

我是母亲啊，再大的苦我得扛着！我牵着登儿走一程，又背他一程，好不容易找到白云山脚下李医生所在的部队诊所。

诊所住院部只能收治三四十人，床位周转慢，一个聋儿一般要住三四个月。一个新疆的家长辗转四五天来到这里，拿到一张3年后——1988年收治的预约单，高兴得不得了，仿佛拿到了孩子复聪的希望。

另外，门诊还可收治100多个聋儿。门诊和住院用药和治疗方法及费用都是一样，只是住宿费不同而已。诊所的住宿费一天是1元5角钱，而门诊的人只能住诊所后面的招待所，每天是2元5角钱，一个月要多花30元，这在当时是一般人近一个月的工资。

像我们这样有个聋孩的家庭，哪一家没有一部辛酸的求医史，又有哪一家不是经济困窘啊。好多家长都是肩背手提千里迢迢赶来，为了能及时住进医院治疗，哭号着向医生下跪求情，希望医生收治。见到这样一幅幅凄惨的情景，我鼻子酸酸的，直抹眼泪。

我们是一群赌徒，押上时间、精力、金钱，怀着赢取孩子听力的梦想。尽管那么虔诚、那么执着、那么投入，虚无缥缈的希望却如同挂在云端，那个我们看不到的地方。

可怜天下父母心啊！我们愿意付出千辛万苦的努力，搭一座天梯为孩子去摘取希望。

收住诊所，必须有在广州医院的听力检查结果。在这里，我人生地不熟。1985年5月9日，我带着登儿到南方医院，检查时间预约到了6月9日，就是说一个月以后才能做检查，即使住院顺利，也得等上1个月。一个月时间是令人心焦的漫长日子，我们怎么熬过去，又要多花好多钱？求医路上是时时难，处处难啊！我找到做检查的医生，焦急地哀求，言辞十分悲切，语音异常凄楚。

我讲了孩子是怎样遭遇不幸，我的先生工作很忙，这些年我是怎样独自带着孩子走过来的，也讲了我和孩子是怎样进行康复训练，说着说着眼泪就情不自禁地流出来。医生听着听着就陪我掉下眼泪。

医生破例当场就给登儿做了电子测听，这是登儿第一次用主观测听仪检查。听力损失结果是："左耳95分贝，右耳110分贝"。尽管医书上说90分贝以上，贴耳大声叫，戴上助听器都听不清楚，也属于全聋。但这个结果还是令我高兴，比北京检查结果"115分贝没有引出任何反应"好。其实和北京的检查结果差不多，只是检查仪器不同而已。

接下来就是要想办法住进医院，幸好有一个先我们而来的老乡帮忙，总算顺利入院。这是某部队一个团部的卫生诊所，条件很差，一个房间四张上下铺的单人床，住8户人家。一个床铺就是一家人的安身之处，除睡觉、当书桌外，还收纳衣物、钱包、书刊等。这里最头疼的是蚊虫鼠蚁防不胜防。每天只供一瓶开水，去晚了就没了，一整天也就没开水喝了。好在这里5月的天气，已经非常炎热，洗澡可以用冷水对付。没有洗澡的地方，就跑到厕所里去冲洗一下，有时连自来水也非常紧张。

刚开始，我们在招待所吃饭。第一顿饭，花1元钱买了一盘炒油菜薹子，这盘菜在我单位食堂最多1角钱。我数了一下，恰恰有10根菜，而且看不到一点油星。登儿吃不下，我到保温桶里拧了一点儿开水倒在菜盘里挤了一点菜汤，和着米饭，让他将就一顿。我呢，勉强扒了一碗光米饭。这样的日子怎么过？将就一顿两顿可以，但不能餐餐如此，时间还长着呢，如果能顺利住进医院，至少是100多天。

我们的钱要花在治病上，生活必须尽可能节俭。但登儿每天要吃药、扎针，我得想办法既能节约费用，还要能改善生活，保证他身体的营养。我搞了一个市场调查。同样的面包外面卖8分钱，而招待所卖1角2分；市场上生鸡蛋卖1角5分一个，招待所熟鸡蛋卖5角；蔬菜价格比我们老家略高一点，鱼却很便宜。

于是我决定自己做饭。

这里住院的好多家长都能吃苦，为节省费用，大家自己上山捡柴做饭。一个聋儿至少由一个家长陪护，暂且算一户人家。那么就有几十户人家轮流在一间十平方米，没有窗户的土屋里做饭，烟熏火燎得根本不能睁眼。

我不想和别人去挤，花了1元8角钱买了一个酒精炉自己做菜，继续到招待所买饭。酒精1元钱1斤，1个月要烧2斤酒精。我每天上下午分别给登儿做个鸡蛋，每三天给他做两顿汽水肉。

我有个同学的妹妹史想新，家在广州一所军校。过了10来天，这对热情的夫妇，在我们最需要的时候，顶着炎炎烈日骑自行车，给我们送来最需要的煤炉、蜂窝煤、炊具以及一些食品。完全解决了我和同来的两户老乡的做饭，也解决了开水，以及中药太稀需要进一步浓缩的问题。这样下来，我们母子俩每天的生活费最多只要1元5角钱，而且还可以让登儿吃到肉、鱼和鸡蛋。

还有一位朋友蒋水涛是驻广州的业务采购员，他回老家后给我们带来30个咸鸭蛋，还有松花蛋、花生米等。在我们孤独、苦闷时，史想新夫妇和蒋水涛时常来看望我们母子。

最难得的是在我们颠沛流离、贫困潦倒时，朋友们为登儿拍下了几组珍贵的照片，留下了北京和广州之行的记录，成为我们永恒的回忆。这真是雪中送炭啊！如果没有朋友的帮助，我拿什么向孩子交代呀！照片上的登儿穿着漂亮、时髦的衣服，它凝聚着朋友们的友情和关爱，他们送来的不仅是衣物，也同时送给了孩子欢愉和快乐！

天气炎热，我买了一把纸扇子，上面有广州市区的地图，登儿经常拿着扇子仔细地查看地图，并在地图标志上，寻找到珠江边的一座楼房，在第9层的一个窗户上画了一个圆圈，告诉我“蒋伯伯在这儿”。

我们永远不会忘记这些善良的人们以及他们曾经给予我们的帮助，哪怕是一滴同情的泪水和一束热情的目光。为了让登儿记住这些深情厚谊，我把它编成《彭叔叔送来炉子》《蒋伯伯来看我》《医生帮我治耳朵》《杜伯伯给我照相》《这张照片好神气》等故事，作为对登儿进行语训的教材。

写到这里，我感到非常幸运！在我人生最艰难的时候，得到了人世间最美好的感情。他们给予我的不仅是物质上的帮助，更重要的是心灵的慰藉。它是爱的阳光，不仅照亮了我人生前行的道路，还滋润着登儿幼小的心灵，伴随着登儿的健康成长。

在人生路上，我已走过了50多个寒暑春秋。年轻时思想单纯，把党的理想作为人生的最高追求，把工作看作自己的生命，把提拔看作组织对自己最大的信任，把当官任职看作施展才华的舞台，所以没日没夜拼命工作。

目睹社会风气发生了巨大变化，而我始终坚守李白的“安能摧眉折腰事权贵，使我不得开心颜”的傲骨，几十年下来，“无意苦争春”，不求职务长进，默默工作、认真勤恳，不求闻达、不争名利。回过头来看非常坦然，无怨无悔。

“扎得疼我也不哭”

住到诊所的第二天，我见到一个叫刘光辉的男孩，听说他家兄弟四人全部聋哑，都来诊所治疗过，就他一个人有效果。开始他一点都听不到，在这里住院治疗 6 个月后，听力提高了很多。他是李医生的“惊世之作”，给我们带来了希望，也是吸引天南地北的聋儿汇集这里求医的原因所在。

早上我去打开水，他在我的前面。别人给我介绍后，我叫了一声“刘光辉”，他还真的回过头，嘴里应了一声我听不明白的声音。医生说他已经 14 岁了，舌头发硬。不管怎么说，他的听力提高了，这是我们千里迢迢跑来求医，希望得到的最宝贵的东西。

这里的药费和治疗费不算贵，大概一个月 120 元钱吧。治疗中，我看孩子扎针扎得太可怜，又似乎看不到希望，再次想起在北京求医时医生的话，思想就动摇，不想治了。

“这么痛，我们不治了吧。”我对登儿说。

“不扎——不好，扎疼——我不哭。”不扎耳朵不好，这是在过去的治疗中，我时常对他说的一句话。

幼小的登儿已经明白自己的耳朵“病”了，他常常盯住我和别人说话时的嘴唇，而且特别注意健听的小朋友之间说话时的嘴唇，明白自己为什么要扎耳朵。他多么渴望治好自己的耳朵啊，哪怕受苦受罪！

后来，他真的泪水在眼眶里打转，也不让流出，哽咽着问我：“登登乖不乖?”

孩子不哭，我的眼泪却不争气地流出来，我含着泪水把登儿紧紧地搂在怀里说：“乖！登登最乖！”

登儿在这里表现确实是很懂事，从他开口说话，逐渐掌握一些单词和短句，到现在不太流畅的交流，他也逐渐明辨是非，懂得事理，似乎突然长大了。他不再像一年前在北京治病那样，疼得大声哭喊，6 岁的孩子已经学会忍耐，尤其当他得到这里的医生、家长，还有我的夸奖后，即使疼得颤抖，大汗淋漓，咬着牙也不哭一声。我看得心疼，希望他用哭叫声来发泄一下痛楚。好多家长从中明白了语言与思维、语言与性格都有相互作用和影响，其实登儿原来也是个很倔强的孩子，他的语言康复优于其他孩子，再加上正确的引导，所以比他们明白事理。

一直以来，书信是我们夫妻联系的主要纽带，在那些治疗的艰难日子里，也只能通过书信来倾诉交流。我把对先生的思念全写在纸上，把苦闷通过写信来排遣，把登儿的治疗情况，都写信告知先生。每次写信，登儿都要问我写的什么，还要我读给他听。

那天登儿听到我在信中说：“我们的登儿在苦难中成长，喝中药、打针不像其他的小朋友哭闹，越来越勇敢，越来越坚强。”我把这段话一连给他读了10遍。

他非常激动，兴奋地跟我说：“我要——给爸爸写信！”

语言还处于结结巴巴说短句的登儿，在学说话的同时，开始学习写信了。他把要写的话跟我说了一遍，我给他纠正病句，不会表达的，我告诉他。

他蹲在床前，铺上信纸，用铅笔认真地写起来。不会写的字，不会表达的词语句子我就给他提示，终于在我的辅导下，歪歪斜斜地写下了第一封给爸爸的信。这离他开口说话才1年的时间。

敬爱的爸爸：

您好！我想您！

我和妈妈到广州治耳朵，已经快1个月了。您知道吗？扎针很疼，中药很苦，但是喝药、扎针我不哭，我要做个坚强的孩子。这里的叔叔、阿姨都说我是个乖孩子。您高兴吗？

我会听妈妈的话，做个乖孩子的。请您放心。

此致

敬礼！

姚　登

1985. 6. 10

诊所里的流行感冒

每天清晨，诊所里的人还处于睡梦之中，我便蹑手蹑脚到诊所外面的院子里去读书，呼吸着带着露珠的新鲜空气，感觉是那样甜润、舒畅。

一天早上晨读归来，忽然听见伤心欲绝的哭号声，好多大人小孩聚集在我们病房门口的走廊上，大家的表情凝重。哦，原来是对面病房里一个母亲的哭叫声。她是来自湖南的一位母亲，她孩子也是双耳全聋。

“出了什么事呢？”我问一位家长。

“孩子病了。”

“什么病?”我急切地问。

“不知道。”一位家长小声回答。

看到这个场面，我难受得直掉眼泪，扫视围观的人群，好多家长都在抹眼泪。来这里的人为了节约费用，一般都是一人带个孩子。真是雪上加霜!“同是天涯沦落人”，同是母亲，又都是独自一人带着孩子，我特别能理解这位母亲的艰辛和不易。大家都是来自五湖四海，应该互相照应，互相慰藉。我来到这位母亲面前，含着同情的泪水问她：“孩子得了什么病?”

“昨天夜晚发烧，今天早上他的腿就不会动了。”

“那要赶快送医院啊!”因我们住的是治耳聋的专科诊所。

我的话提醒了这位母亲，她是被这突然发生的灾祸吓得不知所措。在这位母亲束手无策的时候，我热情地吆喝大家来帮忙，叫来我的两个老乡和来自天津的一位聋儿父亲。

大家都非常热心，因为诊所医生还没上班，电话也锁在医务室里，大家有的去叫医生，有的找来诊所医护人员帮助联系车辆。在大家的共同努力下，很快把孩子送上一辆吉普车，两位聋儿父亲自告奋勇护送。

我在诊所照顾登儿和两位父亲留下的孩子，心情沉重地等待着消息。我怀疑那个小孩患的是小儿麻痹症，非常恐惧地想着：如果真是这种病，听说传染性非常大，不知我们能否幸免。千里迢迢跑来广州治耳聋，大人小孩都遭了不少罪，还花了那么多钱。要是耳朵没治好，还把孩子的腿……我不敢往下想，泪水止不住地流淌，我既为那位母亲难过，还为我们难测的未来害怕和担心。

终于等到中午1点多钟，两位父亲才回来，几乎所有的家长都围上去，“初步诊断是感冒，那对母子留在南方医院住院观察。”两位父亲告诉我们。

“那孩子的腿为什么不会动了呢?”我疑惑地问。

“医生说是病毒性流感，我们也只知道这些。”

听到他们的话，我稍放心一点，但神经立刻又紧张起来。

“糟糕，赶快吃预防感冒药!”我对大家说，自己则赶紧跑到附近药店买了几大包板蓝根，并分发一些给了家长们。没想到这次流感还是不肯放过诊所这些可怜的人们，它简直成了一场瘟疫。一两天后，所有的大人和小孩都相继出现同样的症状，持续高烧、头疼、流鼻涕、咳嗽、四肢酸疼，诊所的医生不得不兼治感冒。

这场流感使孩子们经过几个月治疗，好不容易获得的一点点听力，又前功尽弃。不是这家小孩叫，就是那家大人哭，诊所里没有欢声笑语，也没有几户人家燃起炊烟，病室里的气氛阴霾悲凉。

在这次流行感冒中，唯独我们母子幸免。我成了“战地”的临时护理员，帮助叫医生，递药瓶、拔针头、送开水、买食品，一天到晚，忙里忙外。

吃苦对我来说算不了什么，主要是精神上的折磨，整日忧心忡忡担心被传染。但是我们能跑到哪里去避难呢？此刻在心里千万次地祈祷：保佑我的登儿，千万不能让他再有什么闪失。

经历了三四天的紧张状态，病症终于逐步退去。经历了一场灾难的人们对我非常感激，有的跟我开玩笑说：“你行善积德，所以老天爷庇护你们。”灾难使人们的心更近了，在病症退去后，我们几个家长曾邀约到南方医院去看望那位湖南母亲，但遗憾的是她已带着孩子回家了。

我永远忘不了那次诊所经历的灾难，忘不了那位母亲，忘不了那些患难与共的聋孩及家长，忘不了同病室的一个漂亮清纯上进女孩小丽。尽管我们萍水相逢，但大家互帮互助，患难中建立起淳朴的友情。那位来自天津姓李的父亲，专门去商店买来毛笔和宣纸，为我画了一幅竹子，这幅画饱含难友们的深情厚谊。对于美术鉴赏我不在行，但我感觉比郑板桥画的竹子差不了多少，同样苍劲有力，挺拔向上。他说：“竹子虚心、崇高、向上，正是你的写照。你总是热心快肠帮助我们，我无以报答。我的画还算不错，在家里很多人向我讨画。我给你画一幅，送给你作个纪念。”

我将这幅寓意患难情谊的画卷一直珍藏着，也将这些聋儿家长的深深友情铭刻于心上。每当夜深人静，当年在广州看病的情景，就如昨天的事情，清晰地浮现在我眼前。我时常挂念这些聋孩，不知他们康复出来没有？现在这些孩子们在哪里？只是太遗憾，几经搬家将聋儿家长通讯录遗失，也因此与这些聋孩家长失去了联系。

医院课堂

为了测试治疗效果，家长们经常采用一些办法来掌握自己孩子的听力情况。几家大人小孩在一块，要几个孩子面向墙壁，由一位家长在离孩子们 1 米或更远、更近的地方拍巴掌，孩子们伸出指头表示听到的响声是几下。

在这种测试中，我总是感到非常失望和难过。好多次，别的孩子伸出手指头是正确的，而登儿总是听不清楚。

家长们明白了康复训练的重要性，他们都来找我取经。开始我们上课时，他们就来看我是如何教孩子说话的，后来干脆把孩子送到我这里，和登儿一块学习，我们做游戏、讲故事、唱儿歌，还排演节目，吸引了诊所越来越多的孩子。这儿成了名副其实的医院课堂。诊所的生活异常的沉闷，孩子们比画着手势，家长们奔波劳碌、忧心焦虑，难得看到一张欢快的笑脸。我教孩子们做游戏，那些舒展的心灵以及那一张张稚幼的笑脸，就是诊所一道亮丽的风景线。

我们到广州求医的时候，是登儿语训最艰难的日子，也是孩子语训的黄金时间。在家里我们缺的是时间，我时常为此而感到苦恼和无奈。或许现在的年轻人会说，为什么不辞职呢？您可知道那时是计划经济，都是低工资，没有自谋职业和第二职业的概念和机会。为登儿治耳朵已欠下巨额债务，不是他爸爸一个人的肩头能承担得起的。生活本身就是一部辩证法，任何事情都是有得有失。住医院是人所不愿的事情，但是住院又成为我和孩子的幸运。我们有大块可以利用的学习时间，可以静下心来读书，可以一心一意对登儿进行语言康复训练。我不必因要赶去上班而中止训练，也不必因下乡调查或检查不能按时赶回耽误语训而焦虑。在广州治疗 3 个多月，我有了一段宝贵的时间与孩子日夜相伴，朝夕相处，登儿的语言有了飞跃的进步。

登儿来的时候说短句不流畅，3 个月后便成了一只快乐的小喜鹊，口里能不停地叽叽喳喳。看到画上的一男一女，他说“爸爸、妈妈”；看到课本封面上的小女孩，便说邻居“姐姐肖惠霞”；看到马路上来往的车辆，就不停地说“卡车、货车、小汽车、吉普车……”；另外他还学会了 50 多首儿歌和一些舞蹈。他表演欲望很强，常常一边做动作，一边摇头晃脑说儿歌，为大家讲短小故事。

那天上午，我教了他一首儿歌——《我有一双小小手》。晚上洗完澡后，用面盆洗衣服，盆子太小，放不下两双手，我想尽快洗完衣服和他去散步。我嘴里教他说“洗衣服”，又要求他把手从盆子里拿出去，不要妨碍我洗衣服。可是他并不理会，而且嘴里不停地说：“我有一双小小手，自己的事情自己做。”我感到莫名的惊喜，他能学以致用了。满含激动的泪水，欣赏着这个日益进步的小生命！抱着他亲吻，不停地赞美我可爱的儿子：“你说得太好了！”此时，我还能对他妨碍我洗衣服有不满情绪吗？索性奖赏他“洗衣服”。我取消散步，让他“自己的事情自己做”。我们一边高兴地洗衣服，一边欢快地念着这首儿歌。

有人说这里是监狱，我说这里是学校；有人说这里是难民营，我说这里是课堂。我为登儿和我自己制定了严格的作息时间表：

上午

5：30—7：00 妈妈学习

7：00—8：00 登儿起床、洗漱、吃早餐

8：00—9：00 妈妈和登儿逛市场买菜，对照实物学习

9：00—11：00 登儿语训

11：00—12：00 妈妈做饭，登儿当“跟屁虫”学说话

12：00—12：30 吃饭、洗碗中学习

下午

12：30—13：30 登儿午睡

12：30—13：00 妈妈午睡

13：30—16：30 登儿语训

16：30—17：00 妈妈做饭，登儿自由活动

17：00—19：30 吃饭、洗澡、洗衣、散步中学习

19：30—21：00 登儿、妈妈在蚊帐内学习

21：00—登儿睡觉

21：00—23：00 妈妈学习

23：00—妈妈休息

登儿没有完全按规定的时间休息，有时他学习兴趣极高，不肯睡觉，缠着我给他讲故事，也学到深夜。他固定的学习时间是 6 个多小时，加上生活中的学习时间 5 个多小时，一共是十多个小时。只要他眼睛没有闭上，所有时间实际上都是他的学习时间。

我的学习时间，一般是登儿的休息时间。只要他醒来，我随时随地都

要教他说话，一切可以利用的机会我决不放过。在我做饭时，他围着我问这问那，我就不厌其烦告诉他。

在这里登儿的听力在最差之列，但语言康复却是最好的。

当时的登儿除了口齿还不太清楚外，他的活泼开朗以及他的天真淘气，让我时常忘记他的听力缺陷。仅仅 1 年多的时间，康复训练不仅给孩子的语言插上飞翔的翅膀，而且带来他性格上的巨大的变化。

登儿在治疗两个月后，我们又到医院检查，听力分别提高了 10 分贝。我欣喜若狂，又满怀希望和信心坚持治疗了一个多月，但是我发现只要停药或身体不舒服，他的听力就会迅速下降，而我们不可能永远住在广州治疗。停药十天后，我们又做了一次检查，听力与来的时候还是一样的。我始终不相信这个检查结果，但你能不相信科学仪器吗？

我问自己：登儿这次治疗中所吃的苦，是不是白吃了？钱是不是白花了？但是如果不来也要一辈子后悔呀！这就是“不到黄河心不死”。

诊所的其他孩子几乎与登儿的情况一样，怨谁呢？不是自己找人说好话，想千方百计进来治的吗？人家医生也尽力了，医学到目前为止对神经性耳聋无能为力。

治于当治，止于当止。医生再三挽留，并希望我留在那里配合他们搞康复训练，因我对治疗没有信心，又难舍家中工作的“鸡肋”，在医治一百多天以后，我认为即使继续治疗也没有意义，便决定回家了。

把外出看病当旅游

外出治病，耗费我们大量的财力、物力和精力，不仅如此，孩子受苦，大人受累，更主要是精神上承受了巨大痛苦和折磨。祈盼治疗效果的愁苦和焦虑如同一块巨石，时时压在我们的心头，一次次满怀希望而去，又一次次失望和疲惫而归。

母子连心，每当我伤心流泪的时候，登儿就会用一种与他年龄不符的忧虑和不解的目光看着我，我要他去玩，他也不愿离开。为治疗耳聋消磨了我太多的生活热情，心中始终笼罩着浓浓的愁云。终于有一天我意识到问题的严重性。登儿的童年，一直奔走于各大医院，所见所闻都是些不幸的人们，我们的这种心态将直接影响他的性格。世界上有多少不幸的人们？

当厄运降临时，谁都难以承受，但是怨天尤人能改变现实吗？我们必须学会坚强，在苦难中寻找快乐，以此影响和塑造孩子乐观的性格。

我努力调整自己的心态，我们这样的家庭可以举债为孩子治耳朵，不可能借债去旅游，但孩子因祸得“福”，我们把每次外出看病当旅游，把颠沛流离看作游山玩水，让孩子尽情游览山川美景，也让大自然的美丽风光扫去我们心中的阴霾。我们治病到了武汉、北京、上海、苏州、杭州、广州、深圳、珠海等地，我便带他走遍了这些地方的名胜古迹。治耳朵所到之处，我们买来地图学习地理知识，在地图上寻找我们走过的城市和路线，并做上标记。1988 年寒假我们到上海，这时登儿 9 岁了，他方位感很强，走过的路线地点都记得清楚。每当我们确定目的地，两人拿着一张上海市区地图，要登儿告诉我如何乘车，他都能熟练地看地图，准确地告诉我怎么走，乘哪路车到哪里转哪路车，在我迷路时准确地为我指引方向。

“读万卷书，行万里路”。我们走过辽阔无垠的大平原，穿越延绵千里的山岭，饱览秀美的湖光山色，欣赏到雄伟壮观的祖国山河。我坚信这些能让孩子“见多识广”，增添他的美感和豪情，陶冶他的性情，能给他无穷无尽的知识。

游乐场里的什么飞船、碰碰车、飞马，我觉得太花钱，看登儿实在是渴望尝试的项目，才狠心让他去体验一下。门票太贵的地方，我们不敢问津，不花钱的地方，比如那些山川、河流，自然风光是我们经常光顾的地方。尤其是那些增长知识和登儿特别喜欢的地方，我们是一定要去的。人们说接触大自然的人心地高尚，喜欢动物的人善良、宽厚，我发现登儿天生与它们结缘。武汉、北京、广州动物园，我带登儿去了好几次。

尽管我们不可能像城里的孩子经常光顾那些地方，但对我们来说机会更难得可贵，在登儿眼里动物世界是那样奇妙，他那激动兴奋的神态，手舞足蹈的样子，让我想起来就觉得好笑。每次从动物园出来，他都恋恋不舍。在他从画册上学会说小猴后，第一次在动物园见到精灵顽皮、跳跃攀爬自如的小猴，激动得又蹦又跳，拉着我的手，不停地用小手指着，告诉我“小猴……”回家后画了好多只小猴。

他在家里喂养过小鸡、小鸟、乌龟、小猫、小狗、白兔、蝌蚪、土鳖虫等，甚至连老鼠都喂养过。其实我不喜欢喂养这些东西，什么小猫、小狗，我嫌它脏而且太麻烦，经常要打扫、冲洗，而我的生活一直是紧紧张张的，没有时间干这些事情。但看到登儿兴趣盎然，又能给他增长知识，培植爱心，只好顺从地让他喂养。

开始我是谈鼠色变。小时候，我爸爸就告诉我们："老鼠过街，人人叫打。"它是四害之一，家里屡灭不绝，我们深受其害，对它深恶痛绝。在广州治病，看到诊所喂养一些硕大的老鼠。医生告诉我们，用鼠胆敷耳朵，可以治耳聋。一些家长们便闻风即动，很快就捕捉到一些老鼠，并把它喂养起来。我因害怕，不得不从市场上花 4 元钱买来两只老鼠喂养起来。登儿经常给它喂食，我也常跑去观察，发现老鼠并不难看，而且很精灵。因为想着它将是为登儿治耳朵的功臣，所以对它另眼相待了。治病回家后，登儿又喂养了一段时间。

我们在广州求医，环境艰苦，但我们依然感觉很快乐。首先是相伴学习玩耍的快乐，我们为自己放假，星期天邀约几个家长到附近的白云山上去玩。还有很多时候我们把拾柴当游玩，明明是要去拾柴，却跟登儿说："走，我们出去玩！"一边拾柴，一边告诉他这是什么，那是什么。

从诊所上山，只有一条崎岖的小路，经常有荆棘挡住我们的去路。我想起鲁迅先生的话：地上本没有路，走的人多了，也便成了路。我们开辟道路前行。孩子们累了，有的要背，有的要抱，我们几位家长也累得气喘吁吁。此时，只有不断地鼓励孩子们勇敢攀登，并让他们竞赛。我说："看谁爬得快，奖赏冰棍！"几位家长也鼓掌助威。谁不想当第一？谁不想吃冰棍呢？孩子们争先恐后地爬着，比几个大人还快呢。每次爬上去，胳膊、腿都划得伤痕累累，但在这个过程中，孩子们磨炼了意志，获得奋力向上终于成功的喜悦，也学习了一些新的知识。我们从中获得了大自然馈赠的欢愉心情。登儿认识了白云山上的各种树木花草，喜欢上这里的各种昆虫。我随手摘下一朵野花和一片树叶，告诉他花的颜色、花瓣、花蕊、花萼、绿叶、花枝等。到达山顶，放眼眺望，群山起伏、树木苍翠、鸟语花香，我们心旷神怡。山顶上有一大片开阔的平地，看到漫山遍野飞舞的蝴蝶和蜻蜓，我们追赶着。登儿眼尖手快，每次他总能捉到漂亮的蜻蜓。我们把蜻蜓带回病室，装在玻璃药瓶中观察、喂养。它成为登儿在医院的亲密小伙伴。

为了捕捉蝴蝶，我们利用买菜用过的网兜，绑在竹竿上做成舀子。登儿拿着舀子捕捉，我跟着他助威。我们一起在山上追赶着，欢呼着。每捕到一只可爱的花蝴蝶，登儿会兴奋叫喊："妈妈，快来看！"他那红扑扑的脸上绽放出灿烂的笑容。孩子开心，我也开心。我们捕到后又放掉，放掉以后又捕捉，重复着这种快乐。在游玩嬉闹中，登儿的知识在增长，想象力越来越丰富。

一天我们到朋友处去玩。站在朋友住的招待所楼顶上，登儿激动地告诉我："飞机，看飞机！"我顺着他的手指引的方向看去，周围的楼顶上布满了电视机天线，远望它确实像无数架飞机停在楼顶上。我告诉他这是电视机天线，同时夸奖登儿太棒了！真会想象！沿海地区比内地经济发达，那时我们这里买电视机的没几家，像这样的景观难得一见。

从此我不断地引导登儿注意观察周围的事物，并加以想象、联想，他也会随时随地提出一些新鲜的问题。登儿三年级时，我到桂林开会，在组织游览了桂林山水后，我回来送给登儿一本桂林山水神话故事，给登儿写下赠言："桂林山水美不胜收。我把他送给你，请你先在书上游览，从文字的描述中尽情地想象其画面，待有机会再去桂林游览验证吧！"

大自然的美丽和神秘，让登儿总是充满好奇和兴奋，吸引他去学习新的知识。他的智力通过不断接受新鲜事物，接受大自然愉悦的感官刺激，迅速发展起来。

全家团聚

从广州回来，我没有回单位。

我太疲惫了，房子3个多月没有人住，会结满蜘蛛网，落满灰尘。带着旅途的劳倦，没有喘息的机会，又要自己打扫，做饭，我实在是没有气力来做这些事情。我想休整几天，于是坐车来到登儿爸爸这里。爸爸找厂里借了一辆脚踏三轮车来汽车站接我们，他的单位离汽车站还有五六公里路。

见到爸爸，登儿没有往日的羞涩，甜甜地叫了一声"爸爸好"，爸爸眼里闪烁着激动的泪花。

爸爸是个不善于表达感情的人，他拍拍登儿的脑袋，又把登儿抱起来，就表示亲热了。登儿张了张嘴巴，还想对爸爸说什么，想了一会儿说"你——写信——妈妈。"他想问爸爸，"您为什么只给妈妈写信，不给我写信呢？"

在广州时我曾告诉登儿如何跟爸爸问话，这样的长句子只有在语境中学习他才能记住，我又一次告诉他。爸爸这才记起没有单独给登儿回信，说了声“对不起!”登儿坚持要爸爸给他补写。

先生在前面蹬车，我抱着登儿坐在后面，不一会儿登儿就在我的怀抱里睡着了。看着先生宽阔的背影，汗水流湿了他的衣背。我想到这些年他也不容易，在工厂是条铁汉子，玩命地工作，一直是厂的劳模、先进。我眼眶一热，流下心疼的泪水。平日只觉得他不管家，但是这些年，我把全部的精力给了儿子，何曾又关心过他呢？我突然感觉到，尽管他在平常的生活中，在很多关键时候不在我们身边，但他依然是我们母子俩精神上可以依靠的一座大山。一股幸福的暖流涌上心头，过去的奔波、劳碌，一切委屈和孤独，此刻都烟消云散。

广州之行仿佛让登儿获得新生，他的治疗效果虽然不佳，但语言能力突飞猛进，这些给我们带来孩子遭遇不幸后从没有过的好心情。

夏日的黄昏已退去白天的燥热，夕阳将西边的天空渲染成一片金色的霞光，把浅蓝色的云彩照得透明，一大片云彩周边又镶上金边。江汉平原那无垠的绿色缎子，被大自然这神奇的画笔抹上橘红色的余晖，成了深赭色。一会儿，天空暗淡下来，大地被薄雾笼罩。先生奋力踏车，我陶醉在这美好的景色中，晚风徐徐吹来，送来阵阵稻谷的清香，感觉格外凉爽、惬意。

在先生的工厂宿舍，我们家庭的小舟在经过风雨、波涛、颠沛流离后终于驶向这里宁静的港湾，我尽情享受着我们一家子在经历了与命运的抗争和奋斗、劳碌和奔波后团聚的喜悦和甜蜜。

第二天清晨，我忙着清洗衣物、打扫房子，等忙完这一切，登儿醒了问我：“这是哪里?”因旅途中他太兴奋、太疲倦，昨晚连吃饭都是迷迷糊糊，睡觉更是沉沉的。

“这里是爸爸工厂!”我告诉他。他也急忙起床，我们一起吃早餐，先生上班前已为我们买来了早点。

在哪里进行语言训练呢？房子太小，也很闷热。先生的工厂是石油部直属的一家大型国有企业，地处乡村，四周都是田野、沟渠，还有大片的树林。我们曾经为工作调动向谁靠拢的问题进行过讨论。我认为这里太偏僻，这样的教育环境对登儿这样的孩子成长不利，但这儿确实是一个美丽的地方，有很多城里没有的景色。

我带着登儿，拿上识字卡片和画册、书本，来到工厂宿舍后面的树林里，寻找到一块地方，开始和登儿按预定的计划学习。登儿的学习自觉性已经养成，学习的时候，他一般都能专心致志，但是今天的学习他却心不在焉。一会儿四处张望，一会儿问我“什么声音?”

“你听到声音了?”我高兴地问登儿。

登儿点点头。我万分惊喜！书上告诉我，听力不能改变，但听觉能力是可以改善提高的。通过我的千次万次泣血的呼唤，终于唤醒了他的一点点残余听力。我放弃原定的学习计划，“现场”是多么好的学习语境。

蝉鸣鸟叫声此起彼伏，我们干脆放下识字卡片。我要登儿仔细辨听，他有些失望，我放大嗓子反复不断地模仿蝉鸣鸟叫的声音，以锻炼他的听力。

这一片树林，树干粗壮挺拔，枝叶繁茂。仰望遮天蔽日的丛林，树丫上有好多鸟窝，鸟儿在树枝上欢快地歌唱。登儿踮起脚也看不清楚，我让他骑在我的脖子上，继而爬到一棵树上去观察，同时我也爬到一棵树上。他又发现了“新大陆”——在一个鸟窝旁，有两只小鸟交颈依偎在枝头上。我们屏住呼吸坐在树丫上观察，又悄悄滑下来，却还是惊动了它们，小鸟扑闪着翅膀飞走了。登儿失望地说：“两只鸟——飞——了！”

他问我：“鸟叫什么名字?”我告诉他：“喜鹊”，他重复喜鹊的发音。接着我们在林子里采野花、捡蝉壳、挖蚯蚓、看蚂蚁搬家。他不停地向我提问，这是什么？那是什么？我们在玩中学，在学中玩，以至于忘了吃饭的时间。直到肚子饿得咕咕叫，才回宿舍。

吃完饭，我让登儿把刚才观察鸟的活动情景表达出来，这是他第一次学习记述。一边回忆，使情景在脑海中再现；一边学习如何口头和书面表达，不会写的字就查字典。他搜肠刮肚寻找自己已经掌握的词汇和句子，结合自己经历的经验，写出的语句尽管颠三倒四、词不达意，我给他纠正、修改，再给他加上标点符号。纠正的过程，也是一个学习的过程。

1985 年 8 月 28 日　星期三

人有房子，你知道吗？鸟儿也有房子。

妈妈说，不叫房子，应该叫“鸟窝、鸟巢”。鸟窝比人住的房子简陋，它“建”在树丫上。它的“建筑材料”用的是一些干树枝。它把吃的虫子，自己下的蛋都放在窝里。

鸟妈妈胆子太大了！它把自己的孩子丢在窝里，自己飞出去找吃的，万一它的孩子掉下来，会不会摔死呢？妈妈叫我别担心，说小鸟跟着它妈妈学会了飞翔的本领。妈妈要我像小鸟那样多学本领。

鸟儿真有趣，在窝里睡觉、孵小鸟、吃饭、玩耍，还唱歌呢！

这篇日记还不是他独立完成的。“建筑材料”，是这次在广州我带他看高楼大厦怎样建起来的，我们在建筑工地刚刚学过的。“简陋”是我告诉他的，当时他没有明白其意思。我想我们小时候好多不懂的词语，也是随着知识的积累而逐渐理解的。

第六章　追赶同龄孩子

▽

声音的翅膀在起飞时折断/残缺的生命如何飞翔/母爱是你飞翔的翅膀/挣脱无声世界的束缚/快快把同龄孩子追赶/听说读写同步施展/苦其心志/劳其筋骨/千难万险/百炼成钢/生命的蓝天任你飞翔/苦难的生活可以酿出蜜的芬芳

创设普通话的语言环境

语言训练初期，是教登儿方言还是普通话？我拿不定主意。辗转几个晚上思考着，寻求答案。

我们这里的人都说方言。我学习普通话的时候，前鼻音、后鼻音，卷舌音、平舌音都分不清楚。最后我从自己学习普通话的困惑中下决心教他标准普通话，我不想他遭遇和我同样的困惑。

同时我考虑到登儿的听力不好，他积累了一定的词汇量和具备一定的语言表述能力后，今后主要靠自学。为了给他今后自学打下良好的基础，方便查字典，让他能便捷地从书本上学习语言，我必须采用标准的普通话进行语言训练。

幸好当初选择说普通话，没想到对他日后学习拼音带来了极大的便利，后来发现说普通话，还有好多我们当时没有考虑到的优势，起到了事半功倍的效果。我们可以放开手脚追赶同龄的孩子。

如果既说方言，又说普通话，应该学两个字却等于只学了一个字；如果完全说标准普通话，就实实在在学了两个字。另外还可以避免不必要的混淆，减少学习中的困惑和难度。

我开始教他发音说话时，力求自己的发音准确、响亮、清晰、舒缓，并面对面让他看清我的口型，不断地重复同一单词。他要“三结合”——听、看、摸来学习。拿不准的读音，我和他一块查字典。开始查的频率特别多，随着语音的准确性提高和词汇的积累增加，查的次数就逐渐减少了。

为了给他创造一个良好的语言环境，首先我自己要说普通话，有时在外头与人交流时也不自觉地说起普通话，引来别人的笑话。什么“江西的驴子学马叫——南腔北调”，但是我毫不在意，继续我行我素。

登儿听力太差，听不清广播、电视播音员说话。在讲故事的时候，我先揣摩人物口气、语调，观察电视中播音员发音，先要模仿得惟妙惟肖，登儿然后模仿我说话。

在教学中，我如同演员一样倾注自己的情感，尽量展示声、行、表情和神态的表演艺术性。夸张的表情，生动的语言，绘声绘色，辅之以手势，模仿故事情节中的人物语气、行为进行表演。这种独具特色的教学表演，可激发登儿的学习乐趣，产生情感共鸣。同时培养他对美的鉴赏和感知能力，引导他通过抑扬顿挫和说话腔调把握情感。

比如给他讲《小壁虎借尾巴》的故事，我要登儿一会儿扮小鱼姐姐说话，一会儿要他扮老黄牛伯伯，一会儿要他学习燕子阿姨说话。姐姐、伯伯和阿姨，他们说话的声音高低、语气是不同的，以刺激和提高他对声调的感知能力。

我要家里的亲友、来客以及和他玩耍的小朋友全部用普通话与他交流，尽量为他营造一个说普通话的语言环境。

有时我还特意把小朋友接来家里玩，看书册、玩玩具、做游戏、讲故事、开联欢会……

我告诉小朋友：“姚登小时候因打针耳朵听不到，现在我正在教他说话。但是他只会听说标准普通话。我们小朋友都在上幼儿园或小学，都学了普通话。我请大家帮个忙，不管是在我们家里还是在外面，凡是跟姚登说话，请大家都讲普通话，当姚登的小老师。”

小朋友情绪高涨，异口同声地说：“好！”

有的小朋友说方言习惯了，开始与登儿说话总是忘记说普通话，在一旁的小朋友就不断地提醒，他也就自觉地纠正自己的方言。

我提议：小朋友们开展说普通话的竞赛活动，看谁的普通话说得好，并奖励铅笔、本子、小玩具……小朋友受到极大的鼓舞，争先恐后学说普通话。久而久之，凡是与登儿说话，周围的小朋友和登儿的表兄弟姐妹以及一些亲友，都形成了一种条件反射，只要是和登儿说话，就说普通话。

我刚开始这样做，只是希望为登儿创造一个良好的学习语言的环境，谁知道还起到了一箭双雕的作用。因工作太忙，除节假日外平时我对登儿固定的语训时间每天只有三四个小时，而这么多小朋友都与他用普通话交流，等于我又请了好多个语训老师。在他们一块玩耍中，帮我继续了对登儿的语言康复训练。在此同时，还培养了登儿合群的性格，为他心理健康成长，为今后走向主流社会（相对于无声世界而言，以下简称社会）打下了良好的基础。

拼音是学习语言初始的拐杖

登儿可以说很多话了，但吐字发音含混不清。除了我听得懂，别人还听不懂。我想了很多办法给他纠正，成效不明显。

医生告诉我，因为他听不清楚，所以说不清楚。是的。登儿听力受损，听的通道阻塞；因听不到而不会发音，发音器官僵硬退化；因长期不说话，大脑皮层语言中枢发育迟滞。他的发音，完全靠我告诉他的一些技巧和方法。需要观察我发音时的口型、舌位及整个发声肌群协调运动过程，我要无数次的重复。一个发音，牵动40多块肌肉协调运动，他如何看得清、记得住呢？

我又为此忧虑：登儿说话不清楚，如何能在社会与人交流呢？我如此艰辛地教他，得来的是别人听不懂的语言，那有何意义呢？如果按听不清就说不清的理论，聋儿永远会说不清楚，因为他的听力不可能改变，没有办法听清楚呀！我想起最开始医生也告诉过我，像这种听力的孩子不可能说话，而现在通过我们的努力不是已经打破了预言吗？我希望自己再一次创造奇迹。

我琢磨：登儿把冰激凌说成“奔吉林”，“冰”将韵母“ing”发成

"en"。他有时掉音或变音，怎么能让他不丢音、不变音，咬准每一个音节呢？那么就应该掌握汉语拼音。这是我通过一段时间观察，苦苦思索的解决发音不清的办法。为了纠正他那些含糊的语音，也为了尽早教他自学能力，在他学说话半年后，我开始教他学习汉语拼音。

汉语拼音是没有意义的，学习中很难找到像原来学习时的那种情趣，那段日子我们就生活在这些枯燥单调的拼音字母和400多个音节之中。有时为一个发音，重复百遍、千遍，我舌干口燥，他的嗓音嘶哑，效果仍不理想。

我反复演示，但从登儿口里出来的音就不是那个音。我发现我做了口型示范后，登儿不知道自己的口型是否与我一样，所以学习中很难做到模仿不走形。我在屋里挂了一面大镜子。我和登儿都面向镜子而坐，目的是让他看清我的口型、舌位，然后在镜子里看自己发音时的口型、舌位，予以对照。这个方法在3年后听了梁小昆的录音演讲时得到认同。

如何让他发准每一个单音呢？有时为了一个音，辗转反侧，彻夜难眠。半夜起床拿出汉语拼音示意图仔细揣摩，后又找来五官解剖医学书来啃。我如痴如醉地钻研这些理论知识，然后在登儿身上试验。随着我的技术方法成熟，登儿的准确率也逐渐提高。

汉语拼音有10个元音和22个辅音。元音的发音简单一些，而22个辅音的发音，在发音器官的某两个部分的肌肉都要先造成不同程度的阻碍，气流通过口腔是冲破阻碍而出。不同的发音方法和发音部位也是确定辅音性质的重要因素。如果把不送气的塞音d发成送气的塞音t，虽然发音部位相同，而且都是清辅音，那发音也不准确了。如登儿发出的第一个音节"糖"，他却说成"dan"。他的发音有两个错误。首先是把声母"t"发成"d"，加上后鼻音气流没到位，当然也就不清晰了。

而且还有一个问题，他发音时口腔肌肉松弛，致使发音部位的肌肉不能收紧到一点上，接触面扩大。为了解决这个问题，我自编了锻炼发声肌群的舌操、唇操，每天起床时一边穿衣服，一边做口舌操，以改善发音肌群的灵活性，让登儿学会舌肌的伸缩升降，达到运用自如，发音部位用力。发音部位直观可见的，登儿比较容易掌握，发音部位可见性差，尤其在口腔内的发音，对于登儿来说是特别难发的音。我仔细揣摩这些音的受阻部位和发音方法，苦苦思索它的发音特征，听辨出登儿发音错误的原因，然后找到登儿能明白的方法，有的放矢地进行矫正。

我们曾经为了发一个“g”音，一连练习了10多天也没发准确，我想绕过去以后再练。那天登儿扁桃体发炎，我带他到医院开药。医生拿出压舌板，要他发“啊——”我一下子找到了灵感，兴奋地跑回家，要他触摸我发音时喉部的颤动，拿出筷子帮助他抬高舌根，用手卡在他的喉部，登儿终于找到了感觉。“g”音准确地从他喉咙发出来，喉部也被我掐红了。“k”“h”只是气流的急缓，也就迎刃而解了。

我流下了兴奋的泪水，在我连声的夸奖中，登儿红着脸开心地笑了。我们拥抱、欢呼、跳跃……胜利的喜悦使他忘记了疼痛，几天后他告诉我喉部还疼。

回想登儿的成长过程和语言康复训练中，有多少这样幸福的时刻！正是由一次次艰难、挫折、失败、痛苦伴随着一个个成功的喜悦，让我们逐步走向希望的彼岸。

我利用早晚和节假日时间，经过近3个多月的苦战，登儿已经掌握了汉语拼音每个音节的发音和拼读。尽管有些舌尖音、卷舌音和后鼻音的发音还不能完全到位，但他的语言清晰度明显改善。汉语拼音成了他初始学习语言的拐杖，矫治语音的工具。

凡是碰到登儿不认识的字和不准确的发音，只要写上拼音，标上声调，或让他自己去查字典，他就会自己呼读或矫正部分发音。请您别以为他可以自己准确矫正发音！因为他不能听到自己发音的反馈，需要我借助拼音这个工具来提醒和纠正他的发音。有时一个音，需要千百次、上万次的纠正、提醒，才能进入他的血脉，由技巧转化为一种习惯和能力。

登儿小学三年级时，我带他第一次到中国聋儿康复中心，得到了和蔼可亲的万选蓉老师的指导。在登儿入学前，我们曾听过万老师儿子梁小昆的录音演讲，小昆的发音清晰流畅，抑扬顿挫的把握比有些正常孩子更富于情感。我们当时非常羡慕。只是听小昆介绍，他是中重度耳聋，而登儿的听力差远了，我们也就不把小昆作为目标了。

这次拜访，我们知道了小昆发音清晰也是万老师付出了巨大心血才获得的。万老师也是每天凌晨就开始，对小昆一个字、一个词、一句话反复训练，这些更坚定了我对登儿康复的决心和信心。

我们还辗转找到了小昆在读学校，这时小昆读小学六年级。见到小昆，如果不是早知道，哪里看得出他是耳聋孩子？他分明是一个俊朗、进取、向上的正常少年！我们交流无障碍，小昆给我们介绍了他如何刻苦学习，如何处理与同学的关系，给登儿以借鉴、帮助和鼓舞。他清晰流利的谈吐，自信优异的成绩更给我们启示和力量。

从北京回来，更坚定了一定让登儿说话清楚的决心！也更明确了用拼音来矫正他发音的训练方法，而且没有捷径，只有“水滴石穿”的康复训练能改善他的发音！

我充分利用他的残余听力，调动起他的视觉和触觉功能。一个个音节，一个个声调教他发音。有时一个音节需要重复千百次，还要连比带画告诉他气流的方法、速度，唇型、舌、齿的位置，把它们分解成一个个慢镜头。不厌其烦，反反复复纠正孩子的发音错误。一天两天天天如此，一年两年年年如此。

我是一个母亲，又是一名干部。我所在的单位工作庞杂，工作 10 多个小时是常事。我把每天凌晨作为雷打不动的语训时间。当人们还在梦乡，我和儿子已开始练习发音。先是练音节单词，后来念儿歌、背唐诗、读古文。风霜雨雪，寒来暑往，比画口型，吐纳气流，十几年如一日，直到他离家去读大学。

孩子也特争气，每天清晨五点半，只需我到床前轻轻地拍拍他的肩，他就能够睁开惺忪的睡眼，一骨碌爬起来，从不拖拉。我不知道是什么力量让一个年幼的孩子能强制自己睁开惺忪的睡眼，能在枯燥的发音、正音过程中不厌其烦？他跟我说：“要学会说话，我要去上学。”有时练得嘴唇干裂、咽喉红肿，毫不退却，睡梦中都念念有词。

在家务劳动中学习语言

1983 年，我们单位盖了单元宿舍，我们搬进了分配的新居。在整个小城居住条件尚未改善时，招来多少羡慕的目光。

我从没住过这样明亮、宽敞的房子。不必再去跑公用厕所，不必像原来吃喝拉撒都在一个房间。想当初我们姊妹几个拥挤在一个狭小、阴暗、潮湿，连玻璃窗户都没有的房子里，这里简直就是一个天堂！

相比父辈，我是何等幸运！我父亲任教几十年，一辈子居无定所。我把父母接到身边，想让他们也享受一下“天堂”的生活，还可帮我照顾登儿。搬迁时我父亲写了一首《念奴娇·迁居》：“蜗庐半间，虽破烂，庇我一家八口。荏苒光阴四十载，赢得清风两袖。未定萍踪，难营鹊巢，任我江湖走，独怜孤冢，临行几度回首……”在历经坎坷、流离失所后，我们一家人终于过上了幸福的生活！

可是父母仅仅来住了一个多月，父亲又被请到油田代课，我又失去了帮助。对登儿进行语言康复训练后，我们不可能不食人间烟火，也不能任家里脏乱，这样的环境会使心情更糟糕，而且这不是我的生活习惯。这样下班以后光为着吃饭穿衣清洁卫生就有好多事情。

而登儿的语言康复训练是一项抢救性的系统工程。之所以说“抢救性”，是因为登儿已经耽搁了语言年龄，相比正常孩子滞后了三四年。语言的发展是越早越好，很多专家已提出0岁教育。人的言语获得最旺盛期是1~3岁，7岁前为最佳时期。显然他已超过最旺盛期。说它是一项系统工程，是因为这是一个长期的任务。语言的认知发展，不是孤立地说几句话，它应该是人的综合素质开发，包括思维力、注意力、观察力、记忆力和想象力等综合因素，而且不是一蹴而就能达到康复目标的。

按照儿童潜能递减法则，登儿5岁了，就是受到了最好的教育，他的语言潜能只能达到80%。

我的生活是异常的紧凑和匆忙。除了睡觉的6个小时外，一整天都像救火一样的速度。早上起床时间冬天6点，夏天5点半，第一件事就是语言训练，7点我去准备早餐，他去洗脸，20分钟以内他要洗漱收拾完毕，7点20吃饭，7点30送他上幼儿园，途中买菜后我去上班。中午我一个人在家，尽量把登儿晚上在家时的家务事都集中在这个时间，忙着做饭洗衣，然后看书学习。下班以后匆匆赶去接他。晚上简单吃饭后继续他的语言康复训练，待他睡觉后，我还要学习。

我心中时刻都有一种时不我待的紧迫感。在千头万绪的琐事中，我把对登儿的语言康复训练排在第一位，那么就顾不上家务劳动。学起来经常忘记吃饭，饥肠辘辘时却赶忙做饭；衣服堆积几天没时间洗；天气骤冷却没衣服穿；房子脏了没时间打扫。那时最大的矛盾就是时间不够用。

我总以最快的速度来处理这些琐事，但我的手脚再麻利也要花费很多时间。每当干完家务活再来教登儿，一看时间已过了一个多小时，那么就意味耽搁了一个多小时语训时间，心里特别难受。

思来想去何不让登儿和我一块干，在干的时候学习说话呢！

扫地的时候，先说“灰”，有灰就“脏”，脏了就要用“扫把”扫地，扫地以后就要用撮箕撮“垃圾”。在扫地这一过程中学习了“灰”“脏”“扫把”“扫地”“撮箕”“垃圾”“拖把”“拖地”等单词，通过这一组词语的学习，同时培养他的逻辑思维能力。

每学一个单词时，凡是没有识字卡片的，我都要随时写下汉字和拼音，然后做成卡片，便于今后复习。所以写字板、笔和纸都要随身带，有时来不及了，就在手上、胳膊上、地上写，这样手、胳膊和大地也成为我们的纸，树枝、木棍、竹签成了我们的笔。

复习时采取捉迷藏的游戏形式。我说“请给我拿撮箕！”“请给我拿扫把！”他“听”到后，口里要复述这个句子的关键词——撮箕、扫把，再捉迷藏找到它们，然后把撮箕或扫把拿给我，与此同时要说出名称。

在做饭的时候，我是厨师，他是我的助手。先认识佐料名称、味道、用途，我请他“拿盐”“拿醋”“拿味精”……先听辨，再复述，还要回答我的问题：“盐是什么味道？”“咸的”……

一段时间耳濡目染他便熟悉了做饭的操作过程。我们的角色换位，他也威风地命令我：“拿水！”“拿盐！”我做家务的习惯是把战场全面摆开，锅里炒菜烧煮时，又扫地、抹桌子，洗衣机在洗衣服，池子在放水准备清洗衣服。

这时需要驾驭全局，耳听八方，眼观六路，巧妙穿插安排。一般的时候饭做好了，全部家务完成。

那是一个星期天，洗了很多衣服床单。我们用的是一台单缸洗衣机，需要人工清洗。他见我忙不过来，不声不响从柜子里找出小时候用过的一条长兜兜系上，拿了一个板凳放在水池边，站在凳子上清洗衣服。尽管衣袖和兜兜全都打湿了，但比起习得的劳动技能和习惯，这又算什么呢？

在他忙活满身是汗时，我拿来一条毛巾给他擦汗。我指着他头上的汗问这是什么，他跟我说“水”。我给他纠正，应说“汗”“汗水”，同时告诉他“汗流浃背”这个成语。

自从在劳动中学说话后，登儿眼头亮，不用我吩咐，时常主动帮助我干些家务劳动。一个家庭过日子，离不开柴米油盐酱醋茶。为了节约我们以烧煤为主，液化气应急时才用。我买了几百个蜂窝煤，拖煤工只负责把煤码在我们家单元楼下。那时我们家住五楼。他爸爸不在家，只有我和他一起搬煤。他人小心大，见我搬 10 多块，也要和我一样多，我要他搬少点，他坚持搬五块。连续上下 20 多趟，我们俩都气喘吁吁、满脸通红、浑身是汗。

登儿说“呼吸困难”。我告诉他“气喘吁吁”。不求他一次完全理解。接着两双黑乎乎的手拍打起来，口里叫喊着“手拍手，好朋友！”我们面对面笑着闹着。

“我们在干什么？”我问登儿。

“搬煤。”登儿回答。

我指着浑身的汗问他，这是什么？他回答“汗”，接着又说“妈妈汗流浃背”。这是刚学过的成语，他不仅理解、记住了，还能够灵活运用了。

此情此景中我又教他“累”字，我相信他很快理解了这个抽象的形容词的含义。我说：“登儿累了休息。”他说：“我不累！”接着他找来一条毛巾，一边说：“妈妈累了！”一边要我低下头给我擦汗，结果擦得我满脸黑乎乎。他哈哈大笑起来，说：“妈妈——脸——黑的！”我跑回屋子拿出镜子一看也笑起来，趁势我把登儿脸上也擦了一块黑的，他想还击，我一溜身他没摸着。我们追赶着、嬉闹着。我对登儿说：“你是故意的。”

“什么叫故意？”登儿问我。

“你不是想给妈妈擦汗，是想把煤灰弄到妈妈脸上！”

“不是！”过了一会儿登儿接着说：“妈妈——故意的！”

在艰辛的劳动中，在愉快的嬉闹玩耍中，他理解了“累”和“故意”的含义。

登儿毕竟才 6 岁多，我不忍心让他那么劳累，几次要他去玩，他却不愿离去。没想到这么年幼的孩子坚持和我一起搬完煤，而不愿丢下妈妈一个人干活。还上气不接下气地唠叨：“我们——搬煤！”

我感到万分欣慰，登儿付出了汗水，懂得了劳动的艰辛和妈妈的辛劳，知道关心体贴人，而且这么小的孩子具有如此的毅力。

俗话说：“娃儿看极小”，意思说从一个小孩的言行举止、行为习惯可以看出他的未来人生的造就。我不能预测登儿的将来，但我想勤劳是成功之本、幸福之源。一个人如果能够吃苦耐劳，养成勤劳的好习惯，我相信他在未来坎坷的人生路上，一定能不畏艰难险阻，勇往向前。没想到“逼”出来的这种教学形式，起到了“一箭双雕”作用，收获语言进步的同时，启迪和促进了他的思维认知、想象能力的发展，还收获了他勤劳的美德和较强的动手能力。

邻居来串门看见了，无不夸奖登儿能干，唉声叹气诉说自己孩子太懒，说“怎么你的孩子这么勤快呢?”其实她的孩子起初也很喜欢帮妈妈干活，但她嫌孩子扫地不干净、洗碗打湿袖，干件事添件事，所以不让孩子干活，压抑了孩子劳动的热情。久而久之母亲吩咐孩子干活，孩子却不愿干了。殊不知那孩子的懒惰完全是母亲造成的，因为她没有给孩子锻炼成长的机会。

有句谚语：“鸟美在羽毛，人美在勤劳”。劳动培养了登儿的美德。他没有一般独生子女的娇气和懒惰的毛病。5 岁开始帮助择菜、扫地、擦桌子、倒垃圾，六七岁开始洗晒衣服，8 岁可以独立做简单饭菜，小学毕业的那年暑假，他还会为我们做一桌好吃的饭菜，等着我们下班回来。

在游戏玩耍中学习

人生苦短，如何让孩子有一个欢乐的童年，快乐的人生呢？语言训练使登儿失去了很多玩耍的时间，也失去了很多欢乐。我不断地思考和摸索着康复训练的最佳路子，能不能“玩训练”呢？因为好玩，是孩子的天性。我经常向在幼儿园工作的朋友讨教，并到那里观摩、学习。发现小朋友在做游戏和娱动操时，显得特别兴奋，我从中得到启发，把这些方法，用到对登儿的康复训练中。

我把登儿的眼睛蒙上，拿出积木、书、蜡笔、球，让他凭感觉判断，说出物品名称。我们做游戏，利用生活中一些事物现象来发展语言，类推相反概念，提高思维能力。我对登儿说：“我说半截话，你好好听着，然后接着我的话说下去。”

比如我说“糖是甜的，盐是……”答不上来就让他尝一尝实物，或让登儿想一想曾经体验过的，找出与其相反意义的概念。

冬天冷，夏天……

棉花柔软，石头……

白天明亮，夜晚……

妈妈高，登儿……

一个没有听力的孩子能否唱歌呢？我想尝试。他听不到美妙的乐曲，我想让他感受音乐的节奏。我一边拍手打拍节或舞蹈，一边欢快教他唱“两只老虎”“太阳当空照”等歌曲。我反复地唱，他不厌其烦地学，居然学会了几首歌。每天清晨我们迎着朝霞上学去，登儿一路上不停地说这问那，我愉快地给他解答。有一天他自个儿唱起来：“太阳当空照，花儿对我笑，小鸟说早早早，你为什么还不上学校。”我感受到登儿内心的欢愉和自信。尝试唱歌，居然激发起他对音乐和舞蹈极大的兴趣。那段时间，电视上正在教一种霹雳舞，他不知不觉爱上了，有时看得如痴如醉，经常在屋子里扭动着身体，跳得那么和谐、绵软。除游戏、唱歌、跳舞外，还有滑冰、扑克、下棋、猜谜语等，给孩子的童年、少年增添了不少生活乐趣，激发了他的学习热情。丰富多彩的生活同时引导、滋养了登儿丰富、生动的语言能力，他的思维表达能力已接近和赶上同龄孩子。

我为他制定了“不强迫施教”的训练原则，不管教什么，一定先唤起孩子的兴趣。

那是一个风和日丽的星期天早上，我和登儿在学习《小猫钓鱼》这篇课文，有几个小朋友陆续来到我们家玩。孩子们都很自觉，先来的丽娜把食指放到嘴唇上，意思是要后来的小朋友不出声。登儿看小朋友来了想出去玩，他的心飞了是难以学下去的。望着窗外不远处有一个池塘，岸边杨柳依依，景色秀丽，我索性拿着课本，带着登儿、丽娜、飞飞、鹏鹏来到池塘边。我们先在一块读课文，然后请丽娜当导演，给小朋友分配角色。丽娜自己扮演蝴蝶，登儿扮老猫，飞飞扮小猫，鹏鹏扮蜻蜓。飞飞不愿扮小猫，他说小猫不好。我问小猫为什么不好？鹏鹏抢着回答：“因为小猫三心二意！”

登儿想了一会儿，终于大声说：“见异思迁！”这是我刚教过了的。

我对大家说：“通过学习《小猫钓鱼》这篇课文，今后我们做任何事情要专心致志有恒心，不能像小猫那样三心二意、见异思迁，但是不等于谁扮演了小猫，谁就不好。小猫不是也改掉了开始的坏毛病吗？”我问小朋友：“小猫好不好？”小朋友你一言，我一语。

“小猫开始不好！”

“后来小猫变好了!”

“后来的小猫改掉了缺点。”

“对，改正缺点的小猫就是好猫，敢于改正缺点的孩子就是好孩子!”我引导孩子们说。我问登儿愿不愿意与飞飞对换，接着夸奖登儿是个乖孩子，一定愿意换，对不对?

登儿愉快地一边点头，一边说“好!”

丽娜普通话说得最好，我希望丽娜带登儿，请他们俩负责全文的解说。

登儿找了几根树枝当钓竿，然后在钓竿一端系上一段线，又去挖来几条蚯蚓用线系上。我在家里找出漂亮的纱巾，分别给“蝴蝶”和“蜻蜓”披上。小朋友在院子里排练，随着丽娜极富情感的解说，几个小朋友一块对台词。

“真气人”这三个字登儿说得不那么清楚，丽娜马上给他纠正。我表扬了丽娜和登儿，鹏鹏和飞飞也不甘落后，抢着教登儿。登儿不停地跟着孩子们练习，后来飞飞学着我的样子说:“对!登登说得太好了!”

丽娜也伸出大拇指说:“登登棒!”

几个小朋友在一块学习兴趣十足，尽管中间有几个小朋友因邀功闹矛盾。有的说:“我说的好，我说的声音大，姚登才听得清楚!”有的说:“你说的声音小，登登听不到!”但是他们全都是鼓励登儿，谁也没有说登儿说得不好，谁也没有嫌弃登儿。最后竟要登儿来评判:“登登，你听谁的声音最清楚?”

登儿认真地评价:“丽娜声音大，鹏鹏声音小。”

“啊!你怎么不表扬我呢?”在一片哄笑声中个个奋力争先。最后，我表扬了3个孩子乐于助人，而且普通话都说得很好，只是在与登登讲话时，声音要稍微慢一点，同时我也表扬了登儿谦让的好行为和不厌其烦的学习精神。

没要多长时间，他们就不要课本，可以互相提醒背诵下来。他们向我请示，要求按课本实践，到塘边去钓鱼。我再三叮嘱了注意安全的有关事项，并“任命”丽娜当组长，大家都听她的，我便回去给孩子们做饭，还不时跑出去看一看。丽娜的组织能力强，孩子们“表演”得一丝不苟。那天孩子们玩得特别高兴，吃饭时互相开玩笑，鹏鹏说:“丽娜扮演的蝴蝶是假的，我捉到了一只真蝴蝶!”飞飞说:“你才没用，一条鱼也没钓到!”

我相信在游戏玩耍中学习，小朋友获得快乐的同时学得了知识，尤其对登儿来说，在与健听孩子交流融合中康复语言，这对发展他交流能力和相容的品行都是大有益处。难道这不比关在家里学习效果好十倍百倍吗？如果一味把登儿关在家里，他必然感到枯燥无味，而我呢，也会累得声嘶力竭。

我经常采取游戏和到大自然中去游玩的方式学习。百闻不如一见，美丽的大自然可以陶冶人的心灵，无穷的知识和奥秘，能够增长孩子的见识。生活不再是一潭静寂的死水，节假日我们出去看日出日落璀璨的霞光，看春风吹拂鲜嫩的翠绿、夏季深潭的鲜荷、秋季金色的原野、冬季傲立的寒梅，聆听蝉蛙鸣唱百鸟竞歌。他对大自然充满好奇，怀着极大的热情去学习新的知识。田野庄稼花草树木各种飞鸟昆虫都能引起他极大的学习兴趣。

有一次，登儿蹲在地上观察一群蚂蚁搬半条蚯蚓，刚离开突然一只公鸡叼走了蚯蚓连同那么多“抬轿”的蚂蚁。登儿急得直跺脚，或许同情弱者是人的天性。我不管他懂不懂这较为深奥的道理，宁可“对牛弹琴”，始终把登儿当一个听得懂的大孩子看待，抓住机会要他口述刚才看到的情景，还告诉他自然界弱肉强食的规律，勉励他奋力进取，争当强者。

追赶同龄的孩子

随着语言的开启和发展，登儿变得越来越懂事、明理、乖巧、好学，与原来倔强任性那个孩子相比完全是另一个孩子。这是语言康复训练后带来的巨大变化，我心里时常充溢着幸福的感觉。

相比同龄五六岁的孩子已经口齿伶俐、能说会道，登儿与他们还有很大的差距，在对登儿语言康复训练半年后，我便思考如何来追赶同龄孩子。经过几天的冥思苦想，我制订了对登儿语言康复的详细计划和三个同步进行的方法，即把听觉与语言表达、汉语拼音与认字识词、口语与书面表达结合起来同步进行。语言最大的功能是交往，而交往是两人以上有问有答，那么听说是交往的最基本要求。

对登儿进行听觉训练的目的，当然是让他能听懂别人的话，然后正确回答，与人进行正常口语交流。我希望通过听觉训练，改善他的听功能，加上看口型，使他“听”到声音—“听”清楚声音—最后能“听”懂声音。所以我将听觉与语言表达训练结合起来，在各种语境下，以对话的形式进行听觉语言康复训练。

学习汉语拼音是为了掌握发音技巧，纠正语音。汉语拼音是没有意义的，我把音节标上字词，语音联字词就有了含义，而且把词语融合在句子中学，句子融合在情景中学，这样更容易理解、学习和记忆。平时训练中，我要求登儿把平时自己说的话，尽可能写在本子上。他的本子开始几乎全是密密麻麻的拼音，随着词汇量的增加，拼音逐渐减少，汉字也逐渐增加了。

为培养他良好的学习习惯，在登儿学说话一年后，就开始写日记、信、留便条。在学会口头简单表达的同时，学会用书面表达，不会写的字，就用汉语拼音代替或者查字典。我教他在日记中记述自己经历的事情、欲望、烦恼、感情或要求，开始只有一句话或几句话，以后随着词汇量的增加，他的书面表达也逐渐准确丰富起来，而且逐渐赶上或超过了部分同龄孩子。

他把自己对世界新奇的认识记下来，开始是把直观认知的事情记流水账。第一次写道：“我今天晚饭吃了两碗饭。”第二次写的“我吃了土豆、汽水肉。汽水肉很好吃”。以后记述“我在幼儿园被评为红花儿童”“我在幼儿园码积木比赛中得了第一名”。他在他父亲那里玩了几天，几乎写下同样的话语“我想妈妈，我要回天门！”他能用简单的语言表述自己的思想感情了。3 个月后句子逐渐写长了点，由词汇、短语来记述一件事。如“姚登、小朋友、马老师坐汽车，举红旗，一二一，预备，砰！开始，码积木，完了，举手，得了第一名”。一年后能带一些描述：“我看妈妈切茄子。茄子的形状是椭圆的，皮是紫色的，肉是白色的。老茄子的籽如同粒粒芝麻嵌在茄肉上。”“嵌”字是我教他表达，他自己写的是“放”的拼音。

他和小朋友在一起快活极了，放学回家，总要和我一起做刚刚学到的游戏，用笨拙的语言向我讲述幼儿园发生的事情，告诉我今天举手发言了，回答了一个什么问题，或老师表扬他了。我先矫正他的错误发音，再用正确的语音语法纠正他的句子。

然而登儿毕竟是一个听力差的孩子，不可能像健听孩子从日常交流中获得丰富的词汇，如同一个尚没完全掌握汉语的外国人，有时出现一些滑稽可笑的句子。有一次，他在日记中写道：“张勇把桌子摔跤了。”我告诉他摔跤只能对人而言，应该说：“张勇把桌子推倒了。”他的表达颠三倒四，也谈不上遣词造句，甚至语法、语序、逻辑都不太正确，没有任何语言康复训练教材，我想正常孩子语言发展之路也应该是登儿要走的路。我需要借鉴普通教育的经验，前人对于教育的研究有几千年的历史，它是人类教育思想的精华。好在我有当几年小学老师的经验，又有电大中文专业的知识基础。我对他先作句子训练，首先让他把句子说写完整。重点训练单句的三种基本句式：谁（什么）干什么，谁（什么）是什么，谁（什么）怎么样。再学习如何把句子说写通顺，先进行扩词成句练习，如：树→柳树→两棵柳树→栽了两棵柳树→去河边栽了两棵柳树→姥爷去河边栽了两棵柳树。再进行整理句序练习，如：好孩子是个姚登懂礼貌的，整理为：姚登是个懂礼貌的好孩子。通过一段时间强化练习，登儿说写通顺多了，表达也逐渐完整，但词句显得干枯、不生动。我又采取一些方法来训练，一是加定语练习：妈妈吃了（满满的）（一碗）饭；二是加状语练习：小妹妹（摇摇晃晃地）跑来了；三是加补语练习：我们把房间打扫（得干干净净）。然后要求他学习如何描写，把形象写具体生动，如将原句“松鼠的尾巴很漂亮”扩展成“松鼠那条毛茸茸的大尾巴总是向上翘着，显得格外的漂亮”。此外，我们从动作、程度、形态、性质、概念诸角度进行训练。除此之外，我们还用不同句式说写同一内容，用同一句式说写不同的内容，尽可能把句子说写灵活。依据循序渐进的规律，接着作句群训练，即先总后分或先分后总等常见的句群结构形式的训练。再自然过渡到扩句成段练习，再到开篇成文训练。

登儿听觉有障碍，但他的视觉特别精细、敏锐，形象思维好，语言发展也经历了从形象思维到抽象思维的发展过程。

我们先以直观的复现型训练为主，采取写日记、书信等形式，把自己所见所闻有条理地说写出来，可以模仿说写、看图说写、观察说写、答问说写、命题说写、续上内容说写、扩展说写、无题说写等。这种“框架”式训练持续了两年多，才尝试作创造型训练，编写童话或说写故事。即完全凭借自己的想象先说再写，从开头只是编写一个情节再到编写一个故事。

我经常带他光顾书店选一些有文字、拼音的幼儿画册。后来他经常吵着去逛书市，游玩又多了一个去处。逛书市、买书、读书也就成了我们生活中最大的乐趣。我们订阅了《看图说话》《儿童画报》《连环画报》《动画大王》《小朋友》《童话大王》等，在他成长的不同时期，有选择地订阅适合他的书刊。我讲故事时，一般都要指着小人书或画册讲述，一边让他识字、看拼音。画册有五彩缤纷的色彩，图文并茂，形象直观，便于他理解。比如我给他讲“大灰狼”“狡猾的狐狸”“聪明的阿凡提”等故事，刚开始他总是睁着一双迷惘的眼睛，似懂非懂地看着我和书中的人物，以后便问我：“后来呢?”

为了训练他的记忆能力和创造性思维能力，我先选择内容简单富有情节的小故事给他讲一遍，然后要他复述。刚开始时，我说一句，大概三五个字，让他模仿。渐渐地，我刚说一个开头，他便可以补充后面的话，最后让他把故事复述出来。再后来我们续编故事、倒讲故事和自编故事。他的学习热情越来越高，求知欲望越来越强。开口发“糖”音的半年后他会说近五百个日用单词，并能简单交流。一年后可主动说一些句子、复述短小的故事，两三年后口语可自如表达。

随着识字量的增加，我把《卓娅和舒拉的故事》《钢铁是怎样炼成的》《红岩》，还有刘胡兰、小萝卜头、狼牙山五壮士等革命故事注上拼音，作为语训教材。登儿经常被英雄事迹感动得痛哭流涕，发誓向英雄学习。在他语言能力康复的同时，幼小的心灵受到了革命故事的熏陶。他天真地跟我说：“我要是个大人，一定要把小萝卜头救出来!”他对推翻旧的社会制度没有认识和理解，以为大人是无所不能的。高尚的感情雕琢着孩子的心灵，点燃了孩子追求理想的火把，并成为他语训的强大精神力量。

兴趣是最好的老师。一段时间他对童话以及故事中皮皮鲁、鲁西西、舒克与贝塔等人物产生了浓厚的兴趣。郑渊洁的《童话大王》月刊及合订本，他经常自己去邮购。还有《一千零一夜》《安徒生童话集》等童话故事的滋润和熏陶，使登儿进入了奇妙的童话意境，更激发和丰富了他的想象力，把他引领到一个神奇的世界。

他经常出现“为什么”的问句，如“飞机为什么会飞?”“彩虹的颜色是谁帮它染成七色的?”“鱼睡觉时为什么睁着眼睛?”“蝌蚪为什么不像妈妈?”“厕所管道为什么要装弯的?”“圣诞节是母鸡生蛋节吗?”

有的问题我马上告诉他，有的问题我要他自己去寻求答案。知识的阳光点亮了他的智慧之光，他的思维异常活跃起来，迫切地从书中去找答案。在寻找的过程中，又发现了好书，兴奋得如获至宝要买下来。我一般不会说“不可以”。除非价格高得离谱，我实在不能承受的。

男孩子随着年龄的增长，对军事、舰艇方面产生了浓厚的兴趣，登儿买了几本《世界军事》，一有时间就看起来。我感到忧虑，一个听障孩子不可能去参军，也不可能从事军事方面的研究。如果放纵他的兴趣，势必分散精力，耽搁学习。怎么办？

我想找他商量。先浏览了他的这些书，后来觉得确实有知识性和可读性，也只好顺着他的兴趣去发展。不管作为娱乐或课外阅读，只要能扩大视野，增长见识我都不能反对。他订阅了《世界军事》《舰艇知识》等书刊，每期他都津津有味地阅读、探究一些未知的领域，并像盼星星一样等待下一期刊物的到来。

生命源于爱

在一个阳光灿烂的星期天，我和登儿到菜市场买完菜兴致勃勃回家。街上行人络绎不绝，穿过熙熙攘攘的人群，来到一个宽阔地带，见一大群人围在那里，我不喜欢凑热闹，便牵着登儿绕开人群。登儿跟着我走，脖子却扭过去盯着那些人。见他如此有兴趣，我为了满足他的好奇心于是了转回来。见有的人用手捧着，有的用篮子提着几只小鸡从人群中挤出来。

“啊！小鸡，小鸡！”登儿兴奋地叫喊起来，并拉着我往里挤。我们来到卖小鸡的箩筐前，刚出壳的乳黄色的毛茸茸的小鸡，在阳光照耀下，如同一个个滚动的金灿灿的绒团。

我给他买了两只，要求他喂养和清扫。我们给两只小鸡分别取名为笑笑、哈哈。只要放学回来，登儿一直围着它们转，一会儿喂米，一会儿喂水，做得一丝不苟。还像母亲喜爱自己的孩子一般，抱起来高兴地亲吻它们，学着小鸡叽叽叫。笑笑、哈哈给我们带来了好多乐趣！

20 多天后的一个晚上他去喂食，发现哈哈不吃不喝了，登儿拉着我去看，说：“哈哈——睡觉！”我跑去一看，原来哈哈死了。我告诉他哈哈死了，不是睡觉。

如何让他明白“死”的意思呢？我陪着他观察，反复告诉他：哈哈没有呼吸，就是死了。但什么又是呼吸呢？我把他的手放在我和他的嘴巴和鼻子前，让他感受我们呼吸时的气流。但是那只活着的蹦蹦跳跳的笑笑也感受不到呼吸呀！这一招，他显然还没有完全明白“呼吸”和“死”的联系。接着我又给他讲登儿不吃饭就会肚子饿，笑笑不吃饭也会肚子饿，哈哈几天不要吃不要喝不会动，就是“死”了。讲了半天他可能明白了一点。

恰好第二天下午，我们家附近死了一个老奶奶，我便把他带去看死人的场面。奶奶的亲人在悲切地哭号，他问我：“阿姨为什么哭?”我告诉他：“奶奶死了!”他说：“奶奶睡觉!”我说如果奶奶睡觉阿姨不会哭。后来我又带他去参加了奶奶的葬礼，他终于知道了“死”的意思，第一次看到人世间的生离死别，失去亲人的痛苦和悲伤的场面。

回来后，我带他到楼下找了块地，挖了个坑把哈哈埋葬了。我掩土的时候，登儿的眼圈都红了，连续几天，他哽咽着跟我说“哈哈死了!”他明白了“死”的含义，每天在阳台上守候，更加精心喂养唯一的笑笑。

登儿是个懂得爱、重感情的孩子，他一直怀念哈哈。以后我们学习《春天》这篇文章，朗读“一粒种子种到地里，春天会生根、发芽”。登儿突发奇想地问我：“哈哈在春天也会发芽吗?”接着又说：“我知道了！哈哈不会发芽，只有种子在地里才能长出植物，种子在妈妈肚子里长出娃娃。”

是啊，生命如同一粒种子！

8岁时登儿问我“我从哪里来?”我告诉他：“爸爸妈妈相爱，所以就有了你。”他又问：“爱就有生命吗?”

“对，生命来源于爱!”我告诉他。

“什么叫爱呢?”我说：“爱就是喜欢，当我抚摸你的头，或把你紧紧地抱在怀里，你很高兴，这就是爱。”

“那我们会不会有孩子呢?”

“当然不会。成年的男女相爱才有孩子。”我告诉登儿。

受传统观点的束缚，我没能把生理现象讲透，他当时可能没完全明白，但我始终相信爱是生命的真谛，有爱才有世界，有爱才有人类。几乎所有的孩子都是由爱产生，而且有爱的生命才能健康茁壮成长。

爱是人类共同的语言，爱是人的最基本的能力和感情，懂得爱才懂得生活，爱的情感需要在生活中一点一滴地培植。因为有爱，才由聚合离散构成了悲欢离合的情感生活，我们家爸爸的聚少离多让登儿过早地领略并反复体验了“依依难舍”这个词语所表达的情感。

通过小鸡和奶奶的死，他理解了死和睡觉的不同以及含义。生命的故事时常发生在我们身边，生老病死乃自然规律，它演绎着人世间的爱，这也是我们的语言康复训练的场景及材料。

中秋节我带登儿去参加朋友的婚礼。一对新人被拥进贴满大红喜字和摆满鲜花的礼堂，贺喜的宾客三三两两走进来，认识的熟人和我们握手、寒暄，我把登儿介绍给他们，登儿向客人礼貌问好。热闹、隆重的结婚仪式开始了，新郎、新娘羞涩地站在那里行礼，脸上露出幸福的微笑，人们把象征吉祥的五彩缤纷的纸花洒落在他们的头上、身上……主持人代表宾客祝福他们“早生贵子！”我把主持人的话转告登儿。

“什么叫早生贵子！”他问。

“非常相爱的成年男女结婚，结婚后就生孩子。因为孩子珍贵、可爱，所以叫贵子。”我告诉他。

不久走在街头看到大肚子的孕妇，他问我：“阿姨有叔叔爱她，对吗？就要‘早生贵子’了！”“对。”

“那孩子怎么出来呀？”登儿又问。

“有的是医生用手术刀把阿姨肚子划破取出来，有的阿姨像母鸡下蛋一样生出来。”我说。

“我是怎样出来的呢？”登儿问。

“你是妈妈像母鸡下蛋一样把你生出来的。”

“那我是怎样进去的呢？”登儿问。

“是一粒种子在妈妈肚子里。”我说。

“种子是谁给的呢？”登儿问。

“爸爸给的。”我回答。

“爸爸的种子从哪里来的？”登儿问。

“你去问爸爸。”我推给爸爸，是因为爸爸不在身边。我想对于生命的起源，他长大了自然会明白的。

小姨生了孩子，我带登儿去探视。看到小姨怀里粉嘟嘟的胖儿子，登儿说：“祝贺小姨早生贵子！”把我们笑得前仰后翻。他接着又问：“小姨，弟弟怎么出来的？你的肚子划破没有？”小姨把肚子给他看，仔细讲给他听。

他对生命有了基本的了解，知道了自己也曾经在妈妈肚子里生活，由此滋生出对生命的感激，对母亲的敬爱。他理解了“生”和“死”的含义，懂得了生命是有限的，一旦离去将永不复返，而且每一个生命都会死，担心我离他而去，所以很小懂得关心、体贴妈妈和亲人，珍惜生命和感情。

他6岁时，有一天我感冒发烧，头疼得厉害，躺在床上。他整天守在我的床边，给我倒开水，拿药，掩被子。我要他自己热点饭吃，他哭着说："妈妈病了，我吃不下！"我说我的病没事，他不信，我只好挣扎坐起来，他才肯自己去热饭吃。

第七章　目标是做个“普通孩子”

播下真善美的种子/沐浴爱的阳光/残缺的生命/成长得丰盈而坚强/良好习惯的花朵/绽放出醉人的芬芳/不羡慕天才/不奢望神童/唯一的梦想/可爱的孩子/成为“普通人”/懂得自尊自强/坐在普通学校课堂/与普通孩子一道快乐成长

雕塑美好灵魂

刚开始对登儿语言康复训练时，我没有计划和目标。看到孩子太可怜，只想尽到一个母亲的责任和努力，今后无愧于孩子就行了，至于最终的结果，只能是谋事在人，成事在天。

随着登儿语言及心智一天天的康复，给了我很多意外的惊喜，想不到的收获，这才感觉生命的潜力是巨大的，同时也增添了我无比的信心和力量。我们调整了对他的康复计划，我们的梦想是让他成为一个“普通孩子”，上普通学校。

一个听障孩子如果在普通学校学习，不知要面临比健听孩子多多少倍的困难和挫折，没有坚忍不拔的毅力和战胜挫折和失败的信心和能力，他能在普通学校和社会生活吗？

为着这一梦想，着眼于孩子的未来，我开始注重他在社会上的生存能力及习惯品质的培养。

当时的登儿距离“普通孩子”的康复目标还很遥远，不说生理残疾，他的心理也是残缺的。登儿是独生子女，加上耳聋，全家人对他疼爱有加，不管他要什么，都百依百顺，随之表现出来的就是特别倔强、任性，不明是非，不讲道理，经常无理取闹。

大概在他五岁半时，一天我带他出去玩。走到饮食店门前，他看见卖馄饨就要吃，当时出来急没带钱，我对他说：“我没有钱！”他不依不饶，在饮食店门口大哭大闹起来，引来好多围观的人们。一个熟人遇见给他买了一碗，他还是哭闹不止。我端起碗哄他，他扬起手打翻我手上的碗，一碗热汤全倒在我手上。我忍着疼痛耐着性子劝他不哭，把烫伤红肿并起了几个水泡的手给他看，他却像一只发怒的小兽，边跺脚哭闹边用手抓打我，搞得我束手无策，最后以威吓方式丢下他，他仍然不屈不挠。我在前面走，他追上我继续哭闹，直至回家也不肯罢休，那一天连午饭也不吃，最后闹得精疲力竭，声音嘶哑，疲倦地睡去。这时距离他语言康复有半年时间。通过这件事我反思，发现了自己对登儿康复上的误区，只看到了他有别于同龄孩子听说上的差距，因此只注重了他的语言康复训练，冷静思考，孩子生理已经残疾不能再让他心理残疾。想到他今后要在健听人的社会生活和竞争，如果没有一个宽容善良的品质，友好、礼貌的为人，听说又不那么方便，谁愿意与之交往呢？

语言康复训练前，我没有找到与他沟通的语言工具，很多道理没办法告诉他。作为一个母亲深爱自己的孩子，却无力矫正他的不良习惯，无法用语言教导他做人的道理，所有的是非只能用点头或摇头表示。面对俊俏灵活乖巧的孩子，却如同饲养宠物一样，纵有千言万语却无从向他表述，那种焦虑、痛苦和无奈的心情是无法用言语来形容的。

语言的开启，为我们打开了一个全新的世界，随着语言的积累增加，我可以像引导正常孩子一样引导他，连拉带拽地给他灌输一些做人、做事的道理，培养他良好的品质习惯。为此，我选择了《孔融让梨》《王祥卧冰》《铁杵磨成针》等故事做语训教材，还从日常生活的点点滴滴中，用真善美去塑造孩子的灵魂，在语言康复训练中整合输入。

为了纠正他的倔强、爱哭闹的毛病，我编了几个小故事，讲给登儿听，让他明白哭是最没用的孩子。

其中有一个故事：从前，有一头小花猪和小公鸡、小母鸡是邻居。一天猪妈妈给小花猪买了一个漂亮的花皮球，小花猪高兴得不得了，拿出去向公鸡哥哥、母鸡妹妹炫耀，不料被公鸡哥哥、母鸡妹妹把花皮球抢过去。小花猪气得哭起来。公鸡哥哥、母鸡妹妹则觉得好开心，叽、叽、叽地直叫。猪妈妈跑出来只看见小花猪哭，不明白是怎么回事。小花猪的委屈没有人知道，也没有人给它撑腰。“炫耀”“委屈”“撑腰”等词汇他不懂，我们先学习关键词语，待他弄懂大致意思后，再复述。

我问登儿：“为什么没有人知道小花猪的委屈？”

登儿说：“因为它只会哭闹。”

我接着说：“小男孩长大了，要学会讲道理，如果有委屈要告诉别人事情真相，别人才能了解你，哭闹是最没本事，最可羞的表现。”

从那以后，登儿完全像变了一个孩子，再也不哭闹，但随之而来的就是大事小事跑来“告状”。我又对他说“告状”也是没本事的表现，又教他如何独立地处理问题、解决问题。

还是通过这个故事引导他学会谦让、融合。我说：“皮球让公鸡哥哥和母鸡妹妹抢去，它们玩得开心，小花猪也应该高兴啊！一个人玩也没意思。”

登儿说：“如果我有小皮球，小朋友拿去玩，我不哭。”

“那就对了。”我告诉了登儿多为别人着想，不怕吃亏的道理，这样别人才愿意与你做朋友。

除此之外，我还告诉登儿学会沟通，不能一味宽容、谦让。

“如果公鸡哥哥和母鸡妹妹一直玩，不把皮球还给小花猪，小花猪应该怎样和它们讲道理呢？”我问。

“花皮球是我的！”登儿说。

“我让你们先玩，还要给我玩一会，大家一块玩才是好朋友。”我告诉登儿。我用这些故事教他学会独立处理与小朋友的关系，他逐渐学会宽容和以理服人，与小朋友融合。

同时我意识到父母言传身教对孩子的成长至关重要，它将起着潜移默化的作用。

自从有了孩子，我更注意修身养性。孩子激活了我这颗慈母之心，净化了我的灵魂；孩子用他的生理缺陷成就了我，在康复他时，我的人格得到升华，生命变得丰盈，对生命、友情、亲情和人与人之间的情谊有了更深刻的认识和感受。因为儿子，我特别关注、同情残疾人并竭尽全力帮助他们。我们时常是无意做好事，有意教育影响登儿。

对工作，我们敬业上进，认真负责；对老人长辈，我们孝敬厚爱；在待人交友上，我们不以权势取人，热情真诚，平等相待；我们给贫困户捐款，对弱者的帮助，都做给他看，讲给他听。

我们夫妻俩是互补型。我的性格开朗、外向，他爸爸的性格内向，不善言辞；我喜欢文学，他喜欢理工，连家里的藏书都是文理兼备，各有一方“天地”。晚饭后或节假日是全家人的阅读时间，我们各自捧着自己喜欢的书籍看得津津有味。

帮助左邻右舍，我多半是务虚，他爸爸却能务实，但我们都有各自的作用。家庭一些琐事，夫妻、婆媳、邻里之间的矛盾，大家喜欢找我帮助调解、安排。连老人再婚拿结婚证也找我代劳。谁家里的电器、电线、水管出故障，那必定要找他爸爸帮助维护、修理。

我们楼下一家小媳妇与婆婆产生了误会，婆婆生气回老家住了半年，生病后被接到大儿子家。小儿子和小媳妇已经后悔，想把婆婆接回来，他们去接了多次，婆婆就是倔着不肯回来。邻里几位婆婆相约去探望时，也要婆婆回来，婆婆答应了，但到接她的时候又变卦了。爷爷无奈找到我，请我去帮助。我对婆婆说了几句话，婆婆便欣然同意回来。

大家问我：“你是怎么劝慰婆婆的？我们好说歹说，婆婆都不肯回来！”

我笑了笑说：“这是秘密。”

但是登儿问，我一点一滴全都告诉了他。

我对婆婆说：“小儿子的家，是爷爷单位的房子，本来就是您的家，现在都想要您一块住，大儿子留，小儿子接，您自己赶快下台阶吧！假如到了‘久病床前无孝子’都不想要您时，怎么办？”我剖析了婆婆现在和今后的处境。几句话一下子打动了婆婆的心，她对我说：“我听你的，现在就回去。”

我希望通过这些小事，除了培养登儿关心他人、乐于助人的良好品德外，还要让他学习语言技巧。尽管我劝慰婆婆时，说的“假如”对子女有点不信任，但这只是谈话技巧。

婆婆回到小儿子这里，儿女们都很孝顺。婆婆最后的时光，也没有什么遗憾，安然去世。

我们家对门原来住的一对老人，子女都在外地工作。我们时常帮助他们干些重活，照顾他们。后来爷爷病了，几个子女回来照料一段时间，但因工作不能耽搁都回去上班了。奶奶身体又不好，我们就主动承担起照料老人的义务。

爷爷病情加重，我和奶奶将爷爷送到医院住院，几天几夜守护着老人，直到老人生命的最后一刻，我又帮助料理后事。

老人去世时间是下午 1 点，我和奶奶共同为爷爷洗澡穿衣，又安排把他送到殡仪馆。

两位老人都是外地人，这里没有什么亲戚和朋友，子女还没来得及赶回，办公室守灵人员尚没安排到位，奶奶在家里伤心难过，我只好一个人到殡仪馆守灵，一直守到晚上 9 点多钟。待老人的子女赶回后，又和他们商量后事安排，一直到送葬结束，几天几夜没曾睡个安稳觉。

处理完丧事，我困倦极了，眼睛也熬红了，回家后真想好好睡一觉，但有几天没见到登儿，我们语训的时间被耽搁，我又强打精神和登儿交谈。尽管先生已告诉了登儿我的情况，但他不知道我在那里具体干些什么，便好奇地问我。生活即教育，这些都是最好的教材，我索性把这几天的事情讲给他听，接着我提出一个问题，什么叫“雪中送炭”？

“就是送给别人最需要的东西。”登儿说。

“对，就是比喻在别人急需的时候给予帮助。”我还给他讲了这个成语的原意和引申义，但现实社会中，很多人恰恰相反，正如《儿女英雄传》中所说：“世情如纸，只有锦上添花，谁肯雪中送炭？”

登儿表示：要学习妈妈“雪中送炭”，也要“锦上添花”，尽自己最大的努力，去帮助一切需要帮助的人。

通过这件事情，学习和领会“雪中送炭”这个成语，我相信他不仅懂得了其深刻的含义，还对他的成长，对他爱心的培植起到了积极的作用。登儿逐渐成长为一个热情、宽厚、善良、清澈、彬彬有礼、有责任感和同情心的孩子，而且逐渐成为能言善辩，能说一口流利普通话的“普通人”。周围的同事邻居无不夸奖，登儿的老师说：“他是没有被污染的‘绿色食品’。”

为儿子读大学

在对登儿进行语言康复训练的过程中，我遇到很多困惑，深感经验缺乏和知识不够用，感到如果没有深厚的积累和广博的知识，教好登儿几乎是不可能的。就拿简单的汉语拼音来说，开始我只会拼读，却不知道语音特征、发音的方法和声韵调的构成。我希望从书本上得到经验和方法，便经常跑到书店去寻找教育方面的书籍，但那时这方面的书籍难得一见，它逼迫我在实践中去学习和摸索。

我曾一直渴望读书，是“文革”打破了我的大学梦，初中毕业就被下放农村。在极其简单的行李中，我带去了父亲教高中的教材，接受贫下中农“再教育”的同时，如饥似渴地学习。冬天一般晚上8点多钟才收工，然后做饭收洗要到晚上11点多钟，不管如何困倦，我们一班渴求知识的年轻人，都要在一起看书学习，吟诗作词，写日记，通常要学到深夜1点多钟。后来在大队小学任教期间，又自学完了高中的全部课程，我一直有个梦想——读大学！

1982年冬天，中央电大在全国招收汉语语言文学首届新生。渴盼已久的我，终于有了圆梦的机会，但孩子遭遇不幸，我自己又厄运不断，几年的光阴花在求取生命和健康上，这不能说有无意义，只能说必须承受。只有健康的生命，才能获得真正有质量的生活。等自己病体逐步康复，孩子已经耽搁，又要争分夺秒对他进行语言康复训练，我又面临艰难的选择。

工作不能丝毫懈怠，而且那时没有工作就等于没有生活来源和生存条件。工作之余的全部时间给孩子，这也是坚定不移的，孩子的一生远比我重要。我痛心地收起中央电大语言文学专业的录取通知书，一门心思花在工作和孩子的语训上。在训练的过程中，如何教好孩子，又产生了知识不够用的矛盾，而且我放弃学习，也难以承担起社会责任，必然被淘汰，今后如何面对日渐长大的孩子？又能给予我的孩子什么呢？不论从哪个方面，我必须学习。

那时我的工作很忙，要在工作中图表现，又是带个聋哑孩子进行语言康复训练的母亲，还想利用业余时间学习，可能吗？开始连我自己都觉得不行，但有一股力量牵引，我想试一试。我想如果拿不到毕业证，也可以借此动力，多学点知识，同时检验我坚持了这么多年的自学，究竟达到了哪一个层次的水平。

为了儿子，我曾放弃了电大学习；同样为了儿子，我又回到中央电大我的学习小组。这里说明，中央电大是远程教学，是通过收音机听课，师生之间无法交流沟通。我们一班渴求知识的电大同学，在学习中碰到了难题，有了疑惑，无人指点，便自发邀约，成立了若干个自学小组，我所在的学习小组便是其中一个。这是一段难忘的经历，值得珍惜的日子。我的同学尽管年龄参差不齐，人生阅历和性格迥然不同，但并不妨碍彼此之间心灵的交流。

我的电大课程全凭自学。中央电大老师讲课时，我一般都在上班，不能听课。学习小组每晚 6 点半准时集中，因为儿子的缘故，我也没能参加几次，但庆幸的是，我的同学给了我太多的支持和帮助，他们学习严谨认真、积累深厚、领悟能力强、思想敏锐，对问题有独到的见解。看了同学们的笔记使我少走好多弯路，明白了老师讲的重点。碰到疑惑和难点，请教同学，他们会给我满意的答案。

我的学习时间安排只能在繁忙的工作之余和对登儿语言康复训练之后，那时是登儿语训初期最艰难的日子，从 1984 年到 1987 年的 4 年时间，利用他晚上 8 点半休息后，中午在幼儿园和几次外出看病的时间，坚持自学完了电大专业的全部课程，还潜心研读了大量有关教育、听力学方面的书刊杂志。

每当夜深人静之时，就是我学习的最佳时机。一盏台灯下，我像一株干枯的禾苗，拼命地吸收书本中的养分。书本为我打开了知识王国的一扇扇窗口，让我洞悉了过去未知的领域；越学，越觉得有味；越学，越觉得世界之奇妙，天地之无穷，人生之广阔。学起来经常忘记时间，直到眼睛提出抗议，才起身推开窗户，呼吸一口湿润的空气，仰望苍穹，茫茫宇宙，浩瀚星空，头脑顿时清醒，心情豁然开朗。有时连续熬夜太疲倦，拿起书后眼皮就打架，跑到水龙头下，用冷水洗脸，醒醒脑继续读书。在我挑战极限，感觉撑不住的时候曾经想到过放弃。我给父母写了一封信，将自己的沮丧情绪倾诉在一首词中（这封信搬家时丢失），父亲寄来一首《卜算子 · 和在新》，给我鼓励："人生一征程，关隘知多少！击水三千只等闲，满眼风光好。好也莫骄矜，意远情难了。待到身临绝顶时，方觉众山小。"父亲的鼓励给了我无穷的力量。

中央电大的考试安排在冬夏两季，所以我的学习应考也必须接受严冬和盛夏的考验。

在赤日炎炎热浪袭人的夏夜，用蒲叶扇都是一种奢侈，会分散学习精力，任豆大的汗珠不停地滴落下来，打湿书本甚至顾不上擦擦汗。书写时胳膊流出的汗把书本打湿了，只好在胳膊下垫张纸或布巾。除了忍受疲倦、炎热，还要忍受蚊虫的叮咬，不得已经常把双脚泡在盛有冷水的桶内，以驱赶蚊虫、降低温度。

每当在我遇到困难和挫折时，每当在我懒散、懈怠的时候，看到身边熟睡的儿子，俊俏的脸庞，微微扇动的鼻翼、洁白无瑕的肌肤，心中涌动起无穷无尽的力量！我是登儿的母亲，他今后的人生路上不知要面临比我多多少的困难，我如何当孩子的榜样？如何教育我的孩子不怕困难和挫折呢？我再次打起精神捧起课本学习，我要无愧于我可爱的孩子！是啊，漫长的岁月中，亲人、孩子给我多少的勇气和力量啊！

1985 年，我带登儿南下广州求医，在颠沛流离的求医路上、在对登儿艰苦的语训之余，抓紧点点滴滴时间争分夺秒地学习。经过几个月苦苦攻读，对于这次期末考试，我是胸有成竹志在必得，无奈登儿正处于治疗的关键时期，不能半途而废。眼看期末考试时间快到，我还不能回家，我的同学、好友为我着急万分，多次来信催促，但最终我没能如期赶回参加考试。大家为我惋惜，但为了儿子，天大的事情必须让步！

天无绝人之路，幸好电大允许不及格的考生补考一次，只是不能在本市考试，补考地点安排在荆州。我有了一个考试机会，可以同不及格考生一起考试。在接下来的一个学期，我必须应考两个学期的课程。

我把生活安排到最简单的程度，除了要保障登儿必需的营养外，我吃点泡饭咸菜就是一顿，常常一边扒饭，一边看书，晚上经常通宵达旦。那一段时间我看书到了如痴如醉的程度，因为学的是自己喜欢的专业，不仅不觉得累，遨游在那浩瀚的书海，读到那些古今中外名著的精髓，时常感到亢奋和愉悦。

在临近考试时我将登儿送他爸处，全力以赴迎接考试。在本市考完本学期的课程后，来不及休整，又“马不停蹄”赶赴荆州应考，补上在广州耽搁的考试。当时我们学习应考的紧张程度，比起高考学子有过之而无不及，因为我们的年龄比他们大，更懂得珍惜。

在荆州考完最后一门课程时，我浑身像要散架了，连续参加了几场考试，如同在战场上不要命的勇猛战士，当战斗结束时，既有胜利的兴奋、喜悦和自豪，还有万分疲惫、虚脱的感觉，腿也软了，好像挪动一步都很困难。

第二天清晨，我怀着无比喜悦、快乐的心情，迎着漫天飞舞的雪花，坐上了回家的汽车。看着窗外一片银白色的世界，雪花像蝴蝶似的扑向我座位外的玻璃窗，在玻璃窗上撞了一下，又翩翩飞向一旁。路边树枝上挂着蓬松松毛茸茸的雪绒花，随风抖落而飞扬的玉屑般的雪末，像轻盈跳动的音符在空中弥漫。

面对如此美妙的景色，心里也美滋滋地想着，汽车正好途经江汉油田，可以见到我亲爱的父母、先生，可爱的儿子了。

当我提着沉沉的一箱子书，踩着厚厚的积雪快到家门时，我像一个孩童似的叫喊着："妈妈，妈妈，我回来了！"我母亲、父亲笑盈盈地出来迎接考试归来的我，戏说道："我们的考生没有书童相伴，还要自己提箱子啊！"我撒娇说："谁叫你们不给我配一个书童呢！"没有艰辛的百折不挠的努力，就没有成功的幸福。经过半年艰苦的努力，两次考试我终于获得全胜。老师和同学都感到惊喜，纷纷向我表示祝贺。

我不仅没有影响工作和孩子的语训，反而将学到的知识用到其中。在教汉语拼音时，我"现买现卖"，从发音的生理器官活动方式，给他讲发音的方法，画出图解，让他显而易见。

后来我又得心应手地给他讲古典诗词和古代汉语，在收获登儿语言康复进步的同时，也收获了我的学业进步，在淘汰率极高的情况下，不仅没有不及格的课程，反而成了电大汉语语言文学专业全市首届最初 100 多个学员坚持到最后毕业的 20 多人中的一个，而且我是在肩负对登儿沉重语训任务的同时完成的。

登儿曾充满感激地问我："您是不是牺牲了自己而成就了我？"

"傻儿子，我是与你一同成长！"望着日渐成熟的儿子，我欣慰地说。

事实上父母的能力并不是随着孩子的出世与生俱来，孩子的成长与你拥有的知识也不是同步增长。称职的父母必须不断学习完善，与孩子共同成长。

为了儿子，我收集了大量聋儿康复方面的信息，啃那些艰深的听力学、耳科解剖学，钻研家庭教育方面的思想理论。为了儿子，我学习标准的普通话，提高文化素养。为了矫正自己不标准的发音，查字典，学播音员咬准发音再去教他。随着登儿语言的发展进步，我的普通话水平、文化知识都有了提高。

这段经历成为我人生中的宝贵财富！

幸福的“老妈”

我以极大的热情和耐心继续着语言康复训练，一个音、一个词、一句话串起我们的梦想。终于有一天，我的梦终于变为现实，登儿含着泪水对我说：“妈妈，我爱你！”走过漫漫康复路，终于有了这一天！这是登儿的心声，也是孩子送给我的礼物，世界上还有什么比它更珍贵呢？有朋友问我：“你烦不烦？”他们认为我带一个孩子付出的相当于别人家带几个孩子的精力。我告诉她们，我有烦恼，那是每个家庭都有的伴随孩子成长中的烦恼，而更多地感觉自己是一个幸福的妈妈，特别珍惜和孩子相处的分分秒秒！从孩子来到这个世上，成为我们家庭成员之日起，我们热爱这个小生命，就以极大的热情对待生活的每一天，把爱倾洒在对他的一言一行中。

登儿上幼儿园，都是我用自行车把他送去接回。从他上小学二年级独立面对生活的第一天起，尽管我没有接送他，但他出门必定要走到我的跟前，打招呼说声“我上学了！”然后我们一同在门口举行告别“仪式”——先拥抱然后彼此击掌，手握拳头上举，嘴里喊“加油！”待他出门后我跑到阳台上，等待他身影的出现，然后高高举起右手挥舞，他在楼下望着我挥手叫“妈妈再见——”我在阳台上喊“登登再见——”以热切关爱的目光送他远去。这是我们母子俩每天必行的爱的“二重唱”。

爸爸调回后，登儿开始有些怯生，后来爸爸也加入我们的“二重唱”。我们以此告诉他：爸爸妈妈爱他！不管碰到多大的困难，我们的心和他在一起，为他鼓劲加油，让他有一个极好的心情去迎接新的一天的挑战，学习新的知识。

他放学回来，只要我们在家，会像韩剧中的情景，天大的事放置一边，站在门口激动地欢呼：“姚登峰回来了！”迎接他归来的笑脸，然后接过他的书包，热烈拥抱。他进门会甜甜地叫一声“爸爸妈妈好！”然后迫不及待地向我们讲述学校发生的逸闻趣事。我满脸微笑看着他，兴趣盎然地听他的讲述，然后为他矫正一些不太标准的发音。这是我们家多年形成的习惯，这不仅仅是礼节或做样子，而是从心底喷涌出对儿子深情的挚爱而化作朝朝每日的行为。我们的生活并不是局外人认为的全是苦涩、呆板的灰色调，伴随着登儿的康复和长大，我们得到了别人体会不到的快乐和幸福。

后来语言康复训练成为常规的生活习惯，不再是负担，而且我把它作为一种实验和学习，感到非常的轻松和愉快。尤其是登儿在两年后语言已经能够逐步自如交流，但又不那么顺畅，需要不断地提醒纠正他那不太准确的发音，以期达到正常人说话的发音和声调，这种正音训练真是其乐无穷！

和登儿一起读一篇久违的文章，让我温故知新；讲一段感人的故事，自己也受到教育。有时我如孩童般和登儿一起唱歌、跳舞；有时我们在一起说歌谣、编故事、比赛组词；有时我们比赛背诗词古文、抢答问题、做趣味运算；有时我们争论一个问题；有时我们下棋、打扑克；有时我们到大自然中去欣赏美景，学习自然知识。

随着登儿一天天长大，我的心情异常矛盾，一方面希望他尽快成长乳翼丰满展翅高飞，一方面不希望他长大离我们而去，希望延长我们相处的幸福时光。在这种潜在的意识中，我们更加珍惜相处的分分秒秒。有一天，我把自己幸福的情感表达给孩子：“登儿，妈妈爱你！好希望你不长大，我不变老，这样我们多幸福啊！”“那我每顿少吃一点，慢慢长大。好吗？”真是我的傻儿子！我笑死了，说：“少吃会缺乏营养，只会引起身体不健康，而不是慢慢长大。”

每天起床或休息，全家人都要相互问安。谁做错了事要说一声“对不起”“请原谅”予以道歉。不管是家里人还是其他人给予帮助，一定要说“谢谢”，不能因是家里人，就认为是应该的，就免说这两个字，让他懂得礼貌又增进了亲情。刚开始孩子忘记说需要提醒，有一次我和儿子在姥姥家吃饭，登儿把饭碗打翻了，姥姥帮她又盛了一碗，他不声不响地吃起来，我走到他跟前提醒他，刚才姥姥给你盛饭，你忘记说什么了？他想了想马上说：“谢谢姥姥！”

对于别人的帮助说声谢谢，登儿认为这是天经地义的事情，他也养成了良好的习惯，但他却用同样的习惯去要求别人。办公室有一位同事调到新单位，他订的报刊和信件，我常常给他带回来，再要登儿给他送去。第一次送去后，登儿回来跟我说：“伯伯不懂礼貌，连谢谢都没说。”

“可能忘了说吧。”面对登儿的不满情绪，我没找到更好的解释。

“伯伯怎么每次都忘啊！他一定是不懂礼貌。”以后几次送去后，回来噘着小嘴巴又跟我说这件事。

“伯伯已经说了谢谢，他是在心里说的，当然不表达是不好的，你不要向伯伯学习！”我对登儿说。

为了鼓励他追求真理，用好的行为影响别人，我说：“如果你再见到伯伯可以提醒他。”后来又给伯伯送报，他居然一本正经地对伯伯说：“伯伯，我给您送报，您怎么不说谢谢啊！”伯伯听了，摸着登儿的头哈哈笑起来，连声说“谢谢登登！”再也不能马虎对待这个小通讯员。伯伯当笑话讲给大家听了，成年人中一度疏忽的这两个字，又回到大家的嘴边。

我一直诚心当孩子的朋友，从登儿6岁开始，就找一切机会与他交流，家里不管发生什么事情以及我们的处事方法，或我自己有什么心事，只要不是增加他心理负担的负面东西都一一告诉他。不管他懂不懂，理不理解。我们对他的要求也尽可能与他商量达成一致意见，或通过引导变为他自觉的行为。在交流中尽量传达父母对他的爱与关心，使他产生愉悦的情绪，获得力量，增强面对学习和生活的信心和勇气。这是一个生命成长过程中必需的养分，与粮食同等重要，而且只能从父母这里获得，其他渠道获得的意义有所不同。

爱的种子播撒在登儿幼小的心田，很快就发芽，茁壮成长起来。一般独生子女，尤其是听障儿童大都以自我为中心，任性、自私自利、不尊重别人。但登儿却懂得父母培养他的艰辛，效乌鸦反哺，以仁爱、孝敬之心回报父母，体贴关爱父母。冬天出外时，他知道我的胃不能喝凉水，竟把凉水放在自己怀中捂热后给我喝。在节假日我们一家人边看电视聊天，边吃瓜子，他会把剥好的瓜子仁捧给妈妈、爸爸，不让我们动手。如果我不要，他强行塞到我口中，“逼”着我吃。我说他“霸道！”他“蛮横”地说：“我就是要霸道！”吃饭时他会抢着为我和他爸拿板凳、盛饭。小时候骑自行车是我带登儿，大概从初二开始，是他带我。登儿成长为一个英俊壮实的男子汉，重活抢着干，买东西购物，他全部拎在手中，一点东西也不给我提，我成为一个幸福的“老妈”!

能上普通小学吗?

登儿即将上小学了，这时的登儿性情开朗活泼，在一群健听孩子中玩得很开心，一会儿唱儿歌，一会儿做游戏，说啊、笑啊、逗闹啊，看不出他与别人有什么不一样。但仅仅两年多的康复时间，他的口语表达能力，尤其是发音比同龄孩子还有差距。我们长期听习惯了不以为然，有时他跟我的同事说话，他们问我孩子说的什么?我意识到登儿说话不那么清楚，陌生人听不懂他的话，他也听不懂陌生人的话。

登儿这样的语言状况，能上普通学校吗?我的心如同悬在空中一样没有底。我来到普通小学考察，看到一年级的小朋友伶牙俐齿地回答老师的提问，课后都是叽里呱啦说方言。我胆怯了，老师远距离的讲课，登儿肯定听不到。他需要用普通话与人交流，而且初次交流还要用点时间熟悉口型。请了两天假，我带着登儿悄悄来到武汉市聋哑学校考察。

当我看到一片静寂的世界中，与登儿同样不幸的孩子们不停地比画着手语，心像被谁猛地抽打后战栗疼痛。噙着泪水拉着登儿跑出来，生怕谁把我的孩子留在了那个无声世界。回来以后，我又带登儿到几所普通小学去玩，看到佩戴红领巾的小朋友，登儿无比羡慕地说:“妈妈，我也要戴红领巾!”

“那要上普通小学呀!”我跟他说。这时他知道了普通小学和聋哑学校的概念。同在蓝天下，有一群和他一样听不到的孩子在聋哑学校里学习，他们不会说话，比画手语交流。

当我问他想不想上普通小学时，“想!”他坚定地回答。是啊，我们已经进行了几年艰苦的语言训练，不就是希望摆脱上聋哑学校的命运吗?我打定主意，前面就是有千难万险，我一定要带着登儿勇往直前。我们对登儿的希望，不再是学门手艺，能够生存下来，而是要让他上普通学校读书，把他培养成为一个能够在社会生活的“普通人”。尽管没有任何把握，但我必须竭尽全力去努力。为着这个梦想，我和登儿从现在起，必须做好上普通小学的一切准备。

我知道健听孩子学前准备着重于智力的开发，而不是简单地将学习内容提前。但登儿不同，上学后他将有一个磨合期，开始他听不到老师的讲课，我必须提前输入一些知识点。

登儿的汉语拼音已经学过，只是有些发音还不那么准确。对数字有概念，已学会从 1 数到 100，但还不知道加减乘除是怎么回事。我弄来一套小学课本，作为强化训练的内容。

因为我那次考试，登儿在先生那里住了近 1 个月。我给先生交代了一个任务：这段时间除复习日常生活用语外，主攻算术。先生的数学成绩好，教登儿学习算术，可以说是得心应手。

他开始按照普通学校使用的教具，自己做了一个算盘，中间一根横梁，上下各 10 颗珠子。先生用它教登儿加法，每天 30 多分钟，一连 10 天，效果不理想，主要是登儿不理解“ + ”是什么意思。后来先生看他喜欢吃冰棒，就用冰棒签子做教具教他，效果大不一样。教了 3 天，他终于明白了加号的意思。当他懂了意思，很快就能举一反三，以如此方法教减法，只用了两天，就懂得“ - ”的意思，加减法花了 15 天。

他能熟练地运算 50 以内的加减法，后来学乘除法就简单多了，只用了两天教乘法，再背乘法口诀，合起来花了一个星期，而除法只是一带而过，花了几分钟，便能知晓其意，马上会运算了。

我们只用了几个月的时间，就让登儿学完了一二年级的课程，为上普通小学做好了充分的准备。为了表扬登儿在这一段学习中所取得的进步，我为登儿写了一首儿歌：《姚登好宝宝》

太阳公公在睡觉/我们比他起得早/妈妈教我学拼音/aoe dtl/一遍又一遍/迎来东方拂晓

月亮姑姑最友好/茫茫黑夜送来“光照”/妈妈训练我发音/yao deng 姚登/一次又一次/我学会说话了

整栋楼房静悄悄/我们学习正热闹/加减乘除难不倒/123 456/一日复一日/请原谅我们把您吵

鸟儿声声叫/花儿对我笑/进步真快传捷报/姚登好宝宝/一年又一年/康复路上百折不挠

登儿能否顺利进入普通小学，这是决定他命运的重要一坎。

我的同龄人，是被“文革”耽搁的一代，加上都只有一个孩子，所以很多人把自己读书的梦想都寄托在孩子身上，仿佛读书成为孩子唯一的出路，而且谁也不愿输在起跑线上，从上幼儿园起，就希望让孩子受到最好的教育。我们这里孩子们的成“龙”之路——机关幼儿园、实验小学、实验中学、天门中学，然后考理想的名牌大学。

从登儿上幼儿园起，我们的起点就比别人低。我所在的政府机关的孩子都上了机关幼儿园，而且园长是我要好的同事爱人。如果我求她让登儿上机关幼儿园，她也会同意，只是我没有望子成龙的梦想。这时尽管同事、邻居的孩子们都上了市里的重点小学——实验小学，我却不敢奢望登儿上重点小学。眼看同事、邻居小朋友在家长的带领下，都到实验小学报名了，登儿却没有着落。忧心焦虑加上受了风寒，我病倒了，头疼发烧浑身无力，睡在床上翻来覆去思考着怎么跨过这道坎。往事历历在目，我们走到今天，经历了那么多坎坷，那么多曲折，如果登儿不能上普通小学，该怎么办？一边想一边哭，泪水顺着眼角流出，打湿了枕巾。

我在内心祈求，只希望有一所学校能够收留他就心满意足了。我的朋友邝美也和我一样着急，始终关注着登儿上学的事。正当我一筹莫展时，邝美给我带来一个好消息——西关小学今年开办实验班，彭习勤老师任班主任教语文，而且彭老师将从一年级一直带到小学毕业。

彭老师，我早就听说过，她是市里的优质课教师，学校的业务尖子，对孩子们特别富有爱心和耐心。如果她真的能将登儿从一年级带到小学毕业，将有利于登儿熟悉、识别老师的口型。我带着病体拜见了彭老师，讲了我们的经历和登儿的特殊情况，这位善良、朴实的老师不仅愿意收留这个特殊的学生，还热情地给我出主意，陪同我一起去找校长。校长姓杨，40 多岁，看上去很干练，人也和善。在认真地听了我的讲述后，校长当即表示同意接收，只是名额已满，要经教育组审批。我又按校长的指点，层层去找教育组的领导，登儿终于如愿以偿被分配到彭老师班上。

我一直忧心焦虑的事情，没想到就这样顺利地解决了。登儿是幸运的，1986 年 9 月 1 日，他和千千万万个同龄孩子一样，高兴地背起书包，迎着东方升起的朝阳，蹦蹦跳跳地踏进这所普通小学的校门。

那天，他穿着一条墨绿色背带灯芯绒裤子，洁白的衬衣扎在裤子里面，背着一个浅蓝色的新书包。与其他小朋友不同的是登儿左耳戴有一个耳塞，耳边挂一根银灰色导线连着上衣胸前荷包里的助听器，那是一个天津产的盒式助听器。他在学校门口与我道别，看到登儿红扑扑的脸蛋，灿烂的笑容，转身和小朋友一起离去的背影，我流下幸福的泪水……

下 部
求学之路

第八章　受益一生的宝贵财富

完美有完美的苦　残缺有残缺的乐
只要心灵不残缺　就可战胜和弥补
听力障碍视力补　交流能力微笑补
口语表达书面补　信息不足阅读补
挫折失败坚忍补　自卑沮丧信心补
人际关系宽容补　残缺生命实力补

我的家庭不富有，但父母却送给了让我受益一生的宝贵财富——能在社会生存的各种能力和良好习惯，这是我人生中最大的幸运，能取得不平凡的成绩，这也是根本原因所在。

我有一个坚忍、智慧的妈妈和勤劳、能干的爸爸，他们对我倾注了全部的心血和汗水，培养我良好的行为习惯及能力。

就拿写这本书，妈妈说："你自己走的路，应该自己来写！"我觉得一个大男孩，要写自己不会说话、不会做事，还是觉得很尴尬。妈妈说一代伟人也是从咿呀学语、不会走路开始，何况你一个平凡的研究生呢？

我想告诉大家，我是一个极普通的孩子，甚至连普通孩子都不如，是戴着助听器极重度耳聋的孩子。既不是神童，也不是天才，而且语言康复迟，身上没有耀眼的光环。我的妈妈也是一个极其平凡的女人，完全凭着深深的母爱激发出来的坚忍的毅力和智慧来教育培养我。我们几十年苦苦奋斗，所追求的目标——就是做个“普通人”。因为我和亿万个普通人存在距离，不管是在别人眼中，还是生理上确实存在着缺陷，所以我们希望做个对社会有贡献的普通人。我们追求的是平凡、幸福的生活。我走的路，是所有的孩子都能走的路；我做得到的事情，几乎是所有孩子都能做到的事情。如果说我创造了一个生命的奇迹，那是因为我有一个天使般的母亲。我能有今天，并不仅仅在于妈妈从小对我进行语言的康复训练，也不仅仅在于我读书时如何聪明，如何勤奋，而在于妈妈从小培养我的良好行为习惯和能力，在于一步一步、踏踏实实走好人生的每一步，在于珍惜生命的每一天！

当一个孩子呱呱坠地，靠父母一口一口喂养抚育成长。可孩子不会永远是“婴儿”，随着孩子长大，父母应把孩子当成一个独立的生命个体，真正着眼于孩子的未来，而授人以“渔”，培养他们各种生存的能力、本领和习惯，这才是孩子一生的幸福所在。而且只有具备了良好习惯和能力的孩子，才能与成功和幸福相约！一个幼小的生命在成长过程中，不管是身体还是心灵，都缺乏抵御病毒的能力。身体生病时可以去找医生，但心理“生病”了，只能靠家长来发现、诊断和医治。当我们还处在懵懂之中，当我们缺乏辨识能力的时候，我们只能效仿身边的人，那就是父母。仰仗父母带领，为我们拨正生命的航向，引导我们在生活的大海中乘风破浪，驶向光明和太阳。

妈妈是我精神上的导师，她并没有神奇的单一妙法，只是在我成长的不同时期、不同状况下，给我生命的养分和心灵的“汤药”。有营养型和治病型两种，概括起来有赏识、鼓励、奖励、批评、惩罚、身教、言传、提醒和引导等。不管是养分或药汤，都是用深深的“爱”做成，但不是溺爱、宠爱、偏爱、私爱，而是一种更深层次的挚爱！它们好比阳光雨露，滋润着我的生命，及时为我去除了心理的疾病，让我得以健康茁壮地成长。

我感激妈妈极具眼光的教育方略，使我获得了听障孩子能够独立生存于社会的良好行为习惯及能力。如果要说经验，这就是我成长中最重要的经验。所以先作个概述。

第一，口语交流能力和习惯的培养

正常孩子的语言习得是本能，但通过早期教育和开发，表述能力也有强弱之分。有的口语表述单一枯燥，有的却能生动丰富。其实正常孩子也需要培养和开发，听障孩子更是如此！如果没有妈妈十多年如一日的语言康复训练，我只能永远是个聋哑人。我从依靠手势表达的聋哑孩子到与人自如交流的“普通人”；从不会发音到大会小会发言，站在讲台上为学生讲课，全仰仗妈妈的训练和培养。只有做过聋儿康复教育工作的人，才知道极重度耳聋的孩子在当初助听技术不那么先进的情况下，康复到常态是多么的艰难，才能理解我们其中的艰辛和甘苦。

完全靠发音的方法来掌握发音的技巧，靠感觉判断声调的走向，往往不是那么准确。中学阶段，我的有些发音和声调都没能完全达到常人水准，学习语文也比别人多一些困难，还是欠缺在语音和声调的准确把握上。那些同音字在词组中的不同声调，我总是不那么确定，因为我的口语对声调的感觉本身就不那么准确，对句子的抑扬顿挫更无法把握。有时千百次，甚至上万次地重复一个句子，让我模仿跟读来感受声调，直至高中毕业，离开父母考入大学，乃至大学放寒暑假回家，语言康复训练仍然是我的日常课，它已融入我生命的成长过程。

在繁重的学业中，为了不耽搁我的文化学习，妈妈把语言康复训练与语文知识的学习有机地结合起来，平时见缝插针地进行，遇到节假日更是康复训练的大好时机。

语文学习首先要通读课文、朗读课文。妈妈以我的课本和适合的课外读物作训练教材，带领我一起朗诵。那些情景，连同一些篇章刻入我的记忆。一个清晨我一口气读完：

小河流过我门前，
我请小河停一停，
小河摇头不答应，
急急忙忙奔向前。
……

妈妈用手指比画说“前”是上声调，注意停顿、换气。一遍又一遍演示，再演示。

有时是她朗读一句，我跟读一句；有时妈妈做示范把一段读完，我再读。不管什么形式，首先要纠正语音和声调，告诉我语气的变换、切转，然后才讲解难点。上初中了妈妈专门带我读古文。她采取以读带背法，在初步理解的基础上，反反复复地读；在揣摩作者思想感情的基础上，一板一眼地读。这样的诵读把我引入古文所创造的意境之中，一日复一日的康复训练，不仅没有耽搁我的文化学习，反而加深了我对课文的理解。

口语交流能力是一个人在社会生存的最基本的能力，也是听障孩子比健听孩子缺失的根本能力，没有这种最基本的能力，那我们只能以聋哑人的身份生存于这个社会，就没有办法参与社会的生活与竞争。听说能力包括与陌生人交往的表述能力和勇气，有时听不清楚对方说什么，确实令人沮丧、悲观，只有盯住人家的嘴唇，实在不行，告诉对方：“对不起，请再说一遍，行吗?”

我们国家地域辽阔宽广，一方水土养育一方人，一个有十几亿人口的国家，各地的语音都不同，56 个民族，都有自己民族的文化和语言。我想一个健听人也不可能听懂各种方言。

对于一个听障人，尤其是听力损失严重的人，更多的是唇读，所以只能听懂普通话。而我们又没有一个“特制”的纯净普通话的语言环境，时常要面对说方言的健听人群，这是我学习成长中最为困难的事情。我曾经抱怨：“为什么不统一说普通话呢?”是的，国家已经推广普通话了，但各地仍然保持着本土文化和语言，甚至有些电视文艺节目，为了渲染乡土特色，演员也说乡土方言。我们只能期待社会文明进步而慢慢得以改善语言环境。

无力改变环境，就只能去适应环境。既然我选择了康复之路，选择了在健听人群中生活、融合，就不能轻易放弃，尤其对于近似于普通话的方言。只要我们用心去听、去磨合，我们也可以部分听懂，直至基本听懂，只是需要一个磨炼和磨合的过程。我始终生活在健听人中间，如果和熟人，我可以与其自如交谈；如果是生人，只要你说普通话，有的立即，有的要几分钟，也可以自如交流；如果对方说方言，磨合期需要两三天，同样能与其正常交谈。除了培养口语交流能力外，还需要培养交流的习惯。你具备这个能力，但你不习惯交流，那这个能力不是“空置”了吗？而且能力是在交流中练习和发展起来的。没有交流习惯，而交流能力很强也是不可能的，二者相互联系和促进。

另外与主流人群的融合交往能力，不是一种孤立的能力，它包括表述交往能力、亲和力和友善、宽容的品质。所以不单纯是培养听说交流能力，还有人格品质的塑造，开朗合群性格的培养等。我相信随着社会的文明和进步，人类残疾会逐渐减少，而且随着助听和康复技术越来越先进，会逐渐克服或减少它给人类带来的灾难。遭遇不幸的孩子，也会比我的康复之路更顺畅一些。

这里我介绍一个大家关心的问题，我是如何学会接听电话的。

1992 年家里装了一部电话。看到妈妈拿着话筒，不停地说什么。我问妈妈：“你刚才和谁说话？”

“我和四姨说话。”妈妈告诉我。

“四姨在江汉油田，她说话您能听得见吗？”我问。

“听得见。”妈妈说。

我觉得电话这个东西很神奇，能和离自己很遥远的人说话，也想试一试。

电话铃声响了，我跑去拿起话筒说：“喂——你是谁？”好失望！我根本听不清电话里的声音。妈妈守在旁边问我是谁？我把话筒扔给了妈妈，甩下了三个字“不知道！”

又一次电话铃声响起，妈妈要我接，还是和第一次一样的情景。

妈妈鼓励我再试一试，三次、四次……

我沮丧极了！新装的电话原来对我没有用！

妈妈又一次要求我试一试，依然听不到，我甩下话筒，跑回我的房间摔上了门！

妈妈看到我的情绪不对头，来到房间安慰我。

看到妈妈，委屈的泪水汹涌而出。我质问妈妈：“您为什么要勉为其难？您知不知道听不到的感觉？听不到就是听不到！您当然体会不到！您当初为什么让我耳聋？您是不是怕我忘记自己是个耳聋的孩子……”我放连珠炮似的一边哭，一边说。我向妈妈的心头投去痛苦、愤怒的子弹，妈妈什么也没说，陪着我流眼泪，然后抱着我的头痛哭起来。从那次后，家里的电话铃声响起，爸爸妈妈总是小心谨慎地去接电话，生怕牵动我的过敏神经。

有一次妈妈出差了，几天没见到妈妈，心中万分思念，就在这个时候，爸爸对我说："妈妈来电话了，要你接电话。"

我拿起话筒，传来了妈妈的声音："登儿，你好！我是妈妈。"我听到了！我听到了！

我兴奋地对着话筒说："妈妈，您还好吗？我好想您！您什么时间回来呀？您给我带什么礼物？"

妈妈说："那要看你表现好不好？"

我高兴地说："我的表现当然好啊！数学竞赛得了一等奖。"

妈妈说："我要祝贺你！至于你的表现不是自己说了算，还要爸爸说你好才行。"

我说："不信，您问爸爸。难道您不相信我呀？"

妈妈说："相信！相信！"

……

第一次接听妈妈的电话就聊了 5 分钟，还不想放下电话。

正如《知音》杂志社的一个记者所写："母爱是穿透心灵的强音。"

妈妈知道了奥秘——我可以接听熟悉人的电话。她只要出差，就找机会用电话和我聊天，她又动员所有的亲友和我的同学跟我打电话。我终于可以在电话中与熟人自如交流了，后来经常与同学煲电话粥，一聊半个小时，妈妈不得不告诉我，打电话是要钱的，在电话中说话要简练。

现在我能与熟悉的人自如口语和电话交流，但与陌生人交流不是那么自如。这是为什么呢？除了磨合、适应、熟悉外，或许更重要的是心理因素，总担心对方不是说普通话而听不懂，引发精神紧张，越是紧张就越听不到了，所以需要我们自己来调整、磨合。

如果不是妈妈反复"逼"，我可能这辈子也与电话无缘。后来妈妈告诉我，她觉得当今社会信息非常发达，如果不能接听电话，会有很多不便。一次失败，不等于永远失败。妈妈不甘心，她要再尝试，妈妈觉得我对她的声音特别敏感，所以她找出差时与我打电话，没想到就这样创造出了又一个奇迹！

第二，读写能力及习惯的培养

首先是快速阅读能力及阅读习惯。可以说听障人比健听人更喜欢、更依赖于书本。由于听力障碍，我从“听”中获取的知识信息量比健听人要大打折扣，那么就要通过“看”来弥补。

我开始学说话，就学会拼音和查字典，这是妈妈送给我的第一件礼物——可以自己看书、看画册。这时我口中时常冒出一些新词汇、句子，妈妈问我在哪里学的，我说书上告诉我的。一次我跟妈妈说：“弟弟‘饕餮’，吃了很多！”我把饕餮的“tie”说成“die”，妈妈没听懂，最后我写给妈妈看后才明白，她告诉我通俗一点的说法是贪吃。

后来妈妈给我订阅和购买了大量书本杂志，以开启我懵懂的思维和才智。在阅读中我发现浩瀚的书海有我取之不尽的信息和知识，而且书籍对任何人是平等的，只要你亲近、了解它，用心领悟、理解它，它就会给予我们新的知识和思想。而且不像平时从日常交流中获取知识信息时还存在某些障碍，如果书本中有不认识或不理解的，还可以请教另一个老师——字典。书对于我来说，已成了我生命中不可缺少的一部分，从一个幼稚孩童成长为清华博士，书是我知识信息的主要来源，成为我心灵的寄托和精神的力量。

在我刚刚认识几个字时，就好奇地踩着凳子爬上家中书柜，想了解书中的世界。我怀着极大的好奇和渴求，越是不认识的字越想认识，越是不知道的东西越想知道。所以拼命跟着母亲学说话、学拼音、认字识词。对于不懂的东西，迫切地到书中寻找答案，如饥似渴地从书中探求未知的世界。

我利用节假日，把76万字的3本《上下五千年》，看了一遍又一遍，好多篇章可以横念倒背。从开天辟地的神话、钻木取火的传说，到大贪官和坤、女英雄王聪儿。我了解到中华民族进化、朝代更替演绎、社会发展上下5000年的历史。我们的祖先创造了灿烂的民族文化，追溯岁月的长河，我看到了那些推动社会进步的无数风流人物，先辈们的爱国主义赤胆豪情，深深震撼着我幼小的心灵。那些杰出的思想、政治、军事、科学、文学、教育大家，他们是人类勤劳、智慧、勇敢的代表，是每个炎黄子孙的骄傲和自豪，更是我学习进取的榜样。

其实刚开始我根本看不懂，却能津津有味地看，狼吞虎咽地看。我对书的兴趣越来越浓，以至于经常忘记吃饭、睡觉。或许这就是我与书的缘分。

我的叔叔在成都工作，1989 年春节他来信说："听说你学习很努力，我给你买了奖品，现已寄给你，请查收。我想一定是你最喜欢的东西。"我在猜测究竟是什么呢？难道是书吗？叔叔就是这样吊我胃口。

果真是书！叔叔从成都给我寄来 6 本《世界五千年》。我怀着兴奋、激动的心情打开书本，爱不释手，日夜通读，仿佛走进了历史的长河，鸟瞰着辽阔的世界，游弋于无数闪闪的智慧群星之间。我被书中神奇的力量抓住了，思想在飞翔，思维空间在扩展，心境也变得宁谧、广博。

我看书一般先浏览一遍，一目十行，阅读速度非常快，然后重点章节仔细品味、思索。妈妈曾经对我说：你这样囫囵吞枣有用吗？她考我第几章第几段写的什么，我基本能一一复述出来。妈妈引导我阅读时，先认识生字词；理解题目；理解含义深刻的词句；划分段落层次，概括段落意思；找出和理解中心句，概括中心思想；注意段与段之间的衔接和过渡；找出作者观察记叙事物的顺序。最初看书，只能"博学之"，而不能"审问之、明辨之、笃行之"。随着年龄的增长，阅读量增加，才逐渐学会像蜜蜂既采集，又整理，吸取书中的营养。

我的阅读兴趣极为广泛，古今中外的历史、文学名著，各种报纸杂志，总是尽情浏览。军事、政治、哲学，我以极大的兴趣去涉猎；天文、地理、种种逸闻趣事我也知晓，还成了家里的"小顾问"。读书使我的知识更加丰富，视野更加开阔，阅读能力和习惯也在阅读中形成和发展。

书面表达训练是从我学说话 1 年后便开始了。妈妈教我学说话的同时，就教我把自己说的话写下来，比如学说"我吃了一碗饭"，妈妈就教我记下这句话，会写的字标注拼音，希望通过拼音改善我的发音；不会写的字查字典或只写拼音，以此促进我的口语表达。

最开始只有一两句话，后来也就写一百多字，且质量不高，一般都是记流水账，而且全是密密麻麻的拼音。妈妈的宗旨是，提高我的口头和书面表述能力，别人能听或看明白即可。

开始觉得挺好玩，心里想说的话，嘴巴说出的声音、话语，有汉字记录，不会读的汉字标注拼音，不会写的汉字也可用拼音代替，而且写下来的文字还可以拿出来经常读，放在那里永远不会忘记。我以极大的兴趣来写日记。妈妈规定一个星期写两篇，我却写三四篇。可是过了一段时间就厌倦和懈怠了。妈妈用一件我喜欢做的事情诱导我，用我希望得到的蜡笔、书籍奖励我。

有一个星期我没有完成任务，星期六晚上要给妈妈检查。妈妈问我："为什么只写了一篇日记?"我无所谓地说没写完。妈妈说："如果你实在不想写，就写一句话，'我今天想玩，不想写日记'也行，这也是你今天的想法。如果不按时完成学习任务，我们明天的游玩计划取消!"妈妈真的取消了星期天郊游计划。第二天妈妈继续惩罚我，不理我，一个人吃饭，也不叫我。我自觉没趣，只好补上两篇日记，从此再也不敢惹妈妈生气，久而久之养成了习惯。

书面表达能力需要从小培养，而且拥有了这种能力，学习起来，也就不那么吃力，将会为一生的发展奠定成功的基础。在日常生活中，妈妈教我写日记，今天见到了谁，他穿的什么颜色、款式的衣服，他是多大年纪，他的相貌特征、表情，等等，提醒我去观察、回想、揣摩人物心理。妈妈让我回想一天的所见所闻，把发生的事情按顺序整理，有条理地记下来，这样文字表述、观察、思维、逻辑、分析能力都会得到锻炼和提高。

第三，珍惜时间的习惯培养

珍惜时间就是珍惜生命，浪费时间就是浪费生命。这方面的格言谚语很多，什么"一寸光阴一寸金，寸金难买寸光阴"等，这些话语是毫不过分的。时间给我们每一个人的一天都是24小时，谁也不多一分钟，谁也不少一分钟。吃饭、睡觉、运动的时间必须保证，它是基本的生存要求，也是生存质量的要求。而在剩下的时间内，如何充分利用好时间，一个人的成功与否，可能很大程度区别就在于此。

母亲特地为我写了一首诗歌，说珍惜时间就要珍惜每一个今天。

昨天已成为过往/有的留在记忆/有的云烟消散/明天乘着希冀的翅膀/只在梦里飞翔/今天最真实/脚踏实地/迎着风雨向着朝阳/播撒汗水劳碌奔

忙/每一个今天/或许太平凡/或许被迷雾遮挡/或许突至暴风雨雪肆虐猖狂/或许遭遇挫折重重困难/但只能选择拼搏顽强/每一个今天的努力/必将成就人生的精彩/必将奏响生命的华章。

在我的记忆中，妈妈是个惜时如金的人，干什么都风风火火，做事特别快，走路像跑步，而且要求我跑步跟上，我也就养成快速走路的习惯。看妈妈做事特麻利，从不磨磨蹭蹭，一是受妈妈影响，二是她从小对我严格训练，3 分钟内穿完衣服，10 分钟内吃完饭，5 分钟内洗脸收拾完毕，我必须按时间要求完成，妈妈从小以此来训练我很强的时间观念。

还有一个原因，小时候都是妈妈一个人带我，她在单位工作从不服输，还要抢时间对我进行语言康复训练，在此同时自己还要挤时间学习。可想而知，时间对于我们是多么宝贵啊！

如何挤时间、合理利用时间，妈妈告诉我，学会抓住零碎时间，积少成多。比如穿衣服时做口舌操、上厕所时记两个英语单词，坐车的时候做康复对话，长大后背公式、定理或好的诗词绝句，在等待集会或宴席前无聊的时间，自己酝酿写作的腹稿……

有的人好奇，你的听力不好，为什么能取得如此优异的成绩，你的学习效率怎么比健听同学都高呢？是的，尤其是上重点高中后，所有的同学在时间利用上都已经达到极限，好多健听同学的睡眠时间都只有五六个小时，这时的根本区别，就是如何巧妙地利用时间、巧妙地安排时间，提高学习效率了。这些事到后面再作详细的介绍。

珍惜时间，很重要的一点就是集中精力做一件事情，提高做事的效率，尤其是良好的学习习惯。开始学习时，我比较浮躁，总是喜欢东张西望，注意力不集中。她找在幼儿园工作的好友邝妈讨论，如何纠正我的这个毛病。讨论意见：根据儿童生理特点，不让我学习很长时间，开始只安排学习 10 分钟，以后 20 分钟，中间安排休息几分钟。随着年龄的增长要求有所不同。学习之前要我做好准备，上厕所、喝水。学习时间不能离开座位，不能喝水，如果有客人来也不让打扰我的学习。直至休息时间到了，才能出来向客人问好。

上小学后，妈妈继续强化这种习惯。有一次，姨妈从沙洋来到我们家，好久没见到我和妈妈，想快点看看我们。妈妈出去打了一声招呼：“登登的学习时间马上快结束了，等几分钟吧。”要爸爸先招待姨妈。姨妈不理解，认为妈妈对她不热情，这么远跑来看我们，而我们不理不睬，学习时间搞得这么神秘，等一会补上不是一样的吗？事后妈妈耐心解释说：“不一样！这样做是想让登儿明白，学习时间是不能做其他任何事情的。”

开始我以为妈妈只是说说而已，学习时间不可以喝水，应该可以上厕所。俗话说“人有三急”，请您别笑话，妈妈宁可让我尿裤子，也让我记住学习时间不能做其他事情，除非是身体不舒服，才网开一面。憋了一段时间，我也就习惯了，知道了学习的时间是神圣的。后来学习兴趣越来越浓，有时忘记时间，妈妈反过来督促我休息，规定我按时作息，培养我的自律能力。

妈妈当时对我的教育，在没有经验，没有借鉴的情况下，全凭自己对事情的认识、理解和摸索。多年以后妈妈买回《卡尔·威特的教育》一书，激动地说：“这本书写得太好了！尽管很多教育思想我与它不谋而合，但我是走了好多弯路才摸索出来的。好的书籍是人类智慧的结晶，是前人留给我们的宝贵遗产啊！”

珍惜时间还有重要一点，就是不能玩物丧志，浪费光阴。目睹一些极聪明的孩子，就是因为沉溺于网络游戏，最后耽搁了学业和美好前程。从初始还没有成瘾时，家长应给予干预。

记得小学三年级一段时间，我迷上了跳棋，星期天几个同学来我家玩，中午吃饭后，我便和他们来几局，有时赢了兴致就特别浓，不想午睡、不想学习。妈妈说：“做什么都要有一个度，玩的时候开开心心、尽情尽兴，但该止则止，不能玩物丧志。”尽管很扫兴，不甘心，以后也就慢慢习惯，自自然然地接受。

第四，自信和勇气的培养

在所有品格、能力的培养中，自信和勇气对生活在健听人群中的听障孩子特别重要，因为“与众不同”，时时都会碰到很多困难和歧视。加上中国人的从众心理会导致在普通学校读书的听障人产生严重自卑心理，知道别人都听得见，只有自己与众不同。在我的成长过程中，自卑就如同幽灵一样始终跟随着我。心理的康复比语言的康复更艰难。

妈妈对我说得最多的是:“你真行!”“你是一个不怕困难的孩子!”“你是一个乖孩子!”“我就知道你是个懂事的孩子!” “登儿是个小英雄!”……久而久之,不聪明也变得聪明起来,不优秀也变得优秀起来。

长大后我问妈妈:“我当初不是那么优秀,你怎么经常鼓励、夸奖我呢?”

妈妈说:“你有生理缺陷不是你的过错,你已经尽力,我就应该鼓励你。一个生命成长的过程,怎么希望你那么完美呢?而且你的完美与否取决于父母的引导。你有好的行为,不通过夸奖,告诉你这是正确的,你怎么能继续坚持呢?”正如《卡尔·威特的教育》一书说:“信心从何而来,来源于父母有效的夸奖。孩子需要夸奖,需要鼓励。夸不仅表明了父母的信心,同时也坚定了孩子的信心,只有孩子对自己有了信心,父母才能培养出优秀人才。”每当在我表现好的时候,有好的行为的时候,妈妈给我鼓励和夸奖,能使我兴奋,我会不断地表现这些好的行为,形成良好的习惯。

我的发音不可能一次到位,不能一开始就按照普通人的标准,要求说得尽善尽美。如果总是对我说“不对”,我在反反复复的练习中,已经舌干口燥,妈妈却说我“不对!不对!”我哪里还会有劲?妈妈总是对我说:“说得好!”或者说“有进步!”然后再趁兴指出哪个地方还应怎样说。如果还不能到位,不妨先放着,在漫长的正音过程再逐渐纠正。

如果成天一味责骂孩子:“蠢猪”“笨蛋”“你太不行”等,只能增加孩子的自卑感或者反感,有百害而无一利。如果你对孩子不尊重,把烦恼怨气发泄到孩子身上,动不动发脾气,孩子怎么跟你亲近?怎么跟你学习呢?你在教他学习,或许他在担心你打他、批评他,不可能做到一心一意,学习效果可想而知。

妈妈对我不断地赞赏和鼓励,激起我对学习极大的兴趣,帮助我树立起信心,加上知识本身的吸引力,我变得越来越“乖巧”,越来越开窍。

生命的潜力是巨大的,天赋与人的潜力相比是微不足道的,一般人的大脑利用只有1%,科学家也只有10%。父母的使命和责任,就是不断给孩子鼓励,为孩子创造一个心灵愉悦、舒展的环境,让他感到自己很能干、有出路、有前途,树立自信,开发潜能。日常生活中意外伤害随时随地存在,有些磕磕碰碰的事情是不可避免的,碰伤的肌肤容易治愈,而没被开发出来的勇气是终生难以改变的。上初中,同学们骑自行车上学,妈妈也让我骑车上学。好心人不免为我担心："十一二岁的孩子，耳朵又不灵，骑车太危险了！"而妈妈认为不能一辈子陪伴我，如果单纯怕危险，而不在实际生活中培养我的随机应变能力和自我保护能力，今后将会碰到更大的危险。

第五，社会交往融合的习惯和能力

对所有孩子，包括听障孩子，都要从小培养社会交往融合的习惯和能力，而且这种习惯和能力是不可能在课堂上和关在家里一个人学习得来的，只有在自己生活的环境，从妈妈、亲友、邻居、小朋友和同学这些群体的玩耍、生活中逐步学习和适应。

首先是社会人际关系的处理。尽管这是一个复杂的问题，但我的方法却异常的简单：即微笑、宽容，真诚、善良，遇事多为别人着想。只有从小培养和具备这些品质，也就学会了合群、友好相处的能力。语言康复前，因为不会说话，妈妈担心我受人欺负，对我过于保护，所以我见到陌生人都会躲在妈妈背后，上幼儿园也感到恐惧，更不要说独立处理什么关系了。

语言开启后，我迈出家门和邻居小朋友玩耍。我们年龄小不懂事，难免斗嘴、打架。我开始特别挑剔，一点点事情就去找妈妈告状，哪个小朋友推了我，哪个小朋友拿了我的东西，哪个小朋友不跟我玩，非要拉着妈妈当后台去帮我讨回"公道"。

开始妈妈给我面子，去过几次，但不是去了解谁是谁非，也不是去批评小朋友，而是笑嘻嘻地和小朋友捉迷藏、玩游戏，然后给小朋友讲故事，告诉小朋友团结友爱，说普通话帮助我，如果我做得不好，请小朋友告诉我，哪些地方该怎么做。后来妈妈拒绝当调解员，说什么事都找家长的孩子最没本事。小朋友喜不喜欢你，跟不跟你玩，这是你自己的事情。我要人家喜欢你，人家会听妈妈的吗？要我自己学会交朋友。妈妈教我的高招：学会口语表述沟通，以理服人；不怕吃亏，对人宽容；诚心诚意相待，热情帮助别人。她还针对我和小朋友相处的问题，挑选相应的故事书册，这些故事书册让我和小朋友都受到教育。

为了培养我与小朋友的交往融合能力，妈妈经常做些小食品，比如煮花生、蒸红苕、烙饼子，让我给他们送去。同时对我进行别人能接纳的良好品质的教育，比如到别人家没经主人同意，不能随便翻东西或拿东西。

刚开始有的小朋友来我们家，随便翻抽屉，不经我同意拿我的玩具或食品，我便夺回玩具或食品，并且指责小朋友不懂礼貌，搞得小朋友很尴尬，生气地哭起来。妈妈对我说："小朋友的妈妈没有告诉他，所以小朋友不知道。他是你的朋友，你却不给他玩具玩，他不想跟你做朋友，不跟你玩。怎么办？"

"那您去告诉他妈妈。"我说。

"你也可以告诉他，拿别人的东西要经主人同意，但好朋友之间不应计较。现在你想和他做朋友吗？"妈妈问我。

我不愿失去朋友，把玩具又递给小朋友玩，逐步学会了友好地和小朋友相处。很多小朋友特别喜欢到我们家里来玩，有时看到我们在做语言训练，他们就一声不响地坐到另一个房间静静地看书，这里有一个小阅览室，有他们爱看的书刊画册。有时他们还搬出小板凳坐下，和我一块听妈妈讲故事。有时妈妈不在家，我也拿出自己喜欢吃的食品或小人书，和小朋友共享。我们还一块捉迷藏、做游戏……

小朋友在这里不必顾忌"造反"后而受到家长的斥责，任他们把家里的东西搞得天翻地覆，尽管妈妈回来看到的是一片狼藉，但她知道我们玩得开心，也感到高兴，便和颜悦色地问我们开不开心？玩的什么？她可不可以参加？得到小朋友的许可后，妈妈便加入到我们的游戏队伍之中。

妈妈还告诉我有教养的孩子才会讨人喜欢。比如玩具书本要摆放整齐，不能到处乱扔；注意个人卫生和公共卫生，饭前便后洗手，不随地吐痰，乱扔纸屑果皮；对人有礼貌，不能随便打断别人谈话，尊重别人就是尊重自己。这些小事细节的培养，也为我能在健听人群中融合打下了基础。

长大了我习惯把妈妈要求我做到的事情，用同一标准苛求别人，总觉得这个不好，那个不好。妈妈又教导我："一个人都有优点和缺点，不可能十全十美。千万不要用自己的优点比别人的缺点，用自己的行为习惯去要求别人。要多看别人的优点、真诚地称赞别人，善于取长补短。"同时给我灌输严于律己、宽以待人的道理。

当我受到委屈时，妈妈引导我走出狭隘的度量。她说："世界上最宽阔的是海洋，比海洋宽阔的是天空，比天空宽阔的是人的胸怀。男子汉不要小肚鸡肠，做人也不要太精明而斤斤计较，多为别人着想，要不怕吃亏"等，培养我海纳百川的胸怀。

我一直生活在普通人群中，能够成功地与他们融合，获得很好的人缘关系，也得益于妈妈从小培养的交往融合习惯和能力。

第六，独立处理事物的能力及习惯

我在学校目睹有些父母对孩子的爱，可以说细微到了极致，什么都包办代替，只差代替孩子吃饭了，孩子也就什么都依赖父母，这样的孩子如何能习得在社会上独立处理事情的能力及习惯呢？

首先是培养生活自理能力，自己的事情自己做。记得上小学一年级，有一次妈妈给我做了早点，要我带到学校吃。我把书包一背，嘻嘻哈哈地跑了，满以为妈妈会追赶或替我送到学校，但妈妈并没这样做，而是狠心让我饿了一个上午。当肚子饿得咕咕叫时，我好恨妈妈！别人的爸妈把孩子送到学校，把吃的恨不得喂到他们嘴里，而我妈妈却这么狠心。委屈的泪水流下来。回去后我赌气不理妈妈，妈妈却微笑着跟我说："登儿，知道我为什么没有给你送去吗？因为你长大了，已经是小学生了，自己会做的事情就应该自己做。"

"我不管！我的同学，都是爸妈把早点送到他们手中。"我生气地说。

"别的同学怎么样我不知道，但是我知道你比他们能干！"听到妈妈夸奖，我的抵触情绪一下子少了许多。尽管当时没有完全明白妈妈的苦心，但从那次以后我再不敢依赖谁了。长大了我才理解妈妈是要培养我的独立意识。她说："那时候，如果顺从你一次就会有无数次的依赖。"从我上小学二年级起，妈妈只教给我安全知识和防范办法，再也不接送我，尽管当时我好羡慕别的孩子有家长接送。

妈妈工作很忙，很多时候我要自己安排生活，管理学习。记得我第一次做饭的情景，大概还不到6岁。一个星期六，妈妈早上告诉我："今天下乡，回来可能晚一些，你爸爸来信说了今天回来。"我脖子上挂了一串钥匙，跑出去玩了一会，然后回家一边看书，一边等着他们。结果等到晚上8点多钟，爸爸没回，妈妈也没回，肚子饿了，只好学着做饭。

刚刚开始跟妈妈学做饭，我知道要首先打开炉门，换上铁锅，但还不知道水和油的区别，把半壶油全倒进锅里，接着把剩饭、辣椒渣、米饭也倒进去一块煮。油腻腻的当然不好吃，勉强吃了大半碗。

偌大的房子就我一个人，害怕得要命，心里想着“妈妈呀，快回来吧！我好害怕！”索性跑到阳台上等待，外面漆黑一片，万家灯火如同点点星星闪烁在小城的夜空，陪伴我眼睁睁盼望妈妈归来。开始还倚门眺望，后来困了干脆坐在地上，从阳台栏杆缝隙翘首盼望。不知过了多久，我看到家里的灯光亮了。妈妈气喘吁吁地跑到我面前，我扑进妈妈怀里撒娇，委屈的泪水奔涌而出。“妈妈，我好害怕！”我抽抽搭搭地说。

妈妈把我紧紧地抱在怀里亲吻，泪水滴在我的脸上、身上，口中不停地说：“登儿，对不起！对不起！我不知道爸爸不回来。”

妈妈无比歉疚地说：“登儿，我马上给你做饭！”

我告诉她，我已经自己做饭吃了。她感到异常惊喜：“你会做饭了？”

“我做的饭为什么不好吃？”我问妈妈。

妈妈尝了一口剩饭，皱了一下眉头说：“登儿，傻孩子，你把油当水煮饭了！”接着笑容可掬地夸奖我：“登儿真能干！竟然会自己做饭吃。真好，再也饿不着了！”接着又告诉了我做饭的方法，油和水各自的区别和用途，油只能放一点点。

第七，勤俭的习惯和理财能力的培养

我们这一代人大都是独生子女，而父母都是从艰苦的日子中走过来的，所以都希望让自己的孩子过上好日子，不管家庭条件是否优越，都尽量满足孩子的物质需求，不苦孩子。俗话说“娇儿不孝”。由于父母对孩子的过度溺爱，孩子要什么给什么，导致孩子根本不懂父母的艰辛。父母节衣缩食，孩子花钱却大手大脚，稍不满足便哭闹不止，长大后变本加厉，在外大把地花钱，穿名牌、玩游戏、早恋，有的结交狐朋狗友、抽烟喝酒，甚至吸毒，榨干父母所有的积蓄，还拿刀子逼父母要钱。为了不让我变成这样，爸妈有意要让我当“穷孩子”。小时候我要买东西，从来没有有求必应，而只在我表现好的时候作为奖励才满足我的要求。他们要让我知道钱的来之不易，而且必须付出努力才能得到。以后凡是我闹着要买的，妈妈就坚持不买；而我不吵不要的时候，妈妈却主动为我买。所以我一般不吵着要买东西，也没有吃零食的习惯。尤其是懂事以后，看到雪糕、西瓜明明馋得要命，妈妈要给我买，我克制自己说不要。妈妈常常夸我是个懂事的孩子，所以我真的要做懂事的孩子，因为我以为我们家是穷人，不能让妈妈为难。

1987年腊月三十，举国上下一派祥和，我们在邻居万爹家看春节联欢晚会节目。两家大人小孩正围坐在电视机前，边吃瓜子，边说着、笑着，在一片欢乐愉快的节日气氛中，我突然想到：腊月三十是万家团圆、阖家欢乐的日子，我们却跑到邻居家看电视。

我突然问妈妈："我们家是不是穷人?"

妈妈很坦然地笑着回答"是的。"

在场的万爹、吴奶奶笑嘻嘻地对我说："你妈有很多钱，她为你存起来了！"

后来我知道，家里尽管不是很富裕，但也不是买不起电视机，妈妈要我感觉自己不是富家子弟，培养我勤俭的品德。我家是这栋楼房最后买电视机的人家，但为了从烦琐的家务劳动中解放出来，在整个单元楼我家却率先买了一台单缸洗衣机。

随着改革开放，老百姓生活水平日益提高，我看见不少同学的母亲穿金戴银，而妈妈却没有一样金银首饰，表面的理由说不喜欢这些东西，我从妈妈的日记中知道了真实原因。

有一个聋孩子的家庭，要比一个健听孩子家庭，父母不知要多付出多少精力和金钱。岂不说教育，发现孩子聋了，哪怕倾家荡产也要给孩子看病。

再说助听装置，民族工业至今是一块空白，完全依赖于进口，怎么不昂贵呢？对一个家庭来说这是一个沉重的经济负担。加之助听器是一种电子元件产品，容易老化。一般三五年，最多七八年就要更换一次。如果有了更先进的助听器，就是砸锅卖铁也要为孩子装上，因为它是孩子的"耳朵"呀！

为了给登儿装上最先进的"耳朵"，我时刻关注着这方面的科技信息，而且一分钱也不敢乱花，要积攒起来以备急需。

爸妈都是精打细算会过日子的人。我常常看见妈妈洗衣服时，先洗内衣，再洗外衣、袜子，然后洗抹布，最后拖地，清洗衣服的水留下冲厕所。妈妈带我天南地北求医，从来没有买过卧铺票，妈妈缝了一个睡袋，困得实在不行了，把我装进睡袋在硬座下面睡一会。爸妈坚信“由俭入奢易，由奢入俭难”的道理。长期耳濡目染，他们的勤俭节约品德习惯也传给了我。读大学时别人的生活费五六百元，我却控制在200元以内。我的节俭品德，使我与贫困学生心心相连，情同手足。妈妈担心我的营养不良，要我吃好点。我说我的同学比我生活更差，但他们依然身体健康，聪明过人。相反我看到物质方面得到更多的孩子，却丢失了很多东西。妈妈没有让我养成大手大脚花钱的习惯，担心我过于节俭，教导我不要当“守财奴”“小气鬼”，该开销的花费不能省。为着身体健康的开支不省，学习的费用不省，礼尚往来的开支不省。我没有名牌衣服、高档自行车，却有品牌电脑，随着生活水平提高，有了品牌鞋子。妈妈觉得鞋子不能太“水”，穿得舒适有利身体健康。

她从小让我参与家庭经济开销活动，知道如何有效开支购物。只要有时间，妈妈会带我一块逛市场购物，回家学着记账、算账，这是我小学必修的数学作业题。让我了解鱼、肉、萝卜、白菜多少钱1斤。知道了家庭的收入与琐碎的开支很大，我说肉、鱼贵，我们就不吃吧。妈妈说不能长期不吃，也不能天天吃，只要有利身体健康，该开支的就要开支。如果你想节约，就向你爸爸学习不抽烟、不喝酒，既可节约开支，又有利身体健康。所以在大学很多同学抽烟，我能抵制诱惑，没有染上这些不良嗜好。

为了培养我的理财能力，妈妈每月给我零花钱，带我到银行以我的名字开了一个户头，压岁钱也让我存入自己的储蓄本。我很早就想买个望远镜，担心妈妈没有钱不敢说，有了自己可以支配的钱，在攒足100多元钱后，便请示妈妈。妈妈说你自己的钱，想买就买吧，记个账便可。第一次用自己的钱买了喜爱的东西，我的心里乐开了花。

我有了自己支配的钱，第一次给妈妈买了一张生日贺卡和手帕，妈妈高兴得流眼泪了，说我长大了，懂事了。一直以来都是妈妈给我买礼物，我终于能够独立地为妈妈挑选一件我喜欢的物品，把它送给了妈妈。以后用它购买想要的书，节日为老师买贺卡，为妈妈爸爸、姥姥姥爷和家里的亲人买礼物。

第八，经受挫折和失败能力及习惯的培养

我敢说，任何成功都是从无数次的失败和挫折中得来。只有不畏惧失败，吸取失败的教训，避免原地踏步、重复失败，让失败成为成功的基石，才会有后来的成功和辉煌。经受失败的能力，不是天生就能做到的。每当经历失败后，我的心情总是特别郁闷，有时躲在无人的地方痛痛快快哭一场，经过痛苦的挣扎，才能走出泥淖。

如何做到不畏惧失败，是需要父母引导培养的，也只有具备经受失败能力的孩子，才有可能走向成功。所有的第一次，我都做得不好。第一次发音发不出，第一次与人交流听不懂，第一次接听电话听不到，第一次考试 26 分，第一次骑自行车骑不稳，第一次洗碗洗不干净……我的人生经历了多少次失败，我也记不清了。

妈妈教我战胜失败的方法是心理调整法。她说只有不怕失败，才能成功；如果一味想成功，就会怕失败，越怕失败，越会失败。妈妈给我推荐居里夫人、爱因斯坦传，要我从他们那里学会面对失败。

妈妈常说的一句话："如果避开了困难，也就避开了机会；如果害怕失败，也就放弃了成功；如果想要赢，就先学会输。"这是一个艰苦的磨炼过程，需要从失败的痛苦中去磨炼和调整自己的心态。上小学第一次听写测验失败，妈妈为了不让我好不容易获得的自信心因为受到挫折而丧失，她一点一滴地教给我一些道理，告诉我任何成功都必须付出艰苦的努力，以及付出与收获的关系，付出也不是肯定能收获的道理。

幸运的是我的父母没有那种急功近利、害怕失败的心态。在我失败的时候，或挖苦讽刺，或唉声叹气，而是豁达地看待我的失败，不断地给我鼓励。

父母给我犯错和改错的空间，给我锻炼成长的机会。我跌倒了，说男子汉不怕痛，爬起来；我洗碗不干净，说再洗的时候，注意洗干净一点；我笨手笨脚切菜，妈妈告诉我方法，要我多练习就会如"庖丁解牛"，灵巧、熟练。爸妈放手让我做一切事情，让我在失败中变聪明一点，在失败中成长起来。

随着年龄的增长，经历了无数次的挫折和失败，也懂得了坦然接受失

败，因为它是事物发展的规律——从失败走向成功，也是我们成长的一个必然过程。

第九，感受幸福、感受爱的能力培养

人的一生总是在追求幸福。幸福的标准是什么？是物质享受，还是一种精神感受？为什么有的人拥有充裕的物质生活，却觉得自己活得很痛苦？是人们常说的“身在福中不知福”吗？我认为幸福不完全在于物质生活，更多的是一种精神享受，在于感受幸福的能力。而这种感受幸福的能力，与“爱”“感恩”的心紧密相连。在别人遇到困难时，你会同情、帮助别人，真诚地付出你的爱心，那么你会得到更多的爱。当你抱着感恩的心来生活，你会觉得人与人之间，乃至整个世界更美好，所以你会快乐和幸福。而这些能力同样需要训练和培养，也将为你的成功和幸福奠定基础。正如韩国第一妈妈张炳惠博士说：“唯有小时候感到幸福的孩子，长大之后才会寻求幸福，就算找不到幸福，也会创造幸福，将自己的人生带上幸福之路。”

妈妈从小培养我感受幸福、感受爱的能力。她跟我说：“爱”是一个美好的字眼，这个字如果能够进驻人们的心灵，将指导和引导人们的言行，从而对周围的事物人群影响或产生一种美好的感情，形成一种良好的人际关系。人们具备的情操和情感不是看不见摸不着的东西，最后都要体现在他的一言一行中，比如爱祖国最后应体现在爱自己的学校，爱自己生活、学习或工作周围的人群。爱流淌在我们家中，流淌在我们生活的人群中……“多一个麻烦，多一分理解，多一个朋友。”这是妈妈的信条。

亲友、邻居时常有一些麻烦事找到爸妈，他们总是热情相助，乐此不疲。妈妈常对我说：“登儿，谁没有需要帮助的时候？在我们遭遇困难时，也得到了好多人的帮助。你要记住这些善良的人们，我们只有用爱心来帮助别人，回报社会。”我们全家人都喜欢韦唯唱的那首歌“只要人人都献出一点爱，世界将变成美好的人间！”

有一次跟妈妈下乡到卢市，看到墙上贴的一张红纸。那时我认不了几个字，妈妈盯着看了一会，告诉我墙上贴的是“捐款倡议书”。有一个职工家中遭遇火灾，她拿出 100 元钱要我捐出。那次印象特别深刻，第一次对“捐”字有了模糊的认识。100 元是多少概念我不清楚，只知道可以买很多很多冰棍。事后我问妈妈:“前天我想吃一个两毛钱的冰棍，您说没有钱，渴了可以喝水，现在怎么给别人那么多钱呢?”

妈妈说:“别人家遭遇火灾，没钱吃饭会饿死，没钱买衣服会冻死。你呢，忍一忍不吃冰棍，就可以救人家的生命。”

我第一次知道:钱和生命有联系，而且我节约了钱，可以救别人的生命。

每当看到街头乞讨的老人、残疾人，妈妈也要拿出钱，或1元、10元，偶尔也拿50元、100元，要我恭敬地放在人家跟前。父母善良的言行播种在我幼小的心田，伴随我的成长。每当我做一件好事，总会得到他们的表扬，这样无异于为善良之花浇灌养分、肥料，使其枝繁叶茂。我想妈妈培养我这些品德时，一是本性使然，二是让我能获得更广阔的生存空间。你尊重别人，别人才会尊重你;你爱大家，大家才能爱你;你关心别人，别人才会关心你;你不吝啬付出，也将得到最大的收获。当然在付出爱心的时候却想到回报，那不是奉献，奉献是不计回报的。

记得9岁那年冬天的一个晚上，大概八九点钟，妈妈下乡回来后到彭老师家接我。那天天气特别寒冷，走在回家的路上，看到一栋楼房的屋檐下有一个黑影，走近后才知道是一个男孩，蜷缩着身子躺在那里。妈妈告诉我:这个孩子腿坏了不能走路，他妈妈死了，他爸爸去帮他弄吃的。

我问妈妈男孩在哪里睡觉?妈妈说就在这里。我心里一阵酸楚。天气这样冷，他会饿死吗?会冻死吗?我和妈妈一同去买了20个肉包子送给那个男孩。回家洗澡睡觉后，心里一直惦记着这个屋檐下的男孩，我眼前出现了安徒生童话中“卖火柴的女孩”的情景，怎么也睡不着，11点多钟又爬起来对妈妈说:“那个乞丐哥哥会冻死的!”

妈妈说我们给他送床被子去吧，于是拿了床棉絮套上被套，我急忙起床穿好衣服，和妈妈一起给那个男孩送去。男孩和他爸爸感激涕零。

妈妈表扬我自己在温暖的被窝，却能想到那个哥哥。其实我在帮助别人的时候，实际上也帮助了我自己，因为我从中也获得了极大的快乐和幸福。

回家路上，我跟妈妈说:“我有妈妈好幸福!”

妈妈说:“我也好幸福!”

我们母子俩互相感激对方的生命给予自己的幸福，我跟妈妈学唱:“世上只有妈妈好，有妈的孩子像块宝……”歌声回荡在寒冷的夜空。

以后连续几天我都多买一份早餐送给那个孩子，又过了几天那个男孩不在那里了，我若有所失，难过了好多天。

“人之初，性本善”。善良或许是人的天性，父母有责任加以开发，让这种天性得以张扬和发展。经历这件事后，我更珍惜自己的幸福生活，以一颗感恩的心去面对万事万物。回到家中，面对亲人的问候，我会感激父母的体贴；在父母端来可口的饭菜，我会想到流浪的孩子，会由衷地说声“谢谢”；在得到别人的帮助后，除了一声“谢谢”外，我会终生铭记，励志向上，并以可能的方式“滴水之恩，当涌泉相报”。

当你对任何事物怀有感恩之心，并成为习惯的时候，你会获得更多人的好感，赢得良好的真诚的人际关系，你会更加快乐和幸福。

第九章　走进普通小学

▽
▼

走进普通小学课堂/才知与别人不一样/没有听力如何听讲/一节课如同炼狱一场/海伦·凯勒是榜样/痛苦磨砺锤炼坚强/学会“三结合”听讲/终于做得与别人一样/生命的天空依然蔚蓝/开满鲜花阳光灿烂

出师不利

我要上西关小学了！

开学前两天，妈妈带我到西关小学看了新生公榜分班名单和我即将在这里学习的一（1）班教室。

教室门锁着，从窗户里我看见了崭新的课桌和椅子，还有那块醒目的大黑板。我想从窗户爬进去看一看，被妈妈制止了，说两天后你就可以从教室门走进去。我期待开学时间的到来。

当我怀着无比兴奋和喜悦的心情，蹦蹦跳跳地踏进教室门，感觉一切都是那么新奇。满眼都是陌生的同学，他们三五成群地围在一起说的什么，我却听不明白。见我来了几个同学围过来，有个男孩用方言问我叫什么名字，我没听明白；一个女孩重复用普通话问我，我告诉他们“姚登”。一个男同学指着我耳边的助听器问：“这是什么？”

因为他有手势，我明白他是问什么，我用普通话告诉他“助听器”。这下可好，好多同学围过来。有的问我：“助听器干什么用？”有的嬉皮笑脸地说：

“原来是个哑巴！”还有的要拿我的助听器看一看。这是我第一次戴上一个盒式助听器，此前上幼儿园时没有助听器，因为语言训练器体积大，只在家里用。妈妈说过助听器是我的耳朵，要好好爱护。我来不及掩护，被几个调皮的男同学抢去，并争夺助听器一睹为快。我争不过他们就“哇——”的一声哭起来。

不好意思，您一开始看到的是一个只会哭的小男孩，真是没面子！不过我小时候确实是个“弱者”。在调皮打架骂人的男生中，我不会骂人、不会打架；在文质彬彬、能言善辩的同学中，我不会口若悬河、滔滔不绝地讲道理，我的语言还只是简单的不太流畅的表达。

这时一个善良的女孩如同《水浒》中的侠士，大吼一声“你们坏！”接着像大姐姐和妈妈一样，抱着我的头说：“不哭！不哭！”还帮我擦眼泪。这时彭老师走进教室，了解情况后帮我拿回了助听器。彭老师说的什么，我没有完全听明白，但肯定是批评了几个男同学，有好长一段时间，没有人再敢动我的助听器。

第一天上学，就遭遇了同学们因好奇心而引发的“恶作剧”，心中有了异样的感觉。我和同学们不一样！我戴助听器，同学们都没戴。他们不戴助听器，能听得到吗？后来我问好友丽哲，他告诉我听得到，而且没人教他说话，他自己就会说话了。啊，原来这个班、这个学校、这个人群就我的耳朵听不到！知道了自己是个与众不同的孩子，至于将会带来哪些不便，会因听力障碍遭遇哪些困难，会受到别人怎样的歧视，我还尚不明白。

第一天上学我就得到了老师的帮助，精神上找到了如同妈妈一样的新的依靠，同时知道了我生活的人群中有各类性格的孩子，感受到了他们的顽皮和友爱。第一次独立生活面临困境，就有人帮助我解围，感觉好温暖。后来知道了那个女同学叫张燕丽。这个名字刻在了我童年的记忆中。

彭老师为我们编排班组、安排座位，布置打扫卫生。接下来都是些令人高兴的事情。张燕丽成为我的同桌；劳动是我的强项，我教同学擦桌子、擦窗户……发了一堆崭新的课本，这些完全抵消了刚才不愉快的心情。

第二天开始上课了，第一节课是语文课。彭老师满脸微笑走进教室，和蔼可亲地对我们说：“同学们好！”彭老师说的普通话，我“听”明白了！彭老师如同我的妈妈一样亲切，但遗憾的是由于长期的教学生涯，她的声音嘶哑，和我妈妈的声音不一样。妈妈的声音脆亮，我听习惯了妈妈的声音，熟悉了妈妈的口型。

我盯着老师的嘴唇，一节课下来，除了黑板上的板书让我明白上课的内容外，老师讲的什么我一点都不明白。我的听力太差，当时助听器补偿效果又不好，加上我不熟悉老师的口型。

第三节课是数学课。数学老师是彭从义老师，她亲切和善，讲课很细致、耐心，但我同样听不清她讲课的内容。妈妈说她的声音细柔，对我来说过于纤细。

一天下来，我的神经绷得紧紧的，眼睛睁得大大的，却没能听明白什么。我深感一个没有听力的孩子在普通学校读书，真是太难啊！幸好发了课本。

放学回家，妈妈迫不及待地问我："听得懂老师讲课吗？有同学和你玩吗？"我怕妈妈担心，没对她说听不懂老师讲课，心中闷闷不乐。

我家附近有3个同学，张燕丽、王雅丽、陈飞，我们在一起玩得很融洽，课间时踢毽子、跳绳、踢腿玩儿，放学了手牵手一块回家，每天邀约一块儿上学。每当他们来到我家，妈妈对他们非常亲切、友善，愉快地问他们很多事情，还叮嘱我们互相帮助，争取做好朋友，以后我们真的如妈妈所愿成了要好的朋友。他们经常来我家看书，告诉我老师布置的作业。我拿出妈妈特意为他们准备的小食品，分给他们吃，我们常在一块做游戏、嬉闹、玩耍。

接下来的几天，我依然听不懂老师的讲课和要求，尚没有学会识别老师的口型。上课时，我主要是看板书、看老师的口型，辅之以听同学集体读音。老师先读，学生跟着读，然后我跟着同学读，比同学们要慢一步。

同学们集体读音形成强大的音量，弥补了部分听不清老师讲课的苦恼。但这种听课方法，所接收的信息顶多只有30%，而且只在学习单词和短句时有效，随着课程加深，仅仅靠看板书、听同学集体读书声来听课，是显然不行的。幸好一年级的内容简单，大部分都是我学过的，通过看板书、看课本，还可以掌握知识点。

班上第一次进行听写测验，同学们大都是100分、90多分，而我只得了26分，成为全班最后一名。我知道这很丢人，晚上回家哭丧着脸告诉妈妈，并流露出了退学的想法。妈妈没有说什么，眼里闪着泪花给我报听写，我熟悉妈妈的口型，全部听写对了。她要检查我对知识掌握的真实情况，接着妈妈紧紧地握着我的手说："不会写才丢人！你会写，只是没听清楚老师说的什么。听不清楚不是你的错，这不仅不丢人，还说明你不怕困难！"接着妈妈又一次向我讲了海伦·凯勒、保尔·柯察金的故事。妈妈说："海伦看不到、听不到，还说不出，她不畏困难，在知识的道路上跋涉，最终成为一名伟大的作家、演讲家。你呢，比海伦幸运，还有一双明亮的眼睛。"妈妈每次讲海伦的事迹，都能给我信心和力量。我问妈妈"跋涉"是什么意思？妈妈说本意是指跋山涉水，这里比喻很艰难地学习，克服了很多困难向前进。

妈妈认为开弓没有回头箭，她接着说："别人能做到的，我相信我们登儿也能做到。登儿本来就是一个了不起的孩子，小时候在幼儿园码积木就获得了第一名。困难算什么呀！登儿一定会成为一个不怕困难的小英雄呢！"她还告诉我只有用心"听"讲，才能逐步熟悉老师的口型。从那以后，我决心向海伦·凯勒学习，更加聚精会神地"听"讲。经过几年时间的磨炼，我逐步掌握了三个"三分之一"听课和与人交流的方法。即三分之一听人说话，三分之一看口型，三分之一根据语意、语境来猜测、分析。总的来说就是"看、听、猜"三结合。随着学习的深入、年龄的增长、与各类人交往增多，我的"听"话能力不断增强，准确率越来越高。我凭着这套本领，攻克了在普通学校听课的最大难关；凭着这套本领，读完小学、中学、大学，最终凭着这套本领走进了北京大学、清华大学，走上了讲台；也是凭着这套本领闯荡人生，回归到社会。

多年后，我跟妈妈谈起第一次听写测验，才知道妈妈当时承受的压力不比我小。别人的孩子成绩优秀，自己的孩子最后一名，妈妈心里是什么滋味呀！在我遇到困难的时候，妈妈其实比我更着急，如同刚刚出海的航船就要被风浪打翻，妈妈不能惊慌，她要帮助一个初涉生活大海的稚幼新手，稳稳地掌握生活的航向。在生命的航程中，妈妈的坚强给了我信心和力量，她以百折不挠的信心和勇气，带领我克服了一个又一个困难，乘风破浪向着希望的彼岸行进。

拼音扫读第一名

入学后，语文就是学汉语拼音，老师只花了一个多月就教完了汉语拼音，接下来实验班的教材有两本书——《说话》全是汉语拼音提出或回答问题的句子和句群训练，比如回答下面问题——你叫什么名字？今年几岁了？看图回答问题——啄木鸟在干什么？或把下面句子说完整，我妈妈是……《阅读》课本前面是汉语拼音，中间夹有汉字，后面是汉字加拼音排列的较长篇幅的课文。这种汉字夹拼音的教材，好像是特意为我编写的，看着拼音可以自己呼读，还可以纠正我的语音。入学前妈妈已教过我汉语拼音，入学之初对我来说是复习。因为不是上新知识，给了我一个熟悉老师、同学口型以及与他们沟通和磨合的时间。

老师要求学生看到一个音节，连同声母、韵母和声调一下子读出来；看到一句话、一段话和一篇课文的拼音同样能流利地读出来，没有拼读的过程。老师把这种方式叫“扫读”。

尽管是复习汉语拼音，开始呼读音节，只要我一开口，同学总是说我“不对！”真扫兴！我回家找妈妈“算账”，您教的读音是错的！后来我才明白：我听不清楚妈妈正确的发音，也不能听到自己错误发音的反馈声，还可笑地怪妈妈！有些音涉及嘴唇、舌头及整个发声肌群、器官的灵活度及协调度，需要随着它们的协调灵活而慢慢改善。

“你怎么知道是错的？”妈妈问。

“同学说的。”

“同学说你哪些音是错的？”妈妈焦急地问。

“我说‘读拼音’，他们说错了；我读‘五星红旗’，他们又说错了！我说‘同学’，他们还是说错了！”我告诉妈妈。

“哦，原来你把 pinyin 读成 penyin，wuxinghongqi 读成 wushenghengqi。对不起！你的很多发音还不到位，比如 in 与 en 的舌位有相同与不同，她又不厌其烦地给我重复示范。xing 与 sheng 你将声母和韵母都读错了；还有 ong 与 eng 两个韵母在于第一个因素不同。我们还要苦练啊！”妈妈说。

我从小受妈妈的教育和影响，她身上的作风也传给了我。别人都说我像妈妈，有一股不服输的精神。

我从“a、o、e”开始，问同学、问老师、问妈妈，我的发音对吗？我盯着大家发音时的嘴唇，用手感受每个音素的气流，力争咬准每个发音，苦练一个多月，同学们口中越来越多地说出“这就对了！”妈妈说我有很大的改善，但有几个音素单独读是正确的，但在词汇或句子中发音就有些变异，希望我说话时注意，同时我们苦练四声调。妈妈说声调不对，听起来就很怪异，如果把被子说成杯子，“被”是四声，“杯”是一声，表达的物品就不同。

声调的掌握对我来说特别困难。我在妈妈和老师的手势引导下来感受声调高低走向，反反复复、千次万次的练习，练得舌干口燥却不尽如人意，经过十多年的长期感受才逐渐达到常态。

接着拿出字典呼读音节，苦练扫读半个月，可以直呼了。如何提高速度呢？晚上放学，我和妈妈竞赛。拿出钟表记时间，看谁能把一篇拼音课文以最快的速度准确读完，妈妈赢了，我不服。放学回家就苦练，一遍、两遍……甚至于睡梦中都在练习。我把《阅读》的第一课“我爱五星红旗”到第五十课“铁杵磨成针”全部横念倒背下来，终于熟练地掌握了扫读技巧。

班上进行汉语拼音扫读和识字竞赛。扫读竞赛比速度，看 1 分钟能读多少音节；识字竞赛比认识汉字数量（汉字不注拼音）。我在扫读竞赛中，竟然居全班之首，令老师和同学们刮目相看。

我好高兴，抑制不住内心的喜悦，迫不及待想告诉妈妈。老师却对我说，你妈妈开会可能很晚回家，你先到我家。

我在彭老师家和她女儿露露一块做作业时，忍不住总是偷偷地乐。露露问我笑什么？我忍不住还是傻笑。

彭老师做了好多菜犒赏我，我馋得要流口水了，正想“出动”，却想起妈妈的叮嘱，吃饭时不要抢先，人来齐了，别人吃你才能吃。这时彭老师慈爱地先给我碗里夹了两块烧排骨，还夹了好多菜。露露噘着嘴说：“妈妈偏心，为什么只给姚登夹菜？”彭老师则高兴地说这是对姚登的奖励。

敬爱的彭老师就是这样不断地给我鼓励。俗话说“一日为师，终身为母。”彭老师教我整整 5 年，如同慈母般亲切，在我取得一点点成绩时，为我鼓劲加油。她看妈妈工作太忙，经常主动照顾我，在生活上也给了我无微不至的关怀。我永远不会忘记，第一次穿上彭老师亲手为我做的棉鞋，那种感觉特别温暖。

吃过饭老师送我回家，一路上我兴奋得蹦蹦跳跳，快到家时碰上正准备来接我的妈妈。有老师在场，我不好意思向妈妈“报喜”。彭老师却满面笑容地对妈妈说：“今天我们在班上举行拼音扫读竞赛，你猜姚登得了多少名?"

"我没有很高的要求，只要他能跟上学习，我就心满意足了，哪怕最后一名我也不在乎。"妈妈似乎在安慰自己，又对彭老师表明了态度。

"看来你对儿子没有信心！姚登得了第一名！"彭老师说。

"真的?"妈妈说这两个字时，因惊喜、激动而声音颤抖。

"是真的！姚登峰识字量2264 个，居前 5 名。"彭老师告诉妈妈时，妈妈流下感激的热泪，紧紧地握着彭老师的双手，夕阳映照着妈妈和老师灿烂的笑容。她们两个人都拥着我欢呼，"姚登，你太棒了！"这个情景就像我开口说"糖"的时候一样，不过那次我还不明白什么，这次我内心充满了欢愉和自信。

扫读竞赛给了我信心和力量，我更加勤奋地学习，希望自己成绩优秀。上课时聚精会神"听"讲，看板书做笔记，力争做到过目不忘。放学后家里特别热闹，同学们在看我的书册，我则在查补遗漏的课程。我以比别人付出的更多努力，使学习成绩迅速提高。

拼音扫读促进了我口语逐步流利，我可以拿着课本自己朗读，但还没办法知道发音和声调是否准确，妈妈依然每天早上、晚上给我纠正语音和声调。一年级的学习对我来说，相对比较轻松。我的数学秉承了爸爸的数字逻辑思维能力，入学后成绩一直很好。数的分解、相邻数，我觉得是小菜一碟。学了十位数加减法，便知道了百位数加减法。

一年级期末，我被评为学校三好学生，捧回一张奖状和奖品——一个日记本，接着又被评为荆州地区好儿童。

永远的老师和朋友

妈妈说：每一个人都是在社会中成长，所以需要社会上的帮助，对于我来说更是如此。

要让我健康成长，她一个人的力量是不够的，只有通过我们的努力，改变和利用一些便利条件，赢得社会、学校、老师和同学的帮助，便赢得了帮助我的快捷方式。

从我开口说话后，妈妈觉得我还缺乏对事物正确与否的辨别判断能力，企图让我"跟好人，学好人"，叮嘱我尽量与哪些小朋友一同玩耍，并把他们当成自己的孩子一般喜爱，引导他们跟我说普通话，让我获得能与健听孩子玩耍、融合的语言环境和良好行为、品质的影响。与我玩的都是些热情、正直、善良、好学、口齿清晰的小朋友，比如丽娜、学飞、露露、飞飞、周帆、赵鹏等，这些孩子都很优秀，日后都学有所成。

从上普通小学的第一天起，她更是积极努力，获得学校、老师和同学的理解和帮助。妈妈不仅热心地参加家长会，还关心、关注和参加学校所组织的一切活动，希望与学校共同营造一个让我健康成长的环境。

那是一年级下学期开学不久，学校召开实验班家长会。中午放学回家，我一进门就将老师写的一张纸条递给妈妈说："妈妈，彭老师要您今天晚上到学校开会。"下面是妈妈的日记：

1987 年 3 月 4 日　星期三

这是我第一次参加登儿学校的家长会。

吃过晚饭，我匆匆赶到学校。实验班的学生已经恭候在会议室，随着声声"阿姨好！""伯伯好！"的礼貌问候，有的端茶，有的端来瓜子果盘，个个成了热情的小主人。好欣慰！登儿也在"招待员"之列。有两个女孩漂亮乖巧，如同两只花蝴蝶在会场上飞来飞去，特别招人喜爱。

全班 56 个学生家长全部到齐，绝大多数家长都是第一次见面，互相打招呼、寒暄，又互相打听、询问孩子们在学校的成绩和表现。

我没有与家长们攀谈，静静地观察登儿的表现。这时有个家长突然问我："你是那个哑巴的妈妈吧？"我顿时感到尴尬，脸刷的红了。她又一次揭开我心口尚没完全愈合的伤疤。再一次提醒我：登儿是个残疾人。

我对这位母亲的问话并不恼恨，只为我们这个讲究礼仪、仁爱、道德的文明国度，人们对残疾人的歧视和根深蒂固的社会偏见感到有些悲哀。

在一旁的另一个家长接过话说："她的孩子成绩可好啦！"

会议开始了。老师公布了上学期期末考试的成绩，登儿名列前茅，而刚才可能是无意伤害我的那位母亲，她的孩子的成绩却是倒数第二。我不是笑话她，只是觉得母亲的素质很大程度决定了孩子的素质。

我悬着的一颗心总算稍稍落下来。在此之前，我总担心他听不懂老师讲课，产生厌学情绪，在普通小学待不下去。现在他在普通小学已顺利地度过了一个学期，不仅能跟上学习，成绩还进入了优秀的行列。

会上安排我作为唯一的家长代表发言。我没有准备，也没有推辞，因为我对学校、老师、同学都充满了无比的感激。

在讲话中，我如实告诉在座的各位领导、老师和家长。“我的孩子，由于小时候打针，致使双耳听力极重度损失。五岁前他还不会说话。”接着我讲了这么多年，我们如何四处求医，如何教他发音说话，孩子如何刻苦学习，如何努力进取，讲着，讲着，眼泪止不住流出来。开始会场不断有抽泣声，后来好多老师、家长跟我一起哭出声来……

最后我说，我的孩子虽然不幸，但我又觉得孩子是幸运的。与同龄孩子同在蓝天下，共享阳光和欢乐。姚登能在充满友爱的实验班学习、生活，并且已经和同学融合，取得如此优异的成绩，我由衷地感谢所有的老师、同学和在座的各位家长。姚登的成长路上，还将会碰到很多困难，还要请大家一如既往地给予他关爱和帮助。

会场响起热烈的掌声。学校给了我机会，让我得以与老师、同学和家长们面对面进行沟通交流。

彭老师紧紧地握着我的手，含着泪水对我说：“今后姚登学习上有什么困难尽管找我们!”

妈妈的发言赢得老师和家长的理解。彭老师把我拉到家长和同学们面前，介绍了我的学习情况，给我热情的鼓励。第二天班会，彭老师在班上又宣布开展手拉手的活动——“看我能帮姚登做点什么?”

由于妈妈的努力，老师的正确教育和引导，班上营造了一个互相帮助、互相学习的良好氛围。下课了，同学会告诉我老师布置了哪些作业，这道题应该怎样解答。同时也有同学找我请教问题，我们还常常在一块讨论、争论问题，这样的环境更加激发了我的学习热情。

我一直生活在普通学校，这些普通学校的老师，却有着不普通的教育思想和方法。他们不是一味强调以我为标准，为榜样，过度的表扬我，而是鼓励同学们学习我不怕困难、顽强学习精神的同时，要求大家拉着我的手，帮助我克服学习上的困难。老师知道我这样一个没有听力的残疾孩子，需要的是鼓励和帮助。

这个时候，妈妈会引导我感受和珍惜学校老师给我的关爱，以良好的表现去回报他们。她说：“登儿，学校给我们的是人世间最宝贵的东西——信任、支持和理解。这是我们最最需要的东西，也是金钱都难以买到的东西。我们要万分珍惜，还要懂得感恩啊！”听了妈妈的话，我更感到幸运和幸福，更加喜欢我的学校和老师，热爱我所在的班集体。主动帮助同学打扫卫生，给同学力所能及的帮助。这样每到新的环境，我都会赢得同学的欢迎和真诚帮助，赢得好多新朋友。

妈妈除了从我的日记和交流中了解我的思想情绪和学习困难，还经常拜访老师，看我是否听懂老师讲课，是否举手发言，同学是否接纳我。针对我存在的问题，妈妈经常与老师讨论、交流一些教育观点和想法，最后与老师达成共识，因此妈妈和老师成了心灵相知的好朋友。

回想起我的成长过程，妈妈总是把我的老师当成她自己的老师，把我的朋友和同学，当成她自己的朋友和同学，所以我的老师、朋友和同学，最后也成了妈妈的朋友和同学，妈妈也成了我的朋友和同学所爱戴的妈妈。同学组织什么活动，也喜欢邀请妈妈参加，在这个时候，她既是家长代表，又是和我们特别融洽健谈的朋友。

妈妈不是以一种利用别人的心态来交往，利用完了“感情”也结束了，她是以感激之情与人诚恳相待，以人格魅力来影响，顺其自然的发展而获得的最真诚的友谊和帮助。我成长各个阶段的大部分老师，都是我永远的老师，妈妈一辈子的朋友，包括幼儿园和小学的老师。

老师就是我们的亲戚朋友，逢年过节都要互相问候，“走亲戚”。平时经常交心谈心，遇到谁家发生困难，互相之间都是鼎力相助。寒暑假回到家乡，我都要拜望幼儿园、小学、中学的老师，向他们汇报我的近况。老师就如同我的父母一样，他们牵挂着我的学业和发展，我惦记他们身体安康。

高中毕业近10年了，我和同学在刚刚自食其力后，就把高中老师请到北京聚会、游玩，以报答师恩。妈妈特意赶来北京，给老师们铺床叠被、烧饭做菜，当后勤部长。妈妈说，这是生命的缘分，有机会为老师服务，虽然辛劳却很快乐！

第一次听到彭老师跟我说：“姚登峰，你好幸福，有一个世界上最好的妈妈！”我心想世上只有妈妈好，谁的妈妈不好呢？后来很多人对我说这句话。我到同学家去，看到同学的妈妈当着我们的面呵斥、辱骂同学，大大伤害了同学的自尊心，我这才感到自己实在是幸福！

高中毕业纪念册上同学除了写下对我的赞赏和鼓励，好多知情的同学则写满对妈妈的钦佩："你有一个善良、伟大的妈妈……"

我感激生命，感激生命赐给我一个天使般的妈妈，她是爱的源泉，是我生命中最亲密的朋友。我们每天都有说不完的话。同学来我家玩看到我们温馨快乐的生活，又看到我在日记中写的："最开心的时候是和家人在一起"，惹得他们羡慕不已，很伤感地和我谈起自己与家人的隔阂、代沟，我诚恳地给同学以安慰和劝解。毕竟父母养育了我们，要理解他们的艰辛和不同的思维方式以及处事方法。

越过"应用题"难关

一年级暑假期间，妈妈依然要上班，只是在早晚和节假日加大语言康复训练力度。妈妈说再加一把劲，我说话与健听孩子没有什么区别了。付出辛勤汗水终于又有了新的收获，我内心充满愉悦。新学期到来，我的表达欲望增强，主动和老师同学打招呼，老师对妈妈说："士别三日，当刮目相看！"

刚放暑假妈妈要我预习下学期的课程，因我们是第一届实验班，借不到下学期课本，妈妈只好找熟人借来普通班二年级上学期的课本给我预习，要我将不懂的内容打上红线或记下来。我从一年级的学习经验中认为太简单，便对妈妈说："学习又不难，没有必要预习。开学后老师总是要讲的，不如让我多看书，扩大阅读量。"

妈妈也担心我什么都懂了，上课时完全不听老师讲课，同意了我的意见。那时候，我迷上了连环画、小人书和童话。什么《聪明的一休》《黑猫警长》《西游记》，郑渊洁的《舒克与贝塔》等系列童话故事，有时痴迷得看通宵。妈妈早上五点半就和我开始康复训练，却看到我精神萎靡不振，妈妈以为我太辛苦，叮嘱我按时作息。

一天深夜，妈妈终于发现了我的秘密，起床强行关掉台灯，而且罚我洗一个星期的碗。我不在乎洗碗，依然变本加厉。妈妈对我的惩罚变为：违反一次作息时间，一个星期不逛书摊，不给我买想要的书，这样我才收敛一些。

新学期开学了，我的心还是收不回来。

二年级的课程，我没有预习，所以不可能带着问题来听讲，这时我的学习碰到了很多意想不到的困难。最大的难关是出现了数学应用题。妈妈借来的二年级课本也没有应用题，没想到我们二年级就有了应用题。

第一次看到它感觉很陌生。比如题目说“妈妈摘了180斤苹果，小明帮助妈妈搬回家80斤，还有多少斤?”我还以为这是对话，心想怎么语文题跑到数学题来了。然后就像写作文似的写小明爱劳动，摘苹果。还有多少斤？又没给算式，叫我怎么求？根本不知道根据应用题给的条件和数据，自己列出算式。自然是没有计算，没有答案，却是牛头不对马嘴的作文，真是离题万里的笑话!

偏偏这时发生了一场恶作剧。那是一个课间操的时间，天空突然乌云滚滚，接着噼里啪啦下起雨来。我正往教室跑，后面冲上来两个男生，一个搜出我荷包的助听器，一个在我左耳边摘下耳塞，嘻嘻哈哈拿着玩，接着又当球传给其他同学，最后“传球失误”，被扔到了水沟。我什么都听不见了，无助地站在雨中哭号。

这是求学路上遭遇的第二次恶作剧，也是最后一次。同学叫来了彭老师，彭老师狠狠地批评了那两个男生，罚他们站，要他们找家长赔偿我的助听器，两个男生吓得哭起来。这次“恶作剧”，对我心灵伤害很大。我认为是因为自己听不到，才会被欺负。我把这件事情告诉了妈妈，妈妈跟我解释说，他们不是故意的，但我认为他们就是故意的。

我伤心地哭起来:“呜——他们看我耳朵听不见，成心欺负我！呜——您还为他们说好话!”无论妈妈怎么说“他们不是成心欺负你！只是和你闹着玩”。我都不服气，我说再也不和他们玩了，还要同学们都不跟他们玩!

两个男同学和他们家长前来我们家道歉，并要给钱赔偿，而妈妈却说助听器可以修，钱不能收，只要他们能帮助我就好。我说“谁稀罕他们帮助!”妈妈制止我，并对家长说，我的气没消，得慢慢来。并要他们放心。

两个男同学走到我跟前，诚心诚意对我说“对不起!”我勉强回应一声“没关系。”当他们握着我的手的时候，我们都笑起来了!

以后他们对我特别的好，经常告诉我老师布置的作业，我们真的成了好朋友。当我们聚首回顾童年趣事时，我说他们从小调皮捣蛋，他们说我是爱哭鬼!同学们都给我帮忙说“姚登峰不爱哭，特爱笑!他的绰号叫笑眯眯!”

通过这件事，彭老师在班上对全班同学进行“爱心”教育。说姚登同学很不幸，小时候打链霉素耳朵听不到了，助听器是他的耳朵。同学们试着把耳朵塞起来，看耳朵听不见是什么感觉？今后不准谁动我的助听器，不准说我是哑巴，号召同学们都要说普通话，都要帮助我、照顾我。每当我和谁闹矛盾，不管谁对谁错，老师都会偏袒我，一概批评同学。

助听器寄出去修，没有助听器戴了，我的心情很郁闷。数学老师在上面讲课，我只看见老师嘴巴在动，由于板书很少，不知道老师说的什么，头脑成了糨糊。我的玩劲来了，在下面做小动作，看小人书。我的整个思维被书中精彩的情节所吸引，根本没心思“听”什么应用题。在我看来应用题就如同天书一般，还是小人书好看。

因为没有用心学习，当然对老师讲的知识不可能吸收，妈妈以为我的学习上碰到了困难，晚上声嘶力竭给我讲解应用题，我却心不在焉。就这样得过且过，每天早上依然和妈妈做语言康复训练，依然和同学一块去上学，混了近一个月。

到了期中考试，自然是考得一塌糊涂。我知道这次考试对妈妈的打击不小，要不然妈妈的心情不会那样沉重！我看到妈妈担忧的眼神，心中感到非常内疚，再也没兴趣看小人书了。

当天晚上，妈妈带着我去了数学老师家。妈妈和彭老师在热烈地讨论、仔细分析我的数学成绩下降的原因，以及如何帮助我越过数学应用题这个难关。

妈妈始终没有批评和指责我，回家后妈妈对我说：“应用题不难，主要是提高阅读理解能力。你也不要着急，我们共同来努力吧！”

第二天放学回到家里，我得意地告诉妈妈近来学校发生的事情，并请她给我修改日记（这是幸存的日记本）：

下课了，同学们围着我，告诉我老师布置的作业和一些我不知道的事情。大家还争着借小人书给我看。第二节课时，我想借肖飞的那本书看，就给他丢过去一张纸条，被彭老师发现了。彭老师批评了肖飞，我好得意！老师没有批评我。我成了班上的“特保儿”，现在没有谁敢欺负我了！

这是经妈妈修改后的日记。妈妈说要我想一想修改后是不是好一些，并要求我读几遍。过了一会儿，她又要我停下来，表情凝重地问我：

“你喜欢老师这样对你吗?”

“喜欢!”我不假思索的回答。

“是谁丢的纸条?”

“是我。”

“是谁破坏了课堂纪律?”

我不回答。

“老师应该批评谁?”

“批评我!”我羞愧地说。

妈妈从我的日记中了解到，因为“恶作剧”引起老师对我特别宽容、照顾，我自己懈怠了，上课管不住自己，做小动作、偷偷地看起小人书，导致成绩滑坡。她去找老师阐述了自己的想法，说宁愿在我受到伤害时为我疗伤，而不愿把我作为“特保儿”，让我生活在“保温箱”里。

我知道了妈妈找老师说不要特别关照我，心里憋着一口气，真是一个怪妈妈！我生气地对妈妈说：“别人要求老师关照自己的孩子，您却不要老师给我关照；别人的妈妈偏袒自己的孩子，您却对我这么严厉。我耳朵听不到您知道我的困难吗？您还是我的亲妈妈吗?”

等我发泄完了，妈妈抚摸着我的头说：“妈妈怎么不知道你的难处呢？前些时候学校放 3 天假，同学忘了告诉你，你天天早起往学校跑，妈妈难过得掉眼泪了。妈妈在想，放几天假你都没听到，不知还有多少知识点你遗漏掉了。但是我们只有用坚强和实力赢得尊重，而不能靠同情和关照过日子啊!”妈妈不仅考虑到眼前我尚缺乏自制力，需要老师的约束，更考虑到了长远。她说我不可能一辈子在这样的环境中生活，一旦离开了“保温箱”，今后如何生存呢？她希望我从小就生活在一个真实的环境中，去感受社会的温馨和友爱、冷眼和歧视，去锻炼和培养自己的处世能力和环境适应能力。

我心里很难受，很自责。爸爸一年到头难得回家，妈妈一个人要忙里忙外，照顾我的生活起居，还要含辛茹苦地培养我，我却在上课的时候看小人书，我太没有良心了，辜负了妈妈一片苦心！我决心攻克应用题难关。

有妈妈不断给我拨正航向，有老师严格的要求，我“戒”了小人书瘾，学习慢慢步入正轨。

每天晚上写完作业后，我坚持预习第二天的功课。妈妈晚上的语言康复训练，也用我的课本进行预习。

上课时，我坚持全神贯注地看老师讲课。说来也奇怪，只要用心去学，原来让我莫名其妙的应用题，这个时候不说全懂，也成了“一知半解”。这个半解却使我兴奋起来，因为有了半解，我相信下一步就是全解了。我又恢复到原来的学习状态，专攻不理解的应用题。

这时我又有了援军——爸爸为了我的数学学习，专门请了探亲假。晚上回到家，爸爸给我解释题目是什么意思，如何从关键字眼来理解题目，又不厌其烦地告诉我解题的步骤应该是怎么样的，并给我找了大量的应用题进行演练。经过十多天的强化训练，我初步掌握了应用题的解题技巧和常见解法。

俗话说福无双至，可是这几天我的好事却一块来了，助听器终于修好了。这天课间休息，班主任彭习勤老师看我又戴上了助听器，关切地问我：“我讲的课你听得明白吗?”

我不好意思地说：“不太明白。”

彭老师紧锁眉头问我：“你是怎样听课的?”

我回答老师：“我主要是看黑板板书，看您的口型。”

这次谈话后，彭老师给我调换了座位，我坐到了离讲台最近的位置，而且彭老师为了迁就我，不厌其烦地在黑板上板书。教数学的彭从先老师的板书也多起来了。她们常常写满一黑板，擦去后又写上满满一黑板，一节课下来，擦写四五次之多。不是一节课、两节课，也不是一个学期、两个学期，而是整整5年时间，1800节课时，我的老师为了我这个普通学生，是怎样的付出呀！

多年以后，我也身为人师，教和我一样的听障大学生，经常满黑板地板书，一次又一次擦了写，写了擦，常常累得胳膊酸痛。至此，我才真正体会了我的老师的艰辛和无私的奉献精神。我深深地感激他们！我的成长之路，除了那些深深浅浅的脚印中盛满了自己付出的汗水，妈妈的心血，还留下我那些可敬可爱的老师付出的心血，和着他们手里的粉笔灰铺就的道路。

我带着问题来“听”讲，老师又板书了主要的知识点，效果完全不同，加上看教材、课本，这样掌握主要知识点，没有太大的问题。遗憾的是老师扩展的内容，精彩、风趣的讲解，被我的“听觉”遗漏了。很多时候同学们听得哈哈大笑，我却莫名其妙。我只有通过自学来弥补。

这里我要说自学能力对听障人太重要了！进入小学的头几年，我“听”不懂老师讲的课，于是就看书，再看看板书，惊奇地发现老师讲的跟课本上的思路一样。以后考试的时候，又发现考试的内容绝大部分没有超出课本的范围。从那以后，每次上课，一边看课本，一边听老师讲课，逐渐辨识了老师的口型，也就明白老师讲的是什么。

这时我会想起妈妈带我到聋校看到的那一幕情景，我知道了还有一群和我一样听不到的孩子在聋校用手语交流，幸好我的妈妈没有把我留在那个无声世界！

随着知识的积累，阅读理解能力的增强，对应用题的理解也开窍了，我终于明白谁比谁多，谁比谁少，已知数、未知数、求和、差、平均数、倍数的意思，越过了“应用题”难关！我喜欢数学，喜欢上数学课。我学到了解题的方法和能力。有时我不按老师说的方法解题，又寻求新的解题途径。三年级后我的数学成绩稳居前列。数学彭老师经常表扬我，说我不仅理解了，而且能举一反三。

生日快乐

岁月在遭遇困难、挫折的苦恼和攻克难关的喜悦交错中，在快乐和痛苦的交替中一天天流逝。转眼间我读三年级了，在期盼中，迎来了我的10岁生日，便吵着要妈妈为我举办生日庆典。

我们这个年龄的大都是独生子女，妈妈曾多次把我带去参加了周围孩子的生日庆典。看到他们10岁生日的时候大摆宴席，少则十多桌，多则上百桌。在亲友们的簇拥下，小寿星应接不暇地忙收红包，迎接络绎不绝的宾客送来的声声“生日快乐”的祝福。丰盛的宴席，生日蛋糕上的烛光，映照着如同玫瑰般灿烂的笑脸，个个成了幸福的“王子”或“公主”。

我的10岁生日，爸妈却没有给我大摆酒宴，妈妈与我商量，过了一个别致的生日。

这一天，我穿上小姨为我准备的一套白色西服，系上一个红色的领结，高高兴兴地背着书包上学去。走进教室，“啊，好帅呀！”同学们异口同声地围过来说。他们用惊奇的目光看着我这个“白马王子”，再看看黑板上用粉红色的粉笔写着“姚登峰生日快乐”7个大字，周围画了四个喜庆的灯笼，每个灯笼上分别写一个字，合起来就是“生日快乐”。同学们欢呼雀跃，就像庆祝一个盛大节日。语文、数学以及音乐老师都来了。妈妈和小姨随后送来一个很大的生日蛋糕，还有好多瓜子、花生和糖果。她们一脸灿烂的笑容，却不知眼里为什么总是噙着热泪？一边擦眼泪，一边忙着把瓜子、糖果分给每个同学和老师。

彭老师站在讲台上介绍：“今天是姚登同学的生日！”“老师，黑板上多写了一个峰字。”一个声音插话。彭老师继续说“从今天起，姚登同学改名为姚登峰。姚登峰同学身残志坚，是我们学习的榜样。我们班有 30 多个同学和姚登峰同年出生，今天给姚登峰过生日，也给大家一块过生日。从今天起，你们都大了 1 岁。长大了就更懂事了。我们班有良好的团结友爱的精神，希望大家今后发扬这种精神，互相帮助，共同进步！”台下响起热烈的掌声。

“下面请姚登峰同学发言。”为了这次发言，妈妈要我写讲稿。我不知道写什么，妈妈说把你心里想说的话写下来，我说我有很多话要说，妈妈说写最想说的。我写了很多很多，记了入学前后的一堆流水账，妈妈为我大刀阔斧地修改，重新罗列顺序，还添上“天生我材必有用”之类的话语，最后成了妈妈的“作品”。后来彭老师还给我注上拼音。我练习了一个多星期，按照妈妈要求背下来了。

在同学们的掌声中，我硬着头皮走上了讲台。这是我有生以来第一次在这么多同学和老师面前说这么多的话，距离我开口发音也就 4 年时间（这里习惯说虚岁，实际是我 9 岁）。开始由于害羞、激动，我只好拿起讲稿念，声音有些颤抖，说话也不流畅。说着说着就不怕了，流下了感激的泪水，索性甩开稿子，作了两分钟的发言。

尊敬的各位老师、亲爱的同学们：

你们好！今天是我 10 岁的生日，我改名为姚登峰，就是要立志攀登知识的高峰。

尽管我很不幸，1 岁时因为一次平常的感冒，医生给我注射了几剂链霉素，我成了一个聋哑孩子，是妈妈的语言康复训练使我走出了无声世界。

今天我能坐在西关小学明亮的教室里学习，我感到非常幸运和幸福！

我能有今天，首先感谢妈妈、爸爸给我生命，抚育我成长，教我说话；

感谢姥爷、姥姥，奶奶、姨妈、小姨、四姨、叔叔、舅舅给我倾注了无尽的关爱；感谢我的两个彭老师、少先队辅导员熊老师以及所有的老师对我的教育和培养，你们对我倾注了太多的心血和汗水；还要感谢我的好朋友，张燕丽、王雅丽、肖飞、罗亚利……给我诚恳的帮助。是你们给了我信心和力量。

“天生我材必有用”。我会向海伦学习，努力学习知识和本领，做个对社会有用的人！请你们一如既往给我关心、支持和帮助。谢谢大家！

姚登峰

1988 年 11 月 18 日

同学们响起雷鸣般的掌声，我第一次在众目睽睽下，用口语表达自己的心声。这次是我的“演讲”启蒙，生日联欢会给了我锻炼的机会。接着音乐老师教大家唱《生日歌》，教室里张张欢快的笑脸学唱着：“祝你生日快乐……”同学们都不约而同地拍手，摇头晃脑地打起拍子，我抑制不住内心的欢愉，高兴极了。

后来在家里爸妈又为我举办了一个生日联欢会。那几天，妈妈下班回来就忙于布置客厅，一面墙上弧形贴着 10 个隶体大字，那是妈妈亲笔用红蜡光纸书写的“姚登峰十岁生日联欢会”。下面摆满鲜花，客厅上空交错拉满了五颜六色的彩条，中间吊了一个灯笼，灯笼上的字“生日快乐”是我自己写了剪的，整个客厅显得格外喜庆和热闹。

爸爸妈妈接来了老师、几个亲朋和我周围的小朋友。桌子上摆着糖果、瓜子、香蕉和苹果。会上我又一次发言了，这次我的胆子更大、信心更足了。妈妈还向各位老师、亲朋和小朋友致了答谢辞，接着爸爸、妈妈就忙着做饭去了。

接下来由妈妈的挚友邝妈来主持。邝妈高兴地拉着我的手，小朋友站在我的周围，我们愉快地手拉手表演《生日歌》，快乐的歌声，幸福的笑声，久久地回响在我心里，回荡在我们屋子里。

邝妈一直拥着我微笑着说：“下面请小朋友介绍，我是如何帮助姚登峰说普通话的？”

“我与姚登峰说话时说的普通话！”“姚登峰说同学的‘同’没说好，我告诉他说好了。”“你那天跟姚登峰说了方言!”“我没有!”“我跟姚登峰说话时慢慢地说。”小朋友你一言、我一语争抢着发言。邝妈表扬了所有的小朋友。妈妈与邝妈的目的达到了——强化小朋友帮助我说普通话的意识。

接下来是小朋友才艺展示。首先由丽娜演唱《快乐的童年》。丽娜是邝妈的女儿，年龄比我稍大一点，是我小时候的玩伴和朋友。妈妈说她的舞姿优美、歌声甜润。遗憾的是我不能欣赏到她美妙的歌喉。这首歌是丽娜五岁时作的曲，邝妈作的词。丽娜从小性格活泼，极具表演天赋，能歌善舞，爱好文学艺术，她的演唱在读大学时和工作后都经常获大奖，现在北京市中关村一所重点高中教书。

紧接着彭老师9岁的女儿露露和妈妈朋友的儿子学飞两个人同时泼墨挥笔，各写了一个条幅“姚登峰生日快乐”。妈妈不时跑来看，夸奖他们写得好！他们五六岁就开始练毛笔字，一个是颜体，一个是柳体，都有功底，刚劲有力！我好羡慕！他们俩都是我小时候的玩伴和朋友。学飞后来到美国留学，露露法学博士毕业，考入国家机关工作。

我表演了儿歌朗诵《我会说话了》，这是妈妈为我写的一首儿歌：

我曾经听不见/我曾经不能言/我要吃我要喝/爸爸妈妈不知道/我就哭我就闹/爸爸妈妈更烦恼/我想说说不出/妈妈流泪爸爸心焦/自从踏上语言康复之道/哪怕艰难险阻山高路遥/妈妈字字句句泣血呼号/辛勤培育谆谆教导/几多汗水几多辛劳/我终于走出了无声世界/大自然太奇妙/我听到泉水叮咚鸟儿叫/我不再是聋哑儿/我会说话了/爸爸——妈妈——你们好——/我会唱歌了/太阳当空照/花儿对我笑……

我的生日联欢会高潮迭起，猜谜语、朗诵诗词竞赛……小朋友兴趣正浓时，妈爸却宣布“开饭啦!”这时才感觉肚子饿。

妈妈亲自烹调了两桌饭菜，犒劳我、我的老师和小朋友，大家举杯向我祝福“生日快乐!”“天天进步!”我的生日联欢会开得热闹、简朴、友谊和上进。

生日这天，我还收到了妈妈、爸爸和叔叔写给我的第一封信和礼物。妈妈的信：

登儿：

你好！转眼间你10岁了，妈妈首先要祝你生日快乐！

回顾你人生旅途走过的10年，妈妈心酸，但也很欣慰。尽管我们遭遇了不幸，吃了很多苦，但你坚强地走过来了。你是一个了不起的孩子！妈妈为你喝彩、为你鼓劲！我的好孩子，妈妈爱你！永远爱你！

10岁是人生的一个里程。你长大了，更应懂得自强自立。海伦、梁晓昆是你的榜样，你一定不会比他们差！而且你即将升入高年级了。努力吧！城西中学等着你！

妈妈送你一套衣服和一个日记本。再说一遍妈妈爱你！我可爱的孩子。

妈妈
1988年11月24日

妈妈对我提出的目标是城西中学，它是市里最好的初中，后来更名为实验中学。妈妈送的一套漂亮衣服和爸爸送给我的一双鞋，都是我期盼已久特别喜欢的款式。爸爸的信只有两句话，那是爸爸的心声——祝福我生日快乐！爸爸爱我！

这是我度过的第一个生日庆典，也是有生以来唯一的生日庆典。平时的生日，只是我们家里几个人或加几个表兄弟、小朋友在家聚一下，从来没有这样隆重。有时收到爸妈的祝福，才知道是自己的生日。

我心里充溢着幸福和快乐！尽管没有大摆宴席，没有收到丰厚的红包，但我收到人世间最真诚的祝福，收到了装满同学、朋友友谊的笔记本、钢笔和书籍。

生日庆祝活动延续着——爸妈带着我骑着自行车郊游。在苍翠的树林里，在开遍鲜花的河滩上，爸妈要我聆听自然界的各种美妙的声音，他们听到鸟儿鸣唱、河水流淌声、蟋蟀的鸣叫声都不停地学给我听，他们的耳朵成了我的耳朵。

经过4年的努力，我终于赶走了声音的黑暗，迎来了有声世界的光明。在健听人中间，我被友谊包围着，心灵盛满爱的阳光。过去的困难和挫折、恶作剧和歧视统统都被赶跑了。我能在普通学校和健听的孩子一块读书，我有好多同龄健听的同学和朋友，一块学习，一块玩耍。我能用嘴巴把自己心里的话说给别人听，我能在很多人面前“讲话”了，我不比别人差！在爱的阳光雨露滋润下，我的心灵更加舒展。

挑战“作文”

实验班的教材安排得非常科学，它的教学思路与妈妈对我听说读写同步训练的方法相吻合，与妈妈的训练方式也完全一致。即一边说、一边写，或先说后写、先写后说。学校的教学实际上是继续了我的语言康复训练。

上小学前后我的日记一般只写三五句话，一年级下学期能写 50 字左右，二年级，妈妈说每篇日记要求达到 100 字以上，而且不准有重复的话，对遣词造句的准确性有了要求。

通过一段时间训练，我对熟悉的题目，知道的领域，身边所见所闻，看图说话写得还算通顺、流畅，表情达意也基本准确。一年级下学期，老师讲解如何作文，我没怎么听明白。老师布置的作文题，“记一次劳动”（写一个片段）。我在妈妈的指导下，记述“洗衣服”，老师鼓励我，给我打了一个“优”。

今天洗完澡，我要自己洗衣服。

我拿来一个面盆，放了一把洗衣粉，接了半盆凉水。我用手搅拌，待洗衣粉溶化后，把脏衣服放进去浸湿。

浸泡了 5 分钟，我用两只手使劲搓，先搓衣领、袖口，再搓正身，然后绞干。洗了上衣，再洗裤子，同样的方法洗完所有脏衣服。我来到卫生间水池边清洗衣服。清洗了 3 遍，直到水是清的，把衣服绞干。

来到阳台上，一件一件用衣架挂起来，最后用撑高顶到铁丝上晾晒。

搅拌、溶化、浸湿、绞干，是新学习的词汇。妈妈一边示范动作、教我发音，一边用小黑板写给我看。妈妈教我按顺序记录洗衣服的过程。

一次班会，老师问同学：“你长大后想做什么？”看同学们争先恐后抢着发言，我也想说，但又担心说不好，经过激烈的思想斗争，我迟疑地第一次举起我的右手，老师满脸微笑点我发言，在同学们的掌声中，我勇敢地站起来，声音却因紧张而颤抖、结结巴巴说出我的心愿——想当科学家。

回家后我把它写在日记中，又加上我在课堂上没有说完的话，妈妈给我改了错别字和标点符号。

1988 年 8 月 7 日　星期日　我的理想

我有很多理想。我想像爱因斯坦、居里夫人当科学家；我想当老师，告诉听不到的孩子说话；我想像卓亚舒拉那样当英熊（雄）；我还想当解放军占（战）士，端起冲锋枪打丈（仗）。妈妈说只能当（选择）一样。那我要当科学家，到太空叹所（探索）宇宙的懊米（奥秘），看星球上各种各样的人。地球上的人太多了！我想造宇宙飞船，和我的爸妈、我的老师、我们班同学，还戴（带）上与我一样听不到的小朋友一块儿成（乘）上宇宙飞船，去其他的星球上玩、学习和生活。

妈妈要求尽量查字典写汉字，但同音字很多，不能确定哪个字，就凭自己的理解写一个字。

熟悉的题材，我还能得心应手；对于不熟悉的题目，搜肠刮肚也写不出来。有一次老师布置写看了一场电影有感，名字我记不清了。我听不到电影中人物对话，电影内容都没看明白，如何写感想呢？冥思苦想无处下笔，只好找妈妈求救。

妈妈带我到书店，想买这部电影的小人书或介绍却没有找到。于是妈妈要我写别的题目，我说老师会批评的。妈妈说老师目的是提高你们的写作能力，写类似的题目没关系。

她给我找来《完璧归赵》《神奇的板栗》几本书和写读后感的参考资料。可是文章是人家写的，我提起笔来依然茫然无处下笔。妈妈要我先了解故事内容，然后告诉我怎么开头，重点写什么，如何结尾。

我问妈妈有没有捷径可走？妈妈明确告诉我：没有捷径。唯一的办法就是多读、多背、多写、多练。我按妈妈说的扩大阅读量，增加知识的积累，而且把好的句子、重点章节背下来。妈妈说要写好作文，首先要学会观察和想象。科学是从想象开始的，如果人们不幻想能像鸟一样飞，像鱼一样游，哪来今日的飞机、潜艇？写文章也一样，发挥想象力，让思想插上飞翔的翅膀，就能上下求索，神游八荒，获得丰富的写作材料。

妈妈要我尝试五种立意法：以事赞人，直抒胸臆，借物喻理，触景生情，托物言志。每当写出优美、通畅的句子或有好的思路，妈妈给我打上红线，并欣赏地作为语训教材或范文来宣读。妈妈热情洋溢地大声朗读，还要我自己大声朗读、背诵。在我的行为记录表中，给我记下一个五角星，这样大大地激发了我的写作热情。

下面这篇读后感是10岁时写的，尽管写得一般，但我知道怎样写读后感，先要大致叙述故事梗概、然后写自己受到什么启发教育。老师为了鼓励我，被作为优秀范文在全班朗读。

《足智多谋的三兄弟》读后感

贫苦的老汉有3个儿子。老汉临终前对儿子说："世上最珍贵的财富是智慧。要博学多览，遇事多思考。只要有智慧就可以挣得钱财，而没有闪光的智慧，只能空活百年。"

三兄弟按照父亲的叮嘱，遇事勤于观察思考，博学多才，练就了超人的分析判断能力。因为一次骆驼丢失的事，他们有先知先觉的本领，反而被怀疑是贼，送到了法庭。

在法庭上，国王要亲自验证他们是否先知先觉，就抬来一个箱子，要他们说出箱子里是什么？他们本来没看到箱子里装的什么，却能根据季节、抬箱人的姿态，推断里面装的是没有成熟的圆石榴。国王目睹了三兄弟的判断能力，给他们赏金，并受到重用，他们成了富人。

我说三兄弟是超人。妈妈说超人是这样炼成的——爱学习、细观察、勤思考。妈妈要我记住这9个字。

小学三年级下学期，我的日记内容开始丰富起来。

1989年5月14日　星期日　我的同桌

我的同桌李岭峰喜欢开玩笑，搞恶作剧！今天课间休息，趁前面的王丽不注意，李岭峰使劲地打了她一下。王丽回过头来不依不饶，他却说是姚登峰。真气人！明明是他打了别人，却冤枉我。我说不是我，王丽却不相信。我感到委屈，生气地对李岭峰说："你为什么要冤枉我？"老师帮助调解，他才承认是他打的。

我回来讲给妈妈听，妈妈却批评了我。妈妈说："别人开玩笑，何必当真呢！就是受了点委屈，也不应该生气。要多想想人家李岭峰对你的好！李岭峰不是经常告诉你老师布置的作业吗?”

妈妈还给我讲了“宰相肚里能撑船”的故事，说什么人生的路上会有很多委屈。妈妈还告诉我宰相是古时候的大官。大官的肚子有那么大吗?我知道了这是夸张的比喻。

妈妈在对我作文的选材、构思、语言组织和逻辑等方面进行培养的同时，注意对我宽容品格的培养，因为那时候我喜欢较真，一就是一，二就是二，个性特别实在、认真。妈妈引导我调侃、幽默，让我学会开玩笑，活得轻松愉快一些。

通过反复演练，按先后顺序或倒叙来记述事情，从左到右、从右到左或前后、后前以及以一个中心展开来描写情景，练习一段时间，感觉手中的笔开始听使唤了。

我对姥姥家和后面的汉北河有一种特别的感情，我和妈妈经常去看望姥爷和姥姥，并到那里去玩。在玩的时候，妈妈教我注意观察和描述，那里便成为我练习写作取之不尽的题材。

喜欢去“农村”

我的姥爷、姥姥家住在汉北河东岸。地处城关西郊，我把那里称为“农村”。

我很喜欢去那里玩，姥姥、姥爷会做很多我喜欢吃的菜，让我想起来都要流口水。

几乎每个星期天，我都跟妈妈吵着要到“农村”去。如果妈妈说这个星期天要接待客人，我就会对妈妈说：“是客人重要，还是姥爷姥姥重要?姥爷姥姥已经风烛残年，看一次，少一次!”

姥姥家周围住的大多是农民，还种了很多菜地。每当走到村头，不管碰到认识的或不认识的阿姨、伯伯，我都要向他们问好，他们也会热情地和我打招呼，当我刚刚走到姥姥家，他们几乎同时为我端来甜甜的红薯、玉米，或送来香喷喷的米粑、蒸菜等，然后聚集在姥爷、姥姥家拉家常。

妈妈说这里的村民很淳朴、热情。

有来无往非礼也

每次我和妈妈到姥姥家的路上，都要停下来给姥姥和邻居买礼物。妈妈说这叫“有来无往非礼也！”

上个星期天买了蒸糕，今天买了很多橘子和马蹄，给姥姥邻居和村民吃。我说买那么多放在哪里？妈妈说放在自行车后架上，我说那是我的“专座”。妈妈说今天不骑车了，我们就走过去。

我跟着妈妈走，想帮助妈妈推车，结果发现好沉！我撑不住龙头，差一点把自行车弄倒，还是老老实实跟着妈妈走了两公里路。

到姥姥家，姥姥问我累不累？我说不累。

我时常羡慕那些表述能力强的同学，我为什么写不出优美的文章？所以拼命向别人学习，写不出来翻资料，学别人的写作技巧，冥思苦想。经过艰苦的练习，小学五年级时，我的表述能力有了较大的进步，学会了借鉴和“抄袭”。

采地米花

今天是三月三日，我和妈妈到郊外采地米花。

在广阔的原野，遍地戴着小白帽的地米花，熙熙攘攘、热热闹闹、生机盎然地开着。鲜嫩鲜嫩的、水灵水灵的，微风吹过，遍地欢腾。

我们一边采，一边唱着自编的儿歌：“三月三，好风光，地米花，遍地开放，飘呀飘香。我和妈妈，采呀采，采满一篮，回家煮鸡蛋。”

妈妈骑着自行车，载着我和满满一篮子地米花菜回家。我们留下很少的一部分，剩余的分给了邻居奶奶和阿姨家。

三月三，我们这栋楼楼上楼下，飘溢着地米花香。

妈妈说，每年三月三用地米花菜煮鸡蛋，鸡蛋又香又嫩，吃了地米花鸡蛋后，眼睛像露珠一样明亮，大脑像盎然开着的地米花富有生机、灵敏，而且一年到头，不会犯头疼。

美丽的汉北河

我的姥姥家后面是一条汉北河。

汉北河的水清澈透明，仿佛一条淡绿色的玉带。每年夏天，我和爸爸、妈妈吃过晚饭，就来到汉北河游泳、嬉水，所以我特别盼望夏天到来。

河水两侧是滩田，农民种了麦子和油菜。这里的春天真美丽！在明媚的阳光照耀下，大片青青的麦苗儿像一块又宽又大的绿色地毯，黄色的菜花发出金灿灿的光芒。堤岸上一簇簇鲜花竞相开放，像一张张天真烂漫的笑脸；含苞欲放的，像一个个害羞的姑娘，显得格外迷人。微风吹来，一阵阵菜花和麦苗的清香扑鼻而来。

对鲜花有两句描写，我是看了《小学生优秀作文》上的一篇文章，并把它背下来，写的时候自然用上了，不能算“创作”。但我总算不再害怕写作文，表述能力逐渐赶上了同龄孩子。

魔鬼开了一个玩笑

越过了进入普通小学后的一个个难关，我的成绩随着年级上升而上升。只要继续努力，升初中、读高中应该没有什么问题了，妈妈、爸爸心中的巨石落地。妈妈对我没有太高的要求，我不必像其他小朋友星期天去赶什么奥赛班、补习班、特长美术班……学习没有太大的压力，我们全家度过了一段平静、幸福而又快乐的日子。

我有一个同学叫金箔，家住郊区。这天他上学时带来一个盒子，然后叫上我和几个同学，神秘地打开盒子，啊！我看到几片嫩绿的桑叶上面躺着几只小虫。金箔告诉我这是蚕宝宝。

我读过“春蚕到死丝方尽”的诗句，欣赏春蚕牺牲自己为人类作贡献的品格。又在书上学过有关蚕的介绍，看到金箔喂蚕，也激起我的好奇心。我好想看到卵如何长成虫，从幼虫怎样到成虫，再到蛹结茧，最后化蝶，这是一个多么奇妙的过程。金箔看透我的心思，要连同盒子一块送给我。

我推辞了，妈妈常说“君子不夺人之所好”。我要他再来学校时给我带几粒蚕卵和几片桑叶。第二天我把一个崭新的纸盒带到学校，金箔没有食言，我把桑叶和蚕卵装到盒子里，带回家精心喂养。

看着蚕卵孵化成十几条小虫，一个盒子容不下了，我把它们分成了两个盒子。喂给它们的几片桑叶一下子被它们吞食掉，我仿佛听到了它们吃桑叶的沙沙声。眼看小虫一天天长大，我心里也美滋滋的，期待蚕姑娘结出白色的蚕茧。

这时蚕宝宝饭量增大，需要每两天跟金箔一块到他家附近去摘桑叶。每次去摘桑叶，也是我们几个淘气男孩玩耍的快乐时光，爬树、捣鸟窝、吃桑枣……开始看见金箔他们从树上摘下桑枣就往嘴里放，我还说他们不讲卫生。后来经不住诱惑，也和他们一样。桑枣酸甜酸甜的，深红色的枣汁把我们几个的嘴巴涂抹成了“猪八戒”。“疯”不是女孩的专利，男孩疯起来更不得了。逗、闹、滚、爬、打仗，总有人“挂彩”。但我们不会哭，而且谁也不知道，这是我们几个男孩子会心的秘密。

这一天，树下面的桑叶全摘完了，要爬到树上去摘。金箔熟练地爬到树顶，我也学着他的样子，攀爬时，一不小心脚蹬断了一根树枝，我一声“不好！”整个人倒着从几米高的树上掉下来了。金箔听到叫声回头时，我已趴在地上不能动弹，幸好是松软的泥土。他们把我扶起来坐了一会儿，我自己可以勉强走路，只是头蒙蒙的。

金箔送我回家时，爸妈都不在家，我就蒙着头睡觉。晚上头疼、呕吐起来，妈妈不知道我怎么病了，要去看医生。

我告诉妈妈白天发生的事情，妈妈听说是从树上摔下来引起的呕吐，吓得要命，生怕我是脑震荡，忧心焦虑地连夜把我送往医院治疗。爸妈惊恐万分地守护着我，不知我的生命之舟划向何方？三天三夜没曾合眼。如果我残疾的生命再留下什么后遗症，他们哪有活下去的勇气啊！每次睁开眼都看见妈妈、爸爸含着泪水围在我身边。

输液后我倒睡得安稳，做了一个奇怪的梦。我见到了披着一身白色长袍的白胡子上帝，我问他声音是什么样子？他说念你在人间表现不错，给你一天时间，让你听到声音。然后，我似乎感觉到从耳朵里面冲出来一股热气，耳朵被胀得好痛。痛过后，声音驾着天使的翅膀，飞到了我眼前。啊！我听到了妈妈优美的歌声、徐徐风声、小鸟鸣叫声……它们和我戴上助听器所听到的低沉的、模糊的声音不同，是那样优雅、脆亮、清晰、美妙，我央求声音的翅膀留下时，它却消失了。我追赶着，却找不到它的踪影。我哭醒了，耳朵还在痛，泪水打湿了枕头。我好希望回到梦中，只有在梦中才让我知道了声音的样子。

观察了两天，暂时排除脑震荡。此时妈妈已经憔悴不堪，爸爸一下子增添了好多白发。

更可怕的事情还在后头。病情稳定后，妈妈要我戴上助听器与我说话。这时我佩戴的是一台厦门产的775PP耳背式助听器。戴上助听器后，我仍然听不到一点声音，只看见妈妈、爸爸的嘴巴一动一动的。这是为什么？为什么？

爸妈明白：我的听力出问题了！我们家又降临了一场灾难！在人民医院住院四天后，我们就办理了出院手续。回到家，爸爸做了饭菜，还有我最爱吃的汽水肉，全家人却一点胃口都没有。妈妈简单清点了换洗衣物，和爸爸分别向单位请了假，然后一家三口乘上了开往武汉的汽车，直奔湖北省聋儿康复中心。在我的记忆中，这是我们第一次全家“出动”。

这里的工作人员热情地接待了我们。我痛苦万分不想说话，妈妈没有勉强我，她代替我详细地介绍了我发病的原因及病情，医生给我认真地做了检查，在听力图上，我的一点点听的缝隙，都被魔鬼拿走了！

省聋儿康复中心破例安排我们住在这里。白天爸妈带着我跑医院、做检查，晚上回到康复中心休息。不知怎么搞的，来的时候天气好好的，一夜之间天气骤变，下起瓢泼大雨，或许是老天爷也为我们流下了悲怜的泪水！

爸妈把所有的衣服给我穿上，他们忍受着寒冷、冒着风雨带着我跑遍了省城几家大医院：协和、同济、湖北省人民医院。医生只是开了一点营养神经的药片。是什么原因造成？有没有病变？能否治疗？当时的医疗水平，谁也不能告诉我们。

我今后还能在普通学校读书吗？我如何听老师讲课呢？这些天我一直在想这个问题。半夜醒来，几次看到妈妈偷偷地掉眼泪，我好后悔！我带给爸妈多少痛苦和悲伤？我为什么要去爬树？为什么不小心？

痛苦的眼泪止不住流淌，想到记事后遭受的磨难，想到给妈妈、爸爸增添的麻烦，又想到我敬爱的老师和亲爱的同学们，他们一定在操场上嬉闹，在明亮的教室里上课，而我却无休止地往返于医院，我好希望回到他们中间！

我痛恨魔鬼拿走了我的听力，我的同学都是健全人，我已经够惨了，为什么还不肯放过我？

无论妈妈怎样劝说，我的泪水还是像断了线的珍珠一样掉下来。谁说“男儿有泪不轻弹”？只是没到伤心处啊！这是我遭遇耳聋后第一次感到刀子刺心般的痛苦。1岁多遭遇不幸，那个时候处于懵懂状态，爸爸、妈妈在哭，或许我还在笑呢！

我敬爱的妈妈、爸爸在为我忧心焦虑治疗时，却要强装笑颜用尽心思开导我。“登儿，只要我们配合医生治疗，会逐渐好起来的！”妈妈、爸爸又买来一堆我喜欢的图书以示安慰。他们希望我在任何时候，勇于面对一切困难，快快乐乐地生活。

为了逗我开心，我们在住的小屋玩扑克数字游戏。妈妈说随意抽取四张扑克牌，采用加减乘除自由运用列出算式，数字不能重复，得数要是24。可能是爸妈让着我，我总是最先有解。

首先取扑克A、2、4、7，我略加思索，想出算式：（7+4+A）×2=24。

旗开得胜，我高兴不已。妈妈说胜者可以先抽牌，我又取K、3、9、6，数字飞快在我头脑中组合，又有了解：K+9+6÷3=24。

妈妈说家里出了个天才，他的名字叫——姚登峰。爸爸说别吹了，看我的。他抽取5、3、8、7，我不等爸爸说答案，抢先说出我的解，3×7+（8−5）=24。

这天晚上，我越玩越兴奋，半夜12点都不肯睡觉。我得意自己有一个聪明的大脑，数字游戏不仅训练了我的敏捷思维能力，同时给我增添了无比的信心！

每天回到康复中心，这里立即成为课堂。不管多累，妈妈、爸爸没有丝毫流露出疲惫和哀怨，总是高兴地拿出课本，在一堆稿纸上给我讲解和辅导。不管遇到什么困难，也不管发生什么情况，他们都不会放弃我的语言康复训练和学习。知识使我忘掉了很多忧愁，知识给了我战胜困难的勇气和决心。

我想上学！

治疗20多天后，爸妈见检查没有结果，医生又没有明朗的态度，我又强烈要求，于是决定了回家。

这次生病，使我体验到生命是多么的宝贵和脆弱，更懂得了珍惜我的学习生活，珍惜同学间的友谊。我迫不及待回到学校，老师如同见到自己久别的孩子，亲切地抚摸我的头，满面笑容拉着我的手问长问短。同学们围着我，告诉我课程上到了那里，什么时间考试。他们还不知道我只能从他们的口型来辨识大概意思。

妈妈征求我的意见，需不需要休学？我坚决地回答：“不！坚决不休学！”

哪怕上学成为一种形式，我依然每天很早和同学来到学校，聚精会神地看黑板、看老师的口型、看课本。回到家里除了完成老师布置的作业，还要补习耽搁的近一个月的课程。

我没有因看病耽搁和听力的“雪上加霜”而将课程落下，我通过自学和家长辅导，弄懂了主要知识点。回来1个多月就是期末考试，我的成绩依然保持在上游。

至于我的听力，已经将我和爸妈折腾得精疲力竭了，我们没有精力再和它“斗争”，而是把全部精力投入到学习之中。

发病的那1个月，吃了一点营养神经的药，既然治疗的效果渺茫，以后也不管它了。我们也没有时间和它怄气、悲伤和痛苦。似乎没有“陪玩”的对手，大概两个多月后，魔鬼拿走的那点听的缝隙又还给我了。它与我开了一个大玩笑！

别把“零食”当“主食”

我看到一则报道：治疗孩子厌食的灵丹妙药是饥饿疗法，介绍说如果家长不停地给孩子吃零食，该吃正餐时孩子就肯定不想吃了。那么停止零食，待孩子有了饥饿感，自然能“饥不择食”。我这里说的“零食”指课外辅导、各种补习，“主食”则指学校正常上课。有些家长望子成龙心切，学习中也同样存在不停地“吃零食”的状况，导致孩子依赖“吃零食”，上各种补习班，请家教老师，真正“吃主食”，即上课的时候，却不认真听讲。

在我的求学生涯中，很多人以为，我听力障碍，接收信息欠缺，是不是靠家教、靠课外辅导而读上来的？我想告诉您：不管是生活中，还是学习上，我都没有吃“零食”的习惯。

妈妈一开始就特别注意培养我独立的自学能力和良好的学习习惯。在每个关键的时候跟一段，带一程。一、二年级，妈妈对我的学习还是给予了辅导。放学回来我开始做家庭作业，妈妈就坐在我的身边，给我指导：书写的姿势、格式、题目的意思、答题的基本要求等。那时候我对老师的要求和题目的理解总是不确定。妈妈耐心地给我讲了一些理解题目的技巧和方法。三年级，妈妈对我提出要求：要独立完成作业。

开始不习惯。原来碰到不明白的问题，妈妈总是耐心地一遍又一遍给我讲解。现在碰到不懂的问题，妈妈要我自己看书。如果还看不懂，要我再从前面看。在我反复看书还不明白的时候，才给我提示。但还是不详细地给我讲解，有时提示一下知识点，有时要求我再看课本某一个章节。

我心里委屈极了，很不服气，心想：我耳朵听不明白老师讲课，妈妈怎么能丢手不管我呢？

看到别的同学、邻居的孩子请家教，我很羡慕，心中便有了一个主意，您不管我，就给我请家教吧。

妈妈说："你看见谁家的孩子是因为有家教成绩才好的？反过来看成绩好的孩子有家教吗？最主要的是上课认真听讲！

那是你的主食，主食不吃好，零食补不起来的。毕竟你每天在学校上课的时间长。中午回家吃饭后午休，然后就要上学了。

下午5点放学到九点睡觉只有4个小时，要完成家庭作业，要吃饭、洗澡，还要康复训练，就是全给你学习，补得上学校七八个小时学习的内容吗？如果把一个星期的问题积攒到一个星期天来解决，更是不可能的。"

爸爸在外地，既然妈妈这样说，我没有其他任何依赖。我自己的问题必须自己解决，这样逼迫我上课全神贯注听讲。而且做作业时，遇到不懂的问题，只好去找课本。当我真正用心去看书时，我发现课本比任何老师，甚至比妈妈更耐心，更方便。

课本的知识是循序渐进、环环相扣，连环串通的，如果跳跃式学习或断章取义，势必就有很多不明白的知识点。有时我向老师、妈妈请教难题，因为时间关系，她们也就单纯地讲解这个题目。后来当我再遇到不明白的地方，我按妈妈要求，反复看课本，逆向看了再顺看。这时我才明白是因为有"断层"或"遗漏点"——前面某一个知识点我没掌握。只有把知识融会贯通理解后，一切问题才能迎刃而解。

当我凭着自己的力量，攻克了一个个难题后，也就不再害怕困难了。每当遇到"拦路虎"，想想前面学过的知识点，想想这道题哪些是与前面所学知识的相同点，哪些是变通的新知识，思想便豁然开朗。

我逐渐习惯了独立完成作业，这时，妈妈又提出了更高的要求："要把作业当考试，把考试当作业。"

把作业当考试，就是做作业时，不准我看书，而且给我规定时间。那么每次作业前必须要弄懂当天学习的内容，如果有遗漏的知识点，或没有听懂老师的讲课，就只能先认真看书，直至全部搞懂了，再开始做作业。这样逼着我必须消化当天的学习内容。做作业前，先复习功课，脑子里把白天学习的内容过一遍电影，然后一鼓作气做完作业。

在妈妈的引导下，我做作业的时间缩短了，学习效果大大地提高了，留下了预习和语言康复的时间。我的学习始终走在老师前面，掌握了学习的主动权。

后来随着年龄的增长、年级的升高，我的理解能力、记忆能力也随之而增强，老师讲课内容我能够融会贯通地理解。尤其是老师板书的内容，我可以做到过目不忘，连同板书的字体、形式以及知识点都牢牢地输入到我的大脑。

在我的整个求学生涯中，偶尔也吃过“零食”。小学阶段妈妈为我的作文，爸爸为我的数学应用题，在一段时间内给我做过补习。升入初中黄叔叔给我做过补习，还因为我的数学成绩优秀而受到郑银柱老师特别青睐，开过几次小灶。但毕竟一个班 70 多人，老师的精力哪里顾得过来？高中阶段为英语和物理妈妈曾给我请过老师补习，一对一上课效果肯定好，但由于种种原因，老师顾及不过来，大概也就在十天半个月，极其短暂的时间，不可能起到决定性作用。

读大学和考研更不用说了。大学阶段的学习，与初中、高中不同，没有老师督管，全凭自己安排和自学。同学们在开始摸索和适应，而我则得益于妈妈从小培养的自我管理和自学能力，如鱼得水一般。

我没有“吃零食”的习惯，还有一个原因，可能是“因祸得福”，家长对我的期望值不是那么高。我进入了普通小学，妈妈的脸上时常挂满笑容。她对我的要求，从来不讲分数，也不问我在班上多少名，只看我是否弄懂了每个知识点，看我是否尽到了努力。如果尽到努力，哪怕最后一名也会给我奖励和肯定；如果没有尽到努力，考试第一名也要给予提醒。与别人不一样，妈妈重视过程，不那么看重结果；重视学习能力的培养，不那么看重成绩。

后来她对我说，由于我的听觉语言康复迟，没指望我能成大器。一个有听障的孩子，上小学后口语表达能力和发音的清晰度，与正常孩子还有距离。能在普通学校读下去就心满意足了。

感谢妈妈理解我，使我在小学阶段的学习没有太大的压力，处于与同学、老师磨合适应和各种能力习惯的形成和发展期。小学阶段我的成绩总体只能算上中等，妈妈已经很欣慰了，说明我能跟上学习。妈妈的重点则放在对自学能力、珍惜学习时间等良好学习习惯的培养上。

上面介绍我的求学之路，并不一定适合别人。有很多朋友和家长来电、来信咨询，听障孩子究竟是上聋校好？还是上普校好？健听孩子家长问要不要在家请家教或参加补习班？这个问题确实要根据各人情况而因人制宜。但如果目标是康复后回归社会的，就应该在普通学校磨炼和融合，这是唯一的康复之路。

学习与陌生人交流

随着语言的康复，我可以用普通话与我生活圈子里的人自如交流，但我没有胆量离开这个圈子，走入社会。下面这篇文章记述了我独自一个人第一次与陌生人交流的情景及心态。是在大学时写的，发表在2003 年第11期《中国残疾人》杂志上。

“你是北京来的孩子吗？”

我是极重度耳聋。小时候在家长的语言康复训练下，历经千辛万苦才学会了说话交流。虽然在家里、在普通学校，我和父母、亲友、老师、同学间语言交流，没有感到有什么不便，但走出家门和校门，却因只能听说普通话而难以与别人口语交流，一直到八岁都没有勇气独立地走向社会。

那时妈妈常带我到商店去买东西，她的目的是想让我参与买东西全过程的实践。有一次她在路上特意跟我交代了“任务”，到商店后我仔细观察了妈妈买东西的整个过程，但她和营业员说话，我就是听不懂。

妈妈告诉我，她和那个营业员讲的是方言，而平时和我说的是普通话。她还告诉了一些以后我才明白的事情：为了方便查字典，使我能便捷地从书本上学习语言，也为了提高学习语言的效率，她只教给我普通话。

为了给我创造一个良好的语言环境，家长不知想了多少办法，而且周围的亲朋好友都是那么配合。我深深地感念我善良的至爱亲朋！在家乡盛行方言土语的环境中，要蹩普通话，是件很吃力的事情，可见他们对我的深情厚爱！

那几天，妈妈正好在教我贺知章的一首诗，“少小离家老大回，乡音无改鬓毛衰。”我问妈妈：“什么叫乡音?”妈妈告诉我乡音就是一个地方的人都说一个地方的话。这句诗的意思就是，哪怕以后移居在外，仍然不改家乡话，或者他尽管说的是移居地的方言或普通话，却总带着自己家乡话的尾音，而且终生难以改变。此时我突然想到自己是个没有乡音的“异类”，我生长在家乡，却听不懂家乡话，我很失落，自己的语言没有故乡。

8 岁的一天，我的日记本用完了，我要妈妈陪我去买本子。妈妈指着一个小男孩告诉我：“他叫飞飞，只有 3 岁，刚一个人去买了一包盐。你是哥哥，难道还没有胆量，一个人去商店买个本子吗?”

“别人听不懂我的话，我听不懂别人的话怎么办?”我问妈妈。

“你说得很清楚，我相信别人能听懂!”妈妈鼓励我说。

她给我 1 元钱，我犹豫半天不接。

“登儿是个勇敢的男子汉！不能长久地要妈妈陪伴。如果口语交流有困难，可以用笔写啊!”妈妈蹲在我跟前，竖起大拇指笑着对我说。接着她教了我几句方言以及与普通话的发音区别，又告诉我如何买本子，要我在家里演练了一番。

当时妈妈的想法是，我迟早要走向社会，迟放手不如早放手。这也是她对我实施语言康复训练的一个重要内容。

“我不会说天门话!”我倔强地说。我又想起上学后第一次发言，引起哄笑的尴尬场面。尽管那时还有老师“帮忙”，批评了那几个不说普通话还笑我的同学。

“没关系，你依然说普通话。只要能听懂别人说的方言就行。”她鼓励我去试一试。

我勉强接过妈妈给的一元钱，装进裤兜里。妈妈又爱抚地摸摸我的脑袋，拉拉我的手，并跟我做了一个我们惯用的加油动作。我很不情愿地跟妈妈说了声“再见”，胆怯地迈出独立走向社会的第一步。

走到楼下，我回望依然站在阳台上的妈妈，她又向我挥挥手，目光里充盈着慈爱和鼓励。我也向妈妈挥挥手，心里想：“怕什么？如果你连普通话都不会说，有什么资格看不起我!”当我扬起手的时候，发现自己因紧张，寒冷的天气手心却出了汗，心在咚咚跳。我又攥紧拳头为自己鼓劲，然后一步一步来到商店。

“我要买个日记本！”我递给阿姨1元钱，声音有些颤抖地说。

营业员是个年轻的姑娘。她拿出几个式样的日记本供我选择，并笑容可掬地问我：“小朋友，你买哪一种？”

阿姨的笑容，打消了些许紧张情绪。我盯着阿姨的口型，她说的普通话，我“听”到了！“听”到了！心里高兴得不得了。

“我要这个本子。多少钱？”这时我已没有了刚才的胆怯，大声问阿姨。

“8毛5。”阿姨说。在我接过本子和零钱时，阿姨又亲切地问我：“你是北京来的孩子吗？”

我本来想回答“不是”，嘴里却说出“是”！便蹦蹦跳跳地跑了。

跑到我家楼下，我高兴地叫喊起来：“妈妈，我买到了！”

妈妈闻声到大门口迎接“凯旋”的我，她把我抱起来亲吻、欢呼……

我急忙挣脱下来，兴奋地问妈妈：“为什么阿姨问我‘你是从北京来的孩子吗？’”

“你说的普通话吧！”

“北京人都说普通话吗？”我得到了肯定的回答。

啊！北京！北京是我心中的一块美丽的圣地！我想起五岁时妈妈带我到北京治耳朵。当走出火车站，第一次看到那样宽阔的马路、川流不息的车辆、高高耸立的楼房以及后来游览的天安门、故宫、颐和园……妈妈每天都给我写下“北京”二字。尽管那时我还不会说，但我知道这两个字就是这座宏伟城市的名字，我感到万分惊奇、激动。后来我学会了“北京”的发音，如同学会叫妈妈一样亲切。再后来我还知道了她是我们国家的首都，是祖国政治、经济、文化的中心，每当在电视中看到五星红旗在天安门广场升起来的时候，心中都会升腾起无比的热爱和崇敬。

“太好了！我说的话居然和北京人说的一样！”我兴奋了好长时间。

我为此感到骄傲和自豪！“谁说我的语言没有故乡？”在我幼小的心灵里便固执地认为，北京就是我的故乡！从此，我心中就有了一个梦——我要到北京去学习生活，它成为我的向往和追求，成为我的信心和力量。

“你是北京来的孩子吗？”或许只是阿姨好奇地询问，但这句话对我人生的影响和鼓励是巨大的。

因这句话，幼年的我更加心切地跟着妈妈矫正自己的语音，希望做个能说一口标准普通话的北京孩子；因这句话，我有胆量经常一个人到商店去买东西、到银行、上邮局；因这句话，我大胆地和熟人、生人进行口语或电话交流，我还用英语在网上与各国的网友聊天、交谈；因这句话，我勇敢地走上讲台发言、演讲、甚至唱歌；因这句话，我一个人到省城帮助亲朋购置电脑，一个人和别人砍价；还是因这句话，我在寒暑假大胆地参与社会实践，当夏令营辅导员、到电脑公司帮助装配销售电脑、回答顾客咨询。总之是这句话，使我信心百倍，一步一步走向普通重点中学、大学，走向社会，成为一名优秀的共产党员，活出了一个精彩的人生！

第十章　重点中学的磨炼与融合

走进重点中学课堂/迎接激烈的竞争和挑战/穿越层层障碍/闯过道道难关/攀登在一座座书山/披荆斩棘奋力向上/感谢良师和益友/求知路上有你引导和相伴/友谊与生命一道成长/走过迷惘走过忧伤/失聪儿将青春之歌唱响/度过了自信而又快乐的时光

快班的挑战

我考入了市重点初中——城西中学。

市里确定在城西中学创办重点初中议论已久，但真正实施是第一年。尽管没有考入重点高中指标的参数，但家长们非常看好这所学校，因为这里集中了市里优秀的教育资源，首先是调集了大批优秀老师，还有优美的环境和新建的教学大楼。

城西中学录取办法，一是取全城初考成绩优秀的，二是降低分数线 10 分左右，录取家在学校附近的。非常幸运，如果按分数，我刚好过了学校录取线；如果按住址，我家正好划归这所中学。

尽管是属于 9 年义务教育，但也将由初考分数来决定享受教育资源的优劣，使我第一次体验到竞争的激烈。我的两个要好的同学，因为分数差一点，为上城西中学而费了好大的周折。

能考上的或住址划归这所中学的学生和家长喜不自禁，而分数不够的或片外的学生，为了能上城西中学，家长们各显神通，都纷纷往这里挤。学校爆满了，一个班六七十人，桌子都放不下了。

学校分了快班和慢班。妈妈觉得快班压力太大，我的听力不适应快节奏学习，没有去找谁，我被安排在慢班学习。心里尽管有些不快，但我还不知道快班和慢班的差别在哪里。

一进入初中，我就领教了与小学完全不同的学习压力。一是新开了英语课程，二是时间特别紧凑，全天作息时间安排得满满当当的。冬天早上6点半早自习，我每天早上5点半钟起床，这个与我原来时间没有变。原来起床后做康复训练，现在起床后赶紧刷牙、洗脸、吃早餐，骑自行车上学。如果动作稍慢一点还可能迟到。小学阶段晚上9点可休息，而初中要上晚自习，一直到晚上8点半后才能回家。

大家你追我赶比着学，有些同学为显示自己聪明，白天当着同学玩，晚上拼命熬夜。更何况我的特殊情况，听力上的障碍，使我听课的效率比不上别人，我眼睛摄取的信息毕竟有很多遗漏点，必须通过自学课本和辅助资料来整合白天所学的内容，然后写作业、完成大量的练习试卷，预习明天的课程，再洗澡。所以时间抓得再紧，每天晚上都要到11点钟睡觉。

妈妈不得不每天督促我，要求提高学习效率，不准磨磨蹭蹭。并作了硬性规定不允许我超过10点睡觉，有时还武断地强行关灯。

我与妈妈争辩，说好多同学跟我说，他们通常要到12点多钟才睡觉哩！妈妈说别人我管不着，但是你晚上熬夜，白天大脑必然昏昏沉沉，听课效果肯定不好，与其打疲劳战，不如养精蓄锐，提高学习效果。

这里的老百姓说：这个城市最苦的是两类人，一是清洁工，二是学生。每天天不亮，清洁工和学生自行车队伍便奔走于小城的大街小巷。

说学生苦，其实家长比我们更苦。每天妈妈先我起床，为我准备早餐，欢送我出门；晚上等着我回家，待我睡觉后，妈妈才休息。为了给我营造一个良好的学习氛围，爸妈在麻将声包围的环境中从不打麻将，多年来只在节假日偶尔看电视节目，平时看完新闻节目就关机。我们家3个人都有自己的学习天地，常常是我在学习，他们各自捧着一本书。

开学一个多月后，一天放学回家的路上，我碰到了小学同学小飞，他在快班学习。他眉飞色舞地向我讲述起他的学习，并自豪地夸奖他的老师和同学，而且特意告诉我，昨天他们班转走两个，转来一个，听说现在学生还在调整之中。

与小飞谈话后，我的心弦被拨动了。小飞的成绩和我差不多，他在快班读，我也要到快班读！我和妈妈谈了自己的想法，希望她能帮助我。我要求给自己加压力，妈妈高兴都来不及，当然是全力支持。经妈妈朋友的努力，我如愿以偿地来到了小飞所在的快班。

没想到来到快班就给了我一个“下马威”。我原来所在慢班的学习进度已掉在这个班后面，而且对于知识层次掌握的要求不一样。慢班只要求掌握一些基础知识，快班则要求在融会贯通地掌握基础知识的基础上运用这些公式原理来解答一些高难度的题型。加上一开始我不熟悉老师的口型，听不清老师讲课的内容，面对的又是一些“神童”和“天才”，他们有超群的记忆力和非凡的理解能力，什么定理、公式一下子就融入他们的大脑，当老师在讲台上讲解，我还丈二和尚摸不着头脑时，他们似乎能代替老师讲课了。

而且快班就是不一样！三天一小考，五天一大考，每个月还有月考。各类试卷题海仿佛要把我淹没，应接不暇的各种考试搞得我晕头转向。那些“天才”更让我自愧不如。比如数学考试时间为两小时，赵丹却只用了半个小时就完成了并能获得满分，此君考上中国科技大学后去了美国。还有各科成绩全优，总分在全年级都是第一名的严威同学，思维敏捷，做题又快又准，后来考入清华大学。

一来就是月考，在精英荟萃的这个班上我排在了下游。这是从没有过的状况。我难受极了，开始有些后悔，干吗要自讨苦吃？聋孩子就是聋孩子！人家健听孩子眼观六路，耳听八方，我算什么？连老师的讲课都听不清！问同桌的女孩吧，有时她在专注地听老师讲课，有时她要赶急赶忙地完成自己的作业，哪有闲工夫告诉我呀？就是她有时间，老师讲了那么多内容，她能一点一滴地重复给我听吗？

有时候我问身边人“老师刚才说什么？”人家爱理不理，极大地挫伤了我的自尊心；这时还有几束来自于教室右角如睹怪物似的目光，刺射得我心痛不已；还有人讽刺挖苦，说我耳朵听不见，还想读快班，真是自不量力！这些都如同一把把利刃刺入我的心口，让我疼痛万分。少年也知愁滋味，现实的残酷勾起我对往事的回忆，这些年走过的路、吃过的苦又清晰浮现在我眼前。委屈、哀怨一齐涌上心头。

上苍为什么让我耳聋？在有声世界里，我仿佛是一只孤独的离群大雁，同在蓝天下，阳光却属于同学们，声音的光明也只属于同学们。自然界的各种美妙的声音都与我的生命无缘，我听不清小鸟的鸣唱、听不清同学之间的高谈阔论声、听不清老师讲课、听不见英语老师的发音、听不清收音机清脆悦耳的播音……我懊恼、痛苦，过去看到腿脚行动不便的残疾同学非常同情，此时却羡慕起他们能听得到老师讲课。

下晚自习回到家中，我向妈妈哭诉了学校发生的一切事情以及我的苦恼。妈妈一只手握着我的手，另一只手在我手背上轻轻地抚摩着，安慰我说："非常理解你的心情。不过刚入小学时，你也是不太适应。只要能忍耐和坚持，一定会很快适应初中的学习。第一次月考不理想不能说明问题，况且是两个班的进度不一致。再说歧视怕什么？你不是想当强者吗？弱者在歧视中倒下，强者却能激发出心底最坚强的力量，相信你一定能战胜困难!"

妈妈含着泪水亲切地抚摸我的头说，想哭就哭个够吧！在我悲观苦恼时，妈妈静静地等待，不加责备，用清澈如小溪的眸子坚定地望着我，用深深的母爱抚慰我内心的伤痛，用如同丝丝春雨般的语言滋润我，用课外书籍榜样的力量引导我，用名人英雄的事迹感化我。

我在妈妈的怀里让迷惘、失败、悲伤、痛苦的泪水尽情流淌，我用泪水濯洗着伤口、用泪水冲击着困隘、用泪水涤平委屈，用泪水黏合挫痕，同时泪水流淌出我的坚毅和勇敢。我终于战胜了自卑，又重新回到了现实，不再咀嚼泪水的滋味，不再把黑暗当自己的天空。我想谁没有遇到困难，只是听障孩子比别人多一些困难罢了。正如妈妈说的，我说话不清晰、上小学后我听不清老师讲课、不会做数学应用题、不会写作文，这一个个难关，不是被我一个个攻克了吗？心结解开了，心情豁然开朗，走在雨后绿树成荫的校园，仰望蔚蓝的天空悠悠飘动的片片白云，感觉空气格外清澄明净，阳光格外灿烂、明媚。生活还是这般美好，蓝天、白云、阳光属于我们每一个人!

我仿佛一下子成熟了，即便是偶尔再看到歧视的目光或听到讽刺的话语，已经不在乎这些，正如妈妈说的，它应成为我进取的力量。既然我的生命"与众不同"，摆在我面前只有一条路，就是付出超过常人数倍的努力，和健听的强者在同一条件下来竞争，而且一定要赢!

姚登峰，这个名字就是要做人杰的志向和决心，再大的困难对我算什么？而且知识不会歧视任何人，它会奖励和给予勤奋的人！高水平的竞争环境激起了我无比的斗志，我是属羊的，妈妈经常戏称我是一只小绵羊，我暗暗下决心，要争当领头羊！信心再次升起。我与妈妈共同制订了补习的详细计划。

妈妈要到学校与老师接洽，希望给我调换座位，选一个热情、开朗的孩子与我同桌，被我拒绝。我说学习靠我自己，不在于同桌。再热情的同桌，不可能自己不听课来把老师讲课内容告诉我。妈妈点点头，高兴地笑了。

我咬着牙，学好每一个课时。一节课尽管是一场炼狱，我的神经绷得紧紧的，眼睛一边看书，一边死死地盯住老师的口型，盯住那些板书，努力辨识老师讲课的内容，力争在不落下课程的同时，我又捡起了“自学”和“预习”的法宝，利用晚自习后和几个星期天，把慢班没有学的课程补上来，把不懂的问题记下来。

良师益友

刚进入初中，学那些代数、几何、物理，比起小学就复杂多了。长长短短的公式、奇奇怪怪的形状角度、长短受力不定的分析图，弄清楚这些知识点，摸清老师讲课运用的各种思维方法、形式、思维规律和思路是需要下苦功习得的。这时我遇到了数学老师郑银柱，他是一位优秀的数学老师。是他发现我的数学天赋和潜力，培养起我对数学浓厚的兴趣和爱好。

郑老师第一次给我们上的是几何课。看到他穿着当时流行的萝卜裤走进教室，我的第一印象是这位老师好时髦！他用一双炯炯有神的大眼睛扫视了教室里的每一个人，这目光有一种警醒的力量。简单介绍后，便随手拿粉笔在黑板上画了一个圆，一下子把全班同学镇住了。不用圆规和任何教具，简直比圆规画得还要圆。下课后，同学们心慕手追，纷纷效仿，手却怎么也不听使唤，才知道他的功夫非“一日之寒”，不得不让我们敬佩万分。

郑老师把复杂的定理公式，深入浅出地讲解，如同玩耍变换的魔术后，再告诉你其中的奥妙，让你兴趣盎然、一目了然。还有那层次分明、工整漂亮的板书，特别适合我的胃口。

我看了课本，再看郑老师的板书，那些重点内容便能过目不忘，知识点便牢牢地印入我的大脑。晚上再回顾、分析、综合、整理，把学过的知识连贯起来思考，把那些知识点穿起来，便成为一串知识的珍珠项链。

正如《楚天都市报》叙述："姚登峰因为听力损失，'听'课便主要靠视觉——看老师的口型，看老师的板书，看老师批改的作业，写的评语。讲普通话，工整的板书，尽量详细地批改作业，这就是郑老师对自己的要求。直到现在，郑老师的板书，还是全市教育系统公认最漂亮的。郑老师坦率地说，这都是姚登峰的功劳。当时为了适应姚登峰，我才开始重视板书的。"

我只是 70 多个学生中的一员，而且郑老师带了几个班的数学，每天要声嘶力竭地"传道解惑"，还有那么多作业本要批改，郑老师能为了我而改变，而且不是一节课、两节课，周而复始，年复一年，我给老师增添了多少麻烦？就是顽石也要被老师的爱心感动！我又怎能不努力学习，辜负老师的一片苦心呢？

第一次向郑老师请教问题，我有些担心，不知彼此说话能否听懂？他工作这么忙，有没有耐心来解答我的问题？事实上所有的担心都是多余的。郑老师鼓励我说："你说的话大家都听得明白，要大胆多提问！"他对我非常热情，微笑着用普通话耐心给我解答，而且担心我没听明白，把主要知识点和思路重复几遍，还告诉我解题过程中分析问题、解决问题的逻辑思维方式。讲解完后要我把过程演算一遍，直至知道我完全明白才放心。郑老师的态度打消了我的顾虑，以后向他请教问题，我没有任何心理负担，信心越来越足，每次他都耐心地为我答疑解难。

妈妈原来多次跟我说，"学问"，就是学习和提问，要勤学多问。怎么提问呢？首先是问自己"为什么"，追根溯源，真正弄清楚来龙去脉。如果还不能明白，要问老师和同学。

刚开始不熟悉老师的口型，不明白的地方也不敢提问，通过郑老师的鼓励，我终于有勇气在课堂上举起我的手，大胆提出问题！同学们纷纷向我投来赞赏的目光，我积极参加同学们的讨论，既捕捉到一些知识信息，又大大地提高了口头表达能力，还锻炼了我的勇气和胆量。遗憾的是远处同学说话，人多同时说话时，我都听不清楚，但我不在意，不能因噎废食。当我预习后带着问题来听讲，很多知识内容已经掌握，我听课的侧重点放在把自己的思维方法与老师的思维方法作比较，找出自己的差距，培养自己的思维能力，进一步提高学习效率。老师用爱心点亮我的智慧，老师播洒知识阳光照亮我的心田。正当我信心百倍，力争上游时，我的听力又不争气了，因为感冒，它如同温度计中的水银遇到了冷空气往下滑。上课时我只看见老师的嘴巴在动，而且越是着急，听力越跟我作对。

下课了，我在二楼教室外走廊上，心事重重，无精打采，呆呆地看着操场上生龙活虎的同学们，他们有的在踢球，有的踢毽子，有的在划拳打珠子……我觉得鼻子酸酸的。

我的班主任、语文老师高普发向我走来，和蔼可亲地问我："姚登峰，遇到困难了吗？"

我含着泪水告诉老师："这几天，我完全听不到老师讲课。"

高老师抚摸着我的头说："不着急！你需要什么帮助？"

我极不好意思地说："我希望老师多板书一点。"

高老师爽快地说："没问题！"

他把我的要求转告了数学老师郑银柱。接下来上课，两位老师为了我这个特殊学生增加了板书量，而且以后没有因课程进度加快、内容增多而懈怠板书。为了让我尽可能地多接收知识信息，他们默默地付出，如果没有深深的爱是难以做到的。

很幸运，我又遇到了几位好老师，他们的敬业精神和教育思想让我受益匪浅。

高老师，一位风度翩翩的语文老师，治学严谨，威严中又不失慈祥。一口带有磁性的普通话让我感到特别地愉悦，他始终充满激情，只要开口讲课，便即刻调动起学生的兴趣和情绪，教室异常活跃。

高老师知道我需要的是帮助和鼓励。他召开班会，用深沉的语调向全班同学介绍了我的成长历程，并热情地给我鼓励。在我不是那么优秀的时候，他说他自己很幸运，有我这样不怕困难、勇于上进的学生而感到骄傲。同时他要求全班同学，伸出热情的双手，帮助我克服困难。他说快班的同学，不仅是成绩好，更应该是团结友爱、乐于助人。

在老师的帮助和鼓励下，我又获得了信心和力量。快乐的感觉让我从心底发出微笑，用微笑给身边的人传递快乐。我经常做些好事，回报老师和同学。课间我主动把黑板擦干净；同学自行车坏了，我用自行车带他回家；我把自己新买的课外书籍借给同学……

微笑是无言的口才，我以自己的热情赢得了同学的帮助和理解，在团结、友爱、互助、上进的集体中，下课了，同学会告诉我老师讲课的内容，有的主动给我看他的笔记，有的热情鼓励我加油。我的心灵不再孤独，不再像初入学时那样沉默寡言，我敞开心扉与同学谈心，向他们取经，我们的心灵真正融合在一块。我与同学说话、交谈，很少再遇到游离的目光和冷淡的同学，而且在课间方言盛行的校园内，我们班课内课外都流行起普通话，这是我敬爱的老师、亲爱的同学为我营造的一个良好的语言环境，我感觉到了同学之间的真诚和友谊。

初中是人生的转折，是童年成长为少年，逐渐走向成熟的一段历程。我度过了最初的适应期后，每天带着喜悦、怀着梦想，往返于学校和家庭的路上，迎接新的学习和挑战。我和健听的同学一起，在知识的海洋中遨游，感受搏击风浪奋勇向前的快乐，或遭遇失败、挫折的痛苦和彷徨。在被一堆习题压得喘不过气来的时候，我们一群风华正茂的少年，会选择阳光灿烂的假日里，飞快地踩着自行车，一路说说笑笑，来到郊外芳草茵茵的旷野，迎着和煦的春风，去放飞风筝。看着老鹰、燕子、蝴蝶等五彩的风筝在蓝蓝的天空与飘动着的朵朵白云亲吻，我们年少的心也随之飞翔，它带给我们无比的快乐，带走了我们成长的烦恼。肚子饿了，我把同学带到我的姥姥家吃饭，姥姥会做一桌拿手好菜，热情地招待我的同学和朋友。直到天黑，我们玩得精疲力竭才肯回家。好多次我和同学骑着自行车行走在回家的路上，却一路勾肩搭背、谈笑风生，被妈妈的同事、好友看见，他们告诉妈妈了，妈妈在非常欣慰的同时，提醒我这样很危险！

初中几年，我的老师、同学，连我自己似乎都忘记了我听力的缺陷，我们在一块愉快地学习、成长，一块讨论、争论问题，一块逗闹、打球、生气、欢笑……我越过了最初的心理障碍，度过了生命中充满自信而又快乐的时光。结识了亲密无间的同学和朋友，友谊生长在我们的心灵，枝繁叶茂；友谊伴随我的生命一同成长，纯真而又充满勃勃生机。生命就是这样神奇，他们一个眼神，我就能明白意思；他们的嘴巴动一下，我能知道说什么。在我们的心灵尚未靠近时，听懂他们说话都有些费劲，现在我们可以自如交流，谈学习经验、谈理想、倾诉学习、生活的烦恼，分享彼此的快乐。他们也好奇地询问我是怎么耳聋的？在同情我的不幸时，心灵更加贴近，话语更加投机，后来我们甚至可以说悄悄话、煲电话粥。

有记者对我说："姚登峰，你太了不起了！你创造了一个生命的奇迹。"是的，平凡的生命创造了一个生命的奇迹，但生命的奇迹是在平凡的生活中创造的，而且是在长期的磨合与磨炼中产生的。

来到快班第二次月考，我的各科成绩已经大步向前进，赶到了中上游。以后一次比一次提高，在初中二年级，我的总分获得全年级二等奖，而且稳居优秀行列。我的数学成绩进步更快，到期末考试的时候，因为我粗心漏掉了一个小数点被扣了 1 分，如果不是这个疏忽，我几乎可以得满分。从此，我始终保持着前几名的好成绩。分数只是一个方面，更主要的是我找到了适合自己的学习方法，把握住时间的运筹能力，在同学们时间运用已到了极限，我在不比别人多拼时间的情况下，学习能力和学习效果得到了不断提高。

城西中学美丽的校园留下了我温馨的回忆，初二上学期我举起右手，成为一名光荣的共青团员，多次被评为"学雷锋积极分子"。

英语学习中的遗憾

我的英语和我的同龄人一样起步晚，进入初中才开始学习。很多人认为听障人学英语，是件困难的事情。对此，我摸索了一些成功的经验，也有一些遗憾。之所以写出来，是想告诉您不要重蹈我的覆辙。

任何一门语言的学习，首先要有信心，"两军相逢勇者胜"，心理的因素将决定其成败，我学习英语的经历更说明了信心的重要性。

开始学习英语感觉很新鲜，抱着说一口流利英语的梦想，以极大的兴趣去学习。好几次测验，英语成绩只扣一两分，都接近满分了。当时我采取的是国人常见的笨办法，就是用汉语拼音给英语单词注音，听起来像中式英语，所以读起来并不标准。老师认为我这种情况，与其花大量时间得到事倍功半的效果，不如干脆放弃听说，把重点放在读写能力上，这样还可以多拿分。

后来与妈妈谈到这件事的时候，我的心情很沉痛。妈妈说，这不能怪老师，当时我国还普遍缺乏素质教育，大多停留在应试教育。因为当时的中考和高考还没考英语听说能力，老师也没有把过多的精力放在英语听说能力的培养上。还有一个更重要的原因，妈妈说是她自己没有信心。她觉得我的汉语口语都学得如此艰难，怎么可能学好英语听说呢？另外就是想“保车丢卒”，没花大气力帮助和指导我去学习英语的听说，去培养我这方面的能力。

妈妈对英语学习还是极其重视的，她读书时学过英语，在我出生前她又自学过一段时间。我开始学英语，她也买来磁带自己先学再教我，尝试一段时间，却因为我的课业太重而中断。妈妈说不能光顾抓英语听说，把长项全丢弃了。

在中国现实的教育环境下，分数是唯一能够让你继续接受教育和深造的敲门砖。过去妈妈担心我能否读下去，现在妈妈非常欣慰，我不仅能参与健听孩子竞争，并有希望获胜，妈妈不得不考虑分数这块“敲门砖”了。

在经过痛苦的思考后，妈妈与我商量：“英语的听说顺其自然，尽量学，学得多少算多少。”我表面同意，暗暗下决心自学，买来磁带听，但磁带传出来的声音只是时高时低的鼓声和噪音，没有看得见的口型模仿，我的梦想没过多久就破灭了。不能说谁对谁错，但终归老师、家长的信心，加上没有听说英语的语言环境，直接影响了我英语听说能力的发展。但除听说能力外，阅读、理解、书写、运用能力不比别人逊色。任何一门语言都需要积累，英语的学习也一样，没有捷径，唯一的就是勤学苦练，熟能生巧。语言大厦的基石是单词，而单词的记忆如同一粒一粒地捡“芝麻”，不可能一下子抱个大“西瓜”。我的方法是每天在学校完成老师布置的词汇和句型，临睡前过一遍白天学习的内容，还记住自己选学的三五个日常用的单词。第二天重复一遍，三五天再复习一次，过半个月再重复。浩瀚的英语单词只能是日积月累的记忆重复而习得。

我的几个同学，对于课文中的生词和句型，他们在短时间内全部记住，可过了两三天或一个多星期后，全部还给了老师或书本，因此感到特别懊恼和灰心。科学家研究，人的记忆曲线有一个规律，如果我们不遵循这个规律，学习的效果就肯定不好，不管你是敏捷记忆强，还是储存记忆好，都要在遗忘率最低的时间内复习。随着课程加深，进度加快，“哑巴英语”的语感、语流显然不够，没有多种感官的综合调动和运用，学习效果就差多了。

俗话说"严师出高徒"。升入初三，我幸运地遇到了余先枝老师，受到了她的严格训练，我的英语成绩也有极大的长进。她既重视基础训练，也重视运用能力的培养，即写作能力的训练。

那时候每天早自习限定在半小时或 40 分钟内，严格规定背哪些单词、句型，然后随堂测试检查，看你单词句型背了多少，准确率是多少。如果错一个罚写多遍。老师的良苦用心引来差生的牢骚和意见，不爱学的逼着学，有的要写到深夜 1 点多钟，为此有的交流应付心得，比方说一只手拿两三支笔，这样就可以同时写两三行。

余老师总是给我特殊的关照。单词测试有一项内容是听汉语写单词，每当听写的时候，余老师总会站在我旁边，用手指告诉我题目号，我没听懂的地方，她给我写下来。因此，听力不影响考查我掌握知识的真实性。

余老师根据不同内容、不同形式、体裁的课文有不同的教法，激发我们学习的兴趣，同时创造多样化的情景，使我们置身于课文情景中去学习。她教学的另一特点就是不厌其烦地重复，在教授新知识的同时，把近期所学的内容反反复复地通过默写、背诵进行强化，还把几个学期里所学过的知识点在课堂里有机地结合进行串联复习，将重要的知识点的重复出现，帮助我们牢固地记忆。

听说训练放弃了，但后来的考试却有语音题目。比如前 10 题，就是从 4 个单词中选出 1 个发音不同的单词。老师要求我把单词的发音要领记下来，例如 month 的 th 在什么情况读 θ、什么情况又读 δ。这些发音要领太多，又无章法，最好的办法还是应该通过多读多练形成语感，如同我们平时自然而然地说汉语句子，根本不用考虑汉语句子里的字该读什么音。

如果能够逾越层层障碍，走上健听孩子学习英语的康庄大道，即听说读写背同时并举，当然是最佳选择。口语关不能逾越也直接影响书面语言的理解和记忆，尤其是困扰"识字"和"词义理解"。而且语音上的缺陷很难靠词汇代换来解决，没有办法理解隐喻性的语言，例如我看 journalist 这个词，一直错误地理解为一个在旅行的人。这是老师为我设计的不得已的办法。不管怎么说，这个笨办法，也让我记住了大量的常见词组、句型和课文的意思和用法，还记住了那些习惯词组、隐喻意思，为我的英语学习打下了较为坚实的基础。我的中考英语成绩为 86 分（满分 100 分），高考为 114 分（满分为 150 分）。这是在完全丢失听力成绩后而取得的，因为我获得了除听说以外的其他的基本能力，尤其是阅读理解能力。

上了高中，班上强手如林，总觉得自己基础不好，想把初中的知识再补一下。妈妈通过朋友，有幸认识了彭同庆老师。这是一位不计报酬、师德高尚、教学经验丰富的老师。

彭老师一开始对我做了个测验，考查我的知识掌握情况，以便有的放矢地教学。他惊讶地对我说：你初中英语学得不错啊，干吗还要补初中英语呢？这样我才重新树立信心。接着他针对我的弱点进行了大量的专项训练，做了一个又一个、一张又一张、一本又一本完形填空和阅读理解的试卷、书本。

彭老师还配合课文，选择一些适合我的英语读物推荐给我。后来大哥又推荐我订阅了《21 世纪英语报》，通过课外阅读，使我扩大了视野，增加了词汇量，提高了整体阅读、理解的技能技巧，反过来更深入地理解课文内容。在彭老师的指导下，我用英语写日记、写信、写作文，提高了英语的实际运用能力。尽管彭老师只给我补习了十多次，每周末一次，每次只有一两个小时，却让我受益终生。我之所以能够熟练阅读英文文献、报刊，浏览国外网站，与国外网友聊天等，这些能力都是这时候培养起来的。

走过中考

有一天，当我骑着自行车载着妈妈外出时，妈妈欣喜地感叹：“啊，登儿，你怎么一下子就长大了呢！”

时间在紧紧张张忙忙碌碌中不经意流逝。老师特意在教室后面的黑板上挂了一个倒计时牌子，上面写着离中考还有 100 天。

啊，中考即将来临！100 天后，将有一场千军万马的比拼和厮杀。而在战斗中冲锋陷阵是我们一班十四五岁的孩子，尽管我们还没能久经沙场，但我们已经领略过竞争的残酷。老师和家长都是我们的指挥官，同时老师还是战前的训练教官，家长是后勤部长，他们都不比我们轻松。

中考将决定我们的前途和命运。“80”前后是我国生育的高峰期，不算当时农村中学大量辍学的学生，我们这届全市有 3 万多人参加中考，只有 40% 能读高中，能上重点高中——天门中学的仅 400 多人，录取率仅为 1.3%。天门中学考入大学本科的录取率为 60%，就是说考天中比考大学还难。

上天门中学一直是我的梦想。读小学时，我们家住在天门中学前面的单元宿舍，妈妈经常带我去玩。每当看到这里的优美环境和每年高考状元榜考上北大、清华的一个个名字，似乎便听到无言的召唤："姚登峰，来这里学习吧！这里是最好的。"

随着中考一天天临近，我们越来越忙碌，越来越紧张。总共要考六门课，即语文、数学、化学、物理、外语和政治。各门任课老师都不希望自己带的课落下，都把大量的习题压给学生。而且学生自己也不甘落后，还买来各种补充练习册，我也和其他同学一样。

背单词、公式、定理、文言文佳句、诗词，还有政治、历史，这些知识都需要强化记忆；做一道又一道的数学、物理、化学习题；翻阅一张张打着"×""√"的单元测试试卷和省编、市编各种资料；检查"×"的题目是否会解；应付没完没了的大考、小考；这成为我们的全部生活。

大家谁也不敢疏忽，都希望尽量多掌握一些知识点，把考试分数再提高一点。你聪明，别人更聪明；你勤奋，别人更勤奋。下课同学间聊天越来越少了，大家你追我赶，哪敢掉以轻心！

如果有谁在模拟考试中退步，老师马上会找他谈话，分析原因，帮助他更刻苦地"磨刀"。一天晚自习，教室里安静得只听见写字的"沙沙"声，却突然传来伤心的抽泣声，大家的目光一下子集中到许飞身上。

许飞是我要好的朋友，成绩一向不错，"二模"名次比原来下降了20多名。他怎么能不着急，不伤心呢？下晚自习后，我们俩一块推出自行车，找到一个安静的地方，我给他安慰。要他回去把试卷看一下，认真分析原因。我们手拉手互相鼓励说："还没到最后，我们要沉住气，迎接中考！"他终于破涕为笑。

在这样的气氛中，我的精神也异常地紧张，唯恐自己做题少了，或知识点没有复习到而落在后面。背诵、做题、考试，它不仅是智力、精力的比拼，更是意志和恒心的考验。

家里餐桌上的菜比原来丰盛，而且经常变换着花样，以保证我的营养；电话听筒在我休息时也被拿下，希望给我一个不受干扰的安宁环境。妈妈不允许小姨和亲朋问我考试怎么样，考多少分。来自于亲人的只有安慰和鼓励，妈妈和我一起认真分析试卷错误得失，针对一次次考试、一门门功课、制定应对的具体措施。

每当回到家中，妈妈总是笑脸相迎，微笑着说："登登，辛苦了！"温馨的环境和亲人的问候，顿时消除掉满身的疲劳和困倦，又精神抖擞地趴在桌子前，挑灯夜战，继续没做完的习题、作业。

考前一个月，妈妈允许我到 11 点睡觉，但绝不准超过时间，妈妈在一边监督我的起居。因为多次和妈妈探讨和争论，我们各执一词。妈妈为我的身体着想，我只好到点乖乖地睡觉。有几次因为问题没弄明白，实在睡不着，半夜偷偷起床，继续思考寻求答案，直至天明。

班主任终于宣布放假 3 天，3 天后就是中考了！"哦，战斗终于就要来临了。"因为我们的教室也是考场，老师要求把学习用品带回家。我无比眷恋地收拾起书本、文具，含着酸甜的泪水，告别这所给我知识和自信，给我烦恼和快乐的城西中学，告别人生中仅有一次的少年学习生活。

中考前夕，风雨交加，电闪雷鸣。本来妈妈说要一家人出去散步，这下可好，哪儿也去不了。我拿出明天要考的科目，把单词、题目最后看一眼，恨不得把所有的知识印入脑海，刻在心上。此时多想变成孙悟空，让所有的题目都成为我身上的毛，信手拈来就是一道要解的题……

咚——咚——咚，一阵敲门声把我拉回现实。这时有谁会来访呢？妈妈说了，任何客人来访，都不关我的事。我埋头继续复习，又是一阵敲门声，而且是敲我的房门，这个时候妈妈怎么还忍心打搅我呢？没想到打开门，穿着一身湿衣服的余老师站在我的面前。我明白了，余老师不放心我明天要面临的重大考试，来给我作最后的指导和叮咛。望着老师因熬夜而布满血丝的眼睛里依然充满慈爱的目光，感激的热泪一下子涌出来，默默地给老师搬椅子时，偷偷地擦掉泪水。

余老师全然不顾淋湿了的衣裤，马上坐下来针对模拟考卷中我存在的问题，一点一点地给我讲解，然后留下事先为我准备的一份指导意见。密密麻麻足足写了 3 页纸，叮嘱我考试时要注意哪些问题。

下面是余老师指导意见的摘录。

姚登峰：

关于语音内容太多太多，要把最近出的语音题，尤其是错了的题反复记忆。如动词第三人称，单数、名词复数规则，动词过去式，含"oo"发短音的单词……

考试时要审慎答题，万一碰上极个别难题，它不只是拦住你姚登峰，同样会拦住很多很多考生，不能因此影响情绪，影响考试，要勇往直前、迎难而上，去攀登科学知识的高峰。胜利一定属于具有非凡毅力的你！

……

祝你考试成功！

余老师说我“有非凡毅力”，或许是看我按“笨办法”记英语语音，却能取得良好的成绩。她身为学校教导主任和英语老师，还是两个孩子的母亲，在工作如此繁忙、家务那么繁重时，不辞辛劳地骑着自行车，冒着风雨行走几里路。她如同我妈妈一样，把我的喜乐悲哀系于自己一身，帮我之所需、急我之所急。“指导意见”最后还叮嘱爸妈，考试几天，千万不能出差，要照顾好我的起居生活。三页纸片浓缩了余老师对我深深的爱、浓浓的情，我一直珍藏着，将它带来北京，也将老师的情谊带到我身边。

怀着深深的感激和无比的力量走进了考场，我明白了这场考试的意义，它不仅是我一个人的得失成败，更重要的是回报含辛茹苦抚育我成长的双亲，以及教我文化知识、辛勤培育我的余老师、高老师、郑老师等各位老师。我不能辜负他们对我寄予的殷切期望。

当最后一场考试结束时，妈妈和邝妈都等候在考场外，迎接凯旋的战士——我和邝妈的女儿丽娜。走出考场，我们四个人走进照相馆，照了一张合影，为我们的初中生活画上了一个圆满的句号。

军训的考验

我终于顺利地考上了天门中学，而一个平时成绩很好的同学却意外地落榜了，还有我的同桌曹霞，成绩也很优秀，最后却上了一所中专学校。我明白竞争无定律，自己并不是最优秀的。

天门中学在历年高考中以极高的升学率享誉全国，又因多次出高考状元，诚乃状元之乡。它不仅荟萃了我们这个文化之乡的聪明好学的孩子，也吸引了省城、京城的一些学子。下面是我的语文老师齐传贤对天门中学的描述：

天门中学位于江汉腹地。居闹市而不闻喧闹，处古城而倍觉新意。天地灵秀，独钟于此。叠岩滴翠，池水映碧。榴花似火，玉兰如笔。高树荫荫，芳草萋萋。四时有不谢之花，八节笼氤氲之气：读书胜地，莫过于此也。

少年俊彦，心向往矣；负囊担箧，纷然来矣，如璞之慕良工，冀现光华；若锥之处囊中，亟盼脱颖。人影憧憧，此晨练也；书声琅琅，此朝读也；慷慨激昂，论国事也；弦歌清越，娱身心也；旁征博引，此先生授业也；冥思苦想，此后学之攻书也。窥科学之堂奥，探人生之真谛。如琢如磨，似醉似迷。勤学苦读，日夜研习。其乐陶陶，其情也融融。求实严谨，勤奋进取。师生共勉，乃成大器。

正如老师笔下所说，这里是求知的胜地，这里是人才的摇篮。

为了洗去独生子女身上的娇气，磨炼新生的意志，以适应高中艰苦、紧张的学习，进入校园第一个月就是军训。我爸爸曾经当过兵，看到他年轻时当兵的照片，觉得爸爸好英武、威风。后来在电视上看到天安门前接受检阅的士兵，英姿飒爽、整齐划一如同波浪般起伏的方阵，便觉得他们好风光。为此，我特别爱好、关注军事方面的知识，爱看坦克、舰艇方面的书刊。怀着一种全新的体验，我参加了学校组织为期一个月的军训，对“士兵”有了全新的认识。士兵是一种力量和精神的代表，是吃苦的代称，是男儿的榜样。在无限“风光”的背后，哪怕是一个简单的抬腿动作，凝聚了士兵多少汗水！过硬的本领是磨炼出来的。

军训第一天是练习军姿。我不知道应该几点到校，就按照早自习时间赶到学校，同学们却已经在操场上集合了。幸好天还没完全亮，掩盖我窘得通红的脸，急忙跑到方阵后面，旁边同学很友好地给我挪个空位。

教官是武警部队请过来的，他首先作了自我介绍。可惜我没听清他说的什么，后来才知道他姓徐，说的浙江普通话。他用威严的目光扫视队列中每个学生。命令“报数！”一、二、三、四数字不难区分，可从旁边同学嘴里出来的方言，不知他们发的什么音。幸好我站在方阵的后面，有时间用眼睛余光数数我边上有多少同学，然后估算轮到我时该报多少数字，就这样蒙过去了。接着练习立正稍息等基本动作。开始听教官口令，我比同学们总是慢半拍。尽管没有被教官发现，这样下去可不行。好在这些口令简单，我很快可分辨出是稍息还是立正。我的神经一直绷得紧紧的，用余光摄取同学的动作，完全做到步伐一致。一个上午下来，我的动作次次准确。接下来很多同学被教官叫出队列批评、开小灶，我却没有因为不规范而被训斥。

我用了一天时间就完全熟悉了教官的嘴型、口音、语气和军训的奥妙，完全可以在没听清教官的命令的情况下，就知道下一步该做什么，甚至单独把我调出去听指令都没有问题。无论是单列正步，还是齐步走，我都能应付自如。上大学后也参加了军训，因为有高中军训基础，我都能做得与同学一样，以至很长时间，同学们都不知道我的听力不好。

军训，对于我们这些缺乏锻炼的文弱学子，最大感受就是苦和累。在骄阳的炙烤下，一个动作要练半天工夫，而且一个动作固定动不动一站就是一两个小时。我们个个汗流浃背，有的同学报告要喝水，有的报告头发昏，甚至有个同学中暑了。

队伍中的同学陆续倒下，只剩下半数了。我的腿也开始打战，心发慌、眼发黑。我给自己鼓劲："男儿就要向士兵学习。坚持。再坚持！"做了一个深呼吸，又吞了一口冷涎，缓过劲来了！我终于坚持到最后"休息"的口令。

过去妈妈总是戏称我"白面书生"。几天拖下来，人晒黑了，体力增强了，站一两个小时也不觉得那么累了。甚至任凭蚊虫叮咬，万般难受也能忍耐不动。

开始我觉得单一步伐练习、军姿训练，如此的单调、枯燥有什么意义呢？后来教官给我们讲了重要性，正如毛泽东主席在《三大纪律八项注意》中说的步调一致才能得胜利。我体验到士兵的甘苦，更理解士兵为我们幸福安宁的生活和学习，作出的奉献和牺牲。

在军训结束的时候，学校举行阅兵式。

那天早上我们做最后的训练，踢正步时，开始没有把握好步伐速度，有的踢得太快，不那么整齐。教官非常生气，怕阅兵式时丢丑，把我们好好训了一顿，说我们没有集体荣誉感，太让他失望，说着说着泪水顺着他黑黝黝的脸颊流了下来。这让我们羞愧和难受，全班同学屏住气、握紧拳头，立志为教官争光，为我们高一八班争光。

阅兵式开始了，军政领导都来了。教官的泪水鞭笞着我们每一个同学，我们高一八班方阵，精神抖擞、英姿飒爽、昂首阔步，迈着整齐的步伐，走过阅兵主席台，走向胜利。

在发奖表彰仪式上，当同学们听到前三名没有我们班时，一个女生“哇”的一声哭起来，还有好多同学心里不服气，认为我们班付出了那么多汗水，应该是做得最好的。这时的泪水不仅仅是为我们班级，更是觉得辜负了教官的辛劳和希望。到最后又喜剧性地宣布高一八班获第一名，刚才是领导弄错了。全班同学把教官抱在一块欢呼、跳跃。我第一次感受了高一八班是个团结、战斗的集体。

军训是一次毅力和体力的锻炼，对我来说更是经受了一场精神上炼狱般的磨炼。在我心中留下了美好的回忆，它给我们带来了胜利的喜悦，也带给我信心和力量，我决心以士兵吃苦的精神来迎接高中的学习生活。

穿越障碍

健听孩子在这里如鱼得水，在知识的海洋自由遨游，可对我来说又将面临一次新的而且是更加严峻的考验。因为我听课很大程度靠辨识老师的口型，所以我必须尽快适应新的环境，但这次不像小学和初中。

高中每节课的内容很多，有些问题老师用手指指黑板就过去了。随着课程量增大，知识加深，老师讲课的节奏越来越快，板书必然减少，加上我又只能听说标准普通话，于是遇到了更大的挑战。

很多时候，老师讲课用的是方言，我死死地盯住老师的口型，却无法辨识老师所表达的意思。还有班上同学大多数来自农村，带着家乡的方言土语，我一下子失去了说普通话的语言环境，好比鱼儿来到沙滩，又如同到了一个陌生的国度。只看见他们嘴巴快速地张合，却不明白他们说什么。我的听力状况根本听不清楚声音，无法像正常人那样听到别人说话来模仿语言，久而久之自然能学会周围人群的说话，这是我遇到的有史以来最大的困难。

我热切地寻求友谊，希望得到支持，渴望与人交流。但同学们都在忙着自己的学业，彼此不熟悉，也不愿浪费哪怕一分钟来交流、来经营友谊。因为他们是百里挑一，千里挑一，从各乡镇考上来的。他们的特点是能吃苦、特勤奋。从早上 6 点到晚上 10 点，除了吃饭，偶尔打球，其他时间都坐在教室里学习。中午困了趴在桌子上打个盹，其刻苦精神我都自愧不如。

我们似乎成了一台学习的机器，成天学习、学习、再学习；做题、做题、再做题。同学之间很难有交流的机会。

从踏进天中校门的那一刻起，大家只有一个目标——为考理想大学而拼搏。来自农村的同学更希望“鲤鱼跳龙门”，因为他们只有一条路。他们背负父母殷切的希望，而且是父母辛勤耕耘的汗水换得微薄的收入，支撑着他们的学业，哪敢丝毫懈怠？这是一个非常现实的社会问题。在劳动力日益过剩，要寻求一份好的工作、实现人生价值、报答父母，只有通过发愤学习，考上好的大学，来实现人生的目标。

高中的学习生活，并不如我想象的那般美好，这使我大失所望。我感觉特别压抑，仿佛回到可怕的幼年，与正常人中间又隔了一堵密不透风的墙。

初中高老师调来天中，继续当我的班主任，但班上大大超员，老师的精力如何能顾及每一个学生？本来有两个初中同学也和我一同来到一八班，但他们的学习也异常紧张，连休息的时间都少得可怜，我不忍心也不好意思打扰同学。

我独自在寻求知识的崎岖小路上攀登，坐在教室听课只能偶尔捕捉到一点信息，实际上成为一种形式，唯一能做的就是看课本，坚持自学。别人通过听老师讲课几分钟可以解决的问题，我却要花上半天时间才能弄明白。我越过了一个又一难以逾越的障碍，闯过了一个个难关，付出了常人无法想象的艰辛和努力！但这样的学习方式，学得特别辛苦不说，还跟不上快节奏的进度，期中考试我排在了倒数十多名。本来以为没有过不去的河，企图另辟蹊径，拼命地跋涉在求知的小路上，考试结果却告诉我“此路不通”。排名毕竟是衡量学生在竞争水平中所处的位置。我的心情糟糕透了，万分难过，觉得对不起妈爸，仿佛走进了人生的最低谷。

妈妈不停地安慰我：“你处于不公平的竞争中，只要自己付出了努力就行，干吗跟自己过不去？”可我听不进去。

我说：“我已经在健听人群中竞争，今后的高考、工作，不仅不会因为我的缺陷而给我照顾，相反只会更加苛求。”

倒数十几名的阴影笼罩在我心头，我不能接受这次失败。自卑又如同幽灵般跟随着我。“上帝啊，为什么不给我一对好耳朵，让我能听会说轻松上阵，凭我的才智，我一定在他们之上。这该死的耳朵！耳朵！”我想逃离，想打退堂鼓，向妈妈提出了想转学的愿望。妈妈问我：“想转到哪里？”

“竟陵高中。”我说。竟陵高中仅次于天门高中，也是一所比较好的中学。

“你转到竟陵中学，是不是可以听到老师讲课？你现在还有一个有利条件，初中的高老师调到天中，又当了你的班主任。而且你作了那么多努力，上了最好的高中，难道就这样放弃吗？我知道你想当‘鸡头’。‘鸡头’的感觉可能会风光一些，但考名牌大学的希望更渺茫。凭你的聪明才智，在‘凤尾’这个环境中更有潜力。我们只有咬着牙坚持适应环境，只要找到正确的学习方法，你一定可以当‘凤头’！”

是啊，转到哪里也没有一个为我“特制”的普通话语言环境，逃避到哪里呢？转到北京读书是不现实的，除非转到聋校。但我不可能走回头路！想到妈妈，想到海伦，我便觉得惭愧不已。为什么遇到困难就当缩头乌龟？

在妈妈的鼓励和开导下，我想到这么多年走过的路，又咬着牙开始了艰难的跋涉。寒假期间，我扎扎实实地把落下的课程补起来。妈妈问我要不要请家教，我摇摇头说不用。我觉得听方言很吃力，且效果不好，不如自己看书思考。

高一下学期，我又开始新的努力和适应，打开心灵的大门，热情对待每一个人，希望改善和建立健康的人际关系。遇到百思不解的问题，我主动找老师请教；下课后主动与同学交流，并告诉他们，我听力不好，请说普通话。我想在普通学校学习，就不能放弃听课。即使一下子不能辨别老师的口型，也要坚持磨炼。高老师把我安排在前面座位，便于我听辨老师的讲课。我还是利用“三结合”的法宝，努力捕捉老师嘴唇张合每一个细节，力图找到语音的规律和老师表达的意思。当老师走下讲台到我的后面讲课，或背对着我边板书边讲课时，我便什么都听不到了。我好希望老师再讲一遍，但老师的教学任务那么繁重，怎么可能为一个学生而耽误全班同学，影响整个教程？只能是我去适应老师呀！这样每节课对我都是一场炼狱，每天的日子都在煎熬之中。但就是在“炼狱”和“煎熬”中，我辨识口型能力不断提高，理解和领悟能力不断增强，摸索了一套适合自己的学习方法。课前预习课文，熟悉内容，并记下新课中要涉及的概念、公式、定理以及难点、疑点。等到老师讲课时，根据事先了解的内容，连贯而流畅地加以理解。课余时间我又忙着抄老师和同学的笔记，查漏补缺。下晚自习回到家里，还要花时间整理笔记，消化当天的知识。我知道要和同学们齐头并进，就必须付出超于常人的努力。

终于到高一下学期我又赶上来了，期末考试我位居前列。要知道在这样强手如林的班级里，差一分都能落后上10名。

功夫不负苦心人。几年下来，我各门功课成绩优秀。同学们都说我是“了不起的英雄!”但是我不满足，又投入到各种竞赛之中。有一次在《中学生数理化》杂志上看到一则物理问题征解的启事，决心试一试。我找出父亲上大学时用过的教材，硬是弄清了有关知识，才寄出自己的答案。2个月后，我的名字出现在获奖名单中，编辑部寄来了获奖证书。这对我来说，无疑又是一次成功的尝试。

幸遇恩师

读高二时，我幸运地遇到语文老师齐传贤，一位真诚、善良、睿智、亲切的学者。他个子不高，外表清瘦、儒雅平和，不难看出年轻时一定是个俊帅的美男子。自从认识了齐老师，更感觉到天中是卧虎藏龙之地。齐老师是“文革”后恢复高考第一年考上复旦大学中文系的。教过各类学生，即从幼儿到大学生，是一位资深的教学经验丰富的高级教师，当时教我的语文，还任学校语文教研组长，工作任务繁重，但仍笔耕不辍，已出版400多万字的作品。

齐老师是文坛中一棵参天大树，已经是硕果累累；又是一位辛勤的园丁，用心血和汗水浇灌、培育满园桃李新苗。这样一名大作家来辅导学生作文，真可谓“名师出高徒”。他主办的校刊《毓秀》也是全国中学生文联优秀社刊。

在高三下学期期中时，齐老师调任天门市政协副主席和市教委副主任。但是他坚持要把我们送走后才肯离去，可见齐老师对学生认真负责以及珍爱学生、珍视学生前途的崇高师德。

我就偏偏赶上了，成为他从教生涯的“关门弟子”，这是何等的幸运!

齐老师学识渊博，讲课时旁征博引、起伏跌宕、妙趣横生。同学们有时感动得直流眼泪，有时哈哈大笑。这种氛围，也激起我学习语文的极大兴趣。一次复习初中课文范仲淹的《岳阳楼记》，复习本是枯燥的，他那充满激情的语调，一下子把同学们的热情调动起来，如同身临其境，一起陶醉在“衔远山，吞长江，浩浩汤汤”的气势中，令我们心旷神怡。他引导我们欣赏“波澜不惊，上下天光，一碧万顷”的美景同时，洗净自己的灵魂，立志学习先人那种“先天下之忧而忧”的胸怀与豪情。讲完后，齐老师又一口气完整地背诵这篇课文，原来看似一篇枯燥繁冗的文言文从他嘴里出来却变成了一个个美妙的音符，在齐老师的引导下，越学越能感受到其语言的精美、简练，思想内涵的深刻，欣赏到几千年的文化精髓的优美。齐老师珍爱每一个生命，用生命的激情来从事教育工作，鼓励和激发同学们不断进取，是一位不随波逐流、思想深刻的教育专家。

齐老师对我更是倾注了生命的热情和关爱。记得齐老师第一次出的作文题是“改进班风”，第二次是“我喜欢的一本书”，齐老师分别给我打了85分和90分，一下子调动起我对作文的信心。在此之前我对作文的底气不足，很多时候处于应付状态。齐老师还在写得好的段落下面，打下红线，批注“这一段好！”“结尾扣题好！”在事例与论点不紧密时，批注“这一段与本文议论的主题不够紧密！”“对材料的处理要准确！”他还花大块时间在我的作文本上写上几页纸的文字，指出我的薄弱环节，告诉我怎样写更生动、感人，更有力量。有时专门为我写上一个材料，要求我写一篇议论文，以此强化我的薄弱点。有齐老师的引导，我的作文能力不断长进！

一道道红线、批语和大段红笔写的文字，分明流淌的是老师的心血和汗水呀！我深深理解为什么人们把老师比作春蚕、蜡烛，他们燃烧自己，照亮别人。我的老师不正是用自己生命的汗水浇灌着另一个生命吗？后来看到齐老师出版的那套《联合国演义》才知道，老师写作的时间，正是一丝不苟给我们批改作文，呕心沥血完成繁重的教学任务的时候。在夙兴夜寐、闻鸡起舞撰写这部近百万字的巨著时，却还认认真真地批改着一个个中学生的作文。是怎样执着的信念和坚强的毅力成就了老师不平凡的人生，成就了一部部伟大的著作？我的心灵震撼了！想起老师对工作孜孜不倦、永不懈怠的身影，心中久久不能平静。

为了引导我在课堂上大胆发言，他故意从我的周围开始，最后自自然然点到我，以此锻炼我的勇气和口语表达能力。在高考之前，他将我的事迹写了一篇报道《失聪少年的大学梦》，刊登在《中国教育报》，第一次将我这个默默无闻的普通听障学生告诸世人。《中国教育报》为此配发编者按说："我们特刊发赞扬残疾少年姚登峰发愤学习、立志成才的报道，以表达我们对自强有为的残疾朋友的敬意，对助残为乐爱心奉献的时代精神的讴歌。"

齐老师身上既体现一名学者淡泊明志、独善其身的孤傲，更展示一名智者善待苍生、兼济天下的宏远。在我高考录取受挫，他为公平和正义呐喊，代表天中14位教过我的老师联名起草给×大学的信，为我求情、奔走呼吁。我读大学后，他继续关注我的成长，到我的大学跟踪采访。《楚天都市报》记者毕云和他写长篇报道《一个失聪大学生的成长之路》，连续两天发表在《楚天都市报》。我失败了，他忧心；我成功了，他高兴；我骄傲了，他提醒。我们师生命运紧密相连，同忧同乐。我考上北京大学研究生，齐老师甚至比我还高兴。齐老师对我恩重如山，他给我的帮助和鼓励，是我人生路上不断进取的力量。齐老师是一位文学造诣深厚的学者，在我面前却如此谦逊、亲切。下面这封信就是其中之一。

姚登峰同学：

你好！接到你的来信，真令我高兴。你凭着顽强的努力与奋斗，进入北京大学，上天对我们的回报真是太丰厚了。其间虽然有着常人无法想象的坎坷、挫折、沮丧，但是毕竟成为过去，成为你人生道路上一笔宝贵的财富，历久而弥足珍贵。

北大是人文荟萃之地，学界精英，尽集于此，身怀绝技者比比皆是，可学习的东西不少。我想你一定能把握住机会，博采众长，吸吮精华，成为他们中的一员而毫不逊色。

昔日的梦成为现实，广阔的天地可以遨游。如有机会，我当去北大看你。三十多年未临此地，于我而言，北大仍是向往之地。

研究生的学习当然紧张，我相信你不会懈怠，只希望你注意身体，控制节奏，加强锻炼，进一步提高语言会话能力。我于你而言，可供咨询的东西已不多了，或者已经罄尽，只盼望着不断从你那里传来好消息。

祝好！

齐传贤

二〇〇三、十、四

有齐老师的培养和教诲，正如林语堂先生说：“耳闻目染，传染着他好学的兴味，学习他治学的方法，明白他对事理的教育。”我的人生是何等幸运！小学、中学、大学，我遇到了很多像齐老师这样的好老师，他们对我这个特殊学生，没有丝毫嫌弃、歧视，也没有丝毫怕麻烦，而是伸出温暖的手，牵着我在知识的王国探索，将人类酿造几千年的知识智慧的琼浆玉液，浇灌我的心田，让我的生命得到浸染、复苏，化愚钝为聪敏，脱俗态为文雅，变残缺为丰盈。

经 历 高 考

初中是我人生中一段平静、繁忙而又充满快乐的日子。高中阶段想起来却令人恐怖，包括和我一道拼搏的所有健听同学，那是人生中最艰苦的一段历练。我们的学习负荷已到了极限，时时充满激烈的竞争与挑战，紧张得不容喘息，恰恰又逢我的“多事之秋”。每当我忘记一切投入学习之中，感冒却要惠顾我。每次感冒总有十天半个月听力下降，中低频留的一点听的缝隙也没有了。怨天尤人没有用，幸好我还有一双明亮的眼睛，只能靠看课本、看板书、看老师口型来获取知识，绝不能因此而影响学习，其间的苦不言而喻。

正如我同窗 6 年的赵丹同学在我高中毕业纪念册上留言：

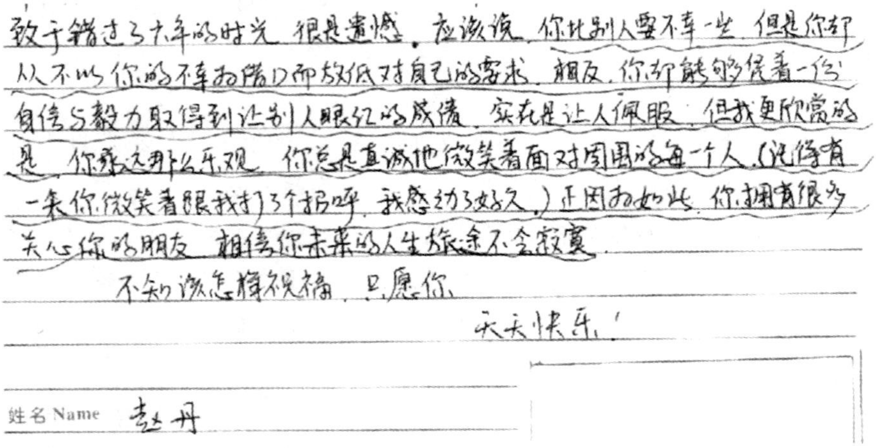
致于错过了六年的时光，很是遗憾。应该说，你比别人要不幸一些，但是你却从不以你的不幸为借口而放低对自己的要求。相反，你却能够凭着一份自信与毅力取得到让别人眼红的成绩，实在是让人佩服。但我更欣赏的是，你永远那么乐观，你总是真诚地微笑着面对周围的每一个人。（记得有一天你微笑着跟我打了个招呼，我感动了好久。）正因为如此，你拥有很多关心你的朋友，相信你未来的人生旅途不会寂寞。

不知该怎样祝福，只愿你

天天快乐！

姓名 Name 赵丹

高二下学期的一天，我坐在教室听课，突然头剧烈地疼痛起来，浑身冒冷汗，衣服头发都汗湿了，人虚脱得几乎要晕倒。旁边同学举手报告老师。正当老师走到我跟前，我忍不住翻江倒海般地呕吐，差点吐到老师身上，仿佛肠胃都要出来了。老师迅速通知妈妈赶到学校，急忙把我送往医院检查治疗，医生说是半边脑供血不足。挂吊针，吃各种药片，治疗了一个多星期。妈妈说我是因为学习太辛苦而引起的，强制我休息，并日夜守护在我身边，不让我看书，要求我静养，又买来天麻炖鸡汤。您别以为在享受美味，我与鸡鸭没结缘，从来不爱吃它，加上没有胃口，实在难以咽下，但看到爸妈为我忧心焦虑的样子，才强迫自己喝汤。

身体虽然得到休息，但我的大脑却如同惯性飞速运转的机器，一直在不可名状的思与想中。除了担心落下课程，前不久看过的一本《知音》杂志，又引起一些忧虑。杂志介绍了聋人杨洋的入学经历。她的分数越过重点大学录取线，却费了那么大的周折，最后惊动了中残联主席邓朴方，经特批后方才入学。

我立志向杨洋大姐学习，从中也了解到聋人上大学是多么不容易，不免多了一些担心。日月如梭，转眼我就要面临高考，一个身居小城的普通学生，不知有没有学校愿意接纳我。

如何能叩开高等学府的那扇门？我的梦想能实现吗？这些疑问如同巨石般压在我的心上。

我向妈妈诉说了心事，妈妈笑着安慰我说："天道酬勤！只要有实力，相信总有学校愿意接纳你的。而且民间戏说：'七月考儿子，八月考老子，九月考票子'。你只负责学习，其他的心就别操了，我们各负其责，好吗？"

我笑着点点头，相信我们的努力会感动上帝，而且相信妈妈能帮我争取到一个普通人的同等权利。

妈妈在我的房间挂了一个条幅："天将降大任于斯人也，必将苦其心志，劳其筋骨，饿其体肤，空乏其身……"以此鼓励我的斗志。

病体康复后我以加倍的努力追赶别人。经历了那么多困难和挑战，我信心百倍地面对一切困难。陌生的课本一页一页地啃，陌生的习题，一题一题地做。而且从初二开始，我有个爱好，特别喜欢攻难题，有时为一个难题花上一个小时，甚至几天时间，找资料，看参考书籍，那种付出艰苦的努力后而获得胜利的快乐令人心醉。妈妈总在一边提醒：不要钻得太深，把大把时间花在一道题上，注意基础知识的总体学习。

其实在难题求解的过程中，需要吃透教材，将整个知识体系复习整理，既要弄清基本概念，还要找出它们内部的联系和规律，掌握知识的内涵和外延，从而透过表层看到万变不离其宗的本质，获得灵活运用的能力。所以对基础知识也是一个复习、深化和运用的过程。

我找到了老师讲解和教材知识体系的奥秘，在接受知识的同时，学习老师的分析综合法，以及归纳法、演绎法、分类法、比较法、抽象思维法等思维方法；还有同一律、矛盾律、排中律、充足理由率等形式逻辑和对立统一、量变质变等辩证逻辑的思维规律，从而找到了最根本的学习方法。

在紧张繁忙中一转眼到了高三寒假，其实我已经习惯假日，只是将课堂转移到家里，妈妈和我共同制订了假日的作息时间和详细的学习计划。自从高二闹病，家里的指导思想非常明确，首先保证我身体健康的前提下再谈学习，哪怕考不上好大学！而且妈妈提出的口号是："苦干实干加巧干！"在妈妈眼里，我的苦干实干精神已经够了，关键是在"巧"字上下功夫。

假日不必像平时 5 点半起床上学。为保证我的睡眠，早上 6 点半起床，晚上 11 点睡觉，中午 1 个小时午休，每节课 50 分钟，中间休息 10 分钟。而我学习起来常常忘记休息。春节妈妈规定我休息 3 天，我却只休息了 1 天实在没有心思去玩。寒假就在紧张的学习中悄悄地溜走了。

新学期没有新课，开始厉兵秣马备考复习，迎接高考。

妈妈看我的思想压力很大，在填写志愿表前从不和我说高考，家里的环境更加温馨、安宁。在节假日邀约朋友举办家庭音乐晚会，给我营造一个欢乐、祥和、放松的气氛，并鼓励和"引诱"我拿起麦克风学唱《笑脸》，我知道自己唱得不好，大家却为我鼓掌欢呼："姚登峰，来一个！姚登峰，来一个！"妈妈说："准不准确并不重要，只要找到快乐就好！"其实他们是想让我放松心情，培养我的自信和勇气。

是谁说没有经历高考的人生，是不完整的人生。但我很欣慰，我的人生尽管残缺，但人生体验是完美的、完整的、幸福的。

我经历了初考、中考、全国普通高考、全国研究生统考，和各种专业水平等级考试，还经历了模拟大考的那应接不暇的各种摸底考试。遭遇了"抱佛脚"的措手不及，尝到了考前准备焦头烂额的滋味，体验了"黑云压城城欲摧”的巨大压力和残酷竞争，冲刺了层层荷枪守卫的考场，战胜了监考员威严犀利的目光而引发的无端胆怯。

高考在我看来更是一场“生死”之战，或许我的话过于严重，但这是我当初的心理，不仅是学习上的辛劳，更主要的是精神上的压力。凡有子女参加高考的家庭，全家人喜怒哀乐系于一身，发榜时中榜者欢喜万分，落榜者愁苦悲叹，真是几家欢喜几家愁。尽管世间的路有千万条，但我当时还是认定“一考定终身，读大学才有出路”这个死理。妈妈跟我说，要以平常心参加高考，考得怎样就怎样，只要尽到努力就行，但我从他们平静而且更为细致的照料中感受到父母的期盼和压力。

妈妈要求把考试当做作业。实话告诉您，对我来说那只是一个理想目标。我没有天生的大将风度，不管是检验知识掌握程度的考试，还是激烈的竞争选拔考试，我都异常紧张、认真对待。在经历了无数次“杀鸡用牛刀”的考试准备后，在久经沙场的拼杀中，我也没有练就“当做作业”的心态。

3 月、5 月、6 月是“一模”“二模”“三模”考试，我的成绩在班上稳居上游。依据这个成绩，参照去年一本线分数，考上普通一本高校应该没有问题。

学校要求根据一、二模成绩来填写高考志愿。妈妈早就从朋友那里借来去年的高考指导书刊，把往年的招生人数、志愿填报人数、录取成绩列出表，根据“大年”“小年”和我的成绩来进行分析。今年的高考指导和我的模拟成绩出来，与我商量选择了我喜欢并适合的专业，确定了一、二、三批志愿。

1998 年，湖北有 14 万人参加高考，竞争尤为激烈。北大、清华对我来说可望而不可即，我们填报了 x 大学计算机专业作为第一志愿。

我的老师齐传贤刚刚出版了 45 万字的《足球——世界杯风云演义》，他送给我一套自己的著作，写上赠言：“人生是一场拼搏”。我理解老师的良苦用心，更希望自己在高考这场拼搏中能超常发挥。

那时普通高校的招生考试，每年都定在 7 月 7、8、9 日这几天时间。

高考几天，我的身体却不争气，可能是由于精神过于紧张，偏偏那几天肚子坏了，只好每天晚上到医院挂针，考前吃药，但是都不管用，以至于考试那几天根本不敢吃东西。

爸妈担心得要命，叮嘱我上趟厕所后进考场，如果中途实在憋不住，就举手报告。爸妈要送我到考场，我说你们送我，我会觉得更有压力。等我骑车走了后，他们又跟随我来，守候在考场外翘首盼望。等待考试结束的铃声响起，他们从如潮的人流中找到我，妈妈接过我的文具和准考证，爸爸手中拿着卫生纸，与我一起飞奔厕所。

高考几天，想到自己有父母细心照顾，而我的几个好友家在农村，父母不在身边，我把他们接到我家里吃饭，以解除他们的后顾之忧。细心的妈爸顿顿都为我们做了丰盛的菜肴，以保证我们的营养和体力。

几个同学吃饭时，总喜欢交流考试情况。“那题怎么答？选择题的正确答案是什么……”妈妈总是制止我们，说不要想上一门课考得如何，要考一门丢一门，全部精力准备下一场考试。我们却急于知道正确答案，又难以摆脱失误的懊悔。

命运就是这样捉弄人，感觉自己太倒霉，拉肚子带来精神不振，精力不集中，加上一心想考好的心理压力，反而导致高考发挥失常。我夜以继日、辛辛苦苦装到脑子里的单词、公式、定理，它却在关键时候躲藏起来，不管我如何呼唤、焦急地命令，也不管我急得汗流浃背，它却不肯出来，直至走出考场，它才来到我的大脑中。姗姗来迟的见面，给我造成了无法弥补的损失和灾难。我在心里怒骂它“王八蛋！怎么现在才出来呢！”

我深感考场如同没有硝烟的战场，哪怕考前磨刀霍霍准备充分，一旦上了考场，却很难有胸有成竹的沉着镇静。只有紧张地奋笔疾书，命中题的窃喜、“似曾相识”却溜走的遗憾、稳操胜券却失误的懊悔、受挫的痛苦、失败的泪水、成功的欢笑。这些伴随着我的求学生涯，伴随着我的成长。

第十一章　我的大学

▽
▼

道路曲曲弯弯/终于走进普通大学课堂/尽管有很多挫折沮丧和失望/学习沙漠中生存的砺趾鹰/哪怕扎得鲜血流淌/哪怕摔得遍体鳞伤/总怀有希冀和梦想/面向阳光/把痛苦的阴影抛到身旁/用奋斗的汗水书写青春华章/为生命歌唱/不求完美却要高昂嘹亮

争取普通人权利受挫

——×大学退档

妈妈很早就在思考如何帮助我逾越普通高等学校这道门槛，并已暗中努力。她怕影响我的学习，只是没让我知道。可遗憾的是，如同大海捞针一般，在茫茫人海中没能找到可以帮忙的关系。她打听到有几个近似我这种情况，听力损失轻微一些的，或有熟人、朋友的，在填写表格时隐瞒其情况蒙过去了。

父母把深深的忧虑埋藏在心底。是告知学校实情博得同情，还是隐瞒残疾到时候再说呢？经过无数个夜晚的辗转反侧权衡利弊，老实正直的父母终于在我高考前半年，将我耳聋的情况写信告知湖北省招办、湖北省残联，并咨询政策规定，企图通过正常程序，获得理解和帮助。

为实现儿时的梦想，最开始希望报考特殊教育专业。妈妈还给中央特教研究室陈云英教授去信请教，她热情地给我们指路，要我们找辽宁师大的张宁生教授。我们给张教授写信请求支持，他也很快回信：一个×××的成功，不可能惠及众人。他们学校没有在我省的招生指标，但建议我报考华中师大。我们给华中师范大学特殊教育系的罗主任写信求援，这位主任也非常负责任，写了几页纸的来信，给予我极大的鼓励，但又非常遗憾地告诉我，该校的特殊教育专业当年没有招生计划，还热情地给我出主意，要我报考其他专业，同样能"曲线救国"。

在感谢素昧平生的人们给予我们热情帮助的同时，也感到非常遗憾。

寒假前湖北省招办一位科长来天中对我进行了考查，要求我尽量报考地址在省内的学校，承诺只要高考成绩过线，便可做工作。我们全家人心中的巨石落地，我也得到了极大鼓舞，一心一意复习备考。

全国统一高考前20天，我参加了天津理工学院对全国听障人的招生考试。这是经湖北省聋儿康复中心和妈妈反复动员才去的。妈妈对我说："一是为报答省聋儿康复中心，二是为了双保险。省聋儿康复中心经常热心为你调配助听器，给予我们热情的帮助和鼓励，他们希望你为他们争光，这也是我们唯一能报答他们的方式。"

考试四门课，每门课两小时的考试时间，我只用了半个小时就交了卷，轻而易举地拿下第一名。考完的当天晚上，学院领导、招办领导赶到我下榻的旅社，告知了这个消息，并向我表示祝贺。

因为学院当年不招本科学生而最后放弃。当然，这只是表面的理由。内心深处，我感到和原本属于我的那个群体靠手势交流多么不便，而和正常人通过语言的交流却顺畅自如。为了融入社会，为了语言的进一步巩固和发展，更坚定了我就读普通大学的决心。那时的我，一心想读大学，而且要读普通重点大学！浑然不知这条路上，残疾人除了分数外，还有"残疾"障碍。尽管我知道有些残疾人考上大学而没被录取，尽管我知道很多专业限制不招耳聋学生，但相信时代在进步，"人权""平等"意识正在加强；我相信我的努力会感动别人！

高考成绩揭晓，我考了543分，在班上的名次比平时成绩落后了近30名，我流下失望的泪水，但还是越过了普通高校录取分数线。

1998年8月份，对我们全家人来说是一段焦急难熬的日子，我们全家人一直在惶恐不安中等待，8月16日省残联领导打来电话告诉我们："姚登峰的档案已被×大学提取，请注意收录取通知书！"它传来了天大的喜讯！

这是我向往已久的一所大学。我 10 多年的努力、父母的含辛茹苦、学校老师的关爱终于有了报偿，全家人抱成一团笑着笑着就哭起来了。

我第一次对残联有了认识和了解。湖北省残联不仅关注着我，一个“请”字，表现了残联领导尊重人格、礼贤“下士”的品格。我坚信在这个群体中，人与人是平等的。

可后来情况急转直下，又传来 × 大学退档的消息。如五雷击顶，一下子让我们跌入痛苦的深渊，我的世界崩塌了！

妈妈为我四处奔走求助，一次次到 × 大学申述，请求他们给予我深造的机会——哪怕没有学籍，跟班试读也行。天门市政府、市教委的领导也多次专程到 × 大学进行协商。天门中学曾教过我的特级老师、省九届人大代表齐传贤等十四位老师联名写信向 × 大学求情，希望他们录取我这个勤奋聪慧的孩子。信中表示，他们并不希望给我这个令他们骄傲与自豪的学生什么特殊的照顾，只希望我能得到和普通孩子一样应该享有的同等权利。

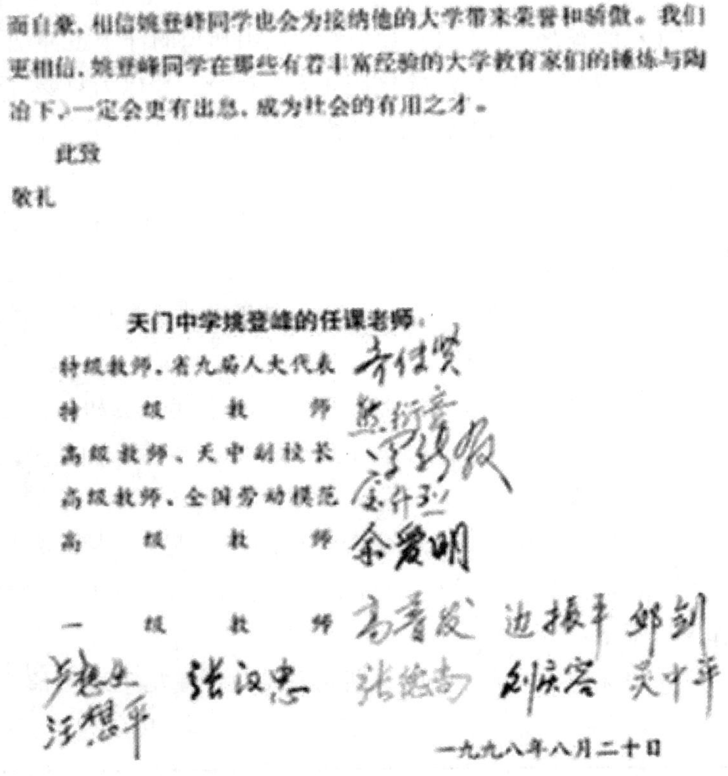

而自豪，相信姚登峰同学也会为接纳他的大学带来荣誉和骄傲。我们更相信，姚登峰同学在那些有着丰富经验的大学教育家们的锤炼与陶冶下，一定会更有出息，成为社会的有用之才。

此致

敬礼

天门中学姚登峰的任课老师：

特级教师、省九届人大代表

特级教师

高级教师、天中副校长

高级教师、全国劳动模范

高级教师

一级教师

一九九八年八月二十日

大学梦眼看就要破灭，全家人心里充溢着比冰凉更冷的绝望。无法忍受十多年辛勤耕耘而结出的丰硕果实，兴高采烈地采摘后，却因为有缺陷、瑕疵，而将那么多人用心血栽培的优良果实弃之不顾，忽略他的生命同样的丰润和美丽。难道这是本该充满喜悦的收获季节赐给我们的结果吗？

我以顽强的精神扼住了自己的命运，却无法改变社会的偏见。

妈妈一次又一次往返于武汉和家中，有时半夜 12 点才回家，突然接到赶往武汉的电话，第二天凌晨四五点又出发。那些日子爸妈头上一下子增添了好多白发，妈妈脸上总是挂满泪痕，人越来越憔悴、消瘦。我问爸爸，他总告诉我妈妈下乡去了。

退档后有挽回的余地吗？进展情况如何？妈妈告诉我，正在努力，会有办法的。我内心充满疑惑，终于在一摞信件中得知了真相，妈妈在为我日夜奔走求情。

我把自己关在房间，几天不吃不喝，痛不欲生。不平等的待遇，使我想到这么多年几乎忘记的“残疾”，谁知在别人的眼中，如同我的生理缺陷一样，早就刻在我的脊背上，不管我如何努力，用知识的汗水也冲洗不掉啊！它演变成一座“歧视”的大山，企图阻止我的前行。原以为只要自己努力，就能和健听孩子一样，谁知社会的偏见把我划入社会的另类，并打入了冷宫。

妈妈又挖空心思找到一个熟人，通过关系私下拜见了 × 大学计算机系的一位主任、教授。这位教授问我：“如果你戴着助听器，别人讥笑你，怎么办？”“我经历多了不会在意的，相信自己能够和大多数同学沟通。”我坦然地回答。

几经周折，× 大学才组织了一名校医、一名系辅导员和两名招生处干部对我进行面试，天中的一位老师陪同我参加了。“专家”们完全按正常人的听力标准，还是否定了我的入学资格。

眼看周围的同学一个个背着行李奔赴祖国各地去上大学，我却没有着落。9 月 2 日，我和妈妈去省招办查询消息，得知从没见面的各位领导为我的入学作了以下批示。

那是在走投无路的时候，妈妈向湖北省民政厅发出了求助信。当时正处于防汛抢险的紧张阶段，张牢生厅长正在为灾区人民的生活操劳奔波，但这位领导在繁忙的工作中，仍以满腔的热情向绝境中的我们伸出了援助之手，于8月28日向分管教育的王副省长求助：

“少阶省长：呈上一批教育工作者和一位残疾高考学生家长的来信，恳请您给予帮助，使这位身残志不残的学生能就读高等学府。”

王副省长8月30日批示：“请省教委余风盛主任阅，并支持解决。”

湖北省教委余主任9月3日对考试院李院长批示：“请怀中同志按省长批示，商×大学支持解决。”

我的录取牵动了各位领导的心，并给予了我这个毫无社会背景的普通残疾学生极大的关爱！

这些又带给我们新的希望。在省招办碰巧遇见×大学负责招生的校长、处长等一行。面试时也没有见到这些领导，这是一个机会，我极力表现自己，并对他们说：“我会克服困难，努力学习，还要争取考研究生呢！”

其中一位说：“研究生是要考的！”其他的几位微笑着说；“不着急，开学一个月是军训。”

妈妈说，他可以参加军训，完全能够和同学步调一致。

他们微笑着安慰我们。我们听到他们几个人下楼时的议论声：“这个小伙子好帅，还真看不出来有什么毛病。”

这些话语似乎暗示还有被录取的希望。在度日如年的焦急等待中，×大学最后答复：我双耳失聪，学校没有先例，还是不予录取。

当我和妈妈再次找到×大学请他们给予考虑时，一位负责招生的领导甩给妈妈噎死人的话：“这么多人关心，要他们给姚登峰安排工作。他已经18岁了，可以工作了。”一个高等学校的领导，就这样将一颗年轻的心狠狠地踹了一脚，踹得鲜血直流。

妈妈强忍着悲痛的泪水，看到校园内喜气洋洋的新生，想到自己千辛万苦地教我说话，一步步把我带出了无声世界，经历了那么多困难挫折，我以优异的成绩一步步考上来了，今天却被根深蒂固的社会偏见和歧视宣判：我的读书生涯就此结束了。屈辱、悲愤、忧伤的泪水如决堤的洪水汹涌而出……

学校的决定也许是有充分根据的，没有哪一个文件规定非要录取双耳失聪的学生不可，在我们神圣的高等学府里也的确很少有我这样特殊的学生。但是，他们却忽视了一个简单的事实，一个平凡的母亲能够将儿子带出无声世界，儿子能靠着勤奋努力，已经顺利地读完了初中、高中，并通过了普通高校的招生考试，而×大学却以“没有先例”无法接纳我——理由居然是这样的充分，这样的无可置疑。

绝望的情绪笼罩着全家。

“引进一笔精神财富”

——湖北民族学院接纳了我

山重水复疑无路，柳暗花明又一村。当我们全家人还处于焦虑不安时，一份来自于湖北民族学院的录取通知书送达我们手中。我捏着这张来之不易的纸片，激动的泪水奔涌而出。尽管是一所二类本科学校，全家人依然欣喜万分。

读大四时，高中老师齐传贤到恩施开会顺便看我，并对我作跟踪了解，有幸见到学院院长、党委书记彭振坤教授，才将这段尘封的历史打开。下面是齐老师写的一篇报道摘录：

学院负责招生工作的副书记王金华教授，接到省考试院的信息：有一名考生被×大学退档，你们能不能录取？

王副书记急忙调来姚登峰的档案，封面上写有“×大学退档”，便翻阅了他的档案，除了常规资料，还有一份共青团湖北省委授予的全省模范共青团员称号的证书，认定姚登峰是一名品学兼优的好学生。姚登峰既然能够在紧张的高中阶段闯过一道道关口，相信他也能顺利完成大学学业，并且相信湖北民族学院有能力帮助他完成大学学业。

录取姚登峰事关重大，王副书记当即拨通了学院院长、书记彭振坤的电话，介绍了姚登峰的情况。电话那头传来彭院长坚定的声音：“只要学生和家长愿意，我们坚决录取！”

我听完这段感人的故事，开门见山地提出问题：“你们当初录取姚登峰是出于什么考虑？”

彭院长说：“姚登峰是不幸的，他本应该健康成长，但是由于某种原因，使他几乎丧失听力。面对不幸，他没有向命运低头，而是以顽强的毅力，克服重重困难，走出了无声世界，这本身就是一首挑战命运的赞歌。当他以优异的成绩越过了分数线，我们理当接受他，为残疾人，也为正常人树立一个榜样，一面旗帜。我们录取他，并不是出于照顾，而是把他和普通人一样平等看待。我们高等院校是政府办的，应该把对青年学生的关爱平等地送给每一个人。一所好的大学，应该有创造性，有自信心。”最后彭院长自豪地告诉我：“事实上姚登峰已经成为激励全体同学的一面旗帜。”

当时我们并不知道录取内幕，妈妈从考试院领导口中得知，学院王金华副书记看了我的档案，充满信心地说：“我们接收姚登峰，是想引进一笔精神财富，为全校师生树立起一个榜样。”还有什么比这更能抚慰一颗伤痛的心，他给了我和全家人莫大的信心和力量！

短短的 20 多天，我们全家人经受了无法想象的精神重荷的摧残以及灵魂的考验，凝聚了那么多难以言表的心酸和苦痛，领略了冷眼与歧视，更感受到了情谊和友爱。我虽然带着心灵深重的创伤，但我得到了那么多好心人以及湖北民院的领导、老师和同学深情的关怀与厚爱。这些给了我极大的抚慰，成为我永生奋斗的力量源泉。

面对录取过程遭受的巨大挫折和打击，我曾忧伤、愤懑。我问苍天，双耳失聪难道是我的过错？为什么我付出了超过常人数倍的努力，却得不到一视同仁的待遇？但事后我还是能心平气和地接受。社会上有冷眼和歧视，有情谊和友爱，我不埋怨命运，也不埋怨任何人。别人不录取我，只是按常规常理去推断的结论，况且湖北民院给了我把握命运的机会。

湖北民院虽然偏远，但那里的领导和老师有开明的思想，开拓的眼光，热情的胸怀。9 月 9 日，我告别了家人，告别了昨日的生活，踏上了前往湖北民院的路途，在那里完成计算机专业本科 4 年的学业。

学院张开热情的双手，迎接了我这个特殊的学生。踏进民院，便感受到了家的温暖，连原来最担心的语言环境问题，也被学院领导、老师一口标准、清晰的普通话将疑虑一扫而光。

经历了多少挫折和磨难，现实和未来又变得如此美好！我的心情如同一只刚刚放飞的小鹰，快乐地飞翔在广袤的天空，亲吻着蓝天白云，享受着爱的阳光。我把快乐的心情传达给妈妈，经常通过电话、信件交流，获得妈妈的帮助和指导。放假后回到家里，和妈妈谈起我的学习、生活，谈起我的老师、同学，更是神采飞扬。

寒假回到家中，趁着春节家庭团聚，父母在家里为我举办了庆典。家里喜气洋洋，门口贴上红蜡光纸写的春联：横联是：金榜题名，竖联是“宝剑锋从磨砺出”“梅花香自苦寒来”。亲朋好友前来祝贺，有的发来贺信、贺词。妈妈的一位朋友陈鸿训伯伯寄来一首《青玉案·圆梦》勉励我：

秋分时节登山路，大学梦，初圆处，学海无涯需苦渡，聚沙成塔，积铢能富，莫把光阴负。

五千昼夜艰难数，幼子无声向谁诉、父母含辛又茹苦，似绵羊乳，效乌鸦哺，好梦轮圆补。

妈妈、爸爸忙碌着，小姨帮助张罗着，舅舅、姨妈、四姨、表兄姐弟都来了，姥姥、姥爷高兴得合不拢嘴，全家人都为我考入普通大学而感到无比的喜悦，沉浸在幸福之中。大家争先恐后抢拿麦克风表演节目，以表示对我的祝贺。爸爸、小姨放声高歌，75 岁的姥爷说自己是“老夫聊发少年狂”，唱了一首苏联歌曲《红梅花儿开》，并声情并茂朗诵赠我的四首七绝：

其一

闻道姚登升大学，纵横老泪喜欲狂。
鹏程万里从兹始，报效人民不可忘。

其二

寒窗生活苦如何，宝剑仍需砺石磨。
练就一身文武艺，建功立业日时多。
……

妈妈流下高兴的热泪，朗诵自己写的诗歌，给我祝贺和鼓励：

登儿屡屡创佳绩，众口赞誉堪称奇。
成绩成往再奋起，滔滔爱心化动力。
攀登书山勤为梯，遨游学海蜂采蜜。
来日再喝庆功酒，鲲鹏展翅千万里。

亲人的关爱、鼓励，是我不竭的力量泉源；妈妈，是我心灵相知的朋友；家，是我人生路上的加油站、温馨的港湾。我被亲情围绕着，享受着幸福快乐的生活。生活的航船，遭遇了狂风暴雨掀起的惊涛骇浪，我们曾经惊恐、慌乱，但最后用坚强的意志奋勇搏击，战胜了遭遇覆没的危险，终于又迎来和煦春风吹拂的日子，我们的航船又静静地航行在阳光照耀下微波荡漾的生活大海。我们终于过上了平静、快乐、舒心的日子，家里时常充溢着幸福和快乐。只有经历了挫折、痛苦，才会更感觉到生活的甜蜜和美好，才会更加珍惜现有的生活。

大三暑假，瑞声达研制出最新产品——780 数码助听器，我作为康复明星半价配上了一台，这样大大改善了我的听辨能力。我心里更加快活起来。

我的大学

在渴望求学无门的情况下，湖北民族学院成为我攀登知识高峰的一级阶梯，她是我的母校，融入我的生命，和“妈妈”的名字一样亲切，所以我要自豪地向大家介绍。

这是一所名不见经传的院校，在很多人眼里或许根本不屑一顾。尤其是随着大学扩招，高考录取率增加，今天上个大学已经不是什么难事，更不是什么稀奇事。况且现在考不上普通高校，还有什么自考、成教等高等学历教育。但在我的心中，她是一座神圣的知识殿堂。踏进她的校门，便感受到：这里处处蕴藏着蓬勃的生机，包含着理想的追求，凝聚着不竭的活力。

走近她我终于了解到她的历史和现状。学院前身是 1938 年建立的湖北省联中乡村师范分校，第一任校长为当时任湖北省主席兼湖北战区长官陈诚，此人后来为国民党高级将领。1949 年新中国成立后，学校更名为“湖北省恩施师范学校”。1984 年原中共中央总书记胡耀邦视察恩施时亲自题名“鄂西大学”；1989 年更名为“湖北民族学院”。学院学科门类较为齐全，覆盖文、理、工、农、医、法、管理和教育八大学科门类。

下面是我的老师齐传贤笔下的湖北民族学院：

这是一个春末夏初的日子。天门至恩施的长途客车在经过了江汉平原的坦途后，越过长江，进入鄂西南山区。沿途峰峦叠嶂，林莽青葱，雾气弥漫。你无论如何不会想到，客车是在向一所大学驶去。在人们的心中，大学总是设在繁华的大都市，深山里的大学会是怎样的呢？

学院坐落在恩施市北郊的龙洞河畔。

我站在学院古色古香的校门前，仿佛感受到一种多民族融合的奇特风情、历史的久远积淀和学术文化的厚重氛围。飞檐斗拱式门楼，两根盘龙大立柱，加上两扇坚实而沉重的铜钉突出的红漆大门，使人生出一种对高等学府的崇敬之情。仿佛告诉我，这所大学，它所肩负的历史责任；同时又告诉我，这所大学并不是随意可以进得来的，它和别的大学一样是神圣的。它欣赏才华和杰出，拒绝平庸和浅薄。只有那些青年中的优秀分子才有资格在这里占有一席之地。姚登峰和他的同学在学院门前迎接我，领我到他的宿舍去。

沿途依山而建、随高就低的一幢幢教学楼、科研楼、图书馆，掩映在绿树花木丛中。蓝色的琉璃瓦发出闪烁的光，这种绿蓝白相间的视觉感受，构成了学院的基本色调。几处繁忙的施工现场和钢管纵横的建筑物脚手架，向人们展示着这所大学的蓬勃发展的美好前景。

整齐排列的十几幢学生宿舍形成了一个庞大的公寓区。每栋公寓又是一个独立的院落。院子里的草坪光洁而整齐，中间点缀着一些花木，清幽而雅洁，温馨而和谐。

好一所花园式的学校。它，依山傍水，居高临下，可以听松涛的呼啸，可以听禽鸟的和鸣。那些大都市中的大学怕都要羡慕几分。我深深地吸了一口气，仿佛嗅到了一股山中野花的芬芳，那么清新，那么甜润。

正如老师笔下描述，这里环境优美，空气清新，阳光明媚，民风淳朴。我在这里度过了四年快乐、幸福的青春时光。

大学是我人生的转折点，我特别珍惜，但毕竟是第一次远离家人，第一次过集体生活。几个朝夕相处的同学却习惯说方言，刚开始我不熟悉他们的口型，交流发生了障碍，感到孤独与烦恼。不可遏制地想家、想爸妈了。此时，武汉、北京几个要好的同学连续打来电话：“今天，湖大的金波、财大的德红、武大的黄伟在一起聚会。本来大家好开心，却又有些伤感，‘遍插茱萸少一人’。登登，大家想念你啊！”

北京的同学来信也是同样的内容。我心里难受极了！同学们都到省城、京城、祖国各大城市去读书，他们在一起开开心心，而我呢，一个人来到这所大山深处的学校，没有亲人、朋友，新同学又还不熟悉。我感到万分孤独、绝望和无助，此时想到了残联，她是我的亲人啊！我好想去找她倾诉，但还是止住了脚步。

一个大学生，是去哭鼻子，还是去说困难？我想妈妈也不希望我这样没有志气，只有一条路，强迫自己尽快适应新的生活。我扩大结交面，主动敞开胸怀，大胆地和老师、同学交流。我在与同学、老师的相处交往中，又找到了特别融洽的感觉。没想到仅10多天时间，居然很快适应了这里的学习和生活。

我一方面感念妈妈从小致力于培养我的各种良好习惯和独立生活的能力，包括动手能力、劳动习惯以及和同学交流融合的品质和习惯等等。另一方面我感觉大学的学习环境特别适合我。因为听力障碍，从小逼迫自己通过自学，为自己开“小灶”，10多年的普通学校读书经历，练就了较强的自学能力。大学课程的学习，总体来说感觉还算得心应手。

中学阶段是基础知识的积累时期，学习特别紧张，只能根据老师的要求，被动地学习应考。而大学生走向成熟，自我调控能力增强，可以给学生更多的时间去学习—思考—运用—提高—创新—学习。这种模式和方法，恰恰是我的强项。当同学们还在适应、摸索之中，我却能自由地遨游在知识的海洋中。

我是一个凡夫俗子，需要抚慰、鼓励和支持，在这里我得到了所需要的一切帮助和支持，并且有幸成为倡导和弘扬正义、善良和一种精神荣誉的代表。

学院发出了向我学习的号召，并多次组织专场“姚登峰事迹报告会”，除我发言外，还有6位同学介绍我的事迹。后来我又作为三好学生标兵报告团成员在各系演讲。我的演讲取得成功，会场安静得只有被感动的抽泣声。学校号召全院同学向我学习，我的事迹在广播中宣传，在橱窗里陈列。

我的性格并没有因不幸的命运和所受的挫折变得灰暗，相反更加开朗、灿烂。我身残志坚、自强不息的精神激励着周围所有的人，受到社会舆论的宣传和赞扬。中央电视台、湖北卫视、湖南卫视、安徽卫视、江苏卫视、《楚天都市报》《长江日报》等多家新闻媒体都以不同的视角对我进行了报道、宣传，我作为一个自强典型，激励着当代青年奋发向上，努力进取！

我人生中遭遇了两次重大挫折。一次是打针导致耳聋，这次灾难性的打击，让父母伤心欲绝。但那时候我只有1岁多，根本不知道我未来的人生之路充满艰辛和挫折。而且因为妈妈的不懈努力，我没有顺理成章地归入聋哑人之列，走上了一条充满阳光和希望的康复之路。

第二次是高考成绩越过心仪的学校，却遭遇退档，拒绝录取。但与其愤世嫉俗，一味与世俗较真而沉湎其中，不如与自己较真，战胜自我，超越自我。我放弃了“生气”，选择了“争气”。

在经历了“凤凰涅槃”般的痛苦后，我的灵魂获得了新生。后来我还知道了好多高分考生也和我一样，来到这所学校。学校、生源优劣不是绝对的。我不但不觉得自己委屈，相反感到非常幸运。我丢掉了一切烦恼和忧虑，心灵更加舒展，性格越来越开朗，以微笑面对学习和生活，想尽一切办法去帮助别人。

对于第一次远离家人的我，妈妈有些担心：不知道我能否适应？与同学能否正常交流？她利用国庆放假，到我的大学来亲眼看一看。我高兴地到车站迎接妈妈，走在校园内，不停地和同学打招呼，并自豪地将妈妈介绍给我的同学。

妈妈说：“没想到短短20多天，你与同学的关系如此融洽！”

我的班主任杨老师欣喜地跟妈妈说：“我们没有给他任何特殊照顾，他很快适应了这里的学习和生活。”

我则调侃地说：“我不去适应环境，难道环境会来适应我？”

下面是妈妈来学校后，写的日记：

1998年10月6日　星期二

周玉果是姚登峰的同室，比他年龄长1岁。接人待物热情、成熟，在寝室这个“家”里，他是姚登峰的兄长。当我看到两个孩子像亲兄弟一样相处，心里比吃了蜜还要甜。

他们一直在说悄悄话，两个孩子可能是怕冷落我，不时朝我笑笑，看得出来他们都善解人意。遗憾的是周玉果讲的是一口罗田话，有时我还没听懂，登儿马上给我当翻译。不知道登儿怎么能听懂他的话？他告诉我时间长了，就听懂了。

10 月 5 日，登儿和周玉果送我到汽车站。一路上他们给我提着大小行包，不让我拎一点东西。望着两个说说笑笑、又如此懂事的孩子，我掩饰住自己依依难舍的心情。孩子们帮我把行李安顿在行李架上，在我再三催促下，他们下车了。在汽车开动的一刹那，我看见登儿眼里噙着泪珠挥动着双手，并追赶着汽车与我不停地挥手道别，耳边传来他大声的呼唤："妈妈——再见——！妈妈——保重身体——！"眼前浮现出那个倔强的打手语的小男孩，还是原来那个他吗？

眼泪再也控制不住哗哗地流下……

课余时间，我努力和同学们交流，友善地和大家相处。后来很多同学知道我"能干"，什么按门扣、修电脑、换保险丝等事情，都喜欢找我帮忙，我也非常乐意为大家做这些事情。在感激学校、感激生活的同时，我成了同学们欢迎的"快乐天使"，又收获着人间更多的友情，赢得了新的同学、新的朋友。

在学习那些乏味枯燥的定理公式时，我喜欢追溯前人无数次失败、探索的演绎过程，看到的是灵动的智慧结晶，科学知识变得如此生动有趣，吸引我去探索未知的科学奥秘。第一次数学考试获全系第一名，专业英语也考了个全班第一，日语获得了 90 多分的好成绩。就是英语的听说颇感困难，主要是听辨不清收录机的声音，又没有随时可看口型或进行模仿的语言环境。我不知道每个音标、每个英文单词是怎么发音，就反复看国际音标书上的发音侧面图，观察老师说英语的口型，学国际音标，听磁带、录音，听美国之音，我夜以继日练习。不管准确与否，鼓起勇气，找无人的地方，结合音标注音大声读、苦练英语听说能力。

失败和挫折时常吞噬着我的意志。在第一次回答问题，从我口中发出奇异的语音声调，引来同学的笑声时；在竭尽全力苦苦练习，却得到事倍功半的效果时，有些沮丧。但是当我想到是怎样走到普通大学的，学院领导、老师对我寄予的希望，我毕竟克服了那么多的困难，即使先天条件不好，也不是放弃英语听说练习的理由！我咬着牙坚持。

学生离不开考试，考试好比撒旦的出现，大家昏天黑地地学习备考，然后用尽全力与之拼杀，考完之后浑身精疲力竭。如果逢上星期天，恨不得昏睡百年、地老天荒。我为此进行激烈的思想斗争，是和大家一样蒙着头昏睡呢，还是起床看书呢？理智不允许我懈怠。

当同学们还沉浸在梦乡，我却捧起书本的时候，也有一点可怜自己的念头。我写信对妈妈说："为什么别人睡觉，我却要看书？为什么别人在踢球、玩耍，我却为着一个问题冥思苦想？为什么我的路如此艰难？"

母亲来信说：

登儿，你奋斗到今天不容易，妈妈和爸爸为你感到骄傲和自豪。妈妈非常理解你的想法，可以想象：别人在嬉闹，你在苦读；别人在玩耍，你在学习；别人在恋爱，你在孤军奋战；别人在睡觉，你在拼搏。我们为你流下高兴的泪水，流下自豪的泪水！

妈妈知道你是一个意志坚强的孩子，你的目标不是混个文凭，为着自己崇高的理想和志向，你的眼光要看的是那些和你一样孜孜不倦追求和奋斗的同学。正如鲁迅先生所说："哪里有天才？我是把别人喝咖啡的工夫用在工作上的。"他们玩耍的时候，正是你拼搏向前的时候。只有内心意志坚定，才不会受不良环境的影响。

妈妈相信你一定能把握住自己！

在我心里不平衡的时候，感谢妈妈不断地引导和鼓励。我不再以"小人"的眼睛看待周围的事物，也不盲目随波逐流，而始终盯住自己的目标，因此内心意志越来越坚定，逐渐走向成熟。

"短板"长进

我的强项在数理化，文字表达往往力不从心，这是我的"短板"。我感到写文章没有现成的公式依据，也不是单凭记忆就能够解决问题，这是一个复杂而艰苦的艺术加工过程，需要用心去体会，潜心去感觉，苦苦思考"修行"。

妈妈爱好文学，在她耳濡目染的熏陶下，我也喜欢读一些历史文学名著。在夜深人静时，独自在台灯下欣赏一些好的篇章，然后掩书沉思，品味那些美篇佳句。我敬佩那些文人才俊，也包括我的齐老师，他们对事物高超、奇妙的描述，吸引着我去学习、思考。随着阅读面的扩大，我在理解和学习别人语言风格的基础上，理解和学习别人表达思想感情的技巧方法。久而久之，自己也会在表达中自然运用。他们用智慧启迪我的思维，诱发心灵的火花，我想捕捉那些共鸣的灵感，在知识的阳光照耀下，我看到真善美又长出时代的新枝绿芽，内心常常有一种冲动，希望把自己的感受、欲望表达出来。于是我拿起了自己笨拙的笔，怀着对大学领导、老师和同学们一种深深的感激和敬意，写了一篇散文《我爱湖北民院》，并大胆地投出去，后来发表在湖北省残联通讯和学院校刊上。

18 岁了，我第一次远离家人，怀揣着湖北民院的录取通知书，乘上到恩施的汽车。过去的生活已经告别，新的生活随着车轮的行进即将开始。望着窗外连绵不断的山峰，弯弯的公路盘旋于青翠葱绿的山间。尽管道路曲折，但终将把我带到远方。眼前的蓝天白云明山秀水或许就是明天美好生活的昭示。

怀着对理想的追求，对知识的渴望，我来到湖北民院。首先映入眼帘的是鳞次栉比的楼房，楼顶上那蓝色的琉璃瓦在阳光下放射出璀璨的光芒，那是一座座古典高雅与现代气息相融合的教学楼建筑群。顺着校园内一条条宽阔的水泥大道前行，一阵阵清香扑鼻而来，橘红柳绿，山青水碧，亭台楼阁，使人心旷神怡。半山丛林中，一座宏伟的图书馆高高耸立，那是一座知识的殿堂，要登上数级宽敞的阶梯方能到达。绕过篮球场足球场，便看到一排排整齐、洁净的学生公寓楼。花香四溢、古朴典雅。

为什么这一切我感到似曾相识？啊！原来都是我曾经的梦。

十多年的梦，今天终于实现了。在我踏进民院的一刹那，我多么想依偎在您的怀抱痛哭一场。我收藏的一颗受伤的心在您的爱抚下，像孩子见到妈妈，要把那些不幸、委屈、痛苦、辛酸统统地流出来。

1998 年 8 月对我来说是个阴霾的日子。×大学提取档案后又退档，费了那么大的周折，他们还是认为我双耳失聪，不可能跟上学习而拒绝录取。

双耳失聪难道是我的过错？1 岁时一场平常的感冒几剂链霉素将我推向了无声世界。父母在绝境中，用爱的声音呼唤我，教我发音说话。我睁着一双迷惘的眼睛，不明白这是为什么。随着年龄的增长，我才明白：我和别人不同，我人生的路更艰难更曲折。我必须用超过常人数倍的努力来获取知识和本领，今后才能在社会上立足。通过10多年的努力，我学会了说话和交流，顺利读完普通小学、中学。今天我以自己的实力越过了录取分数线，却为什么把我拒之于门外？

感谢您，敬爱的领导、老师，是您伸出爱的双手，让我步入神圣的大学殿堂。我永远不会忘记湖北民院负责招生的领导王金华说："我们接受姚登峰是想引进一笔精神财富，为师生树立起一个榜样。"还有什么比这更能抚慰一颗伤痛的心？他给我莫大的信心和力量。后来彭振坤院长又批示："希望全院师生多多爱护姚登峰同学，不仅要圆他的大学梦，更要圆他的成才梦。"他们给了我父辈般的厚爱，并为我提供了良好的学习条件，破例安排我到用电不受时间限制的宿舍。

这里到处充溢着温馨和友爱，洋溢着淳朴的山风民情。记得到校的第一天，林江处长和几位学长，有的帮我提箱子，有的向我介绍情况，有的领我办理各项手续。他们是那样亲切、热情、周到。还有那些可敬可爱的老师和同学，他们给了我深情的关怀和厚爱，用生动活泼的教学、循循善诱的授课，启迪我的心智，引导我去攀登知识的高峰。我取得了成绩为我高兴，给我鼓励；我遇到困难，为我着急，鼎力相助。

记得到校后的第一次考试，我的高等数学考了第一名，蹇老师欣喜地叮嘱我要不断进取，继续攀登。在听英语课遇到困难时，王老师给我特别的指导，帮我找资料，鼓励我坚定学习的信心。当冬天来临时，王书记细心叮嘱我注意保重身体，不要冻着了。王老师特意要他年迈的母亲为我做了一双棉鞋，使我在校的第一个冬天感受到了春天般的温暖。

中央电视台曾报道了辽宁师大聋人周婷婷和盲人王睁同学组成"联合舰队"，你帮我听，我帮你看，互相帮助，创造了生命的奇迹。我的听力损失按世界卫生组织对耳聋的分级，属于极重度耳聋。我按专家们的构想，和健康的强者——周玉果、李小亮等同学组成了"联合舰队"。我们像兄弟般相处，谈学习、谈人生、下棋、打球……我主动干一些打开水、做卫生之类的事情，他们传递给我信息，不厌其烦地重复老师对解题重点的提示和要求，我们互相帮助，互相促进。我和周玉果同学在《数学荟萃》发表了自己的论文。我们"联合舰队"的基础就是一个字——爱！我相信我们一定能够乘风破浪，扬帆远航。

我爱你，湖北民院！你虽处山城，却有现代文明的信念和眼光，开拓的思想；你虽偏远，却有连接五大洲的信息网络；你虽年轻，却已崛起。优美的环境，严谨的治学，良好的校风将为祖国培养和造就一批批有用之才。

湖北民院，我愿在你的怀抱中茁壮成长。

尽管文笔还很稚幼，但学院和省残联给我鼓励，帮我实现了发表作品零的突破。尽管只收到36元的稿费，更重要的是收到了信心和力量。

后来只要有时间，我便拿起笔。我的一篇篇散文、论文多次在校内外刊物上发表。比如《绽放生命之花》以及议论文《提高自身素质，迎接知识经济时代的挑战》等文章，并分别获奖。

我积极参与学院组织的各种活动。在“大学生素质教育”读书征文活动中，在学院首届“网页大赛”中……我的名字屡屡出现在获奖名单上，在2001年暑期社会调查报告的评比中，又获得一等奖的好成绩。

学习情商

善良、真诚是中华民族的传统美德，是人世间最美好的感情，是人们心灵的明灯，是我成长的阳光。父母希望我将聚集、承载阳光的心灵辐射给身边的人。懂得爱，传播爱，成为一个品质高尚的人。

我们学院地处贫困山区，好多同学交不起学费，有的连饭都吃不上。我时常为此而难过，也让我的心灵受到震撼和洗礼。有个同学早餐买一碗稀饭、两个馒头，管一天时间，一个月生活费不到50元。我不再怨天尤人、患得患失，而是看到了更多比我更不幸的人。多么希望自己是有钱人，可以帮助更多需要帮助的人。班上有一位同学家中受灾，无钱买课本，开始和他共用我的课本，后来觉得学习起来很不方便，我决定从自己的生活费中节省200元给他买课本。我写信告诉父母，父母表示完全支持，要另外寄钱给我。但我坚决不要，将每月生活费压缩到150元左右。我将节省的生活费和奖学金用来资助，看到同学谁没饭钱，就悄悄塞给他50元；同学住医院，我掏出100元，放在他枕头边；我收到100多元稿费，给了需要帮助的同学。大二秋天，上届的一个同学找到我，说家中困难没有钱交学费，要我借给他周转一下，他家里马上筹钱还给我。他边说边掉眼泪，搞得我鼻子酸酸的，也跟着掉眼泪。听了这位同学的哭诉，我毫不犹豫地将自己一个学期1350元的生活费、资料费全部借给了他。结果到时间他没有履约还钱，我找他，他说没有钱，我只好节衣缩食硬撑着。寒假回来，走进家门就叫着："老妈呀，赶快弄点东西给我吃吧！"

"怎么回事？路上没吃饭？"妈妈看我狼狈的样子问。

"不瞒您，我手上没钱，2天没吃东西了。"我说。

"我们给你一个学期的生活费、资料费共是1500元，你总跟我们说花不完，还得了奖学金。"妈妈一边到厨房去做饭，一边问我。

"一个同学没钱交学费，学校限期要交，他找我周转一下，说好马上还我，结果到时间他说没钱还了。我知道家里困难，还要筹钱为我买助听器，怎么好意思再找家里要呢？只好自己解决。"我跟着妈妈到厨房，站在妈妈背后说。

"你自己怎么解决？"妈妈转过身问我。

"上学期节约150元，这学期得了800元奖学金。这不生活费绰绰有余了，就是买资料又花了300多元，所以回来的路费都是找同学借的。"我算账给妈妈听。

"既然路费是借的，怎么不多借一点钱在路上吃饭？不管怎么说，出门在外，手中无论如何要有点钱，以防不测。"妈妈着急地叮嘱我说。

"临近春节，同学们手中都不宽裕。"我说。

"登儿，你太善良了！什么时候都为别人着想是对的，但借点吃饭的钱应该没问题。你借了那么多钱给同学，自己在路上的两天饿着肚子，最后还想着同学的困难，不要成迂腐先生了！"妈妈说。

"这不是您教我的吗？"我说。

"是的，这是我教你的。但我也曾对你说过'防人之心不可无'。社会是复杂的，他该不会是利用你的善良欺骗你吧？你同情别人，别人却不守信用。"妈妈提醒我说。不料正被妈妈说中，以后好长时间，那个同学总是说没有钱还，一直到快毕业了，根本不想还钱。

妈妈在电话中跟我说："你再找他谈谈，看他是什么理由不还钱？如果他家里确实很困难，就算了，如果家庭经济情况不错，那还是要他还，不要滋长他的坏品行。"

下面是我写的信，将要求他还款的谈判过程告诉了妈妈。

……

那个同学家里的经济并不是很困难。我观察他花钱很大方，穿的、吃的、用的都还不错，可能是想赖账。

我找到那个同学说："我当初同情你，帮助了你，你现在也要支持我。我的助听器早就该换了，因一直没钱，拖到现在，我要筹钱买助听器。就算我找你借，你也应该为我想办法。"

"听说你家里很有钱，经常捐款，还有小车。"那个同学说。

"我家里有没有钱，不是你还不还钱的理由呀！况且我们家本来就很困难，我爸爸已经下岗了。我爸妈从来不到外面吃早餐，他们的生活都非常节俭。我捐款是我节约自己的生活费，帮助特别困难的同学。我们家什么时候有小车呢？"我耐心地跟他解释。

"你上学都是小车送来的。"

"那是我妈妈单位的车。"我说。

他的话使我想起来上大学时的情景。您本来不打算要单位的车送，可是单位的人都非常同情我在高考录取中所遭遇的挫折和打击。临行前一天晚上，单位朱主任前来看望我们，看到大大小小的行李包，问您明天怎么走，您说坐长途车。

朱主任坚决地对您说："这次你不要太革命了，我们单位派车送，算是对你儿子的安慰。你什么也别说了，一切由我们去安排。"

妈妈，我好心借钱给别人，却借出了麻烦。全家人节衣缩食帮助别人，怎么成了他不还钱的理由呢？看来他的道德品质有些问题。你借别人的钱，就应该还。你自己有没有钱还，这才是唯一的理由啊！

一想到爸妈辛辛苦苦挣的钱被骗走，心里就难过。我被人欺骗，是不是有点憨笨？

妈妈接到我的信，感到事情很棘手。不要那个同学还钱吧，我觉得别人欺负我，认准的事不会让步。同时他们不希望我在现实生活中没有原则立场，做一味软弱退让的男子汉。要还钱吧，那个同学不会轻易归还，我时常为此事而牵扯精力不划算。告诉老师解决吧，又不希望因为这件事，影响那位同学的就业和前途。

最后妈妈还是给我的老师打了个电话，希望老师做好我的工作，不要因此而烦恼，影响学习。如果那个同学家庭经济困难，钱就不还了，妈妈反复强调，不要为难那个同学。只希望我从中吸取教训，学会认识社会，认识人。但老师认为，不能滋长学生的不良行为，学校有教育的责任。最后在老师的干预下，那个同学很快就还钱了。

通过这件事情，父母希望我吃一堑，长一智。他们强调：这位同学只是思想有点不太健康，你当初帮助他没有过错。世上有很多像你这样的忠诚、老实人，在他们遇到难处时应该给予帮助。人生关键的时候拉别人一把，便可以改变别人的命运。但也有些自私的人，狡猾的骗子，不是一眼就能看得清楚，他们善于伪装，要学会识别社会上形形色色的人。

同时父母认为，要使自己在任何时候立于不败之地，做什么事都要留有余地，包括钱的安排。他们告诉我，今后无论如何不能将自己手头的全部现金借给别人，必须留下自己的生活费和一切必要的开支。你借出的钱只能是你全部家当的百分之四十以内，特殊情况另当别论。

我想起发生在我们家的一件事。那是1990年春节前后，社会上发生了很多招摇撞骗的事情，搞得人心惶惶。

一天傍晚，一个陌生的青年敲开了我们家的门。妈妈问他有什么事，他一直默默无语。我们不知道他要干什么，心有戒备，正准备要他出去，却看到这个青年流下几滴泪珠，他打手势向我们要笔和纸。

妈妈疑惑：莫非是个聋哑人？顿生怜悯之心。宁信其善，不信其恶，急忙拿来笔纸。从他不太流畅的表达，我们得知他和家里闹矛盾。妈妈和爸爸商量，天已黑了，他身无分文，要他到哪里去住宿呢？于是把他留了下来。

妈妈为他炒了鸡蛋饭，把家中尚有的“年货”拿出来切了几盘卤菜。我们都坐在他身边，不停地给他夹菜，看他狼吞虎咽地扒了三碗饭。他吃完饭，爸爸为他烧好热水，拿出新毛巾让他洗澡，接着给他铺床，让他休息。

妈妈背后对我说：“这个小伙子好可怜，不会说话。饿成这个样子，不知乞讨了多少家，连一口水都没讨到。如果都无端地戒备，这个孩子怎么活呀？”

以后几天，我们与他进行笔谈，得知他是襄樊人，那年20岁，在聋哑学校读书。

我非常纳闷：这位读中学的聋哑哥哥的表达能力怎么不及我这个读四年级的小学生呢？

一连几天，我们在纸上与他交谈。妈妈劝慰他：父母养育你不容易，有什么委屈可以跟父母说，天下的父母都爱自己的孩子。怨恨和离家只能给自己增加痛苦和烦恼，让父母为你担心。我见这位哥哥不停地点头，流下感激的泪水，在纸上写了一句话："我回去后一定向爸爸妈妈道歉！"

他终于解开了心结，我们全家人舒了一口气。他在我们家里住了一个星期，那时普通人家没有电话，他又说不清楚具体地址，无法与他家里联系。我们担心他家里人着急，妈妈给他买了到襄樊的汽车票，把他送上了汽车，临上车又塞给他 100 元钱。

从这次借钱和留宿聋哑哥哥两件事，我对"情商"有了认识和理解。所谓"情商"，遇事站在别人角度考虑，善于关心周围的人，获得别人的理解和友谊。还应包括善恶是非的识别，处事掌握原则，灵活有度。我没有因此而加大"防范"力度，一如既往尽自己所能，帮助需要帮助的人。

大三时，恩施州残联领导顶着炎炎烈日来学院看望我。手捧着残联领导送给我的 200 元奖金，激动的泪水奔涌而出，被关爱的感觉真幸福！钱，我确实需要，而且我知道这是残联的心意。但我还是将这笔钱寄给恩施州残联，捐给那些渴望读书、更需要帮助的残疾人。

情　　结

我时常忘记、时而否定自己是个残疾人，但又不得不正视自己是一个残疾人。时刻关注着残疾人事业的发展，关注着服务聋人的科技产品的创新信息，与和我同样不幸的孩子惺惺相惜。后来我选择了老师的职业，教听障大学生，我的这些纯朴的学生傻傻地对我说："感谢今生让我们遇见您这位好老师，如果还有下辈子，请继续收留我们为徒，再续师生情。"

同样不幸的命运把我们联系在一起，我们之间有着解不开的情结，我写下了一组散文。

《第三位妈妈，残联》，发表在《中国残疾人》杂志 2001 年第 12 期。

我有3位妈妈，所以我很幸福。

一位妈妈给了我生命，教我说话，抚育我健康成长。一位妈妈给了我信念和理想，为我指明了人生的方向。还有1位妈妈，在我痛苦无助时，给我关爱和力量。前两位妈妈不言而喻，第三位妈妈你知道是谁吗？她就是专门帮弱扶残，为残疾人服务的组织——残联。或许有的人会说太牵强。你看过作家毕淑敏的散文吗？“我愿把人类那种最崇高的挚爱，统称为母爱。”“当我们想家的时候，其实是想起了妈妈。当我们想起妈妈的时候，其实是想起了无边无际的爱。”

……

读大二时，我了解到很多服务聋人的科技产品问世，希望将我知道的信息，介绍给更多的聋人。我写了《科技发展给聋人带来福音》，发表在《中国残疾人》杂志2002 年第8 期。

随着科学技术的发展，有很多面向聋人的高科技产品已经陆续问世，这些都给我们聋人带来了福音。

首先是以提高聋人听力为目的的高科技产品不断涌现，其中最重要的当然就是助听器和人工耳蜗了。从笔者的经历来看，感觉助听器性能越来越好。尤其现在戴的瑞声达康特七数码助听器，音质更清晰，体积更小。它是由电脑软件支持，能持续监测周围环境的变化，并在瞬间作出反应，自主决定消除啸叫声，极大提高噪音环境下声音的清晰度。这些高科技产品已经并且还将继续使广大聋人受益。当然任何事情并不是十全十美的，就算最先进的助听器和人工耳蜗，虽然对您有帮助，但不可能使您的听力完全恢复到和正常人一样，它只是帮助您康复的一个手段而已，最主要的还是要坚持语言的康复训练，当然语言康复训练也是科技进步的产物。

电脑的问世极大地方便了聋人，特别是今年加拿大魁北克大学刚研制成功的能“读懂”手语自动输入的电脑出现，有望使聋人更轻松自如地操作电脑……

电话、手机等高科技通信器材的出现。现在已经有了可视电话，这样聋人就可看到对方的手势，而且声情并茂，相比原来的电话方便多了。同时可视手机也已问世，日本NEC、韩国LG 都已开发了可视移动电话系统，画面自然清晰。我国深圳市迪多视讯公司也研发了第一代可视手机，在有信号的地方能传输图像……

但是以上可视电话、手机还不能解决聋人与正常人电话交流的问题，为此英国等10家科研机构正在共同开展这项为期3年的科研项目“聋人便携式无线服务器”的研究和开发。据这项研究的合作伙伴德国亚深莱法大学的科学家约尔格·齐伦透露：他们已经为聋人开发出了一种利用第三代移动通信技术的便携式可视电话。聋人除了可相互用手语进行电话交谈，还可通过一个专门的翻译器让听力正常的人与他们进行电话交流。这种翻译器既可将屏幕上显示的手语转换成语音，又能将语音转换成手语。

……

还有些技术尚处于研究阶段，相信它距离我们不会太遥远，这里限于篇幅，就不再赘述了。

面对日新月异发展的科技产品，而聋人教育滞后。在感到忧心的同时，我呼吁更多的聋人提高素质，学会使用这些产品，以方便自己的学习和生活。我又拿起笔写了一篇《让科技造福于聋人》发表在《中国残疾人》杂志2002年第6期。

聋人是不幸的，而我们这一代聋人又是幸运的。我们赶上了科技迅速发展的年代，赶上了科技产品日新月异的岁月。如何让科技真正造福于聋人呢？关键就是要提高聋人自身素质，一是能把科技领域作为聋人就业的一个渠道，一项事业；二是学会使用服务于聋人的高科技产品，方便我们聋人的学习和生活。

科技的发展为聋人提供了千载难逢的就业和发展的机遇，同时也对聋人提出了新的挑战。如何抓住机遇，提高自身素质，适应知识经济和科技领域对人才的要求呢？

几千年来，我国聋人只能是“聋哑人”，80年代初期开始的康复工作，才开始改变聋人的命运。到目前为止全国约有15万聋儿开口说话，有不少聋儿上了普通学校读书。现在读普通大学或特殊教育大学的聋人比比皆是，读硕士、博士的也并不罕见。计算机的出现给有知识的新一代聋人提供了新的就业机会。计算机“人机对话”的特点，特别适合聋人，它弥补了聋哑人不能听说的生理缺陷。而计算机广泛的应用又需要大量这方面人才。从计算机的一般应用，如打字、文印到电脑工艺设计、软件开发等等，适宜不同水平、不同层次的聋人工作。

另外有条件的聋人，还应努力提高自身素质，积极投身到服务聋人的高科技产品的研究和开发之中。这里我要说的是这一工作，并不是健听人的“专利”，而事不关“己”，当然这个工作也不是人人都能去做。在知识型聋人中，一定有立志于从事这项工作的聋人。虽然这个层面的聋人不多，但他们毕竟是我们聋人的精英和代表。聋人在求学的过程中，能够和健听的强者竞争，能在普通大学里，取得比好多健听人更骄人的成绩。这些事例说明：健听人能办的事，聋人也同样能行！

我们聋人，除了要具备一定的科技知识，还要有创造性，也就是具有知识创新和技术创新能力。创新是一个民族进步的灵魂，是国家兴旺发达的不竭动力。

但是创造力不是天生的，它像包在泥沙和杂质中的矿石，需要加以开发和磨炼。要创造首先要有创造意识和创造观点。创造并不神秘，大创造来自小创造，日常学习生活中处处都有创造的机会。只有从小创造做起，才能提高自身的创造能力。

还有一点，就是要明确自己肩负的使命：好多聋人朋友需要帮助啊！我们聋人不能完全依赖于“别人”，要有拯救“自己人”的思想。因为我们最了解自己这个群体的需求，根据自身特点去研究和开发，或许就能在这一领域为自己的同胞作出贡献。这就要求我们不能满足于已经取得的成绩，要按照这一领域应具备的知识和素质，“更上一层楼”，以时不我待的精神，投身到服务聋人的科技产品的研究和开发之中。只要不断提高自身素质，敢想敢干，就一定能研究和开发出更实用的服务聋人的高科技产品。

对于绝大多数聋人来说，就是要学会使用这些科技产品，方便我们聋人的学习和生活。再好的科技产品，如果我们不会使用，又有何用呢？如何让这些产品真正造福于聋人呢？

第一，树立自信心，解决“高不可攀”的思想。虽然使用高科技产品，需要一定的科技知识，但绝不是高不可攀。要这样想：别人能研究制造出来，我为什么就不会使用呢？尤其一些年轻的聋人朋友，要克服思想顾虑，只要下决心学，天下就没有学不会的事！况且有些产品本来就是简单实用的，像用手机发送短信息等。

第二，拜能者为师，不耻下问。韩愈的《师说》上说：“师者，所以传道授业解惑也。”意思是靠老师传授道理、学业，解释疑难问题。他还引用孔子的话“三人行，则必有我师”，告诉我们应拜我们周围的能者为师。您想学的这门技能，别人比您强，不管他是中小学生，还是专家，都可以向他学习，向他请教，要不耻下问。所谓学问，不问怎么学呢？

第三，由浅入深，循序渐进。任何事情都有一个学习过程，“一锹不能挖成一个井”。要根据自己的基础，制定出学习的目标、规划，由易入难，由浅入深。着急是没有用的，关键是循序渐进，持之以恒。

第四，要有“攻城不怕坚，攻书不怕难”的精神。学习一门技能或知识，健听人都有很多困难，何况我们聋人呢？比如学习电脑，社会上有很多培训班、短训班。这些班更多的是针对健听人办的，针对聋人办的班几乎没有或很少。我们聋人如何学习呢？那多数就只能靠我们自学，自己摸索。笔者是一名普通高校计算机专业本科学生，已通过了计算机中级程序员、微软认证办公专家和高级网络操作员考试。从笔者的经历来看主要是靠自学，只是学校学习条件肯定比有些聋人朋友在家自学的好多了。

第五，根据自身条件和经济实力来选择适用的产品。有的产品虽然功能很多，但过于复杂，而且有的功能对自己是没用的。您选择的时候，不如就选择实用的，功能少一点也无妨，而且价格可能还便宜些。

第六，不能完全依赖于高科技产品。再先进的科技产品，对聋人都只能起到一些辅助作用，主观的努力是最重要的。比如有的家长给孩子配备了助听器或者电子耳蜗，以为万事大吉。其实康复是一个漫长的过程，需要长期的训练，才能获得成功。但是如果不戴助听器，不依靠科技产品，那就没有康复的希望和可能，它的作用也是显而易见的。

总之，我们聋人和聋儿家长必须全面提高自己的素质，在这个快节奏、高速度、充满竞争、充满创新的社会，找到应属于聋人自己的位置；学会使用层出不穷的服务聋人的高科技产品，弥补上苍带给我们的生理缺陷，方便我们聋人的学习和生活，让科技真正造福于聋人！

春风惠顾

学生首要的任务是学习，大学学习尽管没有高中那么大的压力，但如果你想获得优异的成绩，如果你不满足课本知识的摄取，学习依然异常地紧张和忙碌，学习几乎充塞了我的整个生活。

读大二的一个星期六的晚上，大概9点多钟，我正埋头看书，感觉有一双明亮的眼睛注视我很久了。抬起头，看到我们班一位清秀的女生站在我面前。当我们的目光对视时，她的脸因羞涩而通红，如同一朵盛开的桃花。我正要问她有什么事吗，她慌张地塞给我一封信，就迅速离开了。

从女孩的表情看，我猜测可能是一封情书。我的脸也开始发烫，心怦怦地跳，拆信时紧张得手都在颤抖。果然不出所料，女孩在信中向我表达了对我的爱慕之情，字里行间我看到了一颗纯洁、温柔、火热、跳动的心！我的内心立刻涌动起一股幸福的暖流。

入校以来我一直心无旁骛，专心学习，根本没注意也没想到会有女孩对我有“那个”意思！

她是一个非常优秀的女孩，亭亭玉立的身材，穿着却异常简朴；清秀端庄的面容，从不擦胭抹粉；文静、优雅的谈吐不显张扬；成绩优秀却很谦和。我们偶尔也在一起讨论学习中的难题，交流学习方法。我想起她曾多次微笑着把饭菜送到我的面前，说是特地为我买的；几次向我诉说她含辛茹苦的父母和心中的苦恼、烦闷；找我给她抽屉安插销，为她们寝室安门扣、换灯泡……我还以为仅仅只是同学间的友情。

我没有心情看书了，唯恐被人发现秘密，急忙收藏起人生的第一封情书，走出图书馆。

一弯新月给大地、树木、山丘、湖泊洒下淡淡的银光。静谧的校园，杨柳轻拂、桂花飘香，同学们三三两两悠闲地散着步，或在花坛边呢喃低语，还有的背靠背在路灯下看书。再往前走，不远处有一片树林，一对对漫步的恋人，幸福写在脸上。偶尔碰到熟悉的同学，含羞地跟我打招呼。这是一幅多么生动、恬静、优美的画面啊，我脑海里情不自禁跳出几句诗来：月牙挂树梢，桃李语悄悄。相知在校园，面红心里笑。

我们这一代人大多是独生子女，生活水平较高，营养丰富，生理发育普遍提前，媒体宣传也没有原来那么禁锢，对性知识的了解不再那么神秘。过去觉得“春风不度玉门关”，以为“爱情”离我很远，从没考虑这件事。今天女孩主动向我敞开心扉，而且我对她也有好感。爱情的春风终于惠顾我那一片空白的情感之地，但我没有准备在大学来种植“爱情之花”，更没有时间为之锄草、施肥。我该怎么办?

我一直认为一个靠父母养活的消费者，是没有资格谈恋爱的。不管年龄多大，如果不能自食其力，怎么能承担起爱情的责任呢?更不可能预支无把握的承诺，而且还有学业等待我去完成。我必须付出超过常人数倍的努力，才能取得更好的成绩。我哪有时间、资格谈恋爱呢?正当我为这份感情而感动，但又觉得为难时，又有一个教育系的女孩，向我射来丘比特之箭——情书。

一连几天，辗转反侧，睡卧不宁。我给妈妈打了一个电话，妈妈很激动，也感到很高兴，叮嘱我慎重对待这件事情，珍惜这份感情。当时家里没有电脑，所以还不能通过电子邮件联系，但很快就在期盼中收到了妈妈的来信。

登儿：

你好！接到你的电话，妈妈感到高兴。转眼间你已长大成人，如果不是读大学，你已经到了恋爱的年龄。你被几个女孩追求，说明你有很多可爱之处，妈妈为此感到欣慰。

你通过不懈的努力，取得了优异的成绩，得到学校、老师的认可，更难得的是在健听人群的竞争中，赢得了女孩的芳心。她们是在了解你的情况下，不计较你身体的缺陷，而被你的容貌、气质、才华、品质、能力和成绩等方面所吸引，这是对你的全面认可和赏识。

你没注意人家，人家可能早就在观察和了解你了。接到人家的信，既不要惊恐，更不能自傲，要诚心诚意对待人家，尊重对方的人格和感情。作为一个文静、正派的女孩，能突破“男追女”的传统观念，需要很大的勇气和决心，这份感情更是值得珍惜。所以不管你是否接受这份感情，一定不能随便伤人家的心，伤害人家的感情。我估计这可能是她的“初恋”，请你一定不要简单草率地拒绝。

爱情是两颗心灵碰撞的火花。人家看得上你，这是你的福分，但是你也有选择的权利，不要把它作为一种精神负担。

×哥曾要你把爱情作为一门课程去体验尝试，我认为尝试是不诚实的表现，如果不是付出全部真心的爱情游戏，不会有好结果，也是对自己不负责任。或许我的观念有些传统。

过去我不想跟你谈这个问题，因为你能正确对待。你曾来信说："我没有承担这种责任的能力。"我知道你大学期间不会主动去追女孩子，浪费时间和精力。现在既然有女孩主动追你，不管你谈不谈，我的意见如下：

如果你仍然保留原来的观点，不谈朋友，一定要妥善处理好关系。茫茫人海，广结善缘，不要因此伤害别人。如果你现在愿意交女朋友，一定要保持距离，千万不能影响学习。

你要有思想准备。虽然现在是女方追你，随着时间的变化，她会不会有变化？她家里的人同不同意？如果她家里反对，她对你的感情是否坚定？你们相处后，你和她志趣是否相投？事物不一定全是向好的愿望发展，这些要有足够的思想准备。

你说目前没有时间和精力谈情说爱，最好能做一般朋友相待，今后的发展顺其自然，如果过早定下来交女朋友，只会给自己造成被动，况且你对她也并不完全了解。如果再过几年，你们工作稳定，也更成熟，选择的正确性就大一些，成功和幸福的把握也大一点。所以我希望你目前最好不谈恋爱，如果有缘，今后还会相聚。

大学的光阴是短暂而宝贵的，要抓紧时间刻苦学习，为今后到社会生存、立足打下坚实的基础。恋爱是要花时间和精力的，尤其决定将爱献给一个人之前，需要较多的时间进行相互了解，不能草率承诺。学习同样需要集中时间和精力，二者必然会产生矛盾。

你同学××不是因为恋爱，精力分散，成绩一落千丈吗？更有甚者，有的本来很优秀，恋爱后整日陶醉在绵绵的爱情之中，过早地过起小家庭生活，无心学业，最后双方没能学到生存发展的本领，最终还是含泪分手。还有的因一时感情冲动，丧失理智，造成终生遗憾。所以学校规定"在校学生不准谈恋爱"（当时的规定）也是有道理的。

以上意见仅供参考，你的个人问题决定权在你。不管你怎么决定，我们决不干预你。

另外我还想谈几点意见，作为你立本修身和处理个人问题时的参考。

首先要志同道合。有共同的志向、抱负和事业心、共同的人生态度和生活理想。其次要性格和谐，夫妻今后要生活一辈子，彼此个性都强，互不相让，经常“打嘴仗”，伤感情，过得也烦。再次兴趣爱好大致相同，不光吃住在一起，最好能玩到一起，这样可增进感情，促进和谐。以上是最基本的条件，还有很多具体的东西，比如你最好能找一个性情开朗、喜欢说话的女孩等。

一般女孩心中满意的男子汉形象：首先具有强者风范。强者就要有硬汉精神，富于热情，不怕艰难困苦；开朗、幽默的性格；智慧、敏捷的思维；钢铁般的意志，坚忍不拔的毅力……其次是聪明能干，事业心强，有本领和才干。再次是正派忠贞。一般女孩都希望过安稳、幸福的生活，这样她才有安全感。最后还有经济基础，顾家理财，会过日子，在家务上能“露几手”。

不知你对女孩有什么要求，我也提几点建议：一是要有健康的身体、开朗、随和的个性。或许你认为首先要美丽，漂亮，希望对象体态轻盈、容貌端庄、肤色亮丽、举止大方，这些是我们所希望的，但不是首要条件。随着交往和了解的加深，最后能吸引对方的是个性，包括表情、行为、谈吐、服饰、性情，这些蕴含着她独有的特点，而美貌会随着时光而流逝。二是要聪明、能干、勤劳、智慧。眼睛要亮，太愚钝事事靠别人吩咐太累，而且思维都难以统一。一个家总有很多琐碎的家务事，如果好吃懒做，日子都难过下去。三要贤淑、温柔、善良、宽容，将来能做个贤妻良母。如果脾气暴躁，动不动摔盆打碗，或为一件小事唠叨没完，过日子就很烦人。心地善良这是最根本的，不管遭遇什么变故，她能为对方着想，出现什么矛盾，也不会太狠毒。与贤惠、细心、善解人意的女孩相处，使人感到轻松愉快。四是要自尊自重，珍重自己的人格，珍惜双方的感情。作风轻浮，水性杨花，朝三暮四，总想穿戴打扮，行为不检点，与这样的女孩过日子不会有幸福。

一般男孩最讨厌的女孩：①水性杨花；②冷若冰霜；③不修边幅；④爱管闲事；⑤好吃懒做。

一般女孩最讨厌的男孩：①对爱情不专一、朝三暮四；②知识浅薄；③态度专横、粗暴、不幽默、小事闹大、对女性不讲平等；④没有责任心；⑤傲慢成性；⑥不讲卫生、不修边幅。

以上仅作为今后找对象的一些参照标准和条件。现实生活中十全十美的人是找不到的，我们自己并非完美，而且还有缺陷。理想的爱人并不是十全十美，关键是要适合自己、理解自己。

从没涉及这个话题，说起来就没完没了。妈妈只有一个心愿，希望你幸福！但愿这件事能打一个“句号”，过几年再谈。好吗？顺祝天天快乐、学业顺利！

妈妈
1999 年 9 月 18 日

知我者，妈妈也。没想到妈妈的意见和我不谋而合，我想到的，她想到了；我没想到的，她也为我想到了。

在一个月朗风清的夜晚，我把女孩约到一个芳草茵茵、开满鲜花的丛林，诉说了我对她的好感和感激。我告诉她：“首先感激你对我的爱，对我的赏识，我会将这份感情永远珍藏在心底，将成为我继续攀登知识高峰的信心和力量。第二，经过慎重的思考，我认为我们目前只能做一般朋友，互相关心，互相帮助，共同进步。我想趁现在年轻抓紧时间和精力学习。我的情况不同于别人，必须花比别人多的时间和精力来学习。如果我现在接受了你的感情，必将因为我埋头学习而怠慢你，或‘忽视你的存在’引起你的反感，最终还是会伤害你纯洁的感情。第三，目前正是我们人生奋斗的时候，我还没有承担爱情责任的能力，今后归宿何方还是一个未知数。我自己尚不能养活自己，如何能给我爱的人幸福呢？几年以后如果有缘，我们再来牵手，好吗？”

我请她谅解。女孩尽管有些伤心，但也能够理解。

我们没有因此影响学业，而是将这份爱情转化为纯洁的友谊，最终成了要好的朋友。大学毕业，我们没有因“情”彼此羁绊，而是为着我们的前途和理想，挥泪作别，各奔东西。

现在回想起来我依然庆幸当初的理智，将这份不可能开花结果的感情，在没来得及发芽、生长时就掩埋起来。没有带给她更大的伤害。

参与社会实践

作为一个普通高校的大学生，在高考选择专业时，或许就谋划和选择了未来的职业，但这并不等于立下了志向。一个人有了志向，才有动力，所谓“有志者事竟成”。想到自己的成长经历，得到了那么多人的关爱，便立志回报祖国和人民，在入党宣誓的那一天，更坚定了这个信念。因为自己求学艰难，便想到千千万万和我一样的不幸者，希望帮助更多的残疾朋友，能为聋人的康复和教育事业贡献自己的力量，这成了我孜孜不倦求学的动力所在。

怀着自强不息的信念和理想，我从多方面锻炼，以提高自己的综合素质。为了积累经验，每年放假，我先后做家教、社会调查，到公司打工，当网管、卖电脑、培训学员或参加青年志愿者做义工，在实践中去学习锻炼，努力提高自己的综合能力。

2001 年暑假，我应武汉市青少年教育办公室和艺萌聋儿康复中心邀请，参加了聋儿军事夏令营活动。下面一组“聋儿军事夏令营”日记，曾刊登在《中国残疾人》2002 年第 2 期。

2001 年 7 月 22 日　星期日　晴

今天吃过午饭，我急忙赶到城北车站，准备到武汉参加夏令营活动。

或许你会笑话，你多大了还参加夏令营？告诉你：我是被武汉市青少年教育办公室和艺萌聋儿康复中心邀请当夏令营辅导员。能为和我同样不幸的残疾孩子做点事情，我心里真高兴！

这次活动名称是“自护军事夏令营”。康复中心挑选了四名康复状态好的优秀中小学生参加，另外还挑了几名健听学生与她们结成“一帮一”。我的任务是当好他们的辅导员。

晚上我接待了前来参加夏令营活动的聋孩及家长，了解到学生的一些情况。这些聋孩子不仅语言康复状态良好，李思婧还获全国书画大赛金牌，钟源以极其优秀的成绩考上了竞争激烈的武汉市外国语学校，让我佩服不已。看来好多方面我这个老大哥要向她们学习呢！

2001 年 7 月 23 日　星期一　晴

头一天，有一个女孩给我的印象特别深，她叫柳丽。柳丽活泼大方，只是过于调皮，有时像一只刺猬，爱和教官斗嘴。这种性格说明她克服了聋孩通常的自卑心理，从语言康复的角度来看这是好事。

下午，开始队列训练，教官指出她动作不对，她不服气地问万主任："姚登峰怎么不参加训练？"万主任向她解释我是辅导员。为了以实际行动教育她们，也为了不让她们小看，我要刘教官让我示范一遍。要知道我可是参加过两次军训的，动作当然像模像样，她们看得直拍手，柳丽当然哑口无言。榜样的作用多重要啊！说了那么多，不如做一遍。

训练持续到晚上 9 点，直到安排好营员的一切事务，10 点半又开会。从凌晨 4 点到深夜 1 点多钟，我这个辅导员当得好辛苦，但感到新奇、甜蜜和充实。

2001 年 7 月 25 日　星期三　晴

一大早，辅导员和营员们都起床了，准备工作非常紧张，但也井然有序。我和李春明去准备猜谜语活动。我们把写好谜语的纸条放到气球里面，将气球充气后口子扎紧，然后把气球放在上山的路旁草丛中，准备让孩子们一边登山，一边找气球。找到了踩破气球，拿出谜语猜。猜中三个以上，还要爬山最快的才有奖。山上有好多虫子，幸好我穿了长裤，而李春明腿上全是虫子咬的包。等做完这一切，我全身已被汗水、露水湿透了，但苦中有乐，只觉得好开心！

打靶后接着是自护讲座。它是这次夏令营活动的主要目的——增加营员们自护知识、自卫能力。讲座由一名蔡军医讲解示范，他传授了身体的主要部位如头部、胳膊的包扎技巧。

一个聋孩被军医叫上去练习，但她不知道军医说什么。大家都很焦急，我跑上去，一字一句地给他们翻译，最后大家露出了满意的笑容。

接着我们观看了军事表演。面对烈日下全副武装浑身透湿的战士，我思想上受到强烈的震撼，更感到战士的崇高、可敬！有了他们的苦，才有万家的乐；有了他们的累，才有我们安宁的生活，我们才能在温馨的校园里静心学习啊！

经过几天烈日炙烤，李思婧的皮肤被晒伤，疼得厉害，但她很坚强，一路上吭都没吭。回营地后我赶紧把她送到军医处，蔡军医给她涂了防晒霜，并叮嘱她这几天不要参加活动，不要晒太阳。我把她送寝室休息，她却坚决不干，还说要向这些解放军叔叔学习呢！我心里感动，多坚强的女孩呀！

2001 年 7 月 26 日 星期四 晴

晚上要搞联欢会，下午我和李春明筹备晚上活动事宜，填写获奖证书。在填写证书过程中，发现少了一张标兵证书，大家犯难了。我以高姿态和其他辅导员及领导商量，把我班的标兵钟源转为优秀营员。我想可能会有麻烦，但相信钟源能正确对待，也借此机会培养营员正确的荣誉观。

联欢会后要表彰发证，我提前通知钟源及其他获奖同学。钟源果然满脸不高兴，我正准备规劝她，她突然问我："你们凭什么认为我不够当标兵?"我说："你够!"她就委屈地哭起来了。

我和刘教官分析，她可能认为评选不公正，决定"对症下药"。我们说：这次夏令营活动，你表现很好，所有的要求你都达到了，领导、教官和辅导员对你都是肯定的。但是你所在的小集体，有人没达到先进，刘教官讲好多遍，好多动作还是不到位。希望你能正确对待，今后还要团结协作、互相帮助，不要在乎什么标兵、优秀营员称号。钟源终于破涕为笑。

晚会开得很精彩！节目一个又一个紧张而又热烈地进行着。钟源和李思婧代表营员向部队首长献上了一幅书法作品。

2001 年 7 月 27 日 星期五 晴

今天是夏令营活动的最后一天，要将这几天的军训项目汇报表演。早上，又来了一些市领导，他们是来参加检阅的。

10 点钟阅兵式开始了。领导和辅导员都在主席台上观看。女生方队、男生方队整整齐齐排列在大操场上，个个英姿勃勃、威武雄壮。尽管只有几天的训练，他们在军姿、军步、队列等方面都有很大的进步。脸晒黑了，心练红了；人练瘦了，意志更坚定了；看上去衣服有点脏了，汗水却洗净了身上的娇气。

几天军营耳闻目睹，又想到即将是"八一"建军节，我心中涌动着一股激情，写下了一首《最可爱的人》，希望能献给为我们夏令营付出了辛勤劳动和汗水的部队官兵：

八月，盛满绿色的深情；百鸟鸣唱出动人的歌，献给你——当代最可爱的人！年轻的理想，激扬成热血的追求。万丈霞光，是你绚丽多彩的人生；如火的骄阳，炙烤着战士们啊！汗水，是对你人生的洗礼；炮火，是对你灵魂的冶炼；坚强的意志，铸就了钢铁长城。你是守卫国土的雄鹰，守护家园的战神。如画的江山，是祖国对你的犒赏；安居乐业的人民，就是对你深情的问候——最可爱的人！

为生命高歌

岁月的长河奔流不息，转眼间大学要毕业了。妈妈想来最后看看我的大学，拜谢我的老师和同学。下面是她的日记：

我到学院第二天，正赶上“五四”青年节。这里沉浸在节日的气氛中，处处洋溢着青春的活力。繁花似锦，树木苍翠，晚会海报、球赛信息，还有奔走相告的人群，学子们灿烂的笑容，整个校园躁动着，沸腾着……形成一幅春的图画。

吃过晚饭，我怀着复杂的心情，夹杂在欢乐的人群中，去参加湖北民院信息学院与某部武警官兵举办的庆祝“五四”青年节联欢晚会。这是一个可容纳千人的礼堂，被同学们挤得水泄不通。民院的领导、老师将我请到了前排。

我是第一次参加大学的晚会，顿感一股青春的气息扑面而来。晚会高潮迭起，我分享着孩子们的欢愉，思绪却不知到了哪里。

舞台上一群小姑娘、小伙子正放声高歌，欢快地跳跃……幻觉中怎么一会儿成了年轻时的我，一会儿又成了姚登峰。

真可笑！年轻时的我演技那么笨拙，却经常是舞台上的主角。“不怕丑，舍得丢吧！”什么毛泽东思想宣传队、财贸宣传队、学习小靳庄文艺队等等。特殊的年代，造就了我们那一代人。十几个人一台戏，吹拉弹唱样样都来。

“下面请计算机科学与应用系 02982 班的姚登峰同学为大家献上一首歌！”报幕的女同学清脆而又充满情感的声音把我的思绪拉回到现实。台下立刻响起雷鸣般的掌声。

姚登峰真的要上场了！这是真的吗？

“哦！原来他就是大名鼎鼎的姚登峰啊！”我听到后排的一个同学说。

“这小子还会唱歌吗？”左边传来一个声音，继而又听到一些议论：“这真是一个奇迹！”我转身扫视了一下，只见后面几排的同学都站起来了，场面分外热烈，他们仿佛急于看到的是一个仰慕已久的歌星。

听到同学们的议论，我才相信这是真的！我的心一下子提到了嗓子眼，浑身燥热，手上汗滋滋的，不由得握紧拳头，为登儿鼓劲，也为我自己鼓劲。

早上，当老师要姚登峰在今天的晚会上唱一首歌时，他的脸刷的一下通红，连连摆手说“不行！不行！”

说实话，我也不希望他在晚会上唱歌。参加演出的都是学校和系里具有文艺天赋、出类拔萃的人才，同学们排练了很长时间，晚会将展示他们的风采和才华。姚登峰和他们不是一个层次，就是一般人在这样的场合也会有几分紧张，何况他呢？

他平常在家里喜欢听歌曲，偶尔也哼哼几句，那只是调节精神，放松自己，调子基本上是“重新谱曲”。此时他能给大家带去欢乐吗？能展示他的特长和优势吗？不！肯定不会！

中午吃饭时，登儿再次问我。我心里不希望他参加演唱出丑，但话没有说出口。只对他说：“你自己决定吧！”既没有赞成，也没有反对。

“我想参加！”他语气坚定地说，我感到震惊。他接着又说：“您不是要我向英国的教育大臣布伦基特学习吗？我不知道自己有没有他那样的勇气。”

对！布伦基特一直是登儿的榜样。布伦基特是一位盲人，就是专拣自己身体不能干的事情做，比如滑冰、开汽车等等。

此时此刻我还能说什么呢？我有些自责，觉得自己刚才的想法是虚荣心作祟。尽管我对登儿没有一点把握，但我现在唯一能做的就是鼓励他去挑战自我！

“好！我相信你一定能行！”我微笑着鼓励他说。

看到登儿大方地走上舞台，拿起麦克风从容而自信地用一口流利的普通话说：“我将一首《打靶歌》献给武警官兵，祝大家节日愉快！”我的一颗忐忑不安的心终于平静下来，这不正是我日夜渴盼的声音吗？

随着登儿富于节奏感的歌声传下来，他的老师、同学，还有武警官兵都激动地拍手合着他的节奏一起唱起来，最后成了涌动青春激情的大合唱。好多人感动得热泪盈眶，姚登峰被爱鼓舞着，我被幸福充溢着……

说实话，他的歌声并不优美，但包容源于人世间的真情和善良，他们以自己独特的方式为一个生命喝彩！鼓励姚登峰再次攀越生命的高峰，去尝试和挑战生命的极限！

这是上苍赐给我的新声！这是一曲生命的赞歌！仿佛让我欣赏到了人世间一曲最美妙的乐章！心情的舒畅和欢愉无以言表，他永久地留在我心里，久久地回响在我耳边。

我不禁问自己：这是10多年前那个只会打手势的小男孩儿吗？这是我日思夜想希望他叫我一声“妈妈”的那个聋哑孩子吗？

我在舞台上，看见妈妈热泪盈眶。

爸妈曾经为没有给我一个健全的身体而忧伤，为我生理和心理的康复，妈妈耗尽了毕生心血。我只有用坚强的生命来回报他们。我走上舞台，既是献给部队官兵，也是献给母亲的生命赞歌。

我亲爱的妈妈，您就放心把！您教给我的勇气是儿子终生享受不尽的财富！

赞赏和鼓励

4年繁忙而又快乐的大学生活就要结束了。下面是齐老师那次跟踪了解，采访的报道——《他是一位与众不同而又和大家一样的人》。

……

来不及游览校园风光，我便开始了紧张的采访活动。系主任朱军教授、系总支书记王卫东同志热情地接待了我。谈起姚登峰，两位系领导都很自豪，为他们的学生而自豪。

王卫东书记介绍说：“姚登峰是我院学生中的先进分子。年年都被评为三好学生，优秀共青团员。计算机系和学院多次组织姚登峰事迹专场报告会，姚登峰作了题为《挑战命运》的专题报告，班上还有六位同学介绍了他的事迹，外校的学生会也多次邀请姚登峰去做报告。姚登峰的事迹深深地感动了全院同学。姚登峰克服了双耳失聪的严重困难，和我们普通人一样参与竞争，这本身就是一个奇迹，何况他比很多健听同学更优秀。他已成为激励我院全体同学学习的榜样。”

王书记对这位学生赞不绝口。

“他在小会上发言吗?”我问两位领导。

“发言！而且他谈的意见都很准确。一般先听别人发言，经过分析，再谈自己的看法。”

两位领导对姚登峰抱有很高的期望。朱军教授说，“姚登峰以优异的成绩大学毕业不成问题，我们还积极鼓励他报考研究生。”这位毕业于浙江大学，后来又师从复旦大学谷超豪教授的年轻系主任说:“我现在带的是数学硕士生，而我院目前尚无计算机专业的硕士生导师。不然的话，我会收他做我的研究生的。”

两位领导向我介绍了姚登峰的学习情况。大二时姚登峰参加计算机程序员考试，顺利通过。计算机专业英语考试，获得94分的高分，为全班第一名。为了全面了解姚登峰的大学学习情况，我又采访了几位老师。

骞小平，一位刚刚做了妈妈的年轻讲师，大一时教姚登峰的高等数学。从她的介绍中很自然地流露出一种惊喜之情。“让我感到震惊的是，第一次考试，姚登峰为全年级第一名。他解题思路清晰、新颖，解答过程细致而又有序，字也写得很好，作业特别认真。我在教研室向老师们介绍情况，他们都难以置信。”

系学生党总支书记李军老师介绍：去年他被吸收为中共预备党员。我们学院对于学生入党有严格的标准。不但学习成绩要好，不能有补考科目，而且要经过学生评议，姚登峰在各方面表现都很优秀，评选优秀共青团员时，他的得票总是最高的。

我又约请了几位同学座谈，了解他们对姚登峰的看法。我的问题是单刀直入的:“你们第一次和姚登峰接触的印象还记得吗?”

同学们对我的问题感到惊讶“没什么呀！他不就和我们普通人一样的吗？一个壮实的小伙子、挺帅的，老是笑眯眯的——还有点幽默感！”

他的同室同学周玉果说:“他是一个与众不同而又和我们大家一样的人。通过军训和几年同窗了解，姚登峰是一个意志坚强的人，不会因为自己有缺陷而放松对自己的要求，他希望在任何事情上和同学们做得一样或更好！”

我为姚登峰的进步感到高兴，高兴之余，我向同学们提出另一个问题：“你们与姚登峰已经有几年的接触，你们认为他今后能否融入社会，毕业后能不能找到工作呢？”

几位同学说：“姚登峰找工作应该不成问题，他比我们学得好，基础知识扎实，知识面也很丰富。说话、交流没有问题。他讲的是一口纯正普通话，他和我们可以随便交流。”

李宇同学说：“更重要的是他有一颗爱心，经常帮助同学，自己却节衣缩食。”

听到姚登峰和同学相处得这么融洽，作为他的高中老师，我很高兴，也很放心。他已经完全融入社会之中，成为这群年轻的大学生中的一员，并且是表现出色的一员。

一本厚厚的毕业纪念册，写满了同学的情谊和鼓励。其中一个叫谢艳平的同学写下留言：“首先我要赞赏你……但我又想诅咒你，你为什么总是这么优秀，你能不能哪一次考试不及格，体验一下重修的感觉；你能不能哪一次不得奖学金，让我得一次……”同学们以各种方式给我最真诚的鼓励。

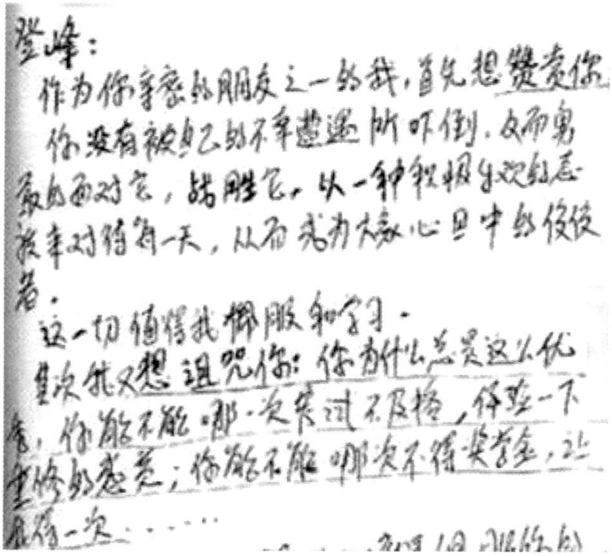
登峰：
作为你亲密的朋友之一的我，首先想赞赏你
你没有被自己的不幸遭遇所吓倒，反而勇
敢地面对它，战胜它，从一种积极乐观的态
度来对待每一天，从而成为大家心目中的佼佼
者。
这一切值得我佩服和学习。
其次我又想诅咒你：你为什么总是这么优
秀，你能不能哪一次考试不及格，体验一下
重修的感觉；你能不能哪次不得奖学金，让
我得一次……

难舍4年同窗情。我们彻夜畅谈、吃饭、喝酒、照相、留言……一位同学紧紧地握住我的手说："但愿我们还能再见！你是我生活中见到的第一位奇人。你的毅力、你的品质、你的才华、你的为人，深受所有人的尊敬。"

此时无声胜有声，唯有滚滚热泪，依依惜别我敬爱的老师和亲爱的同学。我以优异的成绩大学毕业，我的本科毕业论文被评为优秀。含着泪水我写下了一篇散文《告别》：

随着毕业时间临近，我们挥手作别的日子即将到来。

生命中仅有一次的大学生活，是我们人生之春、人生之华的奋斗乐章。四载同窗于一室，伏案攻读，疾驰于书海之中。时拒春绿于窗外，常绝夏凉于园中。我们冷暖自知，甘苦自乐。用青春热血追求着我们的信念和理想，寻觅着属于自己的一方天空。

我荣幸，得到您的教诲、培养；我庆幸，和你同学；我遗憾，时光匆忙；我坚信，这是一段美好的时光。不管怎样，我将在心底把它收藏。

至此我更深刻地体会到：学校、老师和同学——是个多么美好、多么纯真、多么温暖、多么幸福的字眼！它不仅盛满了一段难舍的情，也记录着我们的苦乐青春年华。当它要存入人生的历史档案之时，不必哀叹年华似水，一去不返。

亲爱的同学，请留下你的字迹，留下你的联系地址和电话号码，留下你的热情，留下你的友谊，留下你的希冀。

在我们天各一方时，翻开它回首我们相聚的宝贵时光，咀嚼这友谊的珠言玉语。在人生旅途疲倦时，它一定会给我以慰藉。让纪念册伴随我去开拓新的人生航程。

告别昨天，或温馨，或感伤，或沉思……

不管怎样，我为生命中曾经有您而骄傲和自豪！

姚登峰

2002年6月

班主任给我写了大学总结评语："该生在校期间表现优秀，连续4年被评为三好学生，思想进步，是一名优秀党员，学习成绩优异，尊敬师长，团结同学，助人为乐，具有很强的专业知识和实际工作能力，具有很强的创新能力，是一名优秀的大学本科生。”

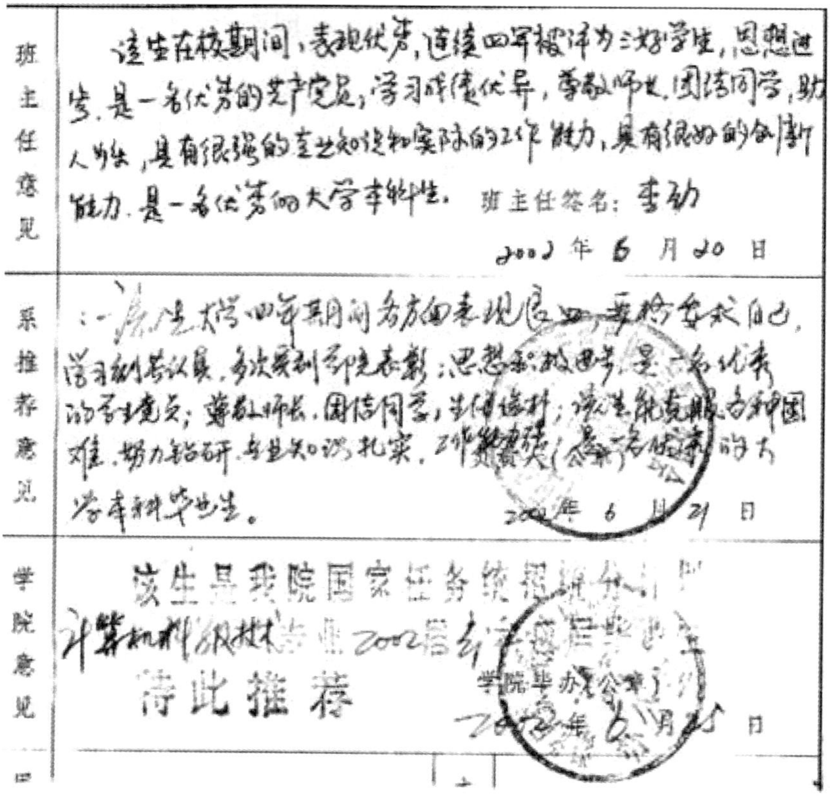

班主任意见	该生在校期间，表现优秀，连续四年被评为三好学生，思想进步，是一名优秀的共产党员，学习成绩优异，尊敬师长，团结同学，助人为乐，具有很强的专业知识和实际的工作能力，具有很强的创新能力，是一名优秀的大学本科生。 班主任签名：李劲 2002 年 6 月 20 日
系推荐意见	该生大学四年期间各方面表现良好，严格要求自己，学习刻苦认真，多次受到学院表彰；思想积极要求进步，是一名优秀的学生党员；尊敬师长，团结同学，生活俭朴；该生能克服各种困难，努力钻研，专业知识扎实，工作认真负责，是一名优秀的大学本科毕业生。 2002 年 6 月 21 日
学院意见	该生是我院国家任务统招统分计算机科学与技术专业 2002 届本科毕业生 特此推荐 学院毕业办公室 2002 年 6 月 25 日

我异常清醒，如注的赞美和鼓励，只是善良的人们对一个残疾生命的肯定、理解和包容，并不是我如何了不得，所以我不能沾沾自喜，而是冷静地思考自己的不足，因为我没有绝对的、永远的优势，只能把学业进步和人世间的深情厚谊化作继续奋进的动力。

我的导师王卫东教授和李军主任再次鼓励我报考研究生，他们对我说：“姚登峰，你成绩这么优秀，报考研究生吧！可以得到更好的发展。如果愿意，也可以在本校读。”

我很感激导师对我的鼓励，也渴望继续深造，但是本校没有计算机专业的研究生，我不愿仅仅为了一个学位而报考其他专业。

临别之际，学院书记兼院长彭振坤教授对我说：“如果在外面找的工作不如意，欢迎你到学院来工作！”我感激的心情无以言表。学院以开明、仁慈之心接纳我，以关爱、热情之心培养我，还以宽容、博爱之心愿意收留我工作。尽管我还想追寻心中的梦，没能留下，但情感的波涛在心中掀起滔天大浪，写下一首《献给母校的歌》：

母校是圣殿，吸引学子在这里求索、争先；母校是伯乐，接纳赏识我们，又策马扬鞭严加训练；母校是熔炉，学子们在这里接受考验和熔炼；母校是源泉，把爱的泉水注入学子的心田；母校是明灯，指引和拨正我们生命的航线；母校是“上帝”，为公平和正义呐喊，“弱小”是您永远的挂牵；母校是花园，园丁洒下辛勤的汗水，满园桃李争奇斗艳。衷心祝福，母校的明天更壮丽、娇艳；带着母校的希望和嘱托，昂首阔步迈向明天！

第十二章　追逐梦想

声音的翅膀在起飞时折断/母爱是我飞翔的翅膀/心中怀有期盼和渴望/便有勇往直前的力量/攀登在荒芜人迹的崎岖小道也无妨/那是通往知识云端的峰峦/博雅塔托起我的梦想/未名湖水在心田浇灌/北大校园书墨飘香/圣贤导师谆谆教诲朝夕交谈/科学进步思想熏陶浸染/涂抹跌倒的伤痕心仍飞扬/前行的道路洒满阳光

网络为媒

2002 年 7 月 2 日凌晨 2 点，我背着行囊在路上辗转两天回到家。父母亲半夜跑到马路边等候，迎接我“凯旋”。母亲写下一首诗《迎候登儿本科毕业归来》。

等待又等待，徘徊又徘徊。
翘首盼儿归，三更终归来。
相拥喜开怀，离家有四载。
黉宫写春夏，求学千里外。
天空有阴霾，吃苦能忍耐。
求知路途遥，何须再等待？
人生数场赛，百炼成奇才。

登峰不畏难，出征更豪迈！

回家不久，我任职于故乡的一所中专学校。当时学校前景不佳即将倒闭，而我并不在意上岗即要下岗，因为我的真实目的是想报考研究生。父母亲得知我的真实想法，也鼓励我抓紧考研。

有时间我就在网上寻觅一些信息资料。过去说：“秀才不出门，全知天下事。”真正得以实现的是信息飞速发展的当今社会，坐在家里，便可以奔驰在信息高速公路上，游览世界各地，获取天下各种信息。连接五大洲的网络，为我们打开了外面的精彩世界，为听障人提供了更多的获取信息的便利。

当时聋人网站刚刚成立，我有幸当上聋星网教育栏目的版主，成为第一批“元老”。刚开始没有多少人来，而作为版主最大的义务就是要鼓励人多灌水，这样你的版面才会繁荣。

每天，吃过晚饭后的2个小时，我都会坐在电脑前，写一些鼓动人心的Plan贴在上面，还发了很多翻译国外聋人的新闻帖子，让网友了解国外聋人的情况。很快得到热烈回应，我不停地回帖，和网友在网上讨论、交流。

一天照例连上BBS，看到有个署名Yingtang的网友，在昨晚10点，就在我发出帖子后不到10分钟给我回了帖子。网络相识就这么简单，哪怕是鸡毛蒜皮的小事，只要能产生共鸣，便一拍即合。理想与现实，网络与生活总是存在距离。我的网名为“碧水蓝天”，寓意网络给了我一个令人神往的清新、自由、率真、美好的空间。

我和朋友们经常在聋人在线、聋星网上，没有任何顾忌地各抒己见、畅所欲言。失落的时候互相鼓励，高兴时彼此分享喜悦。在这里一切烦恼烟消云散，找到了特别愉悦的感觉。我一直生活在健听人群中间，这样在网上认识了一批优秀聋人，如唐英、杨树林、其叶青青、小寒、枯叶等，我们有相同的生活经历，同样的喜悦和烦恼，大家一见如故，就像多年的老朋友。后来唐英搞了一次声势浩大的字幕运动，成立了公关组、资料组、翻译组等，我被分在翻译组。当时开展字幕运动急需国外的很多资料，周婷婷虽然人在国外，但对国内字幕运动也很热心，发来关于爱尔兰重听人协会有关宣传电视加入字幕运动的资料，唐老师把这些资料转交我翻译。毕竟是为自己，为我们的同胞谋取利益的事情，理当全力以赴。我一边忙于工作，一边抽时间翻译，通过夜以继日的努力，终于完成了交给我的任务。后来字幕运动取得了一定成效，2003 年央视春节晚会第一次全程加上了字幕。

为了提高英语会话能力，我有意找老外聊天，看英语新闻，玩 mud 游戏（类似现在的网游），我认识了 Ana，她是我认识的第一个外国人。

她是莫斯科大学发动机专业的学生，是个很风趣的女孩子，喜欢中文。我却是个很正统、刻板的家伙，不过我们对网聊都有一种特别的热情。她找我学中文，我找她谈学习英语的问题。后来我们谈人生、谈学习、谈爱情等等，彼此觉得有谈不完的话题。

到了相约的时间，她会早早地等在那里，如果我迟了几分钟，她会说："请你准时上线，不要让人等得心焦！"如果见不到她，我也会觉得有些失落。我和她有相同的学历背景，却受着两种不同文化的教育影响，由于文化观点的差异，偶尔也会发生争执，但彼此都会谦让，相处也就较为融洽。只是后来考研太忙，没有时间去聊天，也就中断了和她的联系。

因为高考录取受挫，总担心考研再次受到歧视。在准备考研时，我寄出去大量信件，作为投石问路，没想到很快得到了回复。武汉大学何炎祥教授、天津理工大学谢山书记等素不相识的教授热情地为我指点迷津，一次次来信勉励我在人生路上继续奋斗。他们对我的关爱，汇聚成一股暖流，彻底冲洗掉高考录取受挫留下的阴影。在爱的阳光照耀下，我对生活又充满了热情，对前途充满信心。我相信社会上的好人是绝大多数，只要自己付出努力，他们会给我公正的待遇。所以在考研选择学校时，我没有了原来的顾虑和束缚。心灵的疙瘩解除了，理想的翅膀可以自由飞翔。我完全可以和健听人一同享受美好的生活，享受蓝天、白云、阳光、空气、鲜花和美酒，在追求人生理想的道路上，我也可以和健听人一样："海阔凭鱼跃，天高任鸟飞。"

这时，我在网上得到了一个改变我人生命运的信息：国家成立 34 所软件学院，招收软件工程硕士研究生，我敏锐地意识到：这是一个如日中天的学科和产业，国家需要这方面的人才。

这时，我已不满足于参加联考，攻读在职硕士研究生。我选择了难度更大的目标——参加全国研究生统考。

我邮购了一本《考研指南》，上面介绍了名校招生公正公平，不存在黑幕。接着我又查了各个大学的网站，结果只查到北京大学等几所大学的招生过程是全程公开的，网站公布了初试名单（包括初试考号、单科分数、总分、排名、身份证号）、复试名单、录取名单。只是为了保护隐私，只公布考号。

我开始做北大梦了。

一天傍晚，我习惯性地打开了北京大学的网站，漂泊的心灵仿佛一下子找到了栖息的驿站，我迫不及待地进去"坐坐"。突然眼睛一亮，北京大学正在报名招收软件硕士研究生，冥冥之中我觉得北京大学在等我。我屏住气，脸发热，听到了自己的心在剧烈地跳动！此刻莫名其妙地想起一句宋词："众里寻他千百度，蓦然回首，那人却在灯火阑珊处。"

好长时间北大都是我的梦中情人，可望而不可即。从小时候营业员一次无意的问话"你是北京来的孩子吗？"我便认定北京是我的故乡，我要到北京求学，它成为我儿时的梦想。随着年龄的增长，我了解到北大是一块圣地，百余年来这里成长着中国几代最优秀的学者。渊博的学识，闪光的才智，庄严无畏的独立思想，构成了一种特殊的精神魅力。从 19 世纪末叶到如今，一代又一代的中国学者，从这里眺望世界，以坚毅的、顽强的、几乎是前仆后继的精神，传播着文明的种子，民主与科学已成为这块圣地不朽的灵魂。从那时起，北大成为我奋斗的目标，珍藏在我内心深处。并成为我努力进取积蓄力量的动力，希望有朝一日能叩开她的大门，在她文明思想的浸润下茁壮成长。

后来我经常光顾北大网站，寻找心灵的慰藉。我多么想报考北大研究生，但不知自己是否有实力考上？就是考上了，北大真的能接纳我吗？北京大学招生信息撞击着我的心！我想今天既然命运把我牵引到北京大学网站，我相信自己与北大有缘！直觉告诉我：北大的仁爱、开明、包容精神一定能接纳我！

妈妈以为我还在犹豫是否报考名校，走过来递给我一张纸条："成功与失败的人的区别，不在于主意的好坏，能力的大小，而在于是否相信自己的判断，敢于适度冒险，并采取行动。"当得知我的目标是北京大学，又和蔼地与我商量说："目标是否降低一些，所谓'峣峣者易折'，考武汉大学或中国科技大学也不错呀！"

我对妈妈说："现在考研，一般考本校相对容易一些，因为有'亲缘'

关系，可以了解导师的思维方式和出题招数，但是我没有这个便利呀！我知道考北京大学有难度，但是考武汉大学同样存在难度，对这些学校而言，我都是外来的‘蛮野’。为着多年的梦想，我要搏一搏！”

妈妈说：“不管你怎么决定，我们都支持你！”

冲刺北大

我报考了北京大学。

在长龙般的报名队伍中，我看到自己即将参加的又是一场硝烟滚滚的战斗。办完手续，这时各种诱人的培训班纷纷向考试大军热情地招手，什么名师指点，什么权威培训，什么导航冲刺班……都在火爆的报名中。让人心动的招生广告宣传单满天飞，仿佛进了辅导班就过了考研关。

上辅导班学费昂贵是一个方面，更主要的是在时间利用上，如何达到最佳效果。我认为像我这种情况，参加百人、千人的讲座，“拾”取的信息是极其有限的。不管什么权威，也不管什么名教授，在那种场合，我接受不到他传授的知识，又有什么用呢？或许直接从书本上获取的知识信息更多一些。我没有花费几千元上什么辅导培训班，背上花费几百元买的一大堆考研资料，选择了回家自学。

很多人都说：考研某种程度上是考毅力，而不是考智力。太对了！这是一段恒心和意志的磨炼。

尽管我是“孤军”奋战，但在网上结识了一大批考研同盟军，我的心和他们在一起。为了避免“孤陋寡闻”，我经常到比较有名气的考研网上捕捉信息，他们通常会收集各大补习班的热点。考研“先辈”们告诉我，这些热点可能会出现在试卷上，我便可以走捷径，获取一些信息。

望着一大堆考研书籍，我制订了一个详尽的备考计划。给自己规定：每天学习时间不少于 12 个小时。在与书为伴的日子里，清苦、孤独、疲倦、困苦时常袭击着我，但为了激动人心的理想，我努力控制自己的情绪，艰难地攀登在一座座知识的山峰。

在备考的日子，为了舒缓压力，我尽量做到有张有弛。洗澡、泡脚的时间就是我的娱乐时间。要感谢那些精彩的电视剧，使我摆脱了“苦行僧”的生活。什么《DA 师》《导弹旅长》《炊事班的故事》，每当电视剧开始，我便一边泡脚，一边欣赏扣人心弦的情节，个性鲜明的人物，以此调节紧张的大脑神经。妈妈开始担心我管不住自己，提醒我几次，后来看我一般能控制在一个小时左右，也就不再说什么了。

每天晚饭后和妈妈爸爸一起散步一个多小时，是我备考中最奢侈、最放松，也是最幸福的时光。漫步在西湖公园垂柳依依的岸边，迎着徐徐晚风，我们一家人愉快地交流、谈笑。妈妈故意和我聊一些轻松的话题，常常惹得我捧腹大笑。有时也向家人诉说我的烦恼和苦闷，妈妈会循循善诱地解除我心中的疙瘩，使我始终带着愉悦的心情而专心学习。

数学是我的优势。10 月以前，我采用的是被人嘲讽的题海战术，这种办法适合我，不一定适合别人。我认为做题毕竟是运用定理、公式，去锻炼解决问题的能力。我做完了几本数学题典，黑博士最近几年的仿真题和在网上找到的几十套模拟题。

英语，靠平时大量积累。每天用文曲星背英语单词 50 个，后来还往里加进去 1000 多个搜集来的词汇，托福词汇前三级（2002 年版本）全部滚瓜烂熟。看英文报纸杂志，如《21 世纪》《CHINA Daily》，还找一些精彩的阅读题目做，如历年真题，人民日报出版社出版的黑博士《240 篇》，进行大量的精读训练。第一步是先做题对答案，在原文中找出每个选择项的出处（包括干扰项）。第二步是纵览全篇结构，归纳全篇主题；找出每段主题句，归纳段落大意；接着分析和翻译长句、难句；最后摘录、背诵优美句、段，为作文所用。另外坚持用英语写日记，抽时间与外国网友聊天，翻译外文，我的英语表达能力和阅读水平迅速提高。

专业课程学习难度较大。我找来历年试卷作为复习的导向，从中分析考研试题的题型，看老师出题的风格。通过历年试卷的对比，发现老师出题的规律，找出其中的重点。我把王立福教授编写的软件工程讲义看了多遍，熟稔王教授的解决问题的思维方式和方法。

政治与时事连在一块，平时关心国际形势、国家大事，掌握国家政策的脉络和思路，党史、近代史是重头戏，好在我平时颇感兴趣，有些东西已印入脑海，只需系统地复习。

几尺厚的一堆书，被我一本本拿下，考研的过程实际是一个强化学习的过程。我自认为数学能考个八九十分没问题，软件工程也觉得游刃有余，其他的课程也准备得比较充分。

不知怎么搞的，越临近考试，发现自己不懂的东西越来越多了。原来以为弄懂的问题，却发现根本就没有完全搞懂，而且神经兮兮的，老是担心什么地方漏背了。我着急了！一个已经考上研究生的网友说："呵呵，就是这种感觉！"又有很多网友附和："我当时也是这种感觉，这就是考前预兆。"尽管有网友安慰，但没能完全驱除心中的焦虑和挫败，"我完了！"恐惧感向我袭来，根本学不下去了。我希望考试早点到来，与它拼个鱼死网破，死就死吧，或许能绝处逢生。我担心被这种焦虑折磨死了。

我向妈妈倾诉自己的苦闷和恐惧，像小时候一样，妈妈紧紧地握着我的手说："真正的勇气，不是没有恐惧，而在于不被恐惧压倒，绝不向恐惧屈服！妈妈相信你能战胜自己！"她看了看外面的天气说："算了，今天不学了，我们出去玩，让你享受一下久违的阳光。"妈妈没有勉强我，或一味指责我，而是用她特制的心灵"汤药"医治我心理上的问题。

我和妈妈骑自行车来到郊外的汉北河边，仰卧在芳草茵茵的堤坡上，初冬艳丽的阳光，照在身上特别温暖。看头顶朵朵白云缓缓地飘动在无边无际的淡蓝色的天空，身边是静静流淌的清澈明净的河水，呼吸着麦苗、青草夹杂泥土芳香的新鲜空气，感到万分惬意！大自然的美丽风光，洗去满身疲劳和烦恼。

在我玩得开心的时候，妈妈对我说："登儿，要善于培养胜利的心态，你要想着：我一定会成功！一定会胜利！当你感到必胜的心态时，你的内部机制就已经在成功的方向上定向了。"妈妈不知在哪里找来的这些至理名言，她握着我的手，把她的信心和坚定传达给我。在妈妈的开导下，短暂的恐惧感消除了，我又磨刀霍霍迎战考研。

2003 年 1 月 18 日，是全国研究生统考的日子。

提前一天，妈妈陪伴我赶赴荆州。她希望我集中精力考试，所以来当"后勤部长"。学校附近宾馆已爆满，我们住在妈妈的一位老朋友卢奶奶家中，离考场不远。卢奶奶和刘爷爷都是特别善于生活的人，家里养了很多花草，尽管是冬天，仍然郁郁葱葱、生机盎然。奶奶为我们分别安排了两个房间。我的房间朝阳，有大书桌、书柜，而且非常洁净，这样的环境使人心无杂念，特别静谧。每天晚上考试回来，奶奶和爷爷为我们还准备了丰富、可口的饭菜，使我感觉如同家中一样温馨、方便。

这次研究生考试，我比当年高考心智成熟，心理调控能力增强。我暗暗为自己鼓劲："只有相信自己，才能激发进取的勇气，才能最大限度挖掘自身的潜力。"

迎着凛冽刺骨的北风，尽管冻得牙齿打颤，想着岁寒三友，心中便有一股豪情。怀着无比的自信和勇气，我从容地和成千上万个健听学子一同步入考场。首场是政治，下午是英语。英语听力考试只能无奈地放弃，而且在放弃听力得分的情况下，我要获取胜利。

尽管第一天考试是我的短板。我所在考场的考生，考一场少几人，最后坚持下来的也就不到 20 人，不少人在考试中途就败下阵来。但我要求自己不受其影响，沉着冷静地梳理如潮的思绪，通过笔端沙沙地倾泻在考卷上。第二天又考了数学和软件工程，感觉得心应手，遗憾的是一道数学题没来得及做，不然有望获得满分。我自信地走出考场，和妈妈愉快地乘上了回家的班车。

爸爸在家为我们接风洗尘。小姨、表弟、还有亲人们都在我家等着考试归来的我们，每个人都和我拥抱、欢呼，尽管不知道考试结果，但他们已经把我当成凯旋而归的战士。我说："这样隆重的欢迎，我会有压力！"

妈妈和小姨说："你不必有压力，考不考得上无所谓。你有勇气和健听的强者去竞争，去拼搏，你就是一个勇士！只要有这种精神，哪怕这次不成功，终究成功一定会属于你。"

尽管感觉自己考得不错，但必须等待老师的评判。在那样艰苦备考的日子不觉得难受，等待考试结果的日子却异常痛苦，实在是太恐怖！在焦虑不安的等待中，终于可以查分了。

怀着一种急切、兴奋与不安的心情，打开北大研究生院网站公布的考试成绩名单。我的心剧烈跳动，呼吸急促起来，手也在颤抖，我找到了那一串数字——我的考号。啊，340 分！有些失望，比预测少了 10 多分。

我的初试成绩排在几百名考生的前 25 名，数学和专业课成绩名列前茅，数学满分是 150 分，我考了 136 分，另一门计算机专业课数据结构，满分也是 150 分，我考了 114 分。就是政治和英语拖后腿了。

这是我通过 16 年艰难的跋涉，通过国家统一考试，测量出我攀登知识的山峰所到达的高度，尽管它离耸入云端的知识高峰还很遥远，但我看到了新的希望。

2003 年 3 月 10 日，公布复试分数线。太好了！我的单科分数全部越过了单科录取线，总分超过北大录取分数线25分，超过国家录取分数线70多分，而且是和成千上万个健听的强者竞争中，丢掉英语听力分数后的得分。

2003年3月23日，公布复试学生名单，我激动地看到我的考号，我取得了复试资格。

接下来日夜备战准备3月29日的复试，包括面试。

面　试

向着北大的目标奋进，已经“过五关，斩六将”，就剩下最后的一关——面试了。

面试，要在极短的时间内，用英语作自我介绍，导师以此来考核你的英语表达能力和发音情况，再通过抽题回答导师的问题，言简意赅地陈述你的观点和意见，导师以此了解你的专业水平。几分钟的面试时间要展示你的风采和所有的实力、才华，这些刚好是听障人的缺陷和短板。

抽题回答问题来检验知识的掌握情况，如同一个几何图形，假如要考核的知识是大圆，我掌握的知识就等于或小于大圆的一个圆，它只有部分重叠于大圆之上。如果抽出的题目刚好是重叠在圆内，那就是万幸，否则也只能听天由命。我没有过多地担心专业知识的复试，最担心的还是英语口语表达能力和听不清楚老师的提问。但是北大的目标，毕竟已经走完了99步，最后这一步，哪怕是上刀山、入火海，也要知难而进。

我主要精力用来攻克英语口语。这时我有了一个便利条件，我的大哥——他是一所大学的英语老师。我在大哥的指导下，拼命练习英语的抑扬顿挫和腔调，这是我的薄弱环节。平时我是按照国际音标读、说英语句子，所以没有高低起伏。我把自我介绍用英文写出来，让大哥一点点给我纠正发音和声调，力争记住它们的口型和声调走向，然后加以背诵。没想到一个星期后，我的发音和声调有了很大的改善，如果有人给我指导，如果我有时间作专门的训练，我相信自己也能说一口较为标准、流利的英语。

平时与人用普通话交流没有太大的问题，只是与陌生人交流要点时间熟悉口型。我担心听不清楚导师的提问，怎么办呢？我决定写个自我简介，推销自己，简洁地把自己的情况告诉导师。我相信大多数学者，都有仁爱之心，应该在短时间内，争取他们的了解和理解。下面是简介内容：

尊敬的考官：

您好！我叫姚登峰。

请原谅我给您添麻烦了！如果我实在听不清楚您的提问，您能用纸条写下来吗？请您不必担心，这并不影响我今后的学习。我现在只是有点紧张，加上与人第一次交流时要点时间熟悉口型。如果说普通话，有的立即、有的需要一点时间才能与人自如交谈。如果说方言，磨合期要两三天。

我是一岁多时，因一次平常的感冒注射链霉素致使双耳失聪。是母亲的语言康复训练使我学会说话和交流，包括电话交流。我一直在普通学校读书，并一步步考上重点中学、大学。

大学四年，我的成绩总分名列前茅，高等数学、专业英语等多门专业课获全系第一名。我的散文、论文多次在校内外刊物上发表。年年被评为学院优秀共青团员和三好学生，2002 年获优秀共产党员称号。

我能够坦然地面对哪怕并不完美的生命，以百折不挠的努力，取得了令健听的强者都羡慕的成绩。

我知道所有的成绩都只属于过去，而且我所处的环境有局限，这些也不值得炫耀。我啰唆地告诉您这些，只是希望您能了解和理解我。在 16 年的学习生涯中，我已经摸索出一套适合自己的学习方法，请您相信我完全能够坚持硕士研究生的学习，并一定会取得良好的成绩。而且我的环境适应能力较强，这么多年都是我去适应环境，适应老师，我不会额外地增加导师的麻烦。

恳请您在面试中一定给我一个机会！

尊敬的导师，不管能否如愿我一定不会辜负您，我将用自己的努力为学校添光加彩。感激您在我求知路上给予的帮助和支持！

面试考生：姚登峰

揣着打印好的简介走进考场，我看到几位导师安然地坐在考官席上。其中有一位气宇轩昂的中年学者，后来才知道这位学者居然就是编写软件工程讲义的王立福教授！

我恭敬地向几位考官呈上简介，用英语作自我介绍，从容不迫地回答导师的提问。

“试描述顺序检索、二半检索、二叉排序检索、随机检索等之间的区别，并加以评论。”

“说明构成数据流图的主要部件及各部件的作用。”

“试阐述 Web 中软件开发的构件技术。”

……

近 20 分钟的面试时间不知不觉过去了，我取得了北大考试中最后的胜利。并将这次经历的感悟和感激之情，写了散文——《面试》，曾发表在《长江日报》和《中国残疾人》杂志上。

上大学之前，有没有面试，我记不清了，但高考面试和研究生面试的情景我永生不会忘记。

1998 年 8 月，我的高考分数过了一所重点大学的录取线，却因耳聋遭遇退档，费尽周折这所大学才同意面试。

可以说这次面试机会是父母四处奔波求情，好多人为我说好话而争取来的。我读高中时的天门中学 14 位老师联名写信，要大学见见我后再作决定，他们认为大学老师见到我后一定会满意的。我的这些善良的老师们对我充满信心，并派了一名老师陪同我参加面试。

那天清晨，我和老师赶到这所大学面试。我知道面试将决定我是否被录取。前一天晚上我整夜无眠，设想了面试中的种种提问，我该怎样回答。

当我怀着忐忑不安的心情走进面试考场，近百平米的会议室，仅有 3 个考官：一个学校校医，一位计算机系的辅导员，还有一位招办人员，他们都非常年轻，与我的设想完全不同。

我相信年纪大些的长者更具同情心，我若有所失。会议室的光线较暗，我和天中的老师坐在他们的对面，距离较远，对我看口型很不利。加上考官都是一副严肃的面孔，我的心情异常紧张。

医生说了长长的一段话要我复述。我张着耳朵听，越想听清楚越听不清楚。依稀从他们的口型辨别，大致复述了几句。后来又一位考官问了几个问题都很简单。比如你能否适应大学生活？如果你戴着助听器别人歧视你怎么办？

我说：“我经历多了不会在意，而且我一定会和他们沟通。”为了说服考官，我努力表现自己，说自己会克服困难，还争取考研究生呢！

不说则已，说了却引发别人的轻蔑。陪同我面试的天门中学老师告诉我：面试的问题很生僻，是不常见的一段话，我的复述主要内容还是说出来了。或许是为了安慰我，天门中学老师说他自己都没完全听明白。依照正常人的听力标准，这所大学否定了我的入学资格。

几经周折我到一所二类大学读书，经过四年学习，我以优异的成绩大学毕业，并获得学士学位。依照我大学成绩，导师鼓励我继续深造。

我渴望深造，又不想改专业。报哪所学校呢？北大一直是我的梦！我不知自己是否有实力考上？就是考上了，北大能接纳我吗？

后来邮购了一本《考研指导》，介绍名校更公开、公正、透明，不搞暗箱操作。我鼓起勇气报考了北京大学！

当我的考试分数超过录取分数线时，我最担心的是：面试能否过关？或许是"一朝被蛇咬，十年怕井绳"。我非常担心这一次又因耳聋会遭遇学校的拒绝。那些日子我一直处于惶惑不安之中。

面试那天天气寒冷，我依然身着西服领带。因为我看了很多面试时对衣着的种种建议。这样做为了表示我对面试极其重视和对导师的尊重。

不管怎样准备充分，我是怀着忐忑不安的心情走进考场的。向考官呈上我事先准备的自我简介后，当我看到几位导师慈祥和蔼的面容，并微笑着向我点点头时，我知道自己遇到了开明、慈爱和仁厚的导师。他们对残疾人一视同仁，没有丝毫歧视。这微笑如同春天明媚的阳光，一扫我心中的阴霾，心情豁然开朗，顿时信心倍增。

平时与人第一次交流时，如果说普通话，有的马上，有的要几分钟熟悉口型。但是在这次面试中，我可以应答如流。我首先用英语作了自我介绍，对于导师的提问，尽管专业知识题目比较难，但所有答题都奔涌而来，从我口中有条不紊而出。我感觉自己表现不错，导师脸上露出了满意的微笑。我终于荣幸地被北京大学录取了！

"北大梦，初圆处。学海无涯须苦渡，莫把光阴负"，上北大不是我人生的终极目标，我将努力磨炼自己的意志，用坚实的步伐去开拓我的人生。

巍巍博雅塔，清清未名湖，我来了！北京大学，我来了！激动的泪水，止不住流淌。几十年的梦想终于成真！我从无声世界终于走到了北京大学！

为了这一天，妈妈和我进行了水滴石穿的语言康复训练和良好习惯能力的培养；为了这一天，我在求知路上艰难地攀登；为着这一天，我不惧怕任何挫折和困难。

我要大声对您说：北大，我爱您！是您又一次给了我无比的信心和力量！是您的仁爱、开明，谱写了又一曲社会文明进步、人权平等的赞歌！

前行的路洒满阳光

怀着无比激动的心情，我终于迈进了北京大学的校门，开始了新的拼搏。

我的面前时时都有一些障碍和困难，而对别人却是轻而易举的事情。比如刚上北大做体检，由于医院的医生护士都戴着口罩，我看不到他们的口型，根本听不清他们说什么。后面排着长龙般的队伍，同学们焦急等待的目光不容我去慢慢询问、解释，我急得满脸通红，这时来了一位“救星”魏毅涛，我的同学。幸好有他做“翻译”，我才摆脱了尴尬。

北京大学是全国学术圣地，有数不清的学者和游客前来朝圣。步入百年校园，我首先来到向往已久的北京大学图书馆，怀着对人类智慧和尊严的敬仰，站在它的门前低头沉思、虔诚地朝拜。据说它是全亚洲最大的高校图书馆，位于风景秀丽的未名湖畔。邓小平爷爷亲笔题写的“北京大学图书馆”，七个金灿灿的大字与高大的建筑造型衬托出图书馆的磅礴气势。

刚刚取得入馆资格，即拿到借书证，我迫不及待地进入这座知识的圣殿，如同刘姥姥逛大观园一般，内心充满喜悦、新奇。51000 平米的馆内藏书 650 多万册，我仿佛来到了书的海洋。没想到 3 年后我的毕业论文居然也在这里保存，哪怕微小的一个空间，真可谓“海纳百川”！

我追寻着早期革命领导人的足迹，李大钊、毛泽东等曾在这里探求革命真理，许多著名学者，如章士钊、袁同礼、毛准、向达等曾主持过图书馆工作。百余年来，北大图书馆已孕育出了无数的杰出学者和国家栋梁，是名副其实的学术殿堂。有一位北大人曾写诗描述图书馆内的精神气象：“静，轰轰烈烈的静！”

我兴奋的心情无以言表。

这里成为我日后最喜欢光顾的地方，经常日夜泡在这里，如饥似渴、如痴如醉地吸取科学知识的养分。马克思说：“在科学的道路上是没有平坦的大路可走的，只有在那崎岖小路上攀登的不畏劳苦的人们，才有希望到达光辉的顶点。”而我跋涉的这条崎岖小道，更是荒无人迹，时时有荆棘、沼泽、悬崖峭壁挡住我前行的路，那么我必须披荆斩棘向前进。我坚信自己是朝着心中的梦想——耸入云端的知识高峰在攀登。正如海伦所说："我不就是走不了寻求知识的康庄大道，才被迫去走那些荒芜人迹的崎岖小路吗？"我跌倒过，痛苦地捂住流血的伤口，忍着疼爬起来再赶路。

研究生教材几乎全是英文，有的老师，当然包括外籍老师都用英语授课，开始如同听天书一般。唇读一门语言，需要花费大量的时间，非一日之寒。我心急火燎一般！吃不下，睡不着，但再大的困难也不可能挡住我前行的道路，好在看英文教材问题不大。我一方面日夜啃那些艰深的教材，尽量吃透内容；一方面请同学帮忙。万分感激魏毅涛同学，他帮助我渡过了难关。每天晚上我都缠着他给我"翻译"白天老师的讲课内容，总算没有让课程落下。

每前进一步，都需要与困难进行艰苦的搏斗。就在克服了一个个困难，攀越了一座座山峰后，我深深体会到：只要不怕困难，你就会把困难打倒！我逐渐适应了老师的讲课方式，成绩不断提高，尤其是开始觉得特别难学的软件构件与中间件以及英语课程，也分别获得了91分和79分的成绩。

2004年春节，是我考上北大后的第一个春节，在这幸福的日子，我想起那些在我求学路上给过我热情帮助的人们，尽管有些人素昧平生，从未谋面，但情感的纽带已将我们的心灵紧紧连在一块。"每逢佳节倍思亲。"我给他们都发出一封封贺卡，感激他们给予一个残疾生命的成长所付出的爱心和帮助，祝福好人一生平安。好多学者、长辈、领导都给我回信，对我热情洋溢地鼓励和祝福，其中有位令人尊敬的张牢生伯伯的来信，更是语重心长，字里行间透着一个长辈对我的深情关爱和殷切希望，让我感动得热泪盈眶。张伯伯时任湖北省人大秘书长，可以说日理万机，工作繁忙，却亲笔来信给一个素不相识的残疾学生热情的鼓励和祝福。张伯伯是我的恩人，在我高考录取的重要关口为我奔走，为正义、公平呼吁，不图回报，不居功自傲，谦逊的为人和崇高的品德，让我永生难以忘怀。下面是张伯伯的回信：

登峰同学：

收到了你从北大寄来的卡和信，才知你已是北大的一名研究生，感到无比惊喜和欣慰。

请不要感谢我，我仅尽到了一个民政厅长应尽的职责。真正应该感谢的是你的父母、你的小学中学大学的老师们和一切对残疾人具有爱心无私帮助你的人们。同时，你也是一个意志坚强的好孩子，你没有辜负大家的期望，克难奋进，才取得了今天的成功。

人生的道路还很长很长，还会有许多艰难险阻。我相信，只要你永远谦虚好学，永远意志坚强。“世上无难事，只要肯登攀。”一定会取得更大的成功！

学习很艰苦，望注意身体，这是将来报效祖国本钱之一，切记。最后祝新年快乐！

张牢生

2004 年元月 18 日

一个个学者、长辈的关爱好比阳光，洒满我前行的道路，鼓励我去攻克一个个难关。

我学的是软件工程，开发项目需要多人协作，经常要开会沟通。我遇到了又一个困难，开会时听不清别人发言。每当小组讨论，面对成员的各种方言，我不知道他们说的是什么，难在短时间内与人交流。遇到几个人同时发言，也没有办法“群听”。为此，我要求自己每个项目掌握得比别人更多更透，每次开会先主动抛出自己的观点，别人围绕我的意见讨论，我便知道别人发言的大致内容，而不只是被动地听别人发言。正是这样，我的技术神速进步。

后来在找实习单位和找工作过程中，不知辗转面试了多少单位，我成了一个十足的“面霸”。虽然因为听力不好错失了很多良机，但我没有灰心丧气，始终抱着坚定的信心，我相信总会遇到“伯乐”。最后凭着优秀的成绩和出色的动手能力，我顺利进入一家软件公司实习，开发劳动部职业技能鉴定系统和高技能人才管理平台，我的论文也以这家公司的实习项目为基础来撰写的。

我又遇到一位慈父般的导师———杭诚方教授，他是北京大学外聘美籍专家，曾在国内名牌大学任计算机系副主任，后来在美国学习工作了 10 年，回国后还担任中国高等学校计算机教学研究会海外联络委员会主任。

我能师从杭教授，时常有一种特别幸运的感觉，分外珍惜师生缘分。

“严师出高徒”。杭教授教学管理严谨，对学生要求严格。做毕业论文时，步步引导，道道把关。每个同学都要做进展报告：读了资料的做读书报告，查了文献的做文献综述，想开题的做开题报告。每次总有几个学生被他训得灰头土脸。最厉害的一次是毕业答辩预演，有几个女生被训哭了。

他对我们说：“我是你们的导师，我有责任把好论文关。要我昧着良心放不合格论文一马，我做不到。我要对自己负责，对北大负责。”可见杭教授对待学术严细审慎、认真负责、一丝不苟的精神。

杭教授其实是位平易近人、通情达理、学识渊博、为人正直的导师。他对同学如此严厉，对我却异常宽容。好几次我受气氛影响，作报告时很紧张，说话都有些结巴，他却微笑着给我提出指导意见。见我听他的上海口音很吃力，不厌其烦地在纸上笔谈，经常抽出宝贵时间给我单独辅导，答疑解惑。

杭教授的循循善诱、鼓励创新、尊重他人思想的教育方法最大限度地激发出我的创新能力。正是教授的引导鼓励，使我研究问题的思路不断拓展、研究问题的方法更科学，我的理论水平、知识能力和综合素质才得以不断提高。杭教授严谨求实的治学态度、乐之不倦的工作作风、正直诚恳的待人风范对我的人生及学术研究产生了重大影响。

在紧张的忙碌中，终于迎来了答辩的日子——2006 年 6 月 11 日。怀着惴惴不安的心情，我早早地来到了北京大学理科一号楼 1334 室。

我见到了答辩委员会的委员，他们是中软总公司总工程师刘启原研究员、北京大学杭诚方教授、张宁副教授、李伟平副教授，都是学识渊博的专家。

终于该我上场了，我简单陈述了我开发项目的思路以及创新点，通过实践检验它所发挥的重大作用，解决了哪些原来一直没能解决的难题。同时回答了导师提出的一个个问题，我碰到了哪些技术难题，我的论文是对哪一理论的运用和发展。对于导师的刨根问底，也一一作了回答。

我感到了答辩委员会所有导师对我的包容和爱护，我看到了他们赞赏的目光。还有那些准备答辩前来观摩的同学，也纷纷向我投来了敬佩的目光和啧啧的称赞声。

我没有像有的同学被问得目瞪口呆、理屈词穷；也没有被导师毫不留情地严厉批评："是你做的吗？你的创新在哪里？"导师不停地表扬、鼓励我："科研工作就要像姚登峰同学这样踏踏实实，一步一步去做！""大家看到了姚登峰同学是怎样在做，难道不该引起反思吗？"

我受宠若惊！真不配导师这般赞赏，我做得实在是很不够，也极不好意思被导师这般表扬，而且一边批评同学，一边褒奖我，内心非常抱歉，我给有的同学带去难堪。

答辩完毕，要求同学退场。答辩委员会的导师经过两个多小时的认真评议，最后答辩委员会主席刘研究员宣布结果：

"本次答辩只有姚登峰同学的论文被推荐为优秀论文。姚登峰、任静等 7 位同学答辩通过，××同学答辩不合格，不能授予硕士学位。"

掌声热烈响起。我看得出同学们对我没有嫉妒，更多的却是敬佩和包容。

听到前面的结果我高兴不已，但听到还有同学没有通过时，眼泪都差点出来，担忧的心情压住心中升腾的喜悦。我真的不是虚伪！几年同窗，大家都在苦苦奋斗，那个同学也是非常努力，还给过我很多帮助，只是家庭贫寒兼职过多。好遗憾这样的结果！

维护科学真理的标尺，这是导师的职责。只是担心我的同学能经受住这个打击，重新奋斗吗？我找到他一块吃饭、聊天，鼓励他不言放弃，继续努力。

我的毕业论文最终被国家科技文献中心收录，我以优异的成绩从北京大学研究生毕业了。在隆重的毕业典礼上，当我站在北京大学百年大讲坛主席台上，李小明副校长亲自授予我学位，将流苏从我的帽檐右前侧移到左前侧中部，以示"修成正果"时，我再也忍不住了，任凭激动的泪水尽情流淌……

我的妈妈、爸爸、小姨、表弟，还有丽娜都来参加了我的毕业典礼，我们抱在一块欢呼，个个热泪盈眶。

妈妈的朋友陈鸿训伯伯又发来一首《浪淘沙·双令小调》祝贺："忆昔课儿童，思虑忡忡，慈心厉口两相融，跨越关山千万处，圆梦成功。捷报寄飞鸿，情乐无穷。老天有感慰愚公，硕士方冠头上戴，绚丽登峰。"

学无止境，今天我还在求知的路上继续攀登着。现在我为北大而自豪，将来我要北大为我而骄傲！

走上大学的讲台

2006年7月6日，北京大学硕士毕业后，经多轮面试，北京市人事局批准，我实现了当初的理想，如愿以偿地来到北京联大当了一名老师，帮助和我同样不幸的孩子。相比科学巨人——已经一头撞开物理学新纪元大门的爱因斯坦，在1907年第一次申请到伯尔尼大学任教却吃了闭门羹，而我是何等地幸运！

庆幸当初选择了一条与众不同的道路。大学毕业时，我拿到了本科毕业证和理学学士学位，还通过了全国软件水平考试，拿到了中级程序员证书。班上同学约我一块闯世界，大多数去了南方。同学劝我："读书太苦！何必再深造，做IT也能拿到高工资。"我婉拒了同学们的好意，只为坚守心中的梦想。

在北京大学读硕士时，我的父亲在国有企业下岗，加上我的助听器需要更换。助听器太昂贵了！需要相当于父母一个人1年的工资收入。我做梦都想分担家里的压力，想凭自己的努力来挣钱买助听器，同时也为了积累社会实践经验，我开始"勤工俭学"。最初帮软件公司开发油田管理软件，后来李启隆教授邀请我到北京联合大学当代课老师。李教授当时是计算机系主任，是我走上大学讲台后的第一位偶像。李教授英俊伟岸且教学经验丰富，嗓音带有磁性的阳刚之美，讲课总是那么激情、生动。他如同一台不知疲倦的播种机，将知识的种子和做人的道理播种在学生心田，又像鸡毛掸子轻柔地拂去学生心灵的灰尘。

就是这样一位值得敬重的教授，希望我毕业后来这里正式任教。当时特教学院人才缺乏，IT专业名校毕业生，一般都出国或去中关村拿高工资，而极少愿意来到这个门槛高且又苦又累的"清水衙门"。

学院需要我，我更需要学院这个人生舞台。但不是哪一位领导可决定我能走进这所大学，还有一系列条件、程序。李教授亲切告诉我进这所大学任职的条件之一，必须具有北京市人事局组织考试合格后颁发的"北京市普通高校教师资格证"。

2005年暑假，离北大硕士毕业还有1年时间。我决定利用这个假期，参加北京市高校师资培训中心组织的高校师资岗前培训课程，争取毕业前拿到普通高校教师资格证，为今后就业拓宽一条路。

在大脑欢快地蹦出软件程序的最后一行代码，我合上电脑。接下来为我的未来而战！

当教师是我从小的梦想。那是上小学前，我刚学会简单交流，且发音不那么清晰。母亲带着6岁的我去武汉聋校考察。一个画面深深刻在我心里：在一个静寂的世界，一群聋孩子飞快地比画着手语。后来我上了普通小学、中学、大学，时常想起那一幕，想起聋校的那些与我同样不幸的孩子，渐渐萌生了“帮助他们”的梦想。至于怎么帮还不清楚，只知道要为这个梦而发奋学习。

或许是受家庭影响，内心特别崇拜老师的职业。我不敢表露，怀疑自己是不是异想天开？我出身于教师世家，外公是有50多年教龄的高中老师，母亲和姨妈都当过老师，表哥、表姐分别是大学和中学老师。后来在我求学的经历中，我幸运地遇到了许多好老师。老师对我的爱使我萌发了更强烈、更坚定的愿望——做一名像我老师的老师。又因为我是一名听障人，在求学中遭遇了很多困难和挫折，我的梦明晰起来，当一名特教老师！

怀着对未来的美好憧憬，骑上自行车，飞快前往首都师范大学去报名参加北京市高校师资岗前培训。没想到报名的人还真多呀！挤进熙熙攘攘的人群，工作人员大声喊着本期报名人数快满！只有5个名额了！如果报不上名需要等一个多月，那将错过这个暑假了，搞得大家紧张得不得了。这是比速度的时候，我拿过一张表飞快地填写后递给工作人员，连同身份证和所需证书。好险啊！赶上倒数第二名！而后驮回来一堆书，有《教育教学技能》《高等教育学》《教育心理学》等。

为此次学习，我已做好决战准备——在中科院宿舍花500元月租一个床位，床前有张小书桌，花50元买了一辆旧自行车。我电话告知父母：“我成了有车有房族。哈哈！”

中关园宿舍距首都师大8公里。接下来50多天我每天顶着烈日骑自行车往返在这条路上。这是一个骄阳似火的夏季，也是北京市历史上少见的热浪滔天的日子。整整一个夏天，衣裤都像刚从水中捞出来似的。宿舍、教室都没空调。有时正午赶去上课，自行车坐垫被炙烤得像锅炉一样滚烫，似乎可以燃烧起来。仿佛听见过往车辆也和我一样大汗淋漓喘息着，无数的知了躲进树林声嘶力竭鸣叫，写字楼的人们待在舒适的空调房，而我却为了自己的抱负和理想奋斗着。

经过 1 个多月努力，与疲倦比拼、与炎热较量、与一本本厚书和一道道行业术语鏖战，终于将普通高校教师应具备的常识和教育理论装进了脑海。考试成绩公布，所有科目全部合格！心头顿时泛起胜利的喜悦，我的理想不再是水中晃荡的月亮！

入职后，我还参加了类似的很多考试，比如职称考试、培训考试……或许是久经“沙场”，考试多了也就慢慢淡定了，终于修炼成当初母亲的要求——把考试当做作业。记得参加北京市人事局组织的晋升副教授的英语职称考试后，母亲打电话询问我的考试情况。

“过了，94 分。”我平静告诉母亲。

“这么高分数呀！”母亲惊讶。

“而且是裸考呢！”我自豪地说。

“什么是裸考？”母亲问。

“因为太忙，没时间复习，丢下教鞭就去考试呗！”我自豪地说。

把考试当做作业，更需要把做作业当考试。只有平时不断学习积累，考试时才能厚积薄发！有的说我运气太好，考什么都能以高分通过。殊不知一件事情的成功背后有着怎样的艰辛和汗水！我想起一个故事。

过去同一座山上，有两块相同的石头。3 年后，一块石头被雕成佛像，受到很多人的敬仰和膜拜；另一块却当做垫路石，被人踩来踩去。垫路石对佛像说：“老兄呀，3 年前，我们曾经同为一座山上的石头，今天却发生了这么大变化，我的心里特别难受。”佛像答道：“老弟，你还记得吗？3 年前，来了一个雕塑家，你不愿意改变面貌，更害怕疼痛，而雕刻家在我身上锤子砸，钢锯锯，刻刀刻，砂布磨……所以才有了这样的结果。”垫路石听了这一席话，无言以对。

这个故事虽不贴切，当然我更不是什么佛，但成功背后的锤炼是千真万确的！尤其学习那些抽象的、枯燥的知识是要下一番苦功的，没有志向和毅力是承受不了的，任何试图不下功夫就能取得好成绩的“窍门”和“捷径”是没有的。只是在下苦功中并没有感觉那么苦，而是品尝到求知的乐趣罢了。

通过北京市普通高校教师资格考试后，最初在系、院、校里组织老师试听我的讲课，又通过几级考核和面试。我的心情如同“丑媳妇见公婆”一般，不管怎么说，我必须有勇气展现自己，做最好的自己！最后见大家长——时任联大人事处处长滕祥东教授，她是从德国归来的人力资源专家，具有开阔的视野和开明的眼光。滕处长一声“欢迎你”打消了我所有顾虑，她的热情爽朗使我顿感特别亲切，便毫无顾忌地谈起自己的抱负理想、工作打算和建议。滕处长始终用欣赏的目光看着我，微笑着对我说：“我们需要像你这样的优秀人才。你是我们大学招聘的首位聋人教师，你是个残疾人，可以更好地教育服务于残疾人，要发挥自己的聪明才智，为学院作贡献。”后来这位英明果敢的处长调任特教学院书记，给我诸多信任和栽培，包括推荐师德先进个人、职称晋升和申报北京市教学成果奖等等。

感谢人生中的爱心伯乐们，圆了我当教师的梦想。我热爱我的职业！不说它如何高尚，但它确实很有意义。教师除了传授知识，还承担了“人类灵魂工程师”的角色。前些时在网上无意中看到一段话，证实了这个职业的意义所在。“我的导师姚登峰，他也是听力障碍者，曾经的北大硕士，如今的清华博士，虽然听力不好，但他用自己的方式将此生所学的一切耐心地毫不吝啬地教给我们。我看到很多人都在默默地付出，用自己的方式去爱这个社会，这是一种强大的正能量。受他们影响我也努力地尽最大的力量贡献社会。让我们的社会变得更加美好，更加和谐！”

我明白自己肩负的责任和使命。除了讲授计算机专业课程外，还先后担任几届班主任。为了尽快与我的听障学生便捷交流，也为了尊重这个群体，我很快学会他们之间的交流语言——中国手语，并与学生打成了一片。说来蛮好笑的。开学报到时，有不少家长要找姚老师，问我：“同学，请问姚老师在哪里?”或许我与学生年龄相仿（班上年龄大的学生与我同庚），又生着一张娃娃脸吧。站在洋溢着青春活力的大一新生中，我也朝气蓬勃。欢愉涌进心中，心仿佛荡漾在春水里。

我愿做一束小小电波，将我生命聚集的爱传递和辐射出去。听障学生是一个相对封闭的群体，我以自己宽广的视野把他们带入更广阔的认知世界。我深知学生的痛苦与不便，愿意为他们传道、授业、解惑，更愿意用汗水、智慧去呵护那些曾经受伤的心灵，帮助他们克服因身体残障所带来的困难。我站在大学的讲台上，是学生无言的榜样，成为他们的偶像，不少学生的理想就是要成为中国的第二个“姚登峰”！

我将自己的满腔热情倾注在平凡的工作中，尽最大努力帮助我的学生成就梦想。以情感为纽带贯穿在整个教学过程中，课堂教学因为有了情感纽带的牵动和维系，变得更富诱惑力。师生的情感随着知识的传播而推进和延续。我珍爱每一个生命，以平等的尊重和真诚的爱心去打开每个学生的心门，引导学生学会感恩，学会做人，学会处世。课后，全然没有当老师的架子与威严。凭借着口语、手语、QQ、微信、一支笔、一个本等媒介与学生进行心灵的交流，思想和情感的沟通，成为他们成长和求知路上可亲可敬的良师益友。几年师生缘，结下一世情。我的学生敬佩我，说我是“特级棒”的老师，有的说来生还要与我再续师生情缘。

时光荏苒，不知不觉在教师岗位上工作10多年，依然不改初衷。年年被评为先进个人、多次被评为优秀班主任、师德模范、先进宣讲员，全国机器人竞赛、谷歌Android应用开发中国大学生挑战赛等优秀指导教师……各种荣誉证书挤满了柜子。说心里话，我不看重这些，它的作用只是证明我没有虚度光阴，我的努力得到了各方肯定。

2015年，北京联合大学首次开设了职称破格晋升的特殊通道，我有幸获得时任分管科研副校长鲍教授的推荐和校长卢教授的亲自提名，破格晋升为副教授，成为全校几千名青年教师中幸运的两名破格晋升者之一。怀着一颗诚敬之心，万分感激领导的信任和赏识，但对“副教授”职称却很淡然，既无欣然之喜，也无功成之悦。

我更看重的是学生、同事对我的信任和情谊，欣慰的是每逢节假日，好多学生及家长，包括已经毕业的学生给我写信、发短信表示慰问和感激。在我付出汗水和心血，感觉劳累和疲惫时，来自于学生的肯定和鼓励，消除了我所有的疲惫；学生句句肺腑之言，声声深情的问候，给我的工作增添了无比的信心和力量。

追逐梦想——致力信息无障碍研究

刚踏进联大校门，我得到了一个千载难逢的机遇！北京联大跟IBM签署合作协议，在中国第一个试点将信息无障碍技术引进高校。那时信息无障碍在中国刚刚起步。我所学IT专业正是学校急需人才，又因为我出色的专业能力，学院领导曲书记、许院长、李教授把这一重担交给了我。在技术引进、外事洽谈等工作中，处处把我推到前面。

这不正是我梦寐以求的人生舞台吗？我的兴趣与理想达到了完美结合，这是何等幸运！预感它会融入我的生命，与我共同成长。但我一个刚走出校门的北大学子，真正要独立撰写项目申报书、签拟合同、独立引进和创新技术、独立去对外沟通洽谈，感觉这副担子沉甸甸的，有惶惑、恐惧、茫然……曲书记看出我的压力，轻轻拍拍我肩头和蔼地对我说："姚老师，相信你一定能胜任！"领导慈祥的目光给了我坚毅和勇气。

2006 年，我国信息无障碍还处于起步阶段，面临的困难重重。也正因为如此才更具挑战性。从那时起，我倾注了自己全部热情和精力，开始了信息无障碍的研究。

何为信息无障碍？百度百科定义：信息无障碍是指任何人，无论是健全人还是残疾人，无论是年轻人还是老年人，在任何情况下都能平等地、方便地、无障碍地获取信息、利用信息。信息无障碍是随着社会的文明进步而发展的，是社会文明进步的重要标志之一。

那时人们对它还不了解、不认识，大家理解的无障碍，仅限于修建可以走轮椅的坡道和盲道等公共设施。后来国家连续几年召开了信息无障碍论坛，大家对信息无障碍问题有所认识、但远没有普及和推行，连无障碍的概念和名称都相当混乱。

无障碍是一个外来词。有的称"可接近性""可访问性""易用性"等等，其实这些都是 accessibility 的翻译名称。这种混乱还表现在各大词典翻译也不一致，如微软计算机词典解释为可使用性，即软件、硬件或计算机系统的附加性能，可适合各类残疾人士使用。通信词典里解释为可接入性，指普遍服务的原则，不受用户所处地理位置、种族、性别、宗教等的影响。各译者根据自己的理解自由发挥。

中国自古就有"仁者见仁，智者见智"的说法，对这一词汇翻译可谓五花八门，从而造成译意之多，让读者无所适从。为了统一信息无障碍的概念、名称，我专门撰写一篇论文投《中国计算机学会通讯》杂志，很快予以刊登。信息无障碍包含两层含义：其一，指任何人都能便捷获取信息，没有障碍；其二，指人们对获取信息内容容易理解、不费劲、不艰深。如果显示器或屏幕色彩花哨或红色刺眼，还有网页动画闪动每秒超过

3 次，会引发癫痫病人病情发作等等，那都是没达到信息无障碍标准。为此，W3C（国际万维网联盟）组织制定了 Web 无障碍的系列规则、标准。

这些年，我国社会发生了翻天覆地的变化，以前所未有的发展速度奔跑在追梦路上。我们正处于一个知识“爆炸”的时代，颠覆了千年流传下来的“人从书里乖”的纸质文字单一获知渠道。如今便捷的信息打开了人们的认知视野，极大地丰富了人类精神物质生活，推动了生产力的发展。现代科技的神奇魅力，以令人目瞪口呆的速度融入现代人的生活，层出不穷的新技术新设备改变了世界，迅速快捷的神奇功能把匪夷所思变成了现实。

而现实中，盲人因看不到，无法获取屏幕的图像信息；聋人听不到一切声音，包括电话、电视或网络音频；肢残者无法使用鼠标；还有更多老年人在浏览网站和手机时存在看不清听不清和肢体行动不便的问题。我们需要研发信息无障碍的辅助技术，来帮他们解决被自身残障或器官衰退而影响或阻碍信息获取的难题，让这些群体也能融入现代生活。信息无障碍辅助技术包括帮聋人将语音信息实时转换为可视文字或手语；帮盲人将文字实时转换为语音信息；帮助肢残者用语音命令智能操作替代肢体操作。还有针对性研发替代人体丧失的某些功能的机器人，如助聋、助盲、助肢残机器人等等。总之，信息无障碍研究目标就是让人类生活变得更便捷美好，通过无障碍辅助技术，在网络、计算机、手机等的帮助下，让残疾人、老年人和健全人一样从身体到心灵一样自由地获取所需。

信息无障碍研究并不仅仅为残疾人、老年人，也为健全人。原因很简单，生老病死乃自然规律。随着年龄衰老，人的视听、行动等身体机能都会不同程度地下降或衰退，可能会有看不到、听不到的时候。即便老而不残，生活中有时也会出现获取信息的障碍。例如，开车时只能看前方，从另外几个角度来说存在视力障碍。在噪声大的地方交流，因为噪音太大听不到，形成听力障碍。两手搬运东西的时候，没手操作键盘鼠标，存在肢体障碍。

摆在我面前有两个任务：一是引进最先进的信息无障碍技术，并应用于教学课堂，从而建立创新的无障碍教学模式，改善我们传统授课方式，争取在最短的授课时间内达到最好的教学效果。二是攻克信息无障碍的技术难点，铲除信息高速路上残弱人群的障碍，方便残疾人、老年人、健全人生活、学习和工作。让他们能够随时便捷地从电脑、网站、软件、电视等获取一样的信息、知识，一样通过网络看病、购物。

我查阅了国内外大量的信息无障碍文献，了解到信息无障碍的起源和发展，深知我国信息无障碍工作已经落后于发达国家。为了信息无障碍技术早日惠及千百万特殊群体，作为一线工作的高校老师，感觉自己责无旁贷，周身热血沸腾！首先我有得天独厚的条件，我与残障弱势群体有解不开的情结，我经历和体验了他们的困难和不便。通晓盲文、聋人交流语言——手语，还有汉语（文字和口语）、英语，掌握了计算机等现代科学知识。我有条件从事这一研究。

2007 年我和同事以现有课程《软件测试技术》为基础申请了教育部 - IBM 精品课程建设项目，并得到批准。教育部和 IBM 公司领导要求精品课程首先要具有信息无障碍特色，做成国内高校推广信息无障碍的本科课程样板。我主持在中国大陆第一个试点将信息无障碍技术和理念整合进高校课程。在院、系领导的支持下，我以时不我待精神争分夺秒，恶补信息无障碍的科学知识。一方面积极与时任 IBM 中国信息无障碍中心经理覃育梅女士联系，寻求合作与技术支持。覃育梅女士气质高雅、为人热情、办事果敢，是一位干练的女能人。她给我列出可以查阅的信息无障碍文献清单，并毫无保留地给我们提供技术支持。另一方面，我开始大量查阅文献资料，并托人从美国购买信息无障碍的书籍。抓紧一切课余时间，如饥似渴地钻研科学知识。如同一块干燥的海绵，贪婪地在信息无障碍的知识海洋中汲取营养。

每当取得一点进展，我就受到一份鼓舞，于是向前迈进一步。我的目标不是纯粹追赶先进国家，而是根据我们国情，借鉴他国经验，站在较高的起点去引进和创新。经过近一年的夜以继日的研习，总算敲开信息无障碍学术领域的冰山一角。初步了解信息无障碍的概念、理念及其用法、功能、标准、教育、推行等一系列问题，还了解到信息无障碍的最新科学技术，初步掌握了信息无障碍的基本理论、计算方法和实验技术，并且找到了一些解决问题的方向和途径。

美国是全球第一个制定和推行信息无障碍法律的国家，所有大学已将信息无障碍作为计算机课程日常教学内容。世界许多发达国家和地区相继成立了信息无障碍的研究组织，对信息无障碍的普及、教育等方面做了大量工作，还出版了许多介绍、宣传和普及的科技刊物。

我国相继出台了信息无障碍标准，但还没有相关的信息无障碍法律。目前国内很多高校本科课程尚没信息无障碍的内容。而特教学院早在2005年，李启隆教授已将语音识别技术引入聋生课堂，屏幕阅读技术引入盲生课堂。我思考、酝酿着信息无障碍下一步的研究计划，决定首先从普及信息无障碍理念的教育入手，并与领导和同事达成共识。期望通过大家共同努力，以引起全社会的重视，将信息无障碍的理念和技术植根于每个莘莘学子、每个未来的计算机从业人员和用户心中，从而形成一种常识和习惯。建立"人人共享的信息社会"，这一理想的实现将指日可待。

为了解决学生编程难的问题，我利用自己较好的编程技术，在教学之余如痴如醉研发仿真教学平台，终于成功地将仿真机器人引入计算机编程语言的教学。其成果《仿真技术在中国聋人高等教育的应用与研究》在2008年美国教育论坛做了介绍，并获得北京市高等教育学会科研成果一等奖。我作为技术负责人承担的"听障生学习计算机编程语言的教学研究与实践"项目，获2008年北京联合大学教学成果一等奖。撰写的论文《精品课程无障碍建设的实践与启示》获得"英特尔杯"2009年全国计算机教育优秀论文评比大赛三等奖，2012年北京市高等教育学会科研成果一等奖。

2009年，我承担的教育部－IBM精品课程通过了验收，以清华大学计算机系胡事民教授为组长、IBM中国软件开发中心专家郑丹、大学合作部的负责人程毓佳等人组成的专家组，对课程总体评价如下：

评价一

课程结构组织合理，内容全面，其中无障碍测试具有鲜明特色，基本上覆盖了全部软件测试领域的内容。选取的测试工具具有代表性。

评价二

针对特殊的授课对象，充分利用与IBM合作研发的无障碍技术进行教学，是本课程的特色之一。在教学定位和内容建设上，能够以实践为主，着重教授学生实用技能。教学安排上，提供了大量的实习、见习机会，与工业界紧密结合是本课的特点。总之，课程特点突出，达到精品课要求。

当时国内还没有无障碍测试相关的书籍，也没有相关的RUP软件测试教材，我下决心填补这个空白。经半年夜以继日的奋战，尤其是2008年暑假“躲进小屋成一统”，没有节假日，可谓呕心沥血，编著了40万字精品课程的配套教材《基于RUP的软件测试实践》，于2009年9月由清华大学出版社出版。这本教材分别被评为2011年北京联合大学和北京市高等教育精品教材。

从在高校引入语音识别技术，到将全球最新的信息无障碍技术和软件测试技术糅进课程，经过几个学期在教学中试讲，再将学生反馈意见进行整改，我带领的团队历经7年的艰苦探索，凝聚成“无障碍理念下课程建设的研究与实践”的教学成果，获得2012年北京市高等教育教学成果奖二等奖。

西行取经记

——参加西班牙国际会议

我不是神话中的孙悟空，没有像他们为去西天取经历尽千辛万苦、跋涉千山万水，遭遇妖魔鬼怪险象环生而惊心动魄，我只是乘坐飞机去西班牙取经罢了。

在信息无障碍领域的研究，经过艰辛的跋涉，初战告捷。前期的研究成果被W4A大会录用，这是全球信息无障碍领域的顶级会议。应W3C组织的邀请，我有幸作为W4A大会唯一的中国代表，出席了在西班牙马德里召开的2009国际万维网大会（International World Wide Web Conference）。

2009国际万维网大会迄今是第18届。它不仅是国际权威性学术会议，也是重要的科技盛会。它汇集了国际著名大学、研究机构、跨国企业和国际标准化组织的一流学者和产业界精英。大会持续推动着互联网技术的发展，为各国信息化建设提供了重要的技术标准。

大会在马德里市政大厅举行。这是一座巴洛克式的雄伟建筑，富丽堂皇、美丽壮观。身临国际科技盛会，心情尤为激动。大会期间，西班牙王储费利佩·德博尔冯－格雷西亚和夫人莱蒂齐亚到会看望了与会全体人员。

蒂姆·伯纳斯－李在大会开幕式上作了《回顾互联网过去20年，展望未来20年》的学术报告，让我扩大了视野，了解了万维网的发展历史和未来前景，受到极大的鼓舞。我目不转睛仰视着这位科学大师，他是万维网的创始人之一。虽已白发苍苍，但目光依然炯炯有神，闪现出献身科技的坚毅和睿智的光芒。

这次大会我被安排在第二个发言。家人欣喜不已，初出茅庐，能走上国际学术会议讲台。母亲写下日记。

2009年4月19日

谁也不会想到，这个站在国际会议讲台上，奔走于高科技学术界的姚登峰，却是个自幼失去听力的孩子！我好像在梦幻之中，他是过去那个五岁还不会说话的小男孩吗？往事如烟，感慨万千，不禁激动得热泪盈眶，以吟诗抒怀。

精英汇聚西班牙，飞赴盛会耀中华。
国际论坛开先河，学术讲台把言发。
昔日失聪难说话，今天论辩口生花。
铿锵激扬惊四海，科技论坛赞奇葩。
艰辛康复伴年华，一人不幸忧万家。
宝剑锋从磨砺出，胸怀壮志勤奋发。
攻克难关汗水洒，一腔碧血写春夏。
弱势群体献衷情，鲲鹏展翅乐天涯。

母亲的诗歌采用夸张手法。“今天论辩口生花”过奖了！我没有那么厉害。网上有很多关于我的报道，有说我是“牛人”，有说我是“学霸”，有说我是“神童”，还有说我是“天才”，其实都过誉了！我就是一名普通的听障学者！尽管逾越了很多连自己都认为不可能逾越的知识峰峦，但我还是有没能逾越的障碍——英语听说能力不能达到自如交流。

究其原因：首先是不得不正视的听力障碍。早期康复条件下的极重度听力损失的人，加上“哑巴英语”的教育环境，使我在英语学习路上走过弯路，初中才开设英语。受当时的认知条件限制，认为英语口语是“捡芝麻”，为了确保得到“西瓜”，长辈都劝我放弃“芝麻”。

其次是没有英语口语练习的语言环境。但凡英语水平出类拔萃的，从小就有父母或长辈能用英语与之对话、讲故事，或家住大学集中区或使馆区附近，周末到英语角去学习交流。这是指早年尚没网络、音像等条件。而我的家在一个前身为县城的小城市，父母是“老三届”初中毕业生，读书年龄去插队农村，后自学大学课程，英语的扫盲尚未完成。

告诉大家我的得失，是希望您少走弯路。随着社会的文明进步，国家对听障儿童康复出台了很多优惠政策，加上助听设备越来越先进，“尽早干预”等康复知识的逐步普及，相信今后聋人康复后的多种语言能力，尤其是外语听说能力会比我好很多。

人们好奇：你是怎么学习英语？又是怎么在大会宣读论文呢？我不能走健听孩子学英语的康庄大道，靠听说读写多种感官获知，我只能行走在一条狭窄的小路——主要靠视觉，靠阅读获得，后来才试着听英语广播。勤能补拙，多看多写多练习。就英语总体水平来说，能在国际英语文献的海洋中纵横游览，能用英文撰写长篇论文、著作。如果不具备这些最基本的能力，怎能一次次逾越高等学府门槛？又怎能获取国际上最新科学知识而从事科学研究呢？

我参加了很多国内外学术会议，如果会议用中文发言和交流的我还自信。在热烈的掌声中，我自豪地走上讲台，用较为流利的普通话宣读我的研究成果或解答与会者的提问。偶尔还能“口若悬河，滔滔不绝”。但一般国际会议通用语言是英语，宣读论文和答辩毕竟代表着一个国家的形象和水平，我的发音谈吐怎能“见世面”？

过去我梦中的场景，居然出现在现实中，在国际论坛上，在众目睽睽下，我这个聋人无所畏惧地走上了讲台向自己宣战。2009 年 4 月 20 日，我用英语做了 40 分钟的学术报告。我的发言是 W4A 大会这个国际顶级会议第一次出现中国人的声音。蒂姆·伯纳斯－李坐在第一排正对着我，认真倾听了我的发言，并不时点头微笑，表现出极大的兴趣和赞许，也得到与会者的充分肯定。

人说“台上一分钟，台下十年功”。我何止十年功！10 多年坚持收听英语广播、阅读英语。听不清楚也坚持听，读不准确也坚持读。且为了这次发言，我反复修改稿子，反复模拟演讲，反复练习发音。每次请人听后指出发音问题，总说这个音不准确，那个调不准确！读了上百遍，并将论文背诵下来，才勉强 hold 住场面。

过去很多人对中国的信息无障碍工作了解甚少，我作为一名来自中国的信息无障碍科技工作者，展示了我们中国人的实力和风采。我国的信息无障碍工作，已经伴随着世界科技文明进步的步伐而前进。

在前期的信息无障碍研究中，有个美国合作学者 Harry，是一位善良的天使。我们经常对信息无障碍技术难点切磋交流，恰好他也来西班牙参会。我便邀请他帮忙，解决了答辩中我听不清提问的难题。在答辩中 Harry 会把别人的提问写下来，然后我将答案写好，由 Harry 用流利的英语口述。幸好有 Harry 在，给我很多帮助，避免了在如此重要的大会，我听不清楚，不能正确回答的尴尬。

这次大会中，我发现全球在盲人信息无障碍方面做的工作更多，而从事聋人信息无障碍的研究却很少。我和 Harry 与来自南非的研究人员进行了探讨，他介绍了他们国家在聋人信息无障碍方面所做的工作，他们国家每个新闻都有配套的聋人真人手语录像，还一针见血地指出："中国的手语播报系统，只读了要播报文字的 20%，而且还是机械人的手语播报。理由是减少延迟。由此可见你们手语数据传输问题还没有解决。"没想到他们也关注着我国的信息无障碍进展情况。

大会期间，我和 W3C 组织信息无障碍工作组组长香浓·沙迪先生进行了交谈。他是位和蔼可亲的学者，他肯定了我们的工作成绩，还关注和询问我们申请翻译信息无障碍标准的进展，表示 W3C 组织会尽全力支持我们的工作，希望以后加强合作，为促进信息无障碍事业做出努力。大会休息的时候，我与 W4A 大会主席——日本东京 IBM 实验室的盲人科学家浅川智慧子，交流了对盲人教育的想法和意见，她很高兴认识来自北京的我。说起来我们是第二次见面了，第一次见面是 2007 年她来北大作学术报告，当时我带学生去北京大学听她的讲座，这位身残志坚、风趣乐观的科学家给我留下深刻的印象。

通过听取情况介绍，与大会同仁互动交流等方式，了解到世界信息无障碍的总体情况以及研究进展和全球最新科技动态。看到了我国信息无障碍工作与世界先进水平存在的差距，更增强了一种使命感和责任感，产生了一种时不我待的紧迫感。我们要学的东西实在是太多！

虽然参会人员来自不同国度，不同的背景、文化、年龄，但并不影响彼此之间的交流。国际万维网大会开了 5 天，来自世界各地的专家提交了

105 份科研论文。讨论了包括互联网视频、移动网络应用以及新媒体对传统媒体的挑战、创新和构想。科技智慧之光在心灵之间激发、碰撞，点燃科技创新思维的火种，将散发于全球各个角落。

过去没走出国门还没有这种强烈的情感。“西行取经”使我更深刻地体会到：只有国家的强盛，作为一个黄皮肤的中国公民才不被别人小瞧。我真切地希望我们国家的信息无障碍研究能走在世界前列，更希望信息无障碍的研究成果惠及更多残障人士。西班牙之行时间虽然短暂，但在那里所见所闻点点滴滴，都拓展着我的视野，改变着我的思考方法，提升着我的素质和能力，为日后的信息无障碍研究，提供了新的思路和目标。

由于国内没有现成的信息无障碍资料，按国际组织信息无障碍工作组组长香浓·沙迪先生意见，我着手做信息无障碍的翻译和国内情况调查工作，主持翻译了国际信息无障碍标准 WCAG2.0 等相关 W3C 资料。

我在 W4A 大会上的发言，引起时任大会主席浅川智慧子博士的关注，她和同事于当年下半年来华，对我进行专访，并和我一起对当年大会主题——老年人信息无障碍情况再次进行调查研究，全程由日本 NHK 电视台记者拍摄。见到这位科学家前辈，我有种受宠若惊的感觉，她献身科学的精神鼓舞着我继续跋涉在信息无障碍研究的科学路上。宣读的论文也被大会主席推荐给德国 Springer 旗下期刊《Universal Access in the Information Society》，引起该期刊主编的极大兴趣，这是信息无障碍领域的顶级期刊，SCI、SSCI、EI 三大检索机构同时收录。应他们要求，我又反复修改了论文，扩展充实内容，最后撰写为英文长文，被该期刊登载发表。

第十三章　清华大学，我来了

▽
▼

爱千叠 恩万重/“百战”归来再做“学童”/踏进清华欣欣向荣/树木苍翠郁郁葱葱/荷塘月色柳叶玲珑/桃李争妍姹紫嫣红/书斋幽雅大门向东/导师交谈多少感动/新鲜话语闻所未闻/服务残弱情有独钟/科学实验障雾蒙蒙/风雨兼程休问晨昏/学术领域勇登高峰/探求真理破解迷宫/拨开浓雾心绚彩虹/披荆斩棘折桂蟾宫/云天澄澈展翅飞鸿/献身科学中华圆梦

收到了清华大学博士生录取通知书

2012 年 6 月 20 日，我收到了清华大学博士研究生录取通知书。在拿到通知书的一刹那，捏着这张精致的纸片，周身热血沸腾，兴奋像小鹿闯进我的心房，挤得我不能喘气。我一个自幼失去听力的孩子，经过多年的拼搏奋斗，居然又一次敲开了中国顶级学府的大门！

此前曾万分惶恐忐忑：我有实力考上清华吗？清华大学能给我与其他考生“一视同仁”的待遇吗？导师能接纳我这个听障人士吗？事实证明清华大学是厚德、公平的，导师是仁慈、公正的。他们不管你是健听人或聋人，只管你是否达到进入这座知识圣殿所必备的条件。

这张薄薄的纸片霎时驱散了心中的阴霾，带给我无比的信心和力量。后来得知我是以第一名的成绩被录取，而且是整个实验室统招计划唯一一个。我之所以被录取，导师还告诉我：“你的程序编写得特别简洁、漂亮!”原来如此！获得成功的最大动力不是输赢心，更多的来自“我喜欢”！我喜欢的信息无障碍研究、我喜欢的编程、我喜欢的数学帮了我。

此刻，最感谢的是我的父母家人，最想和他们分享的是这份喜悦！我的父母为了这一刻付出了多少心血和辛勤汗水？承受了多少委屈和担忧？考上清华博士研究生是献给我父母的最好礼物！我迫不及待用电话告诉了母亲。母亲的日记描述如下：

2012 年 6 月 20 日，登峰报告了一个“天大”的喜讯：“我拿到了清华大学博士研究生录取通知书!”

毕淑敏说过：“儿女的风吹草动，会凝聚成疾风骤雨降临母亲的心灵。”“天大”并不夸张，儿子于我来说是“天”，考上清华博士在母亲眼里就是“天大”的喜讯啊！如同旧时一个久经磨难的母亲得知儿子高中状元的心情，更理解儿子的艰辛和不易呀！用颤抖的声音在电话中祝贺登峰。

我很快将喜讯发给至亲好友，让大家分享这份喜悦。不少亲友啧啧称颂发来贺信，登峰母校老师们更感自豪，齐老师、余老师等发来短信：“登峰造绩，揽月擎天，是父母的骄傲，也是我们大家的骄傲!”天门市教委主任黄延平发来感慨：“一个伟大的母亲缔造了一个优秀的儿子，一个优秀的儿子打造了一个美丽的神话。衷心祝福你们!”

是的，这是一个美丽的神话！北京大学、清华大学都是国内顶尖级的大学，有多少人梦寐以求而不能如愿。能考上这两所大学的健听人实属凤毛麟角，而登峰一个自幼双耳几乎全聋的听障人，打破了中国历史上“零”的纪录，成为考上北大硕士、又考上清华博士的首位聋人!

命运这个东西实在令人捉摸不透，在很多偶然中隐藏着必然。在走过多少失败挫折与艰难困苦后，命运终于垂青于不懈努力的登峰！在与健听强者的竞争中，在跟学界精英的角逐中，他胜出了！这好比在赛场上一个腿残人与一个四肢健全体魄极好的人赛跑，没想到这个腿残的人反而跑赢了。

这难道不是对登峰几十年奋斗的最佳肯定吗？难道不是对含辛茹苦几十年的父母的最高奖赏吗？难道不是对所有关爱他的人的最好回报吗？人往往在幸福的时候反而脆弱。这张录取通知书似乎一下子撬开了我的情感闸门，流淌出我们历经的酸楚和艰辛，流淌出我们的骄傲、欣喜、兴奋和激动！

我噙着泪水，即兴以“祝贺独生儿子登峰考上清华大学博士研究生”为题写了一首诗，发给登儿，表达父母的祝贺和鼓励：

人生能有几次“搏”？搏到清华再逐波！“百战归来再读书，千秋邈矣独留我”！语言认知妙趣多，实验室里滚爬摸，科坛折桂待登峰，大脑认知结硕果。

我的思绪不禁回到那年高考。登峰被×大学录取后又遭遇退档。我和登峰找到×大学负责招生的副校长诉求，含着泪水向副校长讲述了我们母子及全家人这些年走过的艰辛历程，恳求副校长接纳登峰。登峰也极力表现说：“我会克服困难努力学习的，今后还想考研究生呢！”

不说则已，登峰的表白居然引起这位副校长的轻视，他哼了一声，似乎鄙夷地看着一个自不量力的撼樹蚍蜉！冷笑说：“研究生是要考的！”

副校长似乎觉察自己刚才言语过于轻藐伤人，转而和缓地对我说：“这么多人关心他，要他们给安排工作吧！18岁可以工作了。”我噎住了！副校长掌握着升学的“生杀”大权，视我们为求学“乞丐”！我们还有据理力争的必要吗？我瞥一眼登峰，他的脸也憋得通红。我强忍泪水说声“再见”！倏忽转身拉着登峰跑出来。看到校园内熙熙攘攘的新生报到人流，想到登峰是这所大学的“弃儿”，找到一块僻静处，母子俩相拥痛哭起来，一任泪水尽情流淌……

结果可想而知，理由是“没有招收聋人的先例”。在这位副校长看来，聋人读大学是天方夜谭，还想考研究生呢！

前些时在网上看到一首《鹧鸪天·象牙塔内》“漫说萤窗出俊才，爹娘早已巧安排。八方名校钱能择，二代豪门路自开。夸素质，逞金牌。加分有术众人抬。王孙跨海留洋去，归不归兮不必猜。”这是当时的社会现实写照。“优秀”被鱼目混珠！权力或金钱的魔法，将“普通”“差生”冠冕“优秀”而保送读大学、硕士、博士有之。还有的干脆另辟蹊径到国外读书。但这几条路在那个年代好像都属于权贵、富人。登峰考上了都被拒录，不知路在何方？

副校长与我们无冤无仇，或许只是观点保守一点，或许只是做人冷漠一点。他似乎看不到登峰就读在天门重点高中已经很优秀，还被评为湖北省优秀共青团员；他无视登峰已经凭借自己的顽强拼搏，在全国统一高考中脱颖而出，考到了×大学的事实！

我多么希望这所重点大学的副校长，只是在录取登峰一事犯“糊涂”。但愿他的思想观点随着社会的文明进步而改变，在保障残疾人平等的升学权利时，给予每个生命应有的尊重，给予每个公民，包括残疾人应有的平等权利！

高考时，我曾站在命运的绝壁。副校长的拒绝声“18 岁可以工作了！”字字似惊雷，不仅击碎我的大学梦，也击碎了我的信心和理想，撕扯着心灵和每寸肌肤。歧视的痛楚一直留在心底，也激起我无比的斗志。孤独地咀嚼痛苦，然后和着泪水吞下，我化身为一只小鸟，迎着明媚的阳光飞向丛林树梢，然后俯瞰并嘲笑那个自尊心蜷缩在角落的懦弱的我，周身血液便涌动起卧薪尝胆、发奋图强的强大动力。我不能被打败！不能沉溺于悲哀之中折磨自己。我的理想、我的人生在哪里？它们掌握在我自己的手里，我选择用行动来证明自己！

如今我感恩湖北民族学院！她给了我读书深造机会，并赏识培养我。我也真心感谢这位副校长！是他的歧视，给了我奋发向上的力量！如果我的道路一帆风顺，或许我只是一个平庸的人呢！

4 年后，我考上了北京大学硕士研究生，以优异的成绩顺利毕业。如今，又以第一名的成绩考上了清华大学博士研究生，现已顺利毕业。不知道这位副校长，至此是否可以相信，聋人不仅可以读大学，还可以读硕士、博士！不仅可以读×大学，还可以读顶级的大学呢！

我要用行动向世人证明：聋人不比任何人差！听力障碍只是意味我们获知要比常人遭遇更多的困难，不等于我们不能逾越障碍，与健听人达到一样的高度。聋人所有的事情都可以做！随着科学技术的发展，还可以通过科学手段，利用自身其他功能去代偿和弥补。这正是我这些年追逐的梦想，也是穷尽心血研究的信息无障碍课题。

发达国家认为盲、聋都不是残疾，只是与健全人的生活方式有所不同而已。国家针对听障儿童制定了更多优抚政策，比如“新生儿筛查”“尽早干预”“免费配送助听器和耳蜗”“免费做康复训练”等。更多的家长重视孩子的教育和培养，一批又一批优秀聋人不断涌现，自信快乐地学习生活。从我的经历来看，我只是一个因耳聋而需要跨文化和双语交流的人，耳聋给我更多的是一种挑战，还派生给我更多的乐趣。

在理想这盏明灯的指引下，我一步步走来，终于敲开了清华大学知识圣殿的大门！倏忽觉得“一步步”3个字好凝重！这其中的每一步都承载着我自己以及父母老师的希冀和梦想，承载无数人的关爱、鼓励以及他们为我付出的辛劳，同时凝聚着我数倍于常人奋斗的心血和汗水……当然包含20多年每一天不停歇的起早贪黑攀登在崎岖小道的每一步，正是“不积跬步，无以至千里”。

我是一个普通人，身上没有耀眼光环，因为不那么优秀固然没有优待加分、跳级和保送，全凭脚踏实地，在与健听的精英竞争中，一路角逐。乃“二十年磨一剑”，一路披荆斩棘，跋涉万水千山，搏击暗礁险阻，逾越层层障碍。其中经历的风雨、打击和挫折，个中甘苦唯有我自己最清楚。

为什么读博士

——让世界因我更美好

尼科·海博曼教授（李开复先生的导师）问：“为什么读博士？”

李开复先生回答：“就是在某一个领域做出重要成果。”

尼科·海博曼教授说：“不对！读博士，就是挑选一个狭窄并重要的领域做研究，毕业的时候交出一篇世界一流的毕业论文，成为这个领域首屈一指的专家。任何人提到这个领域的时候，都会想起你的名字。”在拿到学位后，“你从学校带走最有价值的不是这份论文，而是你分析问题和独立思考的能力、研究和发现真理的经验，还有科学家的胸怀。当你某一天不再研究这个领域的时候，你依然能在任何一个新的领域做到最好。”

这是李开复先生在他《做最好的自己》一书里对于为什么要读博士的解答。其实很多人也问我为什么要读博士。我的回答：首先我所从事的职业需要博士文凭和它所标志的知识和能力；第二不乏为残疾人争口气，用事实证明自己“能行”；第三个理由更实在，也是更重要的。随着对信息无障碍课题研究的不断深入，我越来越感受到自己的知识储备不足，需要借助压力来系统地学习。我想把人生绮丽的梦变为现实，那我的梦又是什么呢？攻克信息无障碍中的难题，惠及更多的弱势人群。我与残疾人之间的缱绻情愫，常人可能很难理解。尽管我很平凡，尽管我微不足道，但因为我的研究成果能惠及亿万人群，我的绵薄之力能给人类弱势群体带去便捷和希望，让世界因我更美丽！

2011 年，我已 32 岁，在大学任教 6 年了。在旁人看来，已经“五子登科”，有了相爱的老婆和稳定工作，有了北京户口和房子，还有令人羡慕的寒暑假，不需要再吃苦奋斗，可以波澜不惊、安安稳稳干下去。但是读博士的念头潜伏在我心底多年，如同埋伏的战士时刻等待着冲锋陷阵的命令。恰好任职学校下发文件鼓励年轻老师深造，我的愿望如同埋在地下的种子，在春雨滋润下迅速萌芽生长。此时不搏待何时？我决定报考博士研究生！不管前面有多少艰难险阻，也要背水一战。

在网上搜索，发现清华、北大两所大学都有我对口的专业，且都是我为之神往的学校。“北大激情，引领哲思之路；清华隽永，宏开科技之先”。我同时与两所大学的导师写信联系，如实介绍已经取得的科研成果、研究方向，当然不会隐瞒听力障碍情况。北大是我母校，但我却与王厚峰教授并不熟悉。但王教授很快热情回信：“今年已招一个硕博连读，没有对外招生指标。”建议我选择其他学校。如果不行等待一年再做他的博士研究生。但是，我考虑硕士毕业后已工作 6 年了，时不我待！

那么唯一希望寄托在清华大学身上。那天晚上 6 点钟，下班后拖着疲惫的身子回到家中，打开电脑，江铭虎教授的回复：“欢迎报考”四个字跳到我眼前，心中一阵狂喜，似乎清华已为我打开了半扇大门。我告诫自己，“八”字没一撇呢，有那么激动吗？想到即将面临的艰苦备战，想到是否能考上还是未知数，心立刻镇静下来，我又开始追逐梦想。如何收集资料？如何利用好 100 天的时间备考？待备考计划写完，不知不觉天就亮了，又度过了一个不眠之夜。赶紧洗脸去上班。

教学任务不能懈怠，备考只能排在工作之余。但我的教学和科研任务实在太忙。备课、教学、出卷、考试、评卷、登分、汇总、总结……与教学任务有关的每项工作都不能懈怠。还有负责主持的科研项目，所有时间花在查阅文献、实验、思考创新、撰写论文都不够，此外填不完的表、项目进展分段跟踪检查、汇报，以及教学工作计划、总结、教改方案、报账、学生工作……突发而来的很多琐事会挤掉你原计划的一点点备考时间。

我想了解考试的范围，需要看哪几本书？考哪些范围？是否有以往博士生入学试题？清华招生简章没有透露任何信息，也没有指定参考书目。心想清华到底和其他学校不一样呀！我只能沿用我读研时使用过的教材来复习。对江铭虎教授我早就“情有独钟”！那是刚来联大时，跟同事韩玉敏副教授合作研究开发盲文输入法，当时检索文献时，得知导师做盲文信息处理，在国内外核心期刊上发表过很多论文，一种崇敬之情油然而生。没想到，这种情愫会牵引我与导师结缘。

一旦有了考博的坚定念头，便可克服任何困难。正如鲁迅先生所言，时间就像海绵里的水，只要愿意挤，总还是有的。我的博士备考和攻读博士学位都是在异常忙碌的状态下完成。

2012 年 3 月 10 日，是清华博士生入学考试的日子，说不紧张是假话。那天晚上半夜 2 点醒了辗转反侧，后来又迷糊一会儿，比预定 5 点晚半小时起床。出门时空气中弥漫着破晓前的寒气，路面冰雪尚没融化，我骑上自行车小心翼翼到北京南站，然后坐地铁赶到圆明园，再从清华西门穿越大半个校园赶到考场。清华校园之大，其实早有思想准备，但心急赶路时感觉校园更大了。紧赶慢赶，大汗淋漓，浑身湿透，却还是迟到了 2 分钟。博士生入学考试刚刚开始。监考老师很惊讶，这么重大的考试居然还迟到！

懊悔应该更早一点。无暇多想，浏览试题，心中窃喜，感觉不难，马上投入笔试。感觉很神奇，这么多年储存于大脑的知识在试题引导下奔涌而来，迅速归纳组合列队接受检阅，又文思泉涌般倾泻试卷。上午考英语时还有梗阻，下午考数据结构更为畅快。总体感觉不错！但能否被录取不知道。只有考第一名才有希望，因为导师录取名额仅为 0.6 个。对其他考生情况无暇打听，只是后来听说，有几个考生也是北大毕业的。

后来才得知，导师们心目中“最理想的博士研究生有这么一些要素——聪明、自我激励、有创造性、工作刻苦、技能好（包括实验技能、仿真技能、计算机应用技能、数学能力等）”。对于这种考试能否选出上述条件的优秀博士生候选人存在争议，在我入学后不久，就取消这个实施多年的博士生考试，改为申请—审核制。不管如何，我又经历了“一关”。考完后又回归到往日的生活轨道——授课、信息无障碍研究。繁忙的工作使我没多少心思惦记考试情况。

转眼冬去春来，大地回暖。在4月初的一个阳光明媚的早晨，我终于接到了复试通知。稍加准备，带上资料，包括学士、硕士毕业证书和学位证书、个人简历、攻读博士学位期间的研究计划和已发表的学术论文。依然采用北大面试办法，比别人多了一份给面试考官的“个人简介”。

当面试考官看到我的科研成果和个人简介，尤其看了发表的SCI论文，脸上露出微笑，并向我点头致意。我不知道这是否说明面试考官对我满意？回家后，我把情况用电话告知母亲。母亲记录如下：

登峰告诉我，博士生复试时导师对他很赏识。我作为家长给导师写了一封感谢信，导师及时回复：“现在还不能确定！”我不知道这句话意味什么？我们与导师素昧平生。决定去北京见见导师，一是感谢导师对登峰的“不歧视”，二是顺便摸摸情况。

2012年4月12日下午3点，按先一天给导师打电话预约，我到清华园找地方坐下后，就给导师发短信：“我是登峰母亲，在进清华园西门马路左边长椅坐着等您，我穿紫色上衣，打一把蓝色伞。您忙完慢慢来。不见不散！”

导师回复：“我马上过去！”

不一会导师骑一辆旧自行车，在离我十几步远的地方就停了下来。我看见导师时，他满脸微笑，向我挥手致意。我也急忙起身微笑挥手和导师打招呼。感觉就像见老朋友一样，全然没有第一次见面的陌生和拘谨。然后坐在路边长椅上交谈起来。

我们所处的是人情社会，空手去“感谢”不合礼仪。但毕竟和导师不熟，准备点什么礼物呢？深知学者的辛劳，事先在同仁堂买了一点西洋参。我指着袋子说：“今天来见您，只是作为登峰的家长，想当面对您说声谢谢！”

导师说：“不用谢！我帮助登峰，只是觉得他是个人才。如果我今天收下这个，那你还想不想登峰被录取呢？只要有风吹草动，登峰的录取就泡汤了。我刚才到招办去问了，登峰已经报上去了，而且是等额上报，应该没有问题了。大概六七月发通知。登峰今后能出成果比这个（送礼）重要得多！”我感觉导师求贤若渴，赏识登峰，而且很热心正直。

既然导师也是为登峰考虑，我没有坚持，也全然没有觉得一份薄礼都送不出去的尴尬。我见识了清华的导师——一个纯粹的学者，胸怀坦荡、善良简朴、温文尔雅、诚恳直率。与现实社会传闻腐败“交易”不沾边！

“您是登峰的伯乐，也是他的恩人！您发现他是人才，他才是个人才！”我充满感激地说。

“我看得出来，登峰很实在，能吃苦，不像现在的年轻人很浮躁，他一个可以顶三个，要在我们实验室挑大梁。登峰很有潜力，我不担心他能不能毕业，而是要他入选优秀博士毕业论文。这个是很难的！我们人文学院这么多年只有两个入选。我把希望寄托在登峰身上。要出成果，需要积累，需要时间，要读5年。我们都向这个目标努力吧！”

“登峰如果能来读博士，从开始就要扎扎实实，一步一个脚印。”导师接着说：“我希望你们，包括他的爱人都要支持他，要住在学校，周末才能回家。建议他选择在职攻读博士，但要跟他任职大学商量，尽量减少它的工作量，支持他全力以赴研究。四五年后他也可以报效学校，报效社会”。

“我也会支持他、培养他。开始要他做数学计算模型，还要做人脑认知实验，要他的学生也参与实验，我会付被试劳务费。还可帮助他出专著，不能挂其他人的名字。专著要把清华大学挂在首位，因为学校有规定，这是清华大学的知识产权。”

从导师的言谈中，我感觉导师已经把登峰当成是自己的学生，而且对登峰寄予着厚望。对导师的崇敬和感激无以言表。

不知最后结果如何？只能静心期待，但愿有好消息！

母亲背着我去见导师，也是唯一一次接触我的导师。那天下班回家，母亲跟我说：“登峰，我去见了你的导师。你遇到了贵人！”

是的，导师是我的伯乐，是我生命中的贵人。在与导师朝夕相处的日子里，更感觉导师是那么可亲可敬。我不知道自己何德何能，竟然得到导师如此的赏识和信任！导师祖籍浙江，后迁居山东，讲的不是纯正普通话，我却完全能听懂，一开始就可与导师用口语自如交流。导师给我特别的尊重与厚爱，还夸赞我是“百年难遇的好学生”。以致实验室同学推举我为“代言人”，负责与导师联络。我收集同学们的每一个建议，导师都会认真思考，几乎全部采纳；我的每一个陈述，导师都会仔细倾听，并亲切和蔼地与我探讨交流；我的每一篇论文，导师会认真审阅，并提出宝贵的修改意见。导师完全体谅一个聋人求学的艰辛，给予我的研究、生活诸多关怀和支持！

现在我已经博士毕业了，还允许我用实验室设备，继续我的课题研究。如果没有一颗善良的灵魂怎能欣赏一个残疾生命？如果没有一双睿智的双眼，怎能挖掘连我自己都没有意识到的科学潜能？在我研究选题时，导师是我的指导专家；在论文写作和答辩阶段，导师是教练；毕业以后，导师仍然是我的咨询专家和朋友。

社会上很多人说读博士就是给导师打工，但我不是！更不是导师的廉价劳力。我是带着科研课题来读博士。导师看我的时间紧张，人手不够，相反花钱给我雇佣助手。只要科研需要的，导师就会全力支持。

有的论文和项目，导师策划后，我和学兄撰写。导师尊重我们的劳动成果，都要挂上我们的名字，还在公开场合告诉大家："这个是姚登峰写的！"

导师刚刚由人民出版社出版的《语言信息处理》一书中写道："感谢我的历届研究生与我一同开展学术研究，特别要感谢博士生姚登峰……姚登峰与刘丁两位同学四年博士论文期间，没有寒暑假和周末，日夜与导师共同坚守在科研岗位……姚登峰同学对国家社科重大基金项目和国家自然科学重点基金项目的申请作出了贡献，其做博士论文期间，有关汉语手语的认知与计算等多篇论文发表在国内外重要学术刊物，另有多篇已修回的论文正在国内外重要刊物的复审过程中。"

我的导师江铭虎教授，现为清华大学人文学院计算语言学实验室主任，清华大学认知科学创新基地教授，博士生导师，也是中美两国教育部网络语言教学项目专家组成员和中国科学院自动化研究所模式识别国家重点实验室客座研究员。导师在学术上硕果累累，做人更是坦坦荡荡、实实在在，从不"贪天之功归己有"。朝夕与导师接触交谈，自然受其熏陶染养，便立志追求导师这样的才华和人品。

重建"巴别塔"

"巴别塔"来自神话传说，意旨建立人类高效沟通的共同语言，而计算语言学则旨在让计算机能够识别和理解人类各种不同语言，达到高效沟通，这是信息领域正在实施的一场革命。我国计算语言学家冯志伟先生说："信息时代的到来，使语言学、数学和计算机结下了不解之缘，语言研究和计算机技术已经到了非结合不可的地步。"

我的博士研究方向，选择手语的认知与计算，是语言认知与计算的一部分，是信息无障碍研究的继续深入，是科学领域的前沿课题。除了最初帮助残疾人的梦想，还受到神话传说的启示，更激发起我的兴趣。

《圣经·旧约·创世记》："人类祖先最初讲的是同一种语言。他们在底格里斯河和幼发拉底河之间决定修建一座可以通到天上去的高塔，这就是巴别塔。他们用砖和河泥作为建筑材料。直到有一天，高高的塔顶耸入云霄。上帝耶和华得知此事，立即从天国下凡视察。这一看是又惊又怒。上帝心想，人们讲同样的语言，就能建起这样的巨塔，日后还有什么办不成的事情呢？于是，上帝决定让人世间的语言发生混乱，使人们互相之间言语不通。此传说试图为世上出现不同语言和种族提供解释。"

从这则传说中看到，人类的共同语言潜藏着对上帝权威性的挑战，人类相互之间的矛盾、混乱，常常与缺乏共同的语言有关，因为共同的语言和共同的价值观常常联姻，而共同的价值观是人们和睦共处最有力的保障。从而得到启示：如果人类能够重建共同的语言，就容易重建共同的价值观，亦可构建和谐世界。

如何重建传说中"巴别塔"？事实证明砖头、灰泥以及无论多么强大的体力，都不可能重建一种完全共同的语言，更不用说重建"巴别塔"。那么怎样才能实现重建共同语言的梦想呢？千百年来人们一直在探索中艰难前行，而这场以计算语言学为代表的重建"巴别塔"工程，是以认同各种不同语言均有独特价值为出发点，是人类实现梦想过程中的一次伟大尝试。

计算语言学不取缔、不消灭任何一种语言，因为计算语言学的产生与发展是以不同的语言存在为条件。语种越多越丰富多彩，计算语言学就显得越重要。人类借助高效率的计算语言学，即通过计算机来识别、理解、翻译各民族语言，获得高效的沟通，就如同人类在使用同一种共同语言！在信息全球化的今天显得尤为重要！有了计算语言学，人类可以随心所欲地使用自己民族的独特语言，又能够随心所欲地和不同语言的民族进行便捷的无障碍沟通。这是一个美妙的社会前景！但它的实现，需要科研人员的通力合作和创新发展。

目前，计算语言学对有声语言的处理已发展成为一门较为成熟的学科，其成果惠及亿万人的生活。但对中国手语这种架构在空间的时空语言的认知、识别和理解尚无突破。

“手语”是聋人之间交流的语言，也是一门独立的自然语言。许多国家的语言学家，尤其是美国手语之父威廉 C. 斯多基从手语的语音学、形态学、语义学、句法学等方面做了系统论证。中国手语应视为“少数民族语言”。中国是人口大国，聋人人数也居世界之首。据统计 2010 年末我国有 2057 万聋人，占全国总人口的 16.79‰，每年还递增 3 万听损新生儿，比我国人口最多的少数民族——壮族还多 440 万人，这些都是中国手语运用的庞大人群。

我是游历在有声和无声世界的学者，通晓两个世界的语言，希望在“巴别塔”工程上建一座“桥梁”，即利用手语认知和计算技术，让有声世界的口语族与无声世界的手语族能通过这座“桥梁”自由往来。目前计算机能够识别理解有声语言的语音和文字，尚不能认知、识别和理解手语，这座“桥梁”尚没连通，只能遥遥相望。这是一个庞大的系统工程，我希望能为这座桥梁贡献自己的微薄之力。

计算机识别和理解有声语言的语音和文字，其基础是语音单信道和书面表达字符串。如果还依赖这一技术来模拟和处理手语三维场景的空间对象布局，几乎不可能完成。因为处理手语语言比处理有声语言要复杂得多，只有另辟蹊径，寻找新的办法。

2012 年 8 月底，在我入学的第一天，导师充满期待地跟我说“语言认知是最火的方向。实验室有先进的脑电设备，你来做手语的脑认知研究吧！”当时国内只有北师大和江苏师大开始做脑认知研究。在导师指引下，我开始进入脑认知领域，利用ERP、fMRI 等脑电、脑成像设备，来探索手语在人脑的认知和理解，寻求其计算理论，探索中国手语的脑认知与计算。

这是一个多学科交叉的研究领域，靠单一的学科知识不可能完成。它涉及语言学、计算机科学、认知神经科学、心理学、统计学等，摆在我面前的项目难度很大，需要跨学科摄入知识营养。我找来导师江铭虎编著的

《自然语言处理》《脑与语言认知》等书籍，还找到拉克著《认知神经科学——关于心智的生物学（万千心理）》等世界权威的认知神经科学著作以及语言学、心理学的著作和文献，如《神经网络及应用》《实验语音学》等。

我所面临的困难比我预想还要多。首先清华对博士生培养的要求非常高，还有我选择的研究领域更具挑战性。我的本科和硕士都是学计算机的，需要补充交叉学科的多学科基本理论与前沿科学知识。这些著作和文献仿佛是一座座崇山峻岭，让我高山仰止、望而生畏；又像是一个望不到边的宽阔的知识海洋，我纵然划一叶小舟，没来得及领略它的浩瀚大气，却被一个又一个巨浪似乎要打翻淹没。仅认知神经科学、脑成像学、心理学等著作文献都难以一一列举。还有大脑解剖、语言和大脑的关系把我弄得云山雾罩，还有什么布洛卡区、韦尼克区、侧颞叶等很多术语闻所未闻。那么多艰涩高深的问题都成为一个个拦路虎，虎视眈眈挡着我前行求知的道路。这种状态压得我喘不过气来，令我沮丧至极。开始怀疑自己的能力，是不是太笨了？我情绪低落，拿着书就晕头转向，看不下去了，索性合上著作。

走出图书馆，一阵清香扑面而来，满园秋色、杨柳轻拂，顿感神清气爽。清华是一座蕴藏古典质朴气息与现代科研氛围的百年校园。自从来到清华读博士，我的生活是联大至清华两点一线，偶尔回家换衣服。每周在联大任教2～3天，在清华3～4天，节假双休全部时间在清华。总是来去匆匆，健步如飞，一头扎在实验室或图书馆，晨昏不晓，还没有好好欣赏校园景色。

漫步校园，吸一口新鲜空气，看到蜿蜒流淌的万泉河，如诗如画的荷塘月色，挺拔苍翠的树木，姹紫嫣红的花园，绿茵茵的草坪，金灿灿的银杏树，道路上骑自行车飞奔的青年学子，林荫道上满头银发的学术大师们……古老与年轻、传统与现代、民族与西洋、纯朴与辉煌、宏伟与渺小相互交织，构成了清华园一幅绝美的水墨画。置身朝朝暮暮书声歌声不断，时时处处水声琴声相伴的象牙塔，幻化为一个声音“加油”！又激起我无比的斗志。

来到文北楼南，这里较偏僻。找一块巨石坐下。看着这些早年从各地收集而来形状各异、千奇百怪的巨石和化石，我的思路也追溯岁月的长河，似乎看到远古的人类战胜自然的苍凉历史。每一块石头都有各自的故事，它们被掩埋在地下经过多少年的沉淀，又经历了怎样风霜雨雪的拷打、地壳翻天覆地变化，受到多少挤压和险阻，才能到达清华园与我们见面。我与每块石头对话，它教我沉思和反省，看到了一个渺小的、不坚定的自己，特别羞愧！

回到实验室，导师正心无旁骛埋头研读。看到夕阳余晖下导师勤奋执着的身影和早生的华发，心酸的泪水滴落下来，继而升腾起无比的崇敬和力量。

重新思考，找到了症结所在——没有认识自我！尽管我所选著作文献皆适合博士水平阅读，但交叉学科中的知识盲点，起点是空白，欲速不达。我重新制订学习计划，决心从头开始，循序渐进，一步一个脚印。按照导师给我制订的培养计划和选修课程，选修电生理学基础、E - Prime 实验设计、认知神经科学、心理语言学等，还选修了清华的海外教授暑期课程：PsychToolBox 工具箱及 Matlab 编程实例；有的课程即使学校没开，我自己去学。从低级到高级、从浅显到深奥，一个个术语弄懂，一本本书啃，将重要章节、术语做好笔记。

我从事研究的基础学科——中国手语，过去因工作需要学习过，顶多算会用。如果从手语语言学角度来说还是一无所知。真正认识手语，是受导师学术思想的影响。语言和人类是同时进化的。各种自然语言是反映人类多种认知能力的有力证据。要研究人类自身，就要研究人类的多种自然语言，保护人类认知世界的原始完整性，就是保存人类“基因库”。因为每一种自然语言都从不同角度反映了人类对世界的描述手段和认知能力，代表人类的某一个“基因”，只有把这些基因整合起来，才能构成完整的人类认知能力，也才能研究人类的思维及表述之间的共性和差异等，某种单个语言无法全面揭示和认知。

研究手语的意义不仅仅是认识这个“少数民族”语言，揭秘这个族群认知世界的奥秘。而我所做的工作就是在认识手语的基础上，利用现代科技手段，让这个群体所有人也能融入现代信息生活。在这个学术观点的影响下，我开始正视并积极研究手语，研读了一系列手语语言学的著作，包括《Linguistics of American Sign Language ：An Introduction》（Clayton Valli 等人编著）等国外经典著作。

清华的学生都是忙人，而我可能更忙。辗转于各院系听课取经，“奔走”于五大洲四大洋“淘宝”。坚持旁听中文系的语言学课程，又是心理学系ERP实验室、医学院脑机接口实验室的常客。此外导师从有限的科研经费中挤出2万元学费，把我和阿布送到江苏师范大学参加神经语言学的培训，系统地学习ERP（事件相关电位）、fMRI（功能性磁共振成像）技术以及认知神经科学知识，包括ERP实验设计和数据处理；fMRI实验设计和数据处理；DTI与脑连接、静息态以及多体素模式分析技术等。

随着知识的积累，融会贯通的理解，摸索到合适自己的方法，后来的学习就变得容易多了，速度也逐渐加快。在此基础上跳跃式学习，直接跟踪学科前沿，阅读最新的高水平论文和书籍。它们都是研究者智慧的大脑最精华的思维照片，用文字记录下来，如同一碗碗营养丰富的煲汤，濡养着我的神经。学习他们成功的经验，开阔研究思路，获得创新方案。在此基础上发现问题、提出问题，然后在研究中将欠缺的知识补上。我的学习兴趣发生了一个飞跃，很多时候通宵达旦，却乐此不疲。这一阶段，犹如羽化前的“作茧自缚”，只有破茧而出，才有可能在信息无障碍领域自由地飞翔……

在导师的教诲下，我从计算机专业半路出家，完成了从对语言学蒙昧无知到训练有素的转变，逐渐掌握了计算机科学、语言学、心理学、信息科学、神经科学等交叉学科的一些基本理论与科学前沿知识。我以优异成绩，通过了博士生资格考试。

我的博士生成绩单放在实验室桌上，毕业庆典时被亲友们发现拍下来。大家惊呼“啊！全都是90分以上，从没见过这么好看的成绩单呀！”母亲从我进入清华读博士之日起开始“陪读”——在网上学习诗词。她不管身在何方，都不断发来她的习作给我心灵抚慰，让我紧张忙碌的生活也渗透点点诗意。此时，母亲写下一首词抒发感慨：

成绩单前久感叹，顶级学府科坛。耕耘忘却五更寒，不悲身世惨，助弱更牵肠。

甘露润滋桃李壮，果实醉美甜香。满腔感念献虞唐。师如江浩浩，我似水潺潺。

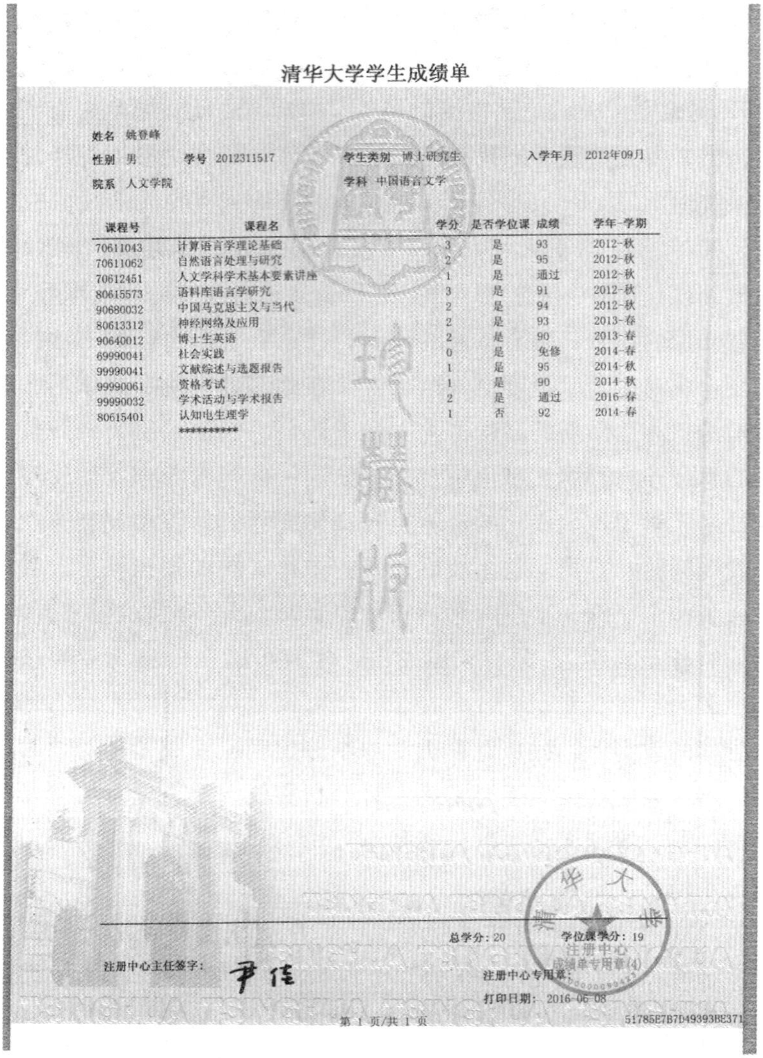

清华大学学生成绩单

姓名 姚登峰

性别 男　学号 2012311517　学生类别 博士研究生　入学年月 2012年09月

院系 人文学院　学科 中国语言文学

课程号	课程名	学分	是否学位课	成绩	学年-学期
70611043	计算语言学理论基础	3	是	93	2012-秋
70611062	自然语言处理与研究	2	是	95	2012-秋
70612451	人文学科学术基本要素讲座	1	是	通过	2012-秋
80615573	语料库语言学研究	3	是	91	2012-秋
90680032	中国马克思主义与当代	2	是	94	2012-秋
80613312	神经网络及应用	2	是	93	2013-春
90640012	博士生英语	2	是	90	2013-春
69990041	社会实践	0	是	免修	2014-春
99990041	文献综述与选题报告	1	是	95	2014-秋
99990061	资格考试	1	是	90	2014-秋
99990032	学术活动与学术报告	2	是	通过	2016-春
80615401	认知电生理学	1	否	92	2014-春
	**********				

总学分：20　学位课学分：19

注册中心主任签字：尹佳

注册中心专用章：

打印日期：2016-06-08

第 1 页/共 1 页　51785E7B7D49393BE371

成绩单记载了我的努力，更见证了老师们付出的心血和培养。比如我的博士生英语科任老师张文霞是位博学风趣且充满爱心的教授，针对我的听力状况准许我免修英语听力。张教授还关切地叮嘱：“如有什么困难，随时找我。”这句话如沐春风，使我越过英语这座大山的许多艰难险阻，并始终不放弃英语的听说练习。

成绩单尽管不能说明什么，因为博士生的核心要求是两个字——创新，而创新是很难用分数量化的。但颇感自豪的是，在获得学习成绩这种表象结果的过程中，我收获了伴随一生的学习能力。

迷雾与彩虹

在科研路上，时常阴云密布、迷雾蒙蒙；时而云开日出，心炫彩虹。迷雾与彩虹是我的心境，是研究时的状态，也是实验室的气象。

语言学是一个庞大的学科，人类现存就有7000多种语言。我从事的手语认知与计算，目前还是一片有待开采的荒芜的学术园地，研究者寥寥无几。其基础学科，即中国手语语言学的研究，这么多年只有零散研究，近十多年来得益于复旦大学龚群虎教授招收了手语语言学博士生，开启了中国手语语言学的系统研究。

语言是一门神秘的科学，很多问题亟待深入探索。语言科学涉及哲学、逻辑学、社会学、心理学、认知科学、脑科学、计算机科学、人工智能等多种学科。从语音、语义、句法到篇章结构层面，不同的视角有不同的发现、描写和解释方法。语言学科的特点注定了必须文理交叉。

清华语言学专业始于赵元任先生，作为中国现代语言学之父，赵先生还是数学家、物理学家、哲学家、音乐家、心理学家，这么一位博学多才、博古通今的国学大师的学科背景决定了中文系的传统是："中西融合，古今贯通，文理渗透，综合创新"，也构成了今天清华中文系的基因。

清华复建中文系时，学校为了加强语言学的力量，从计算机系抽调罗振声教授主持计算语言学专业，使语言研究和计算机结合成为清华中文系的强项。2009年，根据国际著名语言大师王士元教授的建议，又创建了985认知科学创新基地，开展脑认知实验，从交叉学科的角度，将深厚的国学底蕴与西方先进实验技术和手段、语言与人类大脑结合起来进行研究。其目的是探索语言在人脑中的理解、表达方式，探索它们的构建原理和计算理论，改善我们对自然语言理解和处理的认识。这是国内首创的大跨度文理交叉学科。

我庆幸考上清华，更庆幸选对了导师和实验室，找到了"名"和"实"的统一。我所在的实验室为"心理学与认知科学研究中心"和"计算语言学实验室"，导师的学术视野、实验室的设备都代表本领域的国际前沿水平，为我的研究提供了需要的条件。

研读著作、文献是为了解最新科技动态，站在科技前沿去思考创新，刷新这个领域的成果纪录；或借鉴最新科技理论触类旁通，广求博引，在从事的研究领域开采和创新，把学科推向新的发展。单纯地为学而学是没有意义的，我需要借鉴这一领域的科学知识开始创新思维和研究。

我所从事的手语认知与计算研究，具体说是以手语为研究对象，通过ERP、fMRI仪器实验，探索大脑对手语的认知和理解。这是一项十分庞大而繁复的工程，计算机是研究工具，研究目标是实现计算机对手语信息的自动分析和理解，它以对人脑进行模拟的研究途径和实现为目标，立足于实验、理论和计算三大支柱，从而建立起多层次网络处理模型来阐明人脑手语语言信息处理系统。

手语认知与计算是一个小众研究，注定我是一个孤独的拓荒者。失败和挫折是科学研究中所遭遇的常态。常言道失败是成功之母。但在一次又一次经受失败的打击和煎熬时，你不能确定成功就一定等在后面。你得不断思考反省总结经验教训，寻找失败的原因，一次又一次鼓起勇气去坚持。

困惑时想找人讨论一下，但周围的导师和同学与我研究内容都不尽相同，只能在大致方向上探讨，真正从专业的角度，没有可以深入交流的，因为他们对手语的有些术语都不懂，毕竟隔行如隔山。一切全靠自己摸索，我在网上搜索，寻觅这一研究领域的专家……

通过阅读名家文献，得知我国台湾中正大学张荣兴、美国加州大学圣地亚哥分校 Karen Emmorey、纽约大学计算机系 Matt Huenerfauth 等教授都是研究手语语言学的大家，怀着热切的心情通过邮件向几位教授请教。他们分别给我的研究提出诸多中肯意见和建议，使我受益匪浅。尤其是张荣兴教授几次给我回复邮件的时间都是深夜 12 点至凌晨 2 点，我被深深感动。张荣兴等教授如此热情地帮助一个素不相识的青涩学者，甚至不惜牺牲自己的休息时间，没有一颗博大的爱心如何能做到？虽然我们未曾谋面，敬佩和感激之情升腾于心中。

根据大师们的指导意见，我马不停蹄准备实验的刺激材料（比对句子）、拍摄视频、剪辑、联系被试，E－Prime 编程给脑电图打码，以便脑电实验刺激出来时，自动打上 mark，再继续后面的数据统计分析。正确的 mark 应该是红色标记，结果多次实验下来，脑电图却多了绿色标记。什么地方出错了？冥思苦想不得其解，拿到医学院找人请教。人家说我遇到了“绿色幽灵”。感谢医学院陈晓刚等博士生的热心帮助，他们连续工作了几个晚上，先后用 E - Prime 软件和 Matlab 软件测试。尽管没能解决问题，但在我失败后感到孤独无助时，他们的热情和仗义，给我心灵以温暖和慰藉。

在我研究课题感到迷茫或遇到困难时，导师给予我充分的理解和热情鼓励。问得最多的一句话：“是否需要支持？”叮嘱我做课题要胆大心细，放开手脚。导师的话让我重新鼓起勇气去征服困难。

研究中遇到困境我不会告知家人，以免引起他们无意义的担心。但我们母子心相连，千里之外的母亲居然知道我的困境，发来《清平乐二首·为儿子写实》。

（一）

语言计算，拓展新方向。大脑认知再试探，日夜深究冥想，求新善变攻难，奇思满溢华章。揭秘玄机奥妙，难题破解痴狂。

（二）

缘何发愣？昨夜实研梦。未解疑难嘲自笨，书海茫茫觅问。明知路有险峰，云天追梦几重？上下索求真相，理文跨越攀登。

正如母亲诗词中描述，那段时间日思夜想做实验，睡梦中居然梦到 EGG（脑电图）上看到清一色的红色标记，激动得热泪盈眶，高兴地笑醒了，睁眼看到的是宿舍的天花板……实验中“绿色幽灵”继续和我玩捉迷藏的游戏，后来在德国 BP 公司专家的帮助下，才发现“绿色幽灵”是因为被试在不该给反应的时候多次按下反应键，还有端口的参数不匹配等原因。他们在程序中加上了一行 inline 句子，“绿色幽灵”才魂魄消散。至此，已经折腾了一个多月。回想起来是经验不足，但也是必经的过程，迂回曲折道路上也看到了另一番风景。

人们说祸不单行，我的实验也是失败接着失败。程序运行成功，做了 20 个被试后，统计分析脑电结果却很不理想，再次到医学院和心理学系寻求帮助。与医学院、影像中心教授探讨分析，综合研判结果是因为刺激材料不理想而导致。这意味着前期的所有准备工作和几个月的工作都白忙活了。只能迅速“刹车”，调整思维行进方向。刺激材料是实验的源头，这步做不好，意味后面的都会出错。此时已经没有时间沮丧，马上投入第二轮实验准备工作。

在书山文海的孤独跋涉中，在险象环生、迷雾重重的学术探求中，在布满荆棘的座座科学峰峦的攀登中，母亲的诗词书信，还有家人关爱的目光和安慰鼓励都是我生命中爱的阳光雨露、精神食粮。此时母亲发来一首词《南歌子 · 新年寄语》，一颗慈母心漫溢在“莫忘间舒扬”的叮嘱中：

梦儿做实验，深宵依旧忙。北风凛冽把家还，月下寒蛩鸣伴，奏笙簧。窗外星云暗，牵心又挂肠。屏前莫忘间舒扬，遥向京城默祝永安康。

实验中任何一个探索型课题的每一步进展都有多种可能的途径，取得进展的过程就是不断排除错误、找到正确方向的过程。实验过程是将这几种、甚至十几种可能的途径一一予以尝试、排除，直到找到一条可行之路的过程。

再次设计刺激材料，我更加谨慎。花了 1 个月的时间请国家手语、盲文研究中心和北京手语研究会的专家帮助设计和审核，花了 1 个月的时间拍摄、剪辑手语视频，又花了半年的时间做实验，终于得到预期的实验结果。此后我更是不分昼夜扎在实验室，将实验过程和结果记录、整理、提炼、计算、分析、推论、建立模型，希望第一时间将实验成果发表。为了保证论文背景知识的准确性，研读了数百篇科技文献，这也形成我的创新思维。我的实验部分成果撰写为《中国手语模态对句子理解的影响》，在《清华大学学报》上发表。

衣带渐宽终不悔　为伊消得人憔悴

撰写论文的过程实际上是研究工作的一部分。我不会忘记我读博期间第一次投稿的《手语信息处理综述》论文，其孕育和出生是何等艰难！我将前人的论文批判性阅读、理智分析，获得其思想精髓，与我的认识碰撞、裂变出创新思维的灵感，梳理撰写，形成了我的第一篇论文，我自己修改了近 16 遍，导师帮我修改 3 次，怎么看都觉得能中，满怀信心投到学科领域内的唯一核心期刊——《中文信息学报》。结果若干周以后等来审稿人拒绝稿件的意见！这等于在我正燃烧的科研热情中，浇了一盆冷水，看完邮件的那一瞬间，我双目茫然，内心充满苦涩和挫败感。这是辛勤劳动了大半年的成果，是我在知识的海洋培育的属于我的知识珍珠，但它们并不是熠熠生辉，如同被泥沙河蚌包裹着。我洗净泥沙，剥开蚌壳，珍珠呈现在眼前，但却不会甄选。将其鱼目混珠串联成“项链”，兜售给期刊，人家当然不认可。

或许是知识的过度充塞，让心灵沉重、大脑疲倦而变得麻木，让心理和生理疲惫不堪，那段时间缺乏最基本的思辨能力。尽管在反复思考、修改，却没有实质性改变，再投其他期刊，一连遭遇七次拒稿。一次次的拒绝，一次次的打击，让我感到无助、焦虑和绝望。虽然我暗暗告诉自己失败是成功之母，但依然无法掩盖失败那狰狞的面孔，它让人恐惧，真恨不得抛开眼前的一切，结束这痛苦的日子，与之同归而尽。看看校园内有的博士生动不动就是 Nature 或者 Science ，甚至一年几篇 SCI 论文。在敬佩别人的同时，更感到心灰意冷。我质问自己，是不是做学术的料？随即意识到：这是寻找逃遁的理由，把后天的弱点归结为先天的遗传，以洗脱自身应负的责任，其核心是怯懦。

短暂的沮丧之后调整思路，重新鼓起勇气。现在回过头来看，还是自己急功近利。第一次投稿之难，耗费了大量的时间精力，以致到博一下学期还未发表论文，这种压力难以用语言表达。也就在这个时候，实验室的一个攻读博士学位的学兄被劝退学。更使我感受到了竞争的残酷性，清华拒绝庸才！我想起任职大学一位领导的讲话，说明所有读博士的学子都有压力，而不是我一个人。

不要说在职读博士，就是脱产读博士也是很困难的，不掉一层皮很难拿到学位。因为博士和硕士的要求完全不一样。读硕士基本有新的认识就可以了，博士很明确要有创新，全世界多少博士？都有创新，哪里那么容易！所以有人统计说博士的群体里面，心理不健康的比例明显高于其他人。我就反过来说，没有一定的心理创伤或疾病的博士很难毕业，就是说没有那么多苦恼和压得喘不过气的过程，博士毕不了业。不管学什么的博士都有这个过程，所以博士才受人尊重。大家才觉得读博士很难，考下来很难，读下来也很难。

不管怎么说，我不能走退学的路！我强迫自己冷静分析，接下来查文献，按照反馈意见逐条反复琢磨，细心修改。一点点地摸索，逐渐练就一双识别的慧眼。又和同学探讨，如何回复评审意见？同学说："这条评审意见是审稿人没认真审阅，其实论文已经阐述清楚，但你切切不能说请看论文某章节，你得委婉回答。"这是我读博期间的第一次投稿论文，幸好不是我发表的第一篇论文。最有意思的是当它戏剧性地绕了一大圈，最后还是发表在第一次投稿的期刊《中文信息学报》。这时，我已经博士快毕业了，回想过往经历既激动又心酸。

母亲发来《鹧鸪天 ·贺儿子论文被核心期刊录用》。鼓励我："只要坚持不懈，相信长风破浪会有时，直挂云帆济沧海"，我又重整旗鼓。

仪器屏前日夜忙，探究论证再攻难。恰如织女织华缎，学者辛勤著锦章。
思绪淌，织艘船。乘风破浪驶翩然。人生有梦当无憾，彼岸抵达苦作帆。

我的导师担任很多国际学术会议分会主席和很多国际核心学术刊物的审稿人。对我撰写的论文大多都给予较高评价。我和导师讨论被拒原因时，导师说除了论文在材料组织以及研究的深度和广度方面需要调整挖掘，还有原因："你的研究属于小众研究，好多人对这个领域不了解，难以评判。"

我忽然想起《红楼梦》一首诗："满纸荒唐言，一把辛酸泪。都云作者痴，谁解其中味?"

投稿遭拒，我的导师承受了和我同样的压力。建议我尽量做好有价值的研究工作，先把前段的实验整理出来，拿去发表在IEEE（电气和电子工程师协会）国际会议上，结果一投就被录用了，也给自己带来了极大的信心。导师还资助、支持我们参加国内外学术会议，扩大我们的交流范围，鼓励我多投国外期刊。而后连续多篇论文陆续发表在多种学术会议、国内核心期刊和国外 SCI 期刊。

每当获得一个阶段的成功或遭遇失败时，母亲都会发来诗词、书信，或鼓励，或安慰、或告诫，要我不骄不躁继续向上攀登。母亲又发来《鹧鸪天·再次祝贺儿子》，给我加油鼓劲。

实验“认知”苦乐甜，探究“大脑”涩酸咸。魂牵“计算”出新论，梦绕“认知”再论鲜。情漫漫，著篇篇。导师赞赏喜结缘。登峰日夜屏前坐，浩瀚星空在眼前。

感谢导师对我严格的训练和精心栽培。从入学之初就开始培养我的独立科研能力，给了我独立承担科研课题的机会。博二开始，协助导师申报国家自然科学基金重点项目和国家社会科学基金重大项目，后来这两个项目都分别获批。我和另一名博士生阿布，参与了申报项目的总体构思策划。导师在学术研究上既有引导，又给我们的创造力和具体研究留下足够的空间。导师把握研究方向，放手让我们去做，让我们获得研究过程的完整经历，培养我们独立思考、独立解决问题的能力，这些磨炼，使我逐渐成长为一个较为成熟的科学研究者。

难以忘记2014年暑假申报国家社科基金重大项目“汉语非字面语言大脑加工的神经机制研究”的情景，我的任务是研究和撰写“多模态对非字面语言大脑加工的影响”。我和阿布同学日夜扎在实验室，导师定期来指导或探讨。实验室坐落在文北楼老房子，那年夏季非常炎热，当时空调完全老化不能用了，吹着电风扇还汗流浃背，我们却能心无旁骛阅读文献，查资料，写申报书和论文。饿了去食堂吃饭，困了就睡在实验室，几把椅子并列就拼成小床，几本书垫一块毛巾当枕头。或许是太困了，睡得还特别香甜。每天睡四五个小时，还精神抖擞。一个暑假，完成了项目申报书、研读了400多篇英文文献、撰写了4篇论文，后来被各类期刊陆续录用。效率如此之高，我都佩服自己了。

母亲发来《满江红·祝贺登峰又一篇论文被核心期刊录用》。

旅途中登峰发来喜报：接到论文录用通知，又一篇论文，通过匿名三审，正式被SCI录用了。有感于登峰勤奋上进，作词以祝贺！

捷报传来，惊喜泪，心潮逐浪。回首看，篇篇论著，聚凝珠汗。廿四寒窗风雨乐，八千里路星霜伴。争朝夕，跋涉在山岚，晨昏战。逢盛世，新气象。实验室，春阳灿。五更鸡天亮，效时钟转。社自融合果串串，文理跨越奇思漫。在屏前，科技梦翱翔，心花绽。

母亲诗词沁人心扉，是我孤独的学术研究中力量的源泉。深夜的实验室万籁俱静，我索性摘下助听器。累了看看窗外月色，好似置身琼楼玉宇，孤独居然也可以带来如此的乐趣！或研读、或撰写、或冥思、或枯索，思维自由地纵横驰骋如同骑上骏马，曾经一晚上完成的工作量相当于3个白天。人家说我们日夜在实验室太苦了，可我们一点也不觉得苦，还挺喜欢这样的生活。实验室资源全是我和阿布的，随时可用。最幸运的是我们的付出有了回报，撰写的国家社科重大项目申报书草稿，经导师补充修改审阅再上报，在群雄角逐的激烈竞争中获批了！我们师生都激动不已。

还没来得及高兴，又投入紧张的项目开题准备。一方面准备答辩材料，充分预估专家可能提出的各种问题。另一方面，协助导师筹备会议。4月3日，我们的2014年国家社科基金重大项目开题研讨会，在清华大学新斋304室举行。

出席会议的有清华医学院郭华教授、北大心理学系周晓林教授、中文系袁毓林教授、中国科学院孙乐教授、中央教育科学院陈云英教授等10多名专家和全体课题组成员及相关人员。会议由心理学系著名专家蔡曙山教授主持，项目首席专家江铭虎教授和我两个人汇报。江教授从项目的选题意义、研究内容、目标、路径、重点等五个方面进行了汇报。随后我作为课题负责人发言。第一次在这个领域大师级的各路专家面前讲话，克服了短暂的紧张情绪，与那些睿智专家们的目光对视，专家们将虚怀若谷的淡定传递于我，便有条不紊向大家介绍起我们的研究思路。与会专家一致认为课题组成员采用ERP、fMRI等先进实验手段，从语言学、心理学、医学、神经科学、计算机科学等方面来探索非字面语言的认知科学，从而揭示非字面语言与大脑的关系，这对揭示人类语言认知理论科学具有开创性意义。

博士生期间，导师还训练我审阅点评论文稿件。导师将各期刊交给他审阅的稿件，部分涉及我的研究方向的论文交给我预审，我的身份俨然是个学术“评判官”，要撰写稿件评审意见，如这篇稿件的结构布局是否合理？表述论点是否明晰？逻辑是否紧密？创新在哪里？实验和计算公式是否正确等，再提出是否可以发表意见。4年后，我终于修炼为手语认知与计算方面的专业人才，被聘为多家期刊和会议的审稿人，还兼任《北京联合大学学报》栏目编辑，负责约稿和审稿。

经历多次科研项目的实战训练，我的分析问题和独立思考问题的能力不断提升，研究和发现真理的经验逐渐积累，吃苦、坚韧、执着的品格和受挫折能力都得到磨炼和提高。

丰收的喜悦

时光荏苒，岁月匆匆，不知不觉来清华读博3年了。导师对我的培养原计划5年，大概看到我的研究水平和研究成果已经满足毕业要求，后来缩减为四年。感激导师对我的赏识，而且博士生普遍心里都希望尽早毕业。但随着研究的深入，更觉得自己学识浅薄，要学的东西实在太多，好希望在导师身边待的时间更长一些。我喜欢这里紧张而又快乐的生活，舍不得这么快就离开导师，离开清华。我向导师汇报了想法。导师说："你可以毕业了，实验室有的还要推迟毕业呢！你毕业以后，继续保留你的工位，因为你主持的项目还没结题，你的研究还要继续。"

我紧锣密鼓开始准备博士毕业论文，选题是非常重要的一个环节。我站在课题研究的十字路口，不知道何去何从。如果选择传统语言学的理论来解释分析手语中的任一现象更稳妥，可以保证出成果，保证顺利毕业。但我想起导师的教诲："做世界某一个领域的一流。"于是选择了最难的课题——分类词谓语。美国语言学家指出分类词谓语涉及大量的语义理解、空间知识和推理，形容分类词谓语是超语言的空间表达，以说明分类词谓语的复杂性。

我突破了按部就班的思路，选择手语认知这一重大难题，考虑实验需要的时间很漫长。如果要达到导师提前毕业的要求，我决定大方向依然不变，对短期小目标做了微调，继续做分类词谓语的认知神经机制研究，但同时结合我的擅长——计算机科学，做分类词谓语的认知计算。认知计算也是个很难的课题。具体来讲，就是用计算机算法模拟心理学认知过程，或者用认知科学理论来构建算法。这方面最具代表性的例子，就是谷歌公司研发了 AlphaGo 来模拟人类大脑，在历史上第一次战胜了韩国棋手李世石。对于熟悉认知神经科学和计算机科学几个交叉学科的我，选题做认知计算再合适不过了。

我选定了毕业课题："中国手语分类词谓语的认知计算"。一旦确定论文课题，导师放手让我去做。开始以为我是小众研究，导师对我的研究内容不了解。后来总听到博士生埋怨导师不懂得指导自己。我才知道，导师本来就应该这样！毕业论文的总体要求是创造知识，你创新的知识应该是以前不存在的，导师也不知道、也不懂，所以才要自己的学生研究导师尚不明白的东西。如果你所写的东西都是已知的东西，就失去了博士培养的意义。我记得一位院士说（名字记不清了）回顾当年带的博士生，后来成为美国科学院院士，他的研究内容我根本不懂，看他学术水平高，人又特别勤奋，就让他合格了（指早期尚未规范评审程序）。培养博士的目的最终就是要超越自己的导师。尽管博士生毕业时普遍没能超越，但随着你的成长进步，应该是"长江后浪推前浪"，这是人类发展的希望，学术界也亦如此。

资深人士告诉我，博士生和导师交流主要是三件事：第一是针对自己的课题向导师提建议要求改善硬件设施；第二是通过认真分析自己所要研究领域的现状，让导师判断是否有发展前景；第三剩下就是自己的事情。亦指毕业论文的研究撰写全过程都靠博士生自己。但我的导师没当"甩手掌柜"，从论文的选题到开题报告，从资料收集、结构布局到写作，都提出很多建设性意见。

在导师的支持下，我开始了疯狂的科研工作。我的博士论文经历三个阶段。第一个阶段，收集国内外本领域有关的文献、专著，找出 A、B、C 学者观点的差异、争议点，同时在这些文献中搜寻相关的实验案例做借鉴或补充，大致理清这个领域的研究动态。第二阶段，在了解本领域研究的最新动态的基础上，结合自己先前的实验研究成果，去思考分析、去发现这个领域亟待解决的热点、难题，补充知识体系，确定要研究的方向或亟待解决的关键问题，确定研究课题的框架，拟订实验计划并抓紧做实验。第三阶段是最重要的工作，做出真正有价值的创新研究，总结实验过程和结果，确定计算模型，形成创新知识的理论体系。

2016 年春天，初步构建了深度神经网络的原型，来模拟人脑理解手势语言……10 多万字的博士论文历经多年的拼搏积累，几年的酝酿，浸透一年的奋斗汗水，并得到老师、同学、朋友们多方面的支持和帮助，终于撰写成文。

清华大学一向学风严谨，走到博士论文答辩这一步，中间还经历很多“门槛”，通过了博士论文开题报告评审、博士资格答辩、预答辩、毕业论文匿名评审等环节。哪一个环节不过关，你的答辩都将延期。据说清华博士学位论文，延期的或不能通过率占40%。

为保证学术的尊严，清华很早就推行了博士论文匿名评审制。其做法是设立一个校内外的专家库，由校研究生院按申请学位的论文所属学科，从专家库随机抽取评议专家，送审论文则隐去博士生与导师名字。导师不进入答辩委员会，不参加评议和投票。这样做尽可能地排除了人情干扰，使答辩比较公正。这也是与国际接轨。博士生往往为了应对匿名评审，争取一次性通过，所有压力都转化为提高论文质量的动力。

我反复与导师、同学讨论和修改。尤其进入博士论文匿名评审后，等待结果的时间令人焦急，但所有这些构成了博士阶段必需的经历和压力。2016年5月29日，我的博士毕业论文匿名评审结果公布：“2A1B”，批准组织博士论文答辩。匿名专家评审意见如下：

手语识别、理解和翻译是计算机视觉、认知科学和自然语言处理等交叉领域的研究课题。论文选取中国手语的分类词谓语作为研究对象，对分类词谓语的认知计算方法开展研究，选题具有重要的理论意义和应用价值。

论文对手语中的分类词谓语进行了多维度的研究分析，比如分类词谓语的成因和约束条件、句子加工过程中的手势模态、分类词谓语空间隐喻，建立了基于语义类和音韵参数的手势嵌入模型，并将研究成果应用于助聋机器人的研发，取得了系列的研究结论。该论文的选题无疑具有跨学科挑战性、前沿性和拓展性。不仅对汉语手语研究的理论建构、对揭示语言本质等有重要的理论意义，而且论文的基于实证的实验分析归纳对于助聋机器人的研制有实际的应用价值。论文选择的研究手段和研究的角度多样，研究对象定位准确，有相当的难度，涉及了语言学的多个子领域，利用了先进的神经科学、脑科学的研究手段和成果，与最为热门的人工智能相结合，使得整个论文的研究工作显得很丰满。

论文研究对象包含了人类视听觉信息相关的图像语言和文本语言信

息，是视听觉信息的认知计算学科领域的研究分支，视听觉信息的认知计算以提高计算机对这类复杂感知信息的理解能力和对海量异构信息的处理效率为主要目标。本文在手语分类词谓语的分析及感知特征提取、表达与整合，感知数据的机器学习与理解，多模态信息协同计算这三个核心科学问题上都有系统的研究成果，实现相关技术的突破和信息处理方式的改变，对推动认知计算学科发展和满足社会人类交流，特别是听障人群的交流等方面具有重大意义，反映出作者扎实的交叉学科基础理论和较大创新。

该文写作规范，结果脉络清晰，逻辑分明，分析到位，从基本理论到实证研究，再到工程应用，层层推进，显示了作者宽广、深厚的研究功底和对相关理论和方法的掌握，对不同研究侧面的印证和论述显示了作者对本领域国际国内发展脉络的清晰把控。作者已掌握了本领域扎实宽广的基础理论和系统深入的专门知识，具有较强的独立从事科研工作的能力。论文结构合理，数据、资料翔实，有创新，达到了博士毕业论文应有的学术水平，同意答辩。

还有满满的几页纸的问题，比如建议对手语及手语分类词谓语的形成在认知神经科学提出的大脑结构图中对应关系以及隐喻和场景的关联关系做进一步研究。我按程序要求办理好答辩前应办的琐碎手续，填写好各种审核表格交上去。然后仔细阅读匿名专家评审意见，对提及的问题仔细分析，准备答案。按照清华的答辩要求，在答辩过程中，答辩主席要求必须回答匿名评审中提及的问题。

2016 年 6 月 4 日我以紧张而又激动的心情，又一次整理了匿名评审提问清单，又一次打开准备了千遍的答辩 PPT，心里默默地演练，思考对答辩中哪些内容该展开讲，哪些该少讲，计算答辩演讲的时间，然后预设各种提问该如何回答，做好突发情况的应急准备，比如尝试没有 PPT 时的答辩演讲，重新仔细阅读一遍论文，确保把论文内容清晰地记在脑子里。

6 月 5 日下午，我提前半小时来到清华大学人文学院新斋 311 室答辩会场。答辩秘书程浩老师和阿布同学已做好会场布置。这个答辩会场实际上是为我一个人准备的，因为今年实验室只有我一个博士生。会场拉起横幅：“清华大学博士论文答辩会”。教室前面扇形摆放 6 张桌子，桌上有瓜子、水果、矿泉水，中间还摆了一些鲜花，答辩委员依次入座。我作为博士候选人站在会场中间的答辩席上，边上和后面的听众席上挤满硕博士生和观摩学生。这个环境立刻让我感受到隆重而严肃的学术氛围。

鲍泓教授为答辩主席，庄重地介绍了答辩委员会委员。有几位答辩委员并不陌生，如清华孙茂松教授、刘颖教授、北大王厚峰教授、中科院宗成庆教授、孙乐教授。看到他们，想到他们曾经给我的帮助和没到场的清华邓北星教授、邓盾教授、中科院刘群教授等。诸位教授，可谓蔚然大宗，博学善诱，彰显风范。有的曾给予我悉心指导和帮助，有的邀请我去听课程或讲座，有的给我推荐本领域的代表文献，使我能学习和了解到交叉学科领域的科学知识和国际学术发展的前沿问题，方能拓展学术视野，博采众贤之光。

介绍完答辩程序后，接着由我答辩。我首先陈述论文的主要成果，包括选题的动机、主要创新点等。然后由各位答辩委员提问。每个答辩委员都列出很多问题清单，我瞟了一眼，满满几页纸，问题五花八门，有的出言如矢，感受到大师们的威严和答辩的挑战性。迅速调整心态，沉着冷静应战。毕竟是我多年的研究成果，我的创新论点、计算模型和演绎公式都是经过千百次实验论证的。尽管有的提问与课题不相关，那是考察知识的宽度。有的提问很巧妙，看似简单却隐藏着深奥复杂的关系，必须引经据典来阐述。对于很难回答的问题，我就将涉及论文的内容滔滔不绝地讲出来。答辩会议从 15 点整开始到 18 点结束。答辩委员留下评议，其他无关人员全部退场，我在隔壁教室等待评议结果。

1 个小时后，宣布答辩结果："7A"。这意味 7 个答辩委员都给了我最高评分！我的称呼由此变成了"博士"。我明白，这是答辩委员对学术水平的公正评判，是否还包含专家们对一个初出茅庐听障学者的友善和包容、理解和期待？有一种巨大的感动，弥漫肺腑。紧紧握住专家们的手……抑制住从内心奔涌出来感激的热泪，所有的艰辛和努力此刻全化为幸福的暖流。

答辩委员会对我的论文给予高度评价，认为我的论文《中国手语分类词谓语的认知计算》是视听觉信息的认知计算学科领域的研究分支，是计算机视觉、认知科学、自然语言处理等交叉学科的研究课题。论文选题具有跨学科前沿性、挑战性和拓展性，不仅对汉语手语研究的理论建构、对揭示语言本质等有重要的理论意义，而且论文基于实证的实验分析归纳，对于助聋机器人的研制有实际的应用价值，工作所取得进展及主要创新点：

1. 对手语分类词谓语进行了认知分析的基础上，对手语模态分类词谓语的影响用 ERP 实验进行了论证。对分类词谓语成分的空间隐喻进行了认知计算，在影响空间隐喻加工的属性调查结果的基础上，对空间隐喻的相似度进行了分类研究。

2. 提出了分类词谓语的分布式表征的手势嵌入模型，对基于音韵参数的手势嵌入模型，基于语义类和音韵参数的手势嵌入模型和多原型音韵参数嵌入模型进行了实验并分析了实验结果，探讨了手势对应词汇数量关系和手势词频的影响。

3. 对分类词谓语认知计算的助聋机器人应用进行了探索，从感知和理解阶段对智能认知架构进行了设计和实现。

这些研究创新性的贡献，其中的很多实验结果对手语的认知研究有推动作用。论文工作表明，作者具有本学科扎实宽广的基础理论知识和系统深入的专门知识，具有独立从事科研工作的能力。

我的博士生涯即将画上句号。在我的论文答辩时，清华大学出台了新政策，凡是副高级别以上的不能参评优秀博士论文，从而遗憾地与优秀论文失之交臂。

2016 年 7 月 2 日，是个喜庆丰收的日子，清华大学举行了隆重的学位授予仪式。在灿烂的鲜花和如潮的掌声中，在亲人们的注目下，杨斌副校长为我拨正了流苏带，秉烛苦读多年，终于修成正果。我被授予博士学位！成为 1000 多个莘莘学子中的一员。感恩“自强不息，厚德载物”的清华大学，她用宽厚、温暖的胸脯接纳、培育我，帮我书写了生命的瑰丽篇章。

我穿着红袍学位服，神采奕奕来到观众席找到我的父母和亲人。他们满含热泪把我拥入怀中。母亲作了《喝火令 · 写在登峰博士毕业庆典》3 首词。

（一）

六月清风爽，东来紫气祥。莘莘学子聚一堂。
毕业庆典隆重，逐个步中央。
拨正流苏带，修得正果香。红袍冠帽盛着装。
祝贺登峰，祝贺创辉煌，祝贺志识高远，豪迈再扬帆。

（二）

出世失听力，深怜痛断肠。母亲情注树秧秧。
泣血育培呼唤，康复变骄杨。
历雨灵苗壮，经风更奋扬。梅花香自苦冬寒。
期翼坚强，期翼梦飞翔，期翼像常人样，快乐又平凡。

（三）

从小遭磨砺，寒窗愤图强。蟾宫折桂绽芬芳。
硕果聚凝珠汗，心血铸华章。
常忆经年事，感恩盛世暖。爱心一路佑成长。
谁赐今朝！谁赐味馨甘！谁赐幼儿残障，重塑炫斑斓！

生活的诗意和快乐

有人问我，读清华博士那么苦，你是怎么坚持下来的？在他们的想象中：我的生活应该是单色调的枯燥、孤独和苦累。仿佛只有书本、文献、仪器和计算机。过去人们总说“十年寒窗苦”，过于渲染“苦”字，却没看到读书让人享受到的灵魂深处的愉悦感。首先挑战不可能完成的任务，经历的过程其乐无穷；挑战成功的喜悦更是妙不可言。如果没有艰辛的付出、没有经历这些重荷和压力，不可能体会到这种快乐。

正如有人说“读书是生命的光合作用，因为阅读，生命变得生意葱茏”。而且我并不是只会读书“走路都会碰电线杆”的书呆子。从小在母亲的影响和教育下，我拥有更加敏锐的感受幸福能力。

尽管没有很多时间去享受生活，卿卿我我，但短暂的团聚更觉甜蜜。

偶尔和家人吃一顿饭，陪家人买次菜，帮家里采购一下笨重物品等，从中享受到天伦之乐，品味生活之美好。有时爱人来清华给我送衣物，我就索性给自己放假几小时。陪爱人到清华食堂，享受美味，然后一块漫步校园。爱人爱好古典文学，我们俩一边吟诵诗词，一边欣赏美景。“西山苍苍兮东海茫茫，北仰长城兮南俯河江，水清木华兮岿立中央，亭台轩榭兮雕栋画梁。”四季皆美景，处处蕴诗意。草长莺飞花草香，蝉声阵阵绿成荫，灿烂金黄皆秋色，凌寒傲立枝头梅，春夏秋冬均涵养我们生活的诗意。还有家人的理解和支持、夫妻的融洽和包容、孩子的乖巧和成长以及和谐的家庭生活，带给我无比的快乐和奋斗的力量。

虽然我没有专门时间游山玩水，但受母亲影响，小时候把外出看病当旅游，我也把外出学习和参加学术会议当旅游。尽量把来回路途时间安排在晚上，会议前后便可抽时间去看看所在城市的风景，品尝当地的特色小吃，寻觅这里的名胜古迹。我参加过不少学术会议，足迹踏遍祖国大江南北，也看到各地的翻天覆地变化，欣赏到风格迥异的城市风貌、风俗习惯。领略山河美景的同时，让我的身心得以洗涤，精神抖擞迎接新的挑战。

正如我家世交郑尚谦老师所说：“人生快不快乐在于心情，心情好不好在于心态。快乐的人不是没有痛苦，只是他们修炼了一颗强大的心。拥有强大的内心，就不是生活左右你，而是你驾驭生活。”我尽管内心不算强大，但我能从生活中时时处处感受到乐趣。

有人说我运气好，人生太顺；也有人怜悯我不幸，历经坎坷。我想谁的人生不是在坎坷与顺利中交替？人不可能永远顺风顺水，也不可能永远倒霉。所谓“福兮祸所伏，祸兮福所倚”。在困境中不颓废，从挫折中总结经验教训，就会把坎坷变为顺途。何况顺利和坎坷都是生命的相对状态。顺利不等于快乐，坎坷不等于痛苦。您没见有人顺利时愁容惨淡，有人坎坷时却能欢颜一笑？

如果您定义我不幸，我却要告诉您，当我无可选择地接受并习惯与生俱来的缺陷时，我更懂得了生命的意义。正是人生中遭遇的艰难挫折，才使我得到锻炼和磨炼。当我战胜了苦难，苦难已成为我的宝贵阅历和财富，让我成长和成熟。

如果您说我顺利，无非是指我考到顶级学府，获得了硕士和博士毕业证书。但这只是人生中又一个新的起点。如今我依然跋涉在路上。今后的路还很长，并不是只有阳光彩虹，仍需迎战风雨。

我的经历，或许能给您一些启示。

当今社会，哪一个家长都不愿意孩子输在起跑线上，希望一路上名校，这完全能够理解。但如果由于多种原因，输在了起跑线上或没能上名校，请一定不要气馁！只要不放弃努力，终归会赶上来的，任何时候都不要说晚了！

我就“输”在了起跑线上。别人能言善辩时，我的听说能力尚没有完全康复，母亲在我需要接受启蒙和基础教育时，把选择老师放在第一要素，对老师的最基本要求是有宽厚、仁爱之心，不嫌弃我。而没去选择知名幼儿园和小学，后来高考录取受挫，我读的大学也不是名校，我没有走周围人们向往的成“龙”之路。

究其原因，很大成分是“因祸得福”。因为听力障碍，母亲没去追求我的考分、追逐我在班上的名次。不管考试如何，母亲总是夸赞鼓励我。在没有太大的压力时，我可以发展自己的兴趣，可以博览群书。我爱好军事知识，坚持订阅这方面的期刊，即便与考试、与专业不相干，母亲也不干预。我在阅读中扩大了视野，获得了较为宽广的知识。

父母或许对我的学业没寄予太大希望，把培养我的生存能力和品德教育放在首位。放手让我做一切，包括家务劳动，在这些活动中积累了生活经验，提高了生活能力，养成了较为麻利的手脚。而有的家长望子成龙，担心家务影响孩子学习，包揽孩子一切，使他们失去锻炼的机会。其实这是成长中不可或缺的锻炼，而且生活中处处皆学问，只要勤动手、勤动脑，都有助于思维的发展、综合素养的提高和良好品德的养成。

后来的求学经历，我作为一名普通考生，没有选择的权利，只能考到哪读到哪。小学毕业时考到了重点中学。后来就读的大学是一所二类本科，但学校历史悠久、环境优美，更重要的是学校领导和老师们具有开明、仁爱之心，对我这个特殊学生没有丝毫嫌弃、歧视，而是鼓励、培养我，让我年年“包揽”“三好学生”“优秀党员”等。我能考上北大硕士、清华博士，很大程度得益于基础教育阶段和本科打下的良好基础。

我认为学生优异的成绩、超群的学习能力和良好的人品决定因素绝不仅仅在于名校，除了教学环境和教学质量，最主要的还是在于家庭。尤其道德品质和学习习惯靠家庭从小培养，言传身教。

博士阶段的学习和研究对我来说“如鱼得水”。尤其是度过了最初的适应期，在以后的学习研究中尽管很辛苦，但感觉特别快乐。究其原因，有以下几点：

首先还是因为听力障碍，我听课困难，一切与声音有关的知识信息，包括老师讲课、同学之间的讨论和课堂上的发言，我获取的只是星星点点，残缺不全的。迫使我去广泛阅读思考探究，以弥补听力障碍所带来的欠缺，于是从小养成了较强的自学能力。而一般从大学开始不再是灌入式，越往上读，靠自学和独立思考的学习方式更多，所以越往上读，这种方式更适合我。

其二，是我的学习经历较长，从北大硕士毕业后，在联大正式工作了6年后才攻读博士学位。期间，我从来没有放弃学习，坚持学习研究的马拉松长跑，基本养成了终身学习习惯。现在的精英学霸比比皆是，成功人士多如牛毛。我周围就有很多人比我优秀，但有的半路退下来了，有的离开学校就不再花很多精力读书了。成功的人大多不是赢在起点，而是赢在转折点。

其三，我的学习目的和研究方向明确，我是带着研究中的问题来攻读博士学位。

其四，能够客观地对待成功和挫折、荣誉和名利，所以即便有短暂的不开心、短暂的沮丧，但能及时调整情绪，向着我的目标和理想一步步前行，而没有被名利羁绊前行的脚步。

我是一个“普通人”，同样经受了名利的诱惑和考验。看到我的朋友，在IT行业工作，月薪3万以上，他们开着豪车。而我的学历更高，能力不差，却拿着朋友三分之一的工资，骑着自行车。如果说我完全没有想法是假话。但这是社会的分工，行业差距大，薪酬与能力不能绝对平衡。既然我选择了教师这个职业，选择了攻读博士，只能“两权相利取其重”。至于孰轻孰重？各人选择不同。我选择的“重”就是看是否有利于静心攻读博士学位。朋友笑我，一个副教授却骑一辆自行车。殊不知骑车有骑车的乐，来回方便，不污染环境，无须为停车伤神。而且我有汽车驾照，如有需要偶尔租车也是不错的选择。

著名华人生物学家蒲慕明先生曾经给自己学生写过一封信，信中老先生语重心长地说："我认为最重要的事情就是在实验室里的工作时间，当今一个成功的年轻科学家平均每周要有60小时左右的时间投入到实验室的研究工作中……文献和书籍的阅读则应要在这些工作时间之外进行。"我的博士研究是一个跨度大的前沿交叉学科，更需要集中全部的心思和精力去努力拼搏，需要付出更多的艰辛劳动，还需要一个恬淡、安静、耐得住寂寞的研究环境。所以不得不拒绝媒体采访要求，更不去申请和申报与学术研究无关的奖项和荣誉。

从本质上来说自诩淡泊名利，不愿花心思，更不愿意花时间和精力去关注、追逐名利和荣誉。快乐不是因为拥有的多，而是因为计较的少。很多老科学家是我的榜样，他们的名利观时时影响我："搞学术的人，必须经得起寒窗苦，坐得住冷板凳。只求揭示真理，不要论其名利。"

要感谢父母从小对我的教育和引导。记得在我很小的时候，家里就挂着两幅字画，其中一幅为"非淡泊无以明志，非宁静无以致远"；还有一幅为"路漫漫其修远兮，吾将上下而求索"。后来稍长大，母亲将"夫君子之行，静以修身，俭以养德"的内涵讲给我听。告诉我"夫学须静也，才须学也，非学无以广才，非志无以成学。慆慢则不能励精，险躁则不能冶性。"母亲要求我记住八个字，即"淡泊明志，宁静致远"。母亲说如果看重名利，追逐名利，何以明志！何能宁静！何以在艰难困苦中超越世俗而不停下迈进的脚步！

母亲将这些经典的传统文化萃取后传播于我。父母"身先士卒"，以良好的行为给我做榜样，培养我良好的习惯，熏陶和濡养吾之品德。从母亲写的词，可以感受到父母的情操和品格。他们退休后，双双出外打工。无论环境如何艰苦，生活仍然充满诗意，乐在其中。

我们全家人最信奉的是"埋头苦干、发愤图强"，认为实力比虚名更重要！"孟母三迁"，可歌可颂。但当我们没能力迁徙更好环境时，只有内心意志坚定，才可不受环境影响。记得我家单元楼逢年过节热闹非凡，而父母不随俗流，除了至亲好友之间往来，拒绝官场上那套请客送礼。在周围一度麻将声声的环境中，父母从不打麻将。家里每个人都有自己的一方学习天地。如果我在学习，父母绝不看电视。父母是老三届，初始学历只是初中，但家里却弥漫书墨清香，四个大书柜满满当当。他们用爱学习、勤思考的行为影响我，千方百计为我营造了一个温馨、宁静、勤奋、向上的学习环境，培养我淡泊名利的品格。

生命有君伴　高山流水长

我走到今天，当然不是靠运气、靠所谓聪明，更不是靠分数，而是靠良好的人缘关系，靠身边无数“贵人”相助！这里的“贵人”是借用禅语，意指一路帮助我的爱心天使们。

我的导师以人格魅力和渊博学识，为我在探求学术的路上领路、指路。当我迷茫时，带我走过泥泞迷雾；我取得一点点成绩，欣赏鼓励我。还有那些一路陪伴同行的至诚至善的同学和同事，在我孤独迷茫时，给我安慰；在我痛苦无助时，给我帮助；在我情绪低落时，陪伴鼓励我；当我不足时，提醒监督我。这份友情葱茏我的生命、点亮我人生的精彩。

虽然我们过了“相逢意气为君饮”的年龄，但仍有“自信人生二百年”的豪气。实验室是绽放理想之花的乐园，同时滋生出友谊之花，绽放在各位同学心中。

阿布同学热情仗义、风趣幽默。我做手语认知，阿布做维吾尔语认知。我们相伴时间最长，互相帮助和鼓励走过了攻读博士最艰难的日子。文玉小师妹善良细致、稳健开朗。她来自宝岛台湾，初来乍到，我带她熟悉环境，介绍学术中的种种问题，她有困惑就来找我切磋。仁魁同学诚恳坦率、见解独到，作为我的大师兄，时常为我指点迷津。湘情、冷婷同学精灵活泼、对人友善。虽然我们的研究课题不同，但都是语言学方向。大家对我予以特别的信任和尊重，并主动地给我许多帮助。

我的听力受限，如果距离较远，我听不到别人的讲话，所以不管是实验室会议，还是到外地出席学术会议，尤其在以英语为官方语言的国际会议上，阿布同学充当了我的贴身翻译，不厌其烦地告诉我专家的报告内容。文玉师妹也不遗余力，帮我把国际会议上，专家对我提的论文提出的意见和建议整理成文。点点滴滴，令我没齿难忘。

实验室还有云龙、刘丁、苏裴、晓芳、思晴等以及清华大学学生手语社同学，都是值得敬重和信赖的同学，他们曾经伸出热情的双手帮助我，弥补我生理的缺憾，成就我学业上的丰收。友谊如同寒夜的明灯，温暖和照彻我攻读的每个日子。

2014 年平安夜，同学们都出去欢度节日，只有我待在实验室写论文，如天使般的师妹徐文玉笑盈盈地来到我身边，递给我一个苹果，轻声说："师兄，祝你平安夜快乐！"还有很多挑灯夜战困倦的时候，同学会悄然递来一串冰葡萄或零食。我为这份温情的关心而感动……

我们的友谊来自对学术共同的追求，来自真诚和理解，来自关爱和体贴、来自帮助和默契，来自包容和体谅。它们如同一首首优美的诗歌令我愉悦和感动。只要有同学出国或去外地参加学术会议，我们会期待他们归来，这时候的实验室如同节日一样，大家开心地分享同学带回的前沿学术成果和土特产品，感受着这份喜悦和甜蜜。

我们一起探讨学术上的困惑与迷茫、未来的发展与计划。有时谈天说地，妙趣横生；有时各抒己见，唇枪舌剑。几年朝夕相处，几许无私帮助，几番倾心交谈，几多切磋探讨，碰撞出思维灵感，点亮智慧火花，温暖彼此心灵，结下深厚友谊，我们成为无话不谈的朋友。时尽缘未散。仁魁同学毕业去了香港理工大学，文玉同学毕业后去了德国。我们都不会忘记，生命曾有君伴，高山流水长……不管身处何方，友情在一份淡然宁静里，大家彼此牵念。

我得到了人世间最珍贵的亲情、爱情和友情。我一直生活在主流社会的健听人群中，与我朝夕相处的家人、爱人是健听人；求学时就读普通学校，我的老师、同学都是健听人；工作后我是计算机系唯一听障老师，我的周围全是健听人。一路走来，在健听人群中没受到歧视和冷漠，相反得到友善和帮助。尽管我不能把他们的名字一一列举出来，但我会记住他们曾经给我的阳光和温暖！是他们的"爱"，使我耳边残缺含混的声音，得到弥补或变得清晰，从而使我变得自信无畏，是他们成就我精彩的人生！其乐融融的人缘关系，给我的学习、工作和生活增添了无比的温暖和情趣。

读博期间，我的任教大学院系领导和同事，如滕书记，徐、汪副院长，郝、曲主任，刘、孙副主任，葛、祝等老师给予我极大的信任和支持，尽量减少我的工作压力，让我腾出精力来攻读博士学位。在办理调课和各种手续时，都是一路"开绿灯"。将我的授课时间集中安排，减少我来回跑的时间；还不厌其烦为我调课，方便我外出参加学术会议。还有李教授、刘、李、关等老师牺牲个人休息时间给我代课，代办琐碎杂务。更不会忘记2015年，我带的班级参加北京市高校“我的班级我的家”活动决赛的关键时刻，陆、王等老师代我到现场全程督阵，通过激烈竞争角逐，我班最终荣获北京市高校“十佳示范班集体”称号。这份荣誉记载了学生的努力，更记载了几位老师同心协力付出的心血和汗水。

感谢特教学院这个温暖的集体，各位领导和同事对我恩重如山！使吾生平凡而得志气，自卑而腾信心，残缺而变丰盈。常怀滴水涌泉之心而感激涕零。

有人哀怨自己运气不好“我咋没遇见贵人呢!”，还有的等待“贵人”降临。我想告诉您，人际关系是双向互动的，播种爱才收获爱。良好的人缘和“贵人”的降临，需要自己去营建！如果具备善良、仁慈、宽厚、阳光的心态，健全的人格、良好的人品及综合素质，“贵人”会不期而遇！反之，即便贵人降临身边，也不认识呀！而这些品质来自从小被“爱和尊重”的滋养和培育。

很多人感到奇怪，为什么你的人缘那么好？连小孩都喜欢你呢？我调侃说：“因为我傻呀!”其实生活中，只要你亮出真心给人看，必有朋友共患难。你拿出虚假在人前，必有陌路在后面。你将心比心给人暖，必得千金难买好人缘。你钩心斗角给人乱，必将自食恶果无人伴。为人行得端，才能走得正；处世怀揣真，才能收获暖。

有朋友向我请教与人相处的奥秘，倾诉自己的孤独和苦闷。尤其在健听人群中工作的听障朋友，有的与同事关系颇感淡漠。我毫不保留地告诉他们，除了拿出真心，还要善于交流表达。我的为人处世八个字：微笑、简单、厚道、交流。

第一是微笑。我感恩万事万物，时常从内心涌动着愉悦，笑发自我内心。当然生活中不可能事事如愿，心情再差，也不要写在脸上，因为没有人喜欢看。大概在十多年前，偶尔在一本书上看到一段话，很有启示。

笑容是一种生活的艺术，可以使一个面貌平庸的人变为美丽，可以使本来陌生的人突然消除距离，更可使你的朋友得到友谊和鼓励，而最重要的是，即使你本来很烦，而你仍肯勉强自己在人前带点笑容，那由别人那里交换而来的愉悦的回报也会很巧妙地冰释你内心的郁闷，而使你突然觉得人间温暖起来，而且由于你心中的温暖愉悦，你的外貌表情会更加光彩可爱，而受人欢迎起来。

笑容是心的表露，需要调整心情。不妨尝试修炼自己，大多数时间保持良好心态。即便发生不高兴的事，就像尚谦老师指点那样："在悲欢荣辱的时候，把自己当成别人，就像旁观者一样淡定。一世悲欢，一场花开花谢；一身荣辱，一片云淡风轻。得到时，淡然一笑；失去时，泰然一笑；被误解时，坦然一笑；被轻蔑时，超然一笑；吃亏时，悠然一笑。"微笑是世界上最美的语言，是关爱与信任，是友善与礼貌，是尊重与鼓励。

第二是简单。我是一个很简单的人，不会工于心计。教过我的老师都说我是没有被污染过的"绿色蔬菜"，小姨曾责怪母亲把我教得过于纯净，今后如何适应复杂的社会！走到今天，除了在小学被捉弄，那时年龄小都不懂事，一直到现在也没谁敢欺负我，相反由于我的不计较，由于我的简单，得到更多的尊重和友情。简单，让我活得明白、轻快、洒脱。

人们时常感叹，现实社会太复杂。但我以简单应对复杂，以不变应对万变。做真实坦诚的自己，不在意别人评价，不计较别人误会。名利得之不癫狂，失之不忧虑。一切顺其自然。与简单者相交，无须设防，心不累，别人更愿意与之交往。

第三是厚道。厚道是一种品格，包括善良、谦和、乐施。父亲说，我的厚道是母亲遗传的。我的母亲善解人意，遇事总爱换位思考。为人处世谦和、热情、厚道，宁可负己，绝不负人。而我的父亲从外表看就是一个厚道人，处事耿直。他下岗后出外打工，前年才辞职。回到北京后原打工单位依然不断求助，要求父亲帮单位审核材料，父亲从不推辞，收到材料后随时义务审核，认真细致，废寝忘食，从无怨言。我从小耳闻目染得到熏陶，也学不会"精明"。

厚道还表现为不怕吃亏，不管是涉及名利或出力气，不斤斤计较，尽自己所能给人解困或帮助，从中也可得到快乐。常有同事、朋友要我帮助写材料，如方案、计划、总结或项目申报书什么的，只要找到我，哪怕要熬夜、牺牲休息时间，我会当作自己的事情竭尽全力。我把这些看做是别人对自己的信任。

厚道包括谦和。我们所处的不是个人逞英雄好汉的时代，需要具备团体协作精神。譬如我所取得的每一个成果和成绩，其实都是集体的智慧，都得到了大家的帮助和恩惠。始终把眼睛向前看，走在我前面的牛人、才俊比比皆是。知道自己落在后面，还有很多不足，时刻保持谦虚谨慎的态度。即便我比后面的人暂时领先一步，其距离也不过一步之遥。很多高人都是不显山，不露水，比如我接触过的清华、北大、中科院的教授们，个个都是谦和有礼。他们就是我的榜样。

第四是交流。交流是增进人们相互了解和理解的主要方式。除了行为上的相互关心体贴，这里指的是人们相互之间最基本的语言交流，而不想展开探讨高深宽广的语言魅力和语言表达艺术。人类传递信息的基本方式有三种，即书面语言、口头语言和态势语言。要得到人们相互的理解和支持，首先需要相互的了解，而语言交流就可起到这个作用。

现实生活中，健听人之间多用口语交流。我们聋人在主流社会生活，首先要学会日常口语交流，即听说能力，最理想的是具备口语和手语双语能力。在本书第八章曾谈到培养听障儿童生存于主流社会的最基本的九种能力，这里不再赘述。

我们生活在群体中，每时每刻需要交流。我在读博士期间除了日常口语交流外，联系和交流的邮件多达 5200 多封、短信无计其数，其中 1400 多封信是与学生和家长的交流信件。在此我强调的是要善于交流，让对方明白自己的想法。有几次，我自己掏钱为实验室购置小件。导师说“不喜欢你们自己为实验室掏腰包!”我告知导师：“不想为几十元或百元小钱，要导师签字、跑报销。为这些小事浪费导师和我们大家的宝贵时间实在不划算。”通过交流，让导师知道我珍惜的是时间。

交流中要做个有趣的人、受欢迎的人。比如我的母亲、岳母、爱人 3 个人在家跳舞，要我参与。我说：“你们刚好 3 个女人一台戏，我就不参与了吧。”我的拒绝没引起她们的反感，相反引起她们哈哈大笑。交流增进了人与人之间的和谐。

我有个朋友本来很优秀，文字表达能力较强。但与家人和同事之间缺乏沟通交流，时常感到苦闷。有点可悲的是她父母不会手语，也不用文字与孩子交流。而且每次家族亲人们团聚，在宴席上大家兴高采烈互相交流，谈工作、谈学业、谈生活。看她不会口语，所有长辈和表兄姊弟都忽略她的存在，不和她交流。本来是亲人的聚会团聚，却让朋友感到孤独、郁闷，导致朋友严重的自卑心理。看到我和家人之间有说有笑，羡慕不已，多次向我诉说她的父母亲人不爱她，小时候不教她口语，父母又不学手语，与父母很少交流，感到特别苦恼。我与她沟通：谁家父母不爱自己的孩子？只是你的父母尚未找到怎么表达对你的爱，规劝她主动多与父母交流。在我的多次劝导下，她和父母的关系逐渐改善。

我之所以写出这件事，是因为这件事让我揪心，看到有的家长不与孩子交流，或者说不知道如何与孩子交流。希望提示我们所有的父母，如果爱您的孩子，就要和孩子多交流，多倾听孩子的想法。如果您的孩子是健听人，口语交流虽然是很自然的事情，但要提高与孩子多交流的意识，发展孩子的语言能力，融通父母子女感情。如果您的孩子是聋儿，且已通过语言康复训练，具备口语交流能力，您需要多与孩子语言交流，在交流中巩固孩子的发音，不断发展孩子的语言能力。

如果您的孩子是聋人，小时候口语没能康复，只会手语，父母就应学习他们之间的交流语言——手语。就算您可以用文字与孩子交流，但平时交流也不太方便呀！美国聋人在生活中时时处处有手语志愿者翻译，我们中国的聋人家长，比这些志愿者不更具有爱的动力来学习手语吗？或许有的健听父母认为学手语丢人，其实手语是已被世人认可的人类的一种自然语言，它已进入众多学者视线，登上大雅之堂——不少大学已开设手语课程、研究手语。

我还见过许多健听孩子的聋人父母，把孩子交给其他亲人发展口语能力，这个选择当然不错。但与此同时，建议其聋人父母也应和孩子使用手语交流。科学研究表明教婴儿手语可以开发和提高孩子的智商，而且父母的角色是任何人不能代替的，父母不可能一辈子不和孩子交流，事实上健听孩子学习手语不会影响口语能力。如果让孩子从小习得双语，今后做有声和无声世界的双语文化使者也是很快乐的事情。

总之，和你身边的所有人，包括老师、同学和同事等要善于沟通交流。而父母子女、夫妻是世界上最亲密、最亲近的人，在漫长的厮守中，交流更是发生在生活的每时每刻。不管利用何种语言做交流媒介都行，但一定要交流、学会交流、善于交流。

感　恩

只要没有意外，生命将会继续，我也还会跋涉在路上。我热爱生活，且珍惜生命的每一天。我写了一首诗，献给时常自责愧疚的我敬爱的父母。

父母一直对我怀有歉意/而我却对父母怀有无尽的感激/没有听力或许是天意/感激父母含辛茹苦把我抚育/把残疾的我当宝贝不嫌弃/拒绝生二胎/给我全部的爱与精力/如果不是父母心怀卓见/把我解救于声音的黑暗和静寂/如果不是父母把痛彻心扉的爱意/化作朝朝夕夕的康复训练和教育/残缺生命怎能变得如此丰盈和美丽/父母之爱/不仅是“游子身上衣”/更是节省每一个铜板/攒钱为我买最先进的助听器/是嘶哑的嗓子声声谆啼/引导我把声音的光明寻觅/是为儿凝霜玉鬓却共同学习/是教我百折不挠、坚强无比/是支持我和健听孩子一争高低/是为儿的点滴进步和成绩/十分自豪、不断鼓励/是用勤劳踏实、顽强拼搏、诚实待人的言行影响和教育……/父母之爱是潺潺清泉、阵阵春雨/绵绵不绝、丝丝缕缕/羊知跪乳之恩/鸦有反哺之义/我敬爱的父母/我的一切努力/都是为了报答您

我喜欢“感恩的心”这首歌：“我还有多少爱，我还有多少泪，要苍天知道我不认输，感恩的心，感谢有你伴我一生……”我和母亲时常泪流满面，一遍又一遍歌唱，我用跑调的歌声，宣泄心中的情感。

我能够坦然面对哪怕并不完美的生命，也感激带给我很多痛苦和烦恼的残疾生命，因为它给了我别人没有的经历和体验。尽管我有过失望、挫折、沮丧和痛苦，但是在心灵的挣扎中，终久阳光战胜了黑暗，快乐替代了痛苦。

我摘录《感恩》部分内容作为本书的结尾。曾发表在早年《长江日报》《中国残疾人》杂志上，获长江日报征文二等奖。

我常常想，耳聋或许是命运的安排，是不可改变的事实。但是我能有今天，我应该感谢谁呢？

首先我要感谢这个文明进步的时代。几千年来，我国的聋人只能是聋哑人，根本没有语言康复的说法。我好幸运！我出生在80年代初期，正好是改革开放的年代。国门打开，一批有识之士引进、传播了先进国家的康复信息和文明思想，创建了我国的残疾人康复事业。在我5岁时，悲痛欲绝的母亲带我到北京求医，正好赶上我国的第一个聋儿康复班在北京郊区的原中日友好公社开办，它就是后来的中国聋儿康复中心。妈妈在那里得到了改变我命运的福音——“可以对聋儿进行语言康复训练！”

其次我要感谢科学技术的发展。我从5岁开始佩戴助听装置。第一台是北京市一个残疾人福利工厂生产的语言训练器。尽管性能不是很好，但它毕竟可以补偿我的部分听力损失。后来父母又给我买了天津盒式助听器，厦门775PP，到现在佩戴瑞声达大功率数码助听器。再后来得到听力学专家田岚博士和吴志强老师的帮助，戴上了更先进的助听器。我感觉助听产品越来越先进。它们改善了我的听觉功能，帮助我听见声音。如果没有科学技术的发展，我可能至今仍在声音的黑暗里。

另外我要感谢我平凡而又伟大的母亲。我5岁还不能开口说话，只会用手势表达自己的意愿。妈妈带着我几乎跑遍祖国大江南北，访遍了名医高手。在医生毫无办法的情况下，她用爱的声音呼唤我，以顽强的毅力、惊人的耐心教我发音说话。不管是赤日炎炎的盛夏，还是滴水成冰的寒冬从不间断。通过漫长的语言康复训练，我终于走出了无声世界。为了让我能适应今后的社会生活，从上小学起，妈妈就要求老师不要给我特别的关照，让我从小生活在一个真实的环境中磨炼，不至于离开“保温箱”无法生存，她只是在我受到伤害时为我疗伤。妈妈在我求知的路上，总是不断地为我加油鼓劲，从不管我考多少分，也从不指责我，只是要求我弄懂每个知识点。妈妈的教育思想让我受益终生。

还要感谢湖北民族学院和所有的母校，感谢母校的老师和同学。有普通学校的接纳，使我有机会和健听学生一同学习生活，而且我幸运地碰到了那么多好老师和同学，有他们的关爱、培养和帮助，使我不仅能跟上同龄孩子的学习步伐，而且学习不断进步，知识逐步积累。从上普通小学起到初中、高中、大学，我成长的过程中有无数件平凡而又动人的事例，让我记忆犹心……

我更要感激北京大学和清华大学，是她们一次又一次给了我无比的信心和力量！我深深地感谢我的开明、慈爱和仁厚的导师！他们对残疾人一视同仁，没有丝毫的歧视。

如果没有聋儿康复信息，如果没有先进的助听技术，如果没有我敬爱的妈妈持之以恒的康复训练，如果没有社会、学校和老师的关爱……我又怎能摆脱千千万万个聋人的命运？如果爱的连环哪一环脱节，那都没有我的今天！

我深深地感激这个充满爱的社会以及残联、我的父母、学校、老师、同学，还有所有帮助过我的人。爱在我心中沉积起一个海洋！滴水之恩当为涌泉相报。感恩——回报社会，成为我生命中不断进取的力量泉源！

尾　声

在我的大家庭中，所有的长辈兄姊都特别爱我。因为我，也爱和我同样不幸的听障孩子，因此特别关注残疾人康复事业。在此值得一提的是因为我的耳聋，改变了我家好几个亲人的生活航向。

我的母亲将培养我的经验用在了艺萌康复中心孩子身上，带出了一批老师。现在虽已离开，还时常义务帮助和解答全国各地听障人士和家长的困惑。

几个亲人下岗再就业时，选择了又苦又累的聋儿康复事业。我的小姨现任湖北省黄冈市启声康复中心主任，她刻苦学习钻研，成了一名出色的验配师和康复老师，也成了家长贴心贴肝的朋友，启声康复也年年获得全国和省市先进单位称号。

我的表哥周波，从小和我一块玩耍，教我说话，后来妈妈亲手培养、传授技艺，长期的耳闻目染熏陶，加上他刻苦学习钻研，对帮助聋儿说话清楚以及尽快发展聋儿口语有独到的见解和创新，为艺萌培养了一批老师。他成为一名出色的言语矫治师。周波和我母亲写的两篇论文，被“首届国际听力障碍与康复大会”收录，一篇全文刊登，并在大会发言，一篇部分摘录。我的表姐周焰原本是公立高中优秀教师，因对残疾人怀有一份特殊情愫，后调转市特殊学校工作。

现在我们都在从事残疾人康复教育工作，他们做的是基础教育，我从事的是高等教育而已。

我多么希望人类不再有残缺的生命！但是上苍如果给予我们残疾的身体时，只能面对而自强不息，不放弃努力，就会得到你想要的东西。

祝福所有的听障儿童都能得到良好的康复，受到更好的教育！祝福天下人生活幸福快乐！

亲爱的读者，衷心希望这本书对您有所启示和帮助。欢迎您发电子邮件交流意见和感受。

我们的 E_mail 地址是：duzaixin@ qq. com

媒体报道要目

失聪少年求学梦	《中国教育报》1997年5月8日
一个失聪少年的大学梦	《武汉晚报》1997年5月18日
姚登峰，你在他乡还好吗	《天门日报》2000年3月1日
母爱让失聪的孩子圆大学梦	《恩施日报》2000年5月8日
穿越那片静寂，走进大学的梦	《独生子女》2000年7月
一个失聪少年的大学梦	《竟陵风》2000年5月
听见命运的声音	《恩施日报》2001年3月3日
聋哑孩子参加军事夏令营	《武汉晨报》2001年7月30日
坚强，是一生的财富	《湖北青年报》2001年9月14日
一个失聪大学生的成长之路	《楚天都市报》2001年11月26日（上）27日（下）
倾心引导失聪儿子说话	《湖北日报》2002年5月10日
失聪的儿子走出无声的世界	《武汉晚报》2002年10月6日
帮聋儿走出无声的世界	《长江日报》2003年9月29日
一场厄运，造就了两个杰出人才	《成功之路》2003年6月
让更多的聋儿开口说话	《武汉晚报》2003年11月10日
厄运压不垮的一对坚强母子	《今日湖北》2003年7月
母爱，叩响生命的强音	湖北省《妇工指南》2002年3期
只聋不哑的北大研究生	《独生子女》2003年9月
姚登峰，一路豪歌向天涯	《瑞声达》2000年5月
最美妙的声音来自我那失聪的儿子	《农民之友报》2001年11月24日

失聪儿子成了北大研究生	《中华家教》2004 年 4 月
爱心开启无声的世界	《楚天金报》2004 年 3 月 2 日
母亲的爱，从一个到一百个	《武汉晨报》2004 年 4 月 8 日
聋哑儿子北大硕士	《知音》2005 年 13 期
母爱是那穿透心灵的强音	
中央电视台《当代教育》	2004 年 12 月 23 – 24 日
母爱，聋儿飞翔的翅膀	湖北电台 2002 年 5 月 15 日
湖北卫视《阳光行动》	2003 年 9 月 10 日
湖北卫视《阳光行动新闻》	《母亲》2004 年 9 月 10 日
湖南卫视《焦点透视》	新闻栏目 2004 年 4 月 28 日
湖北卫视《阳光行动》	2003 年 9 月 18 日
湖北卫视《焦点透视》	《母亲》2004 年 5 月
湖北电视台都市频道	《都市点击》2005 年 1 月 30 日
湖北卫视 新年心愿	2006 年春节
江苏卫视情感之旅 154 期	聋儿的北大之路 2005 年 4 月 1 日
安徽卫视《家人》	从聋儿到北大研究生 2006 年 1 月 31 日
武汉电视台演播电视剧	《助子登峰》(上下集)2007年3月8日
特殊教育照亮残疾人心中的希望	《今日科苑》2008 年第 11 期
中央电视台 1 频道 说出我对你的爱	《半边天》89 期 2009 年 5 月 5 日
生命的绽放	《中国听力语言康复科学》杂志2015年